农村综合性改革的嘉善探索

蒋星梅 著

Exploration of
Comprehensive Rural Reform
in Jiashan

上海社会科学院出版社
SHANGHAI ACADEMY OF SOCIAL SCIENCES PRESS

图书在版编目(CIP)数据

农村综合性改革的嘉善探索 / 蒋星梅著. —上海：上海社会科学院出版社，2024
 ISBN 978-7-5520-4362-4

Ⅰ.①农… Ⅱ.①蒋… Ⅲ.①农业改革—研究—中国 Ⅳ.① F320.2

中国国家版本馆CIP数据核字（2024）第073524号

农村综合性改革的嘉善探索

著　　者：蒋星梅
责任编辑：杜颖颖
装帧设计：长　岛
出版发行：上海社会科学院出版社
　　　　　上海顺昌路622号　邮编200025
　　　　　电话总机021-63315947　销售热线021-53063735
　　　　　https://cbs.sass.org.cn　E-mail：sassp@sassp.cn
排　　版：苏州叶芝文化
印　　刷：苏州市越洋印刷有限公司
开　　本：710毫米×1010毫米　1/16
印　　张：20.75
字　　数：361千
版　　次：2024年6月第1版　2024年6月第1次印刷

ISBN 978-7-5520-4362-4/F·767　　　　　　　　　　定价：78.00元

版权所有　翻印必究

前 言

惟改革者进，惟创新者强，惟改革创新者胜。促进共同富裕，最艰巨最繁重的任务仍然在农村，而乡村振兴是实现共同富裕的重要路径。全面推进乡村振兴，必须用好改革这一法宝，"鼓励地方积极地试、大胆地闯，用好试点试验手段，推动改革不断取得新突破"。改革是乡村振兴的重要法宝，也是浙江发展的"金字招牌"，解放思想，逢山开路、遇水架桥，破除体制机制弊端，突破利益固化藩篱，推动农村发展不断向纵深推进，让农村资源要素活化起来，让广大农民积极性和创造性迸发出来，让全社会支农助农兴农力量汇聚起来。

为深入贯彻习近平总书记的"三农"重要思想，落实党中央决策部署和2018年中央一号文件要求，落实《中共中央国务院关于深入推进农业供给侧结构性改革加快培育农业农村发展新动能的若干意见》要求，全面适应农村改革内外部环境和条件深刻变化的需要，充分对接乡村振兴战略政策举措，有效破解城乡统筹发展不平衡不充分问题，实现"高质量、均衡性"发展，浙江省农村综合改革工作领导小组办公室于2018年5月批复同意6个县成为省农村综合改革集成区，嘉善县是其中之一，之后嘉善县和德清县经浙江省财政厅推荐，升格为国家级农村综合性改革试点，成为浙江省两家试点单位，率先开展农村综合集成改革试点。嘉善县综合考虑各镇（街道）农村改革基础、组织能力、代表性和典型性等因素，选择大云镇作为试点试验区域。2022年5月，在财政部组织开展的全国2022年农村综合性改革试点试验实施方案评估工作中，经综合竞争性遴选，嘉善县成功入选2022年全国农村综合性改革试点试验名单，全国共13个，嘉善以全省唯一名额入选。同时这也是嘉善县继2018年后再次入选国家级农村综合性改革试点，系全国唯一两次获得改革试点的地区。

嘉善县是习近平总书记曾经的基层联系点，是全国唯一的县域科学发展示范点，长三角一体化示范区重要组成部分。总书记非常关心嘉善的发展，多次来嘉善调研视察，并对嘉善提出了殷切期望。嘉善县始终牢记嘱托、砥砺奋进，充分对接中央乡村振兴战略政策举措，扎实有序做好乡村发展、乡村建设、乡村治理等重点工作，以集成改革为方法，聚焦富民和强村，以乡村产业振兴为基础，以农民就业创业为优先，以农村产权激活为突破，系统推进强村富民乡村集成改革，高质高效促进农民农村共同富裕，农业农村现代化迈出新步伐。

通过2018年开始的国家级农村综合性改革试点，嘉善探索构建了农村产权要素改革体系、村级集体经济有效实现形式、乡村现代化善治平台、新时代农民持续有效增收机制和城乡生态文明绿色可持续发展模式等综合集成政策措施，形成了可复制推广的科学试点样本。大云镇作为上一轮国家级农村综合性改革试点区，高标准做实全域土地综合整治、农田流转、农房集聚"三全"集成改革，流转率96.1%，集聚率88.75%；全面提升了乡村高质量发展品质，改革溢出红利实现城乡全覆盖，"飞地抱团"模式推动全县村均经常性收入增至435万元，农村居民通过薪金＋租金＋股金＋保障金＋养老金＋经营性收入"六金"增收；深度推动城乡均衡融合发展水平，城乡百姓民生福祉全面提升，城乡居民收入每年高质量增长，全县农村常住居民人均可支配收入增长至44324元，城乡收入比进一步缩小至1.59∶1；城乡社会事业全面推进，社会治理效能高度整合提升，度假区、集镇、园区基本实现AAAAA、AAAA、AAA景区建设水准，形成13千米花海风景线，绿色生态和文明指数大幅提升。

2022年的试点确定以西塘镇18个行政村为试点区域，强化政策集成，加强成果利用，持续深化农村综合性改革，结合打造6个共富村试点任务，通过实施总投资6.25亿元的11个项目，以四大模式发展富民产业为基础、以三大形态打造数字乡村为依托、以两大路径推进人才振兴为支撑、以两大机制健全乡村治理为保障，建设集美丽乡村、数字乡村、善治乡村为一体的农村综合改革试验区，探索形成可复制、可推广的乡村振兴"嘉善经验"，最终实现"农业更强、农村更美、农民更富"的共同富裕美好愿景。

本书以嘉善县两次国家级农村综合性改革试点试验为案例，整体介绍嘉善改革试点情况以及理论创新和实践创新成果，具有典型意义和实践价值，可以为全国农村改革发展理论研究者以及广大参与乡村振兴的建设者提供一些借鉴。

目 录
contents

前言 …………………………………………………………………… 001

导论　共同富裕是社会主义制度优越性的本质要求 ………………… 001

第一编　国家级农村综合性改革试点

第一章　改革是实现共同富裕的关键 ………………………………… 009

第二章　浙江省嘉善县农村综合性改革试点试验的概况（大云）…… 020

第三章　农村综合性改革试点试验的典型样本 ……………………… 056

第四章　搭建农村产权要素集成改革体系 …………………………… 066

第五章　探索村级集体经济有效实现形式 …………………………… 094

第六章　构建农民持续有效增收机制 ………………………………… 113

第七章　创新乡村绿色生态可持续发展模式 ………………………… 125

第八章　探索乡村治理现代化善治体系 ……………………………… 139

第九章　农村综合性改革试点的德清案例 …………………………… 150

第十章　浙江省嘉善县农村综合性改革试点试验概况（西塘）············· 169

第二编　嘉善农村改革案例

第十一章　"强村计划"壮大村集体经济················· 199
第十二章　农房改造集聚的改革···················· 221
第十三章　统筹城乡发展之路····················· 247
第十四章　实施农产品区域公用品牌战略················ 266
第十五章　失能人员长期照护保险制度················· 280
第十六章　开启数字农业发展模式··················· 288
第十七章　基层监督数字化改革推动基层治理升级············ 303
第十八章　展望未来：高水平推进乡村全面振兴············· 314

后记································· 320

导论
共同富裕是社会主义制度优越性的本质要求

农村和城市是相互联系、相互依赖、相互补充、相互促进的，农村发展离不开城市的辐射和带动，城市发展也离不开农村的促进和支持。城乡分割、城乡差距拉大的现实，使人逐渐明白："三农"问题日益突出，如果局限于"三农"内部，"三农"问题无法解决；要解决"三农"问题，必须实行城乡统筹，充分发挥城市对农村的带动作用和农村对城市的促进作用，才能实现城乡经济社会融合发展。实施乡村振兴战略，将城和乡作为一个整体来规划，通过改革促进城乡之间的要素流动，制定向"三农"倾斜的政策，把"三农"摆在优先发展的位置，这是实现共同富裕的必由之路。

党的十八大以来，中国特色社会主义进入新时代，新一届中央政治局委员与中外记者见面时，习近平总书记强调坚持走共同富裕道路，使全体人民共享发展成果。党的十九大报告首次把全体人民共同富裕的社会主义价值追求具体化为国家和民族的发展目标，并制定了时间进度表，指出，到 2035 年基本实现社会主义现代化时，全体人民共同富裕迈出坚实步伐，到本世纪中叶建成社会主义现代化强国时，全体人民共同富裕基本实现。扎实推进共同富裕，最艰巨最繁重的任务依然在农村。加快补齐农村这块短板成为实现共同富裕迫切要解决的问题。党的十九大提出了乡村振兴战略，要坚持农业农村优先发展，首次将"城乡融合发展"写入党的文献，标志着中国特色社会主义工农城乡关系进入新的历史时期。2018 年 9 月 21 日在十九届中共中央政治局第八次集体学习时，习近平总书记强调："要走城乡融合发展之路，向改革要动力，加快建立健全城乡融合发展体制机制和政策体系，健全多元投入保障机制，增加对农业农村基础设施建设投入，加快城乡基础设施互联互通，推动人才、土地、资本等要素在城乡间双向流动。要建立健全城乡基本公共服务均等化的体制机制，推动公共服务向农村延伸、社会事业向农村覆盖。"

近年来，以习近平同志为核心的党中央把握新时代的主要矛盾，推动区域协调发展，采取有力措施保障和改善民生，打赢脱贫攻坚战，全面建成小康社会，为促进共同富裕创造了良好条件。实现"小康"社会和"大同"社会是中华民族五千年的理想追求，为人类解放而奋斗是马克思主义的行动目标。马克思主义传播到中国后，与中华民族的千年理想不谋而合，一百年多来中国共产党人以实现共同富裕为己任。现在，终于到了扎实推动共同富裕的历史阶段。

一、历史逻辑：实现共同富裕是中华民族五千年的理想追求与伟大梦想

《诗经·大雅·民劳》中有"民亦劳止，汔可小康"之说。孔子说："不患寡而患不均，不患贫而患不安。"孟子说："老吾老以及人之老，幼吾幼以及人之幼。"《礼记·礼运》具体而生动地描绘了"小康"社会和"大同"社会的状态，都反映出中国人对于共同富裕的期盼。但是在阶级社会里，这些设想和蓝图是不可能实现的。

二、理论逻辑：实现共同富裕是马克思主义的基本主张

《共产党宣言》指出："无产阶级的运动是绝大多数人的、为绝大多数人谋利益的独立的运动"[1]，"代替那存在着阶级和阶级对立的资产阶级旧社会的，将是这样一个联合体，在那里，每个人的自由发展是一切人的自由发展的条件"[2]。马克思在《政治经济学批判》中指出，未来新社会的显著特征就是"生产将以所有的人富裕为目的"[3]。对人的苦难、人的命运，乃至于对整个人类的苦难、人类的命运怀有一种最深切的同情和关怀，自始至终以争取人的解放、人的自由为目标是马克思主义的主题和根本思想，这和中华民族孜孜以求的理想不谋而合。因此当马克思主义传入中国后迅速得到广泛传播。

三、价值逻辑：实现共同富裕是我们党始终不渝的奋斗目标

马克思主义和中国工人运动相结合，产生了中国共产党，这是开天辟地的

---

[1]《马克思恩格斯选集》第1卷，人民出版社2012年版，第411页。
[2]《马克思恩格斯选集》第1卷，人民出版社2012年版，第422页。
[3]《马克思恩格斯选集》第2卷，人民出版社2012年版，第787页。

大事变。中国共产党的诞生"深刻改变了近代以后中华民族发展的方向和进程，深刻改变了中国人民和中华民族的前途和命运，深刻改变了世界发展的趋势和格局。"①

中华人民共和国成立后，毛泽东同志在《中共中央关于发展农业生产合作社的决议》（1953年）中首次提共同富裕概念。这个富，是共同的富。

改革开放极大地解放和发展了生产力。1988年，邓小平阐发了"两个大局"思想，②随后他进一步明确："我们的发展规划，第一步，让沿海地区先发展；第二步，沿海地区帮助内地发展，达到共同富裕。"1990年12月邓小平提出："共同致富，我们从改革一开始就讲，将来总有一天要成为中心课题。社会主义不是少数人富起来、大多数人穷，不是那个样子。社会主义最大的优越性就是共同富裕，这是体现社会主义本质的一个东西。"到1992年春，邓小平和盘托出了他的大思路："共同富裕的构想是这样提出来的：一部分地区有条件先发展起来，一部分地区发展慢点，先发展起来的地区带动后发展的地区，最终达到共同富裕。如果富的愈来愈富，穷的愈来愈穷，两极分化就会产生，而社会主义制度就应该而且能够避免两极分化。""可以设想，在本世纪末达到小康水平的时候，就要突出地提出和解决这个问题。"他进一步归纳说："社会主义的本质，是解放生产力，发展生产力，消灭剥削，消除两极分化，最终达到共同富裕。"③但他同时也提到："要我们所制定的每项政策都能照顾到各个方面，是不可能的。总有一部分人得益多些，另一部分人得益少些。""难办的是完全照顾到十亿人不容易。""先富带后富"的路具体怎么走，邓小平将这一探索留给了后人。

党的十八大以后中国特色社会主义进入了新时代。2012年11月15日，在十八届中央政治局常委中外记者见面会上，习近平总书记指出："我们的责任，就是要团结带领全党全国各族人民，继续解放思想，坚持改革开放，不断解放和发展社会生产力，努力解决群众的生产生活困难，坚定不移走共同

---

① 习近平：《在庆祝中国共产党成立100周年大会上的讲话》，人民网·中国共产党新闻网，http://jhsjk.people.cn/article/32146278，2021年7月1日。
② 邓小平："沿海地区要加快对外开放，使这个拥有两亿人口的广大地带较快地先发展起来，从而带动内地更好地发展，这是一个事关大局的问题。内地要顾全这个大局。反过来，发展到一定的时候，又要求沿海拿出更多力量来帮助内地发展，这也是个大局。那时沿海也要服从这个大局。"见邓选第三卷，P277—278
③《邓小平文选》第3卷，人民出版社1993年版，第373页。

富裕的道路。"2017年10月25日，在第十九届中央政治局常委同中外记者见面会上，习近平总书记强调："全面建成小康社会，一个也不能少；共同富裕路上，一个也不能掉队。"十八届五中全会鲜明提出要坚持以人民为中心的发展思想，把增进人民福祉、促进人的全面发展、朝着共同富裕方向稳步前进作为经济发展的出发点和落脚点。2018年3月，又对浙江的"千万工程"做出重要指示："把广大农民对美好生活的向往化为推动乡村振兴的动力，把维护广大农民根本利益、促进广大农民共同富裕作为出发点和落脚点。"习近平总书记在《中共中央关于制定国民经济和社会发展第十四个五年规划和2035年远景目标的建议》说明中提到，我们必须把促进全体人民共同富裕摆在更加重要的位置，脚踏实地，久久为功，向着这个目标更加积极有为地进行努力。在建党100周年的重要讲话中，习近平总书记首次郑重提出："经过全党全国各族人民持续奋斗，我们实现了第一个百年奋斗目标，在中华大地上全面建成了小康社会，历史性地解决了绝对贫困问题，正在意气风发向着全面建成社会主义现代化强国的第二个百年奋斗目标迈进。""现在，已经到了扎实推动共同富裕的历史阶段。"[①]并开创性地回答了为什么要共同富裕、什么是共同富裕、怎样扎实推动共同富裕等一系列重大理论和实践问题，标志着共同富裕理论的新发展新境界，为新的赶考之路上扎实推动共同富裕提供了根本遵循和行动指南。这表明，我们党在如何实现共同富裕这一问题上已经有了充分的理论和实践准备。

2021年5月，中共中央、国务院发布《关于支持浙江高质量发展建设共同富裕示范区的意见》，明确指出："共同富裕具有鲜明的时代特征和中国特色，是全体人民通过辛勤劳动和相互帮助，普遍达到生活富裕富足、精神自信自强、环境宜居宜业、社会和谐和睦、公共服务普及普惠，实现人的全面发展和社会全面进步，共享改革发展成果和幸福美好生活。"

浙江省委表示：要坚持国家所需、浙江所能、群众所盼、未来所向，完整、准确、全面贯彻新发展理念，以解决地区差距、城乡差距、收入差距问题为主攻方向，着力抓好一系列创新性突破性的重大举措。浙江先行探索为全国推动共同富裕探路，对浙江来说既是光荣使命，又是重大责任。

四、现实逻辑：实现共同富裕是一项长期战略任务

共同富裕首先体现在要实现富裕。邓小平明确指出，"要建设对资本主义

[①] 习近平：《扎实推动共同富裕》，《求是》2021年第20期。

具有优越性的社会主义,首先必须摆脱贫穷"①,贫穷无法体现社会主义制度的优越性。因此,富裕是社会主义制度优越性的典型特征,中国只有达到世界中等发达国家水平,让社会成员过上富裕的生活,才能"向人类表明,社会主义是必由之路,社会主义优于资本主义"②。其次体现在要实现共享。"社会主义与资本主义不同的特点就是共同富裕,不搞两极分化。"③两种社会的根本区别就在于:生产资料私有制决定了资本主义社会生产力高度发达的结果只能导致"在一极是财富的积累,同时在另一极,即在把自己的产品作为资本来生产的阶级方面,是贫困、劳动折磨、受奴役、无知、粗野和道德堕落的积累"④;生产资料公有制能够保证社会主义生产力高度发达的成果惠及每个人,因此,社会主义最大的优越性就是共同富裕,这是体现社会主义本质的一个东西。

习近平指出:"让广大人民群众共享改革发展成果,是社会主义的本质要求,是社会主义制度优越性的集中体现,是我们党坚持全心全意为人民服务根本宗旨的重要体现。"⑤因此,要主动解决地区差距、城乡差距、收入差距等问题,让群众看到变化、得到实惠,要尽力而为、量力而行。但促进全体人民共同富裕是一项长期任务,中央选取浙江省作为先行先试地区,把顶层设计和基层探索紧密结合,探索破解新时代社会主要矛盾的有效途径,及时形成可复制推广的经验做法,进一步丰富共同富裕的思想内涵和政策体系,为其他地区分梯次推进、逐步实现全体人民共同富裕作出示范。

---

① 《邓小平文选》第3卷,人民出版社1993年版,第225页。
② 《邓小平文选》第3卷,人民出版社1993年版,第225页。
③ 《邓小平文选》第3卷,人民出版社1993年版,第123页。
④ 《马克思恩格斯文集》第5卷,人民出版社2009年版,第743—744页。
⑤ 《十八大以来重要文献选编》(中),中央文献出版社2016年版,第827页。

第一编

国家级农村综合性改革试点

第一章 改革是实现共同富裕的关键

第一节 嘉善县基本情况

嘉善县建于明朝宣德五年（1430），境内一马平川，属典型的江南水乡，因"民风纯朴、地嘉人善"而得名。全县区域面积507平方千米，辖6个镇3个街道，104个行政村、69个社区，户籍人口41.7万，常住人口65.9万。2022年实现地区生产总值863.5亿元，增长5%，增比值分别高于浙江省、嘉兴市1.9、2.5个百分点，列嘉兴市第一；规上工业增加值增长11.2%，列嘉兴市第一；固定资产投资419.1亿元，增长7.4%，列嘉兴市第一；一般公共预算收入80.5亿元；城镇居民人均可支配收入72774元、增长3.3%，农村居民人均可支配收入47211元、增长6.5%。

嘉善是肩负使命、先行先试的战略要县。嘉善县是习近平总书记一直牵挂的地方，2004年以来总书记4次到嘉善实地指导，2008年以来20次对嘉善工作作出重要批示，多次给予讲话肯定。2008年，嘉善被确定为习近平同志深入学习实践科学发展观活动的基层联系点。2009年，被确定为中央党的建设工作领导小组秘书组城乡统筹基层党建工作联系点。2013年2月，《浙江嘉善县域科学发展示范点建设方案》经国务院同意，由国家发展改革委批复实施。2017年2月，《浙江嘉善县域科学发展示范点发展改革方案》经国务院审定，由国家发展改革委印发实施。2018年3月，受习近平总书记嘱托，中办调研室把嘉善作为基层联系点。2019年5月，中共中央、国务院印发《长江三角洲区域一体化发展规划纲要》，明确指出以上海青浦、江苏吴江、浙江嘉善为长三角生态绿色一体化发展示范区。2019年10月，国务院批复《长三角生态绿色一体化发展示范区总体方案》，浙江省、嘉兴市先后出台最高含金量的相关支持政策，举全省、全市之力支持推动示范区建设。嘉善全域被列入长三角生态绿色一体化发展示范区，与县域科学发展示范点建设并称为两大战略，两大战略的叠加使嘉善成为全国唯一的"双示范"县域。2022年9月，《新发展阶段浙江嘉善县域高质量发展示范点建设方案》经中央深改委审议通过，由国家发展改革委印发实施。2022年12月，浙江省委省政府召开推进嘉善县域高质量发展示范点建设大会，赋予嘉善"习近平新时代中国特色社会主义思想县域生动实践的'展示窗'，推动中国式现代化县域实践的'试验田'，落实长三角一体化发展国家战略的'桥头堡'"新使命。

嘉善是区位独特、接轨上海的浙江门户。嘉善县地处杭嘉湖平原，毗邻上海，位于苏浙沪两省一市交界处，处于沪杭苏甬四大城市交汇点，是长三角一体化、长江经济带、杭州湾大湾区、沪嘉杭G60科创走廊、浙江省全面接轨上海示范区等重大战略实施的重要节点城市。沪杭高铁、沪昆铁路、沪杭高速公路、申嘉湖高速公路、杭州湾跨海大桥北岸连接线穿境而过，嘉善南站到上海虹桥站仅需23分钟，到杭州东站仅需34分钟。县内引进了上海杉达大学光彪学院、上海师范大学附属中学、华东师范大学第二附属中学等教育机构，县内主要医院与上海中山医院、仁济医院、新华医院等主要医院都有长期合作关系，县第一人民医院是浙江大学医学院附属第二医院嘉善分院，嘉善市民卡在长三角461家医疗机构实现实时刷卡结算，形成了接轨上海的半小时经济圈、工作圈和生活圈。依托上海辐射效应，先后建立嘉善国际创新中心、中荷（嘉善）产业合作园、中德生态产业园、归谷智造小镇等特色园区，连续20年列全省利用外资十强县。

嘉善是产业兴盛、人才荟萃的创新高地。嘉善是全国综合实力百强县和浙江省经济强县，三次产业结构比为2.7∶58.3∶39。拥有嘉善经济技术开发区和嘉兴综合保税区B区两个国家级平台、省级通信电子高新技术园区和省级现代服务业集聚区，中新嘉善现代产业园被列为浙江省首批"万亩千亿"新产业平台，正在打造临沪高能级智慧产业新区和规划建设祥符荡科创绿谷。确立了数字经济、生命健康、新能源（新材料）和装备制造、绿色家居、纺织时尚"3+3"主导产业，拥有喜力啤酒等世界500强企业16家，晋亿实业等上市企业9家，集聚日善电脑、立讯科技、富鼎电子、富通集团、云顶新耀等一批大项目。农业现代化发展水平列浙江省前列,服务业蓬勃发展,被列为国家全域旅游示范区、全国旅游标准化示范县创建名单,拥有西塘古镇国家AAAAA级景区以及云澜湾温泉、巧克力甜蜜小镇、十里水乡等4个国家AAAA级景区。创新活力持续增强,引进了复旦大学、上海交通大学、浙江大学、中国科学院等高端科创载体,累计引育省级以上高端人才150余人,2022年全社会研发(R&D)经费支出占比达4%,高新技术企业五年翻三番,省科技型中小企业突破1000家,科技进步监测全省排名第8位,被列为浙江省创新型试点县、浙江省可持续发展实验区,连续两年蝉联浙江省"科技创新鼎",是全国科技进步先进县。

嘉善是城乡融合、绿色生态的宜居之城。嘉善聚焦"均衡性、一体化",基本实现城乡规划布局、基础设施、公共服务三个一体化,已进入城乡发展全面融合阶段。拥有姚庄镇、西塘镇两个省级小城市培育试点。从2008年起连续实施四轮强村计划,村均经常性收入突破400万元,城乡居民人均可支配收入比为1.54∶1。按照省委"建设江南韵、文化味、现代化的中等城市"定位,正全力打造北部祥符荡EOD、中部中新新城TOD、南部高铁新城CBD,大力推进总投资616亿元的3条高快速路、4条铁路建设,构建县域15分钟直达,与沪杭苏甬半小时高铁通勤、一小时高速通勤的便捷交通体系。生物多样性更加丰富,全球仅有的9种水栖萤火虫在嘉善有3种,国家二级保护鸟类从6种增加到11种。获国家生态文明建设示范区、国家卫生县城、国家园林县城、全国文明县城、浙江省森林城市、浙江省"绿水青山就是金山银山"样本等称号。

嘉善是吴根越角、明德至善的文化之邦。嘉善历史悠久,有5000多年的"大往圩"史前文化遗址,是马家浜文化的发祥地之一。春秋时期为吴越两国接壤之地,吴越文化在此交融。古镇西塘被联合国教科文组织列入世界文化遗产预备清单,是全国首批十个历史文化名镇之一。民间文化繁荣,"嘉善田歌"入选第二批全国"非遗"名录,传统纽扣制作技艺、京砖烧制技艺分别入选省"非遗"名录和十大新发现,被文化部命名为民间文化艺术之乡。历代人才辈出,元代有四大画家之一的吴镇,明代有劝善思想家袁了凡,近代有著名电影艺术家孙道临、剧作家顾锡东,两院院士沈国舫、程裕淇、沈天慧等。"善文化"成为嘉善特有的地方人文精神和县域文化的核心品牌,"善文化"建设被中央文明办列为培育和践行社会主义核心价值观的重点工程。2020年以全市第一、全省第三的成绩荣膺"全国文明城市"称号。

第二节　农村改革发展为共同富裕奠定基石

浙江时刻牢记和践行习近平总书记对浙江"干在实处、走在前列、勇立潮头"的嘱托，为了有效破解城乡统筹发展不平衡不充分问题，实现"高质量、均衡性"发展，浙江省农村综合改革工作领导小组办公室于2018年5月批复同意6个县成为省农村综合改革集成区，嘉善县是其中之一，之后嘉善县经省财政厅推荐，升格为国家级农村综合性改革试点，成为浙江省两家试点单位之一，率先开展农村综合集成改革试点。嘉善根据不同发展阶段国家对"三农"工作的战略部署和省市工作要求，立足自身实际积极实施城乡融合发展战略，历经了酝酿萌发阶段、谋篇布局阶段、积蓄发力阶段和全域推进阶段的发展历程，成效明显，2021年城乡居民收入比缩小至1.59∶1，为新发展阶段缩小城乡发展差距，推动共同富裕打下了良好的基础。

一、酝酿萌发阶段（1999年—2003年）

（一）在全国层面上，自1983年推动家庭联产承包责任制以来，通过农村土地承包关系的改革，农业产业化和农民收入一直保持快速稳健增长的态势，但总体来说，农业尚处于传统发展的阶段，仍停留在小农经济的发展时代。从1997年开始，农民收入增幅连续4年下降。1997年至2003年，农民收入连续7年增长不到4%，不及城镇居民收入增量的1/5。粮食主产区和多数农户收入持续停滞甚至下降，农村各项社会事业也陷入低增长期。城乡发展严重失衡，农村社会矛盾日益突出，城乡居民收入差距在一度缩小后又进一步扩大。

综合分析：如何破解农业增效、农民增收已经成为急需解决的发展难题，对于城乡发展，主要发力点还在于产业发展。

（二）在全省层面上，针对如何推进农业产业发展，在省政府每年的工作报告当中都有递进式的工作要求表述，以1998年完成第二轮土地承包为标志，围绕增加农民收入，维护农村稳定，全面实施浙江省农业和农村现代化建设纲要，提出了一系列关于加快推进农业产业发展的方向。从1999年开始，相继提出了切实加强农业基础，积极推进农业和农村现代化建设；把发展效益农业作为加快农业和农村现代化的突破口，在具备条件的地区，进一步深化农村改革，全面推行以"减停免稳、合理负担、转移支付、配套进行"为主要内容的农村税费改革，积极稳妥地发展土地适度规模经营，积极发展农民专业合作经济组织和专业协会，提高农民的组织化程度；支持农民以市场为导向，因地制宜地安排种植业生产，发展农村二、三产业；加快实施"百龙工程"，重点培育一批具有附加值的龙头企业；继续抓好"种子种苗工程"，实施"百万农民技术培训工程"，继续建设各类现代农业示范园区；大力发展城郊型农业、创汇农业、外向型农业和设施农业，积极推进农业综合开发，逐步形成农业产业带，进而促进农村一、二、三产业的全面发展。

综合分析：浙江省已经针对农业增效和农民增收的问题，提出了一系列针对性的工作举措，在产业发展上提出了效益农业、设施农业等发展导向，启动了"百龙工程""种子种苗工程""百万农民技术培训工程"等实施载体；在农村改革上牢牢抓住二轮土地承包的时点，全面推行农村税费改革，开始推进土地适度规模经营。此外，在全国层面上率先提出了现代农业示范园区、城郊型农业、创汇农业、外向型农业、设施农业、农业产业带、农村一、二、三产业全面发展等一系列具有未来发展导向的新提法。

（三）在全县层面上，重点抓了以下工作

在农业产业发展上，2002年8月，县委县政府下发《关于加快推进农业产业化经营，提高农业竞争力的若干意见》。提出了实施绿色农产品行动计划、培育壮大农业龙头企业和合作组织、加强现代农业园区和特色基地建设、加大农业对外开放力度、大力实施科技兴农战略等五项举措。通过这一阶段的努力，嘉善农业逐步形成了绿、白、蓝三色农业产业带和一个现代农业高科技示范园。

在农村综合改革上，率先推行农村税费改革，从2002年开始启动改革，自2002年7月1日起，逐步取消镇统筹费，并于2003年在全省率先全部完成。

在农业和农村现代化建设上，1999年2月县委县政府出台《嘉善县农业和农村现代化建设实施意见》，建立了以县委书记挂帅的嘉善县农业和农村现代化建设领导小组，将魏塘、洪溪等乡镇列为示范乡镇。2000年制定了《嘉善县农村社会主义精神文明建设规划（2000—2005年）》，2001年8月，县委县政府出台了《关于在全县农村广泛深入开展"整治社会风气和整治居住环境"活动的实施意见》。另外，同步启动了小城镇综合改革试点，1998年3月，西塘镇列入省小城镇综合改革试点镇（第二批）名单，2000年4月，西塘镇列入了全国小城镇综合改革试点镇。

综合分析：嘉善县全面贯彻落实中央和省市相关精神，在贯彻实施过程中呈现以下特点：一是率先找到了一条适合区域实际的农业产业化发展路径，在大力推进效益农业的基础上，已经着手谋划实施生态型、科技型、外向型农业产业形态，创造性地形成了三色产业带和现代农业高科技示范园，农业的产业发展水平已经走在全省前列；二是率先将农业发展和农村建设作为一个整体进行推动，"整治社会风气和整治居住环境"双整治工作、农村社会主义精神文明建设、小城镇综合改革试点、农村税费改革试点等一系列工作的启动开展，为下一步统筹城乡发展建立了先行推进的扎实基础。

二、谋篇布局阶段（2003年—2008年）

（一）全国层面上，在农业产业发展取得一定成效的基础上，连续以中央一号文件的形式提出了全面推进农村税费改革试点、促进农民增加收入、加强农村工作提高农业综合生产能力若干政策、推进社会主义新农村建设、加强农业基础建设进一步促进农业发展农民增收若干意见等一系列的举措。在有效遏制农民收入持续徘徊甚至减收的背景下，开始着手全面推进农业产业发展、开始启动新农村建设，为全国农业农村发展在顶层设计上进行了谋篇布局。

综合分析：关于如何巩固农业产业发展成果，进一步优化农民收入结构，将农业和农村作为一个整体进行推动的问题，中央提出了"多予少取放活""构建新型工农城乡关系取得突破进展的关键时期""以工业反哺农业、城市支持农村""要走中国特色农业现代化道路""形成城乡经济发展一体化新格局"等标志性的发展方向，为全国统筹城乡发展做好前期准备。

（二）全省层面上，在农业农村发展取得一定成效的基础上，特别是习近平同志主政浙江期间，针对城乡协调发展，开启了系统化的推进进程。2003年，习近平同志提出"八八战略"时，就将"进一步发挥浙江的城乡协调发展优势，统筹城乡经济社会发展，加快推进城乡一体化"作为重要战略进行布局和实施。当年6月，在习近平同志亲自部署下，全省启动"千村示范、万村整治"工程；2004年1月，习近平同志提出，"要充分发挥我省的比较优势，把发展高效生态农业作为效益农业的主攻方向"，同年主持制定并在全国最早发布《浙江省统筹城乡发展推进城乡一体化纲要》；2006年，省委发布《关于全面推进社会主义新农村建设的决定》，同年习近平同志对"三位一体"作出了全面部署。

综合分析：浙江省在习近平同志的亲自谋划和部署下，立足浙江实际，勇立时代前沿，在全国率先全面系统地推进城乡一体化建设，开创了浙江统筹城乡发展新局面。在农业发展上，克服传统农业发展难题、实现农业又好又快发展的路径，大力发展高效生态农业，开启了浙江新型农业现代化发展之路；在农村建设上，在全国针对农村环境系统治理，率先推出了"千万工程"，开启了浙江美丽乡村建设的宏伟篇章；在农村综合改革上，大力推动农民合作经济组织和合作服务体系的改革发展，探索建立农民专业合作社，加快了浙江农村基本经营制度改革步伐。

（三）全县层面上，结合县域实际，全面贯彻落实中央和省市相关精神，特别是贯彻落实习近平同志在浙江主政期间针对城乡发展的一系列部署，重点抓了以下工作：

在贯彻城乡发展上，2004年，调整充实以县委书记、县长为双组长的城乡一体化领导小组；4月，县委县政府出台《嘉善县城乡一体化发展规划纲要》，提出了城乡规划布局、基础设施、产业发展、劳动与社会保障、社会发展、生态建设和保护等六个"一体化"，同年，确定新农村建设（村庄整治工程）工作作为推进城乡一体化工作的主要抓手；2005年，实施城乡居民合作医疗制度，将新型农村合作医疗制度和城镇居民合作医疗制度合并；2005年，县政府出台《关于加快小城镇建设的若干意见》，加快中心镇和特色镇的规划和建设，确定姚庄试点；2006年，全面启动现代新农村建设，县委出台《关于建设现代新农村推进城乡一体化的意见》，明确"十一五"时期嘉善要实施城乡一体化战略，全面推进农村经济建设、政治建设、文化建设、社会建设和党的建设；2007年，"千万工程"基本实现行政村村庄整治全覆盖；魏塘、西塘和姚庄先后被列入浙江省中心镇发展规划名单；2008年，县委县政府出台《关于推进强镇扩权积极培育现代新市镇的若干意见》，全面启动现代新市镇培育。

在落实农村改革上，2005年，实施农村综合改革试点工作，推进乡镇机构、农村义务教育管理体制和县镇财政管理体制改革；2006年，全县农民种田实现零负担，农业税全部减免，取消了劳动积累工和义务工的筹取政策，规范了农民一事一议筹劳管理办法，在全省率先取消村公益事业资金收取；2008年，实施"强村计划"，县委出台《关于进一步发展壮大村级集体经济的实施意见》。6月，县委县政府出台《关于全面实施"强村计划"的意见》。同年，开展"两分两换"试点工作，姚庄镇成为嘉兴市首个试点镇。

综合分析：嘉善县科学贯彻中央及省市关于城乡发展的政策方针，特别是认真践行习近平同志主政浙江时关于城乡发展的一系列举措，主要有以下几个方面特点：一是把城乡一体发展作为推进县域经济发展的主要抓手，率先将城乡一体发展作为引领"三农"工作的主要方向，在推进体系、发展理念、目标框架、工作措施等方面形成了系统的发展脉络，为城乡一体发展走在全国前列先行奠定工作基础；二是把农村综合改革作为城乡一体发展的突破口，相继推动了小城镇建设、强村计划、"两分两换"、强镇扩权和巩固农村税费改革成果等一系列改革举措，有力推动了城乡改革红利释放，为城乡一体发展打开了有效空间；三是把城乡民生福祉共享作为城乡一体发展的目标导向，通过六个"一体化"先行推动，通过"千万工程"落地覆盖，通过乡村精神文明大力建设为城乡一体发展营造了浓厚氛围。

三、积蓄发力阶段（2009年—2017年）

（一）在全国层面上，在农业产业全面发展，城乡一体建设取得了一定成效的基础上，连续以中央一号文件的形式提出了促进农业稳定发展、农民持续增收、加大统筹城乡发展力度、加快水利改革发展、加快推进农业科技创新、全面深化农村改革、加快推进农业现代化、实现全面小康目标、深入推进农业供给侧结构性改革等一系列的举措，开始加大统筹城乡发展力度、全面深化农村改革、加快推进农业现代化、促进农民持续增收，为全国农业农村全面发展提供了有力保障。

综合分析：如何推动农业产业全面发展、农民持续增收，在全国层面上，科学布局并推进统筹城乡发展。中央在顶层设计上提出了全面深化农村改革、加快推进农业现代化、实现全面小康等一系列措施。在这一阶段，全国各地按照中央部署，将农业农村工作在全面推进的基础上，转向统筹城乡发展方向。

（二）全省层面上，在农业产业全面发展，城乡一体建设取得了一定成效的基础上，浙江省通过一系列城乡综合配套改革，加快了农业农村发展速度，城乡差距进一步缩小。2010年，制定实施《浙江省美丽乡村建设行动计划》，提出了"四美三宜两园"的目标要求，打造"千村示范、万村整治"工程2.0版；推动农业转型升级发展，为中国特色的新型农业现代化提供了浙江样本；持续提升农业"两区"建设水平，推进农业集聚发展、集约发展；坚持"绿水青山就是金山银山"的绿色发展新理念，推进农业绿色化、品质化；率先在全国推进农村"三权"改革，2014年初部署"三权到人（户）、权随人（户）走"改革；2015年底，省政府出台《关于进一步推进户籍制度改革的实施意见》，取消农业户口与非农业户口性质区分；2014年底，全省11个设区市都制定出台了市域统一的城乡居民基本医疗保险制度，城乡一体医疗养老等社会保障制度进一步完善；同时，积极探索农村林权抵押、土地经营权抵押、农村互助资金等农村金融体制改革以及农业互助保险等改革。

综合分析：浙江省继续坚定不移地按习近平同志在主政浙江期间的部署策划，相继推出了"千万工程"2.0版，美丽乡村建设行动计划，农业"两区"建设,"三权到人(户)、权随人(户)走"改革,城乡一体的户籍、医疗、养老等制度改革一系列举措。在全国层面上全面启动统筹城乡发展的氛围下,浙江省继续保持先行态势,在发展理念、综合改革、民生事业等领域逐步步入发展的关键期,并基本形成了科学系统的统筹城乡发展体系框架,在整体和部分领域,已经打造形成了浙江样本。

(三)全县层面上,全面贯彻落实中央和省市相关精神,结合县域实际,重点抓了以下工作:在城乡发展上,2008年,习近平同志专门就嘉善县的交通建设,作出了重要批示,把嘉善作为全省统筹城乡交通发展的试点,以"编制一个规划、建好一个客运中心、新建一批港湾式停靠站、改造一批农危桥、改造一条航道、贯通一条省道"为工程载体,破解城乡交通统筹发展难题;2009年,嘉善城乡供水一体化工程实现全覆盖;2009年,县委县政府出台《关于推进农房改造集聚加快现代新市镇和城乡一体新社区建设的意见》,推进农房改造集聚,加快现代新市镇和城乡一体新社区建设,桃源新邨社区被评为嘉兴市示范性城乡一体新社区,姚庄镇被列为嘉善"县域科学发展示范点"建设中的城乡一体示范片区;2010年"嘉善县义务教育学校教师流动"确定为全省教育改革试点项目,3个月后,又被国务院正式列为国家级教改试点,2011年,出台《嘉善县义务教育学校教师流动工作实施意见(试行)》,启动义务教育学校教师流动工作制;2011年,县委县政府出台《关于推进美丽乡村建设的实施意见》,开展美丽乡村建设,姚庄镇北鹤村成为省级全面小康建设示范村;2014年,出台《关于深入推进农村生活污水治理工作的实施意见》;2015年,率先在我省实现全县151个村(社区)农村居民养老服务照料中心全覆盖;文化礼堂建设连续五年列入政府民生实事工程,成功创建首批浙江省农村"文化礼堂"建设先进县。

在农村改革上,2009年,县农村土地流转服务中心正式启用,全县9个镇(街道)流转服务所和103个村服务站挂牌成立,形成三级土地流转服务网络;2012年,县委县政府出台《关于实施新一轮"强村计划"的意见》,实施第二轮"强村计划";2013年,《浙江嘉善县域科学发展示范点建设方案》经国务院同意,由国家发展改革委正式批复;2015年,县委办县政府办出台《全面深化"县域善治"改革方案》,开展以推进简政放权、放管结合和转变政府职能为主要内容的"县域善治"改革;2016年,县委县政府出台《关于实施第三轮"强村计划"全面提升村级集体经济发展品质的工作意见》,实施第三轮"强村计划"。

综合分析：嘉善县在习近平同志的亲自关心指导下，按照习近平同志提出的关于做好城乡统筹发展这篇文章的指示精神和"在推进城乡一体化方面创造新经验"要求，以县域科学发展示范点建设为引领，以创建统筹城乡先行区为方向，主要呈现以下几方面特点：一是统筹城乡各项事业得到全面推进。全县通过大力发展现代农业，大力推进"千村示范、万村整治"工程，深入推进美丽乡村建设，全面深化农村改革，农业供给侧结构性改革成效明显，乡村面貌明显改善，农民生活水平显著提高，形成了城乡融合发展的良好局面；二是农村综合改革率先步入深水区。嘉善县相继推动了承包地"三权分置"、全域土地整治、农房改造集聚等一系列在全国层面上有影响力的改革举措；三是嘉善统筹城乡的发展样本已经初步形成。嘉善县始终围绕五大发展理念，在新的发展阶段，相继推出了最多跑一次、县域善治、飞地抱团、义务教育学校教师流动、城乡养老一体化等一系列品牌，城乡收入比进一步缩小，统筹城乡发展水平全省领先，形成了统筹城乡发展的嘉善样本。

四、全域推进阶段（2018年至今）

（一）全国层面上，在统筹城乡发展取得一定成效的基础上，提出了实施乡村振兴战略的方针，按照"产业兴旺、生态宜居、乡风文明、治理有效、生活富裕"的总要求，对统筹推进农村经济、政治、文化、社会、生态文明和党的建设工作，作出了全面部署，对实施乡村振兴战略的3个阶段性目标任务作了部署；坚持农业农村优先发展，坚持把解决好"三农"问题作为全党工作重中之重不动摇。

综合分析：党的十九大明确提出实施乡村振兴战略，进一步丰富了统筹城乡发展的内涵和意义，并提出了农业农村优先发展的明确导向。在习近平新时代中国特色社会主义思想的指引下，全国上下掀起了推动乡村振兴的热潮。

（二）全省层面上，为贯彻落实党的十九大提出的乡村振兴战略和习近平新时代中国特色社会主义思想，2018年，浙江省委、省政府印发了《全实施乡村振兴战略高水平推进农业农村现代化行动计划（2018—2022年）》，全面开启新时代"三农"工作新征程，提出实施"五万工程"，从现代农业经济培育、农民素质提升、乡土人才扶持等方面出台政策指导和保障高效现代农业发展，通过制定实施新时代美丽乡村建设行动、富民惠民行动等行动计划保障乡风文明，促进农民共富，并最终实现乡村全面振兴，全体农民共同富裕高标准实现，农业农村现代化高水平实现；同年，启动实施"农村饮用水达标提标行动"，目标到2020年，基本实现城乡居民同质饮水。

综合分析：浙江省紧紧围绕十九大提出的乡村振兴战略，继续践行习近平新时代中国特色社会主义思想，牢牢把握长三角一体化发展的契机，提出了乡村全面振兴的发展导向，相继推出了高水平推进农业农村现代化行动计划、"五万工程"、新时代美丽乡村建设行动等工作，始终保持统筹城乡发展水平走在全国前列。习近平同志主政浙江期间亲自部署的"千万工程"等经验，统筹城乡浙江样本在全国全面推行，全省大地经过多年的发展实践，农业农村不断迸发生机活力，广大人民群众生活福祉全面提升。

（三）全县层面上，为贯彻落实党的十九大提出的乡村振兴战略和习近平新时代中国特色社会主义思想、省市相关精神，嘉善结合自身情况，开启了城乡深度融合发展的新篇章，主要做了以下工作：

2018年3月，成立嘉善县乡村振兴领导小组，大力实施乡村振兴战略；同年5月，县委县政府出台《关于全面实施乡村振兴战略高水平推进城乡深度融合的实施意见》，全面实施乡村振兴战略，高水平推进城乡深度融合新县域建设，努力建设践行习近平新时代中国特色社会主义思想的示范点；创新提出全域土地综合整治、全域农田流转和全域农房集聚的"三全"集成改革，被列为国家级农村综合性改革试点；率先推行"无差别全科受理"县镇村全覆盖；2019年6月，县委办县政府办出台《关于巩固提升自治、法治、德治"三治融合"基层社会治理体系建设的实施方案》，进一步巩固嘉善"三治"建设成果，不断提升基层社会治理水平；同年8月，县委县政府出台《关于实施第四轮"强村计划"全面提升村级集体经济发展品质的工作意见》，实施第四轮"强村计划"，强化村级集体经济造血功能，打造"飞地抱团"升级版；2018年，签约农业项目6个，金额达30.6亿元；2019年签约农业投资项目17个，总投资达35.13亿元人民币、3600万美元。

综合分析：在习近平总书记的关心关怀下，嘉善县紧紧围绕十九大的乡村振兴战略，始终坚持以习近平总书记"三农"思想为指导，在新的历史起点上，践行习近平新时代中国特色社会主义思想，在多年推进统筹城乡发展的基础上，牢牢抓住长三角一体化示范区的发展机遇，坚持乡村振兴和新型城镇化双轮驱动，以农房集聚、农田集中、全域土地整治为突破口，全面实施现代产业提质、美丽乡村建设、乡村文化繁荣、村域善治创新、富民惠民幸福"五大工程"，高水平推进城乡深度融合。

第二章 浙江省嘉善县农村综合性改革试点试验的概况（大云）

第一节 农村综合性改革试点总体要求

为适应国内国际环境的深刻变化，深入推进农业供给侧结构性改革，推进社会主义新农村建设，增强农村发展活力，促进农业稳定发展和农民持续增收，加快城乡融合发展，中央一号文件连续20多年关注"三农"发展问题。从农村税费改革、土地流转到农业农村现代化建设，从工业反哺农业、城市支持农村到城乡一体化发展，通过改革不断破除壁垒，释放农村活力。党的十九大提出实施乡村振兴战略，之后又对走中国特色社会主义乡村振兴道路作出全面部署。在乡村振兴过程中，资金、土地、人才、技术等要素是关键，资金哪里来、土地如何更好利用、谁来参与乡村振兴、怎么振兴、需要什么技术？如何在有限的要素支撑下最大程度发挥作用？如何调整农村生产关系适应现阶段生产力发展？农村综合改革突破既有思维，以改革的精神创新方法方式。从壮大农村集体经济、农村产权制度改革试点、农村基础设施的改善、美丽乡村建设、农村小微权力的监督等实践，成为新时代实施乡村振兴战略的重要路径。

为深入贯彻习近平总书记的"三农"重要思想，落实党中央决策部署和2018年中央一号文件要求，加强农村综合性改革试点试验与乡村振兴战略政策举措的有效对接，2018年继续开展农村综合性改革试点试验。中华人民共和国财政部办公厅发布了《关于深入推进农村综合性改革试点试验工作的通知》

(财办农〔2018〕47号)。通知要求：

一、牢牢把握乡村振兴战略的总要求

实施乡村振兴战略，是党的十九大作出的重大决策部署，是新时代"三农"工作的总抓手，是推进农业全面升级、农村全面进步、农民全面发展的重要举措。坚定走中国特色社会主义乡村振兴道路，顺应农民新期盼，立足国情农情，以产业兴旺为重点、生态宜居为关键、乡风文明为保障、治理有效为基础、生活富裕为根本，重塑城乡关系，走城乡融合发展之路；巩固和完善农村基本经营制度，走共同富裕之路；深化农业供给侧结构性改革，走质量兴农之路；坚持人与自然和谐共生，走乡村绿色发展之路；传承发展提升农耕文明，走乡村文化兴盛之路；创新乡村治理体系，走乡村善治之路。

二、对标乡村振兴战略要求，充实完善试点试验内容

以乡村振兴战略总要求为统领，以项目承载机制为手段，以"扩面"拓展改革思路、"集成"充实试点内容、"提速"推广成熟经验为路径，深入推进农村综合性改革试点试验体制机制创新。

（一）进一步健全村级集体经济发展机制

遵循市场规律和尊重村集体主体地位，以产业兴旺为依托，探索发展壮大村级集体经济的有效实现形式。不断健全完善村级集体经济法人治理机制、经营运行机制、监督管理机制和权益分配机制，逐步提高村级集体经济可持续发展能力。积极培育村级集体经济组织、合作组织，逐步提高农民生产经营规模化和农村经济发展组织化，尊重农民意愿和维护小农户权益。

（二）深入推进乡村治理体系和治理能力现代化

巩固农村基层党组织的领导核心地位，以治理有效为基础，不断健全农村基层党组织运转公共财政支持和村级集体经济收益补充相结合的保障机制。建立以农村基层党组织为核心，以自治组织、经济组织、合作组织间的良性互动关系，推进乡村治理体系和治理能力现代化。加强农村社区公共服务能力建设，推进乡村联动和服务向农村延伸，健全村内公共事务管理服务功能，不断增强农民群众的获得感，保障农民安居乐业。

（三）不断完善农民持续增收机制

以农民富裕为根本、产业兴旺为重点，建立共商共建共享的持续增收机制，激发农民积极就业创业和勤劳致富的内生动力。加强新型职业农民培育，提升农民生产经营、增收致富和自我发展能力。不断拓展农民增收渠道，培育壮大农村新产业新业态，积极推动农村一、二、三产业融合，稳步增加农民工资性收入、经营性收入。盘活农村资产资源，赋予农民更多财产权利，依法自愿开展公平交易，健全农村集体资产收益分配机制，不断提高农民财产性收入。

（四）持续构建农村生态文明发展机制

坚持"绿水青山就是金山银山"的理念，以生态宜居为关键，依托乡村资源环境条件，遵循乡村发展规律，培育新业态，激发新动能。完善农业绿色可持续发展机制，建立农村人居环境改善与保护的长效机制，增强农村环境自我治理和长效运行管护能力，推进村容村貌持续改善。

第二节 农村综合性改革试点目标[①]

有效破解城乡统筹发展不平衡不充分问题，实现"高质量、均衡性"发展，浙江省农村综合改革工作领导小组办公室于2018年5月批复同意6个县成为省农村综合改革集成区，之后嘉善县经浙江省财政厅推荐，升格为国家级农村综合性改革试点，成为浙江省两家试点单位之一，率先开展农村综合集成改革试点。近年来，嘉善县深入贯彻落实新时代"三农"工作的新部署新要求，在"双示范"建设中，坚持以生态环境治理为突破口，以农村改革为动力源，以百姓得实惠为落脚点，在农业增效、农民增收、农村增美上先行先试，是省级农村改革试验区、探索村集体经济有效实现形式试点、农村产权制度改革试点、"一事一议"助推美丽乡村建设示范试点县，不断推动农村综合性改革试点工作落实落地，逐渐形成"改革的嘉善样本"。

经过综合比较各镇（街道）农村改革基础、组织能力、代表性和典型性等因素，嘉善县选择大云镇作为试点试验区域。大云镇区域面积28.7平方千米，下辖6个行政村、1个社区，户籍人口1.6万人，外来人口约2.2万人。2020年实现地区生产总值（以下以"GDP"代称）31.62亿元，完成财政预算总收入4.38亿元。高铁和高速公路将整体布局分四个板块，以北10平方千米的科技新城板块；以南三大板块：东部12.8平方千米旅游板块，中部3.6平方千米小城镇板块，西部2.3平方千米工业板块。大云镇是农村改革的"试验地"，先

---

① 《嘉善县人民政府关于要求批准嘉善县开展农村综合改革集成示范区建设试点工作的请示》，善政〔2018〕4号文件。

后获评全国文明镇、国家生态镇、国家园林城镇、中国鲜切花之乡、国家卫生镇等荣誉。大云正在创建国家级旅游度假区,全力打造长三角生态休闲旅游度假区和中国甜蜜度假目的地。

一、总体目标

全面贯彻落实中央、省、市有关精神,以农业供给侧结构性改革为主线,通过集成改革和综合施策,高水平实施乡村振兴战略,逐步建立健全城乡融合发展体制机制和政策体系,补齐农村公共服务短板。计划通过两年的时间,以深化农村产权制度改革为核心,创新城乡要素配置体制,建立财政引导机制;以探索强村富民发展模式为抓手,创新城乡绿色、融合发展体系,健全财政整合投入机制;以构建乡村治理平台为支撑,创新城乡公共服务体系,完善财政民生保障机制,从而为新时代乡村振兴转型发展提供示范、提供标准,形成可复制推广、科学管用的集成改革样本。主要目标如下:

——全县城乡居民人均纯收入稳步增长,城乡收入比继续缩小。其中示范区大云镇城乡收入比从改革前的1.7∶1缩小至1.5∶1以内。

——全县村级集体经济实力快速增强。其中大云镇村均经常性收入从改革前的218万元增长至300万元以上。

——全县全面完成农村土地承包经营权、农村宅基地和住房确权登记发证,建立完善农村产权交易平台并有效运作。

——全县以创建"浙江省美丽乡村示范县"为总目标,分层梯度推进美丽乡村建设。其中示范区大云镇率先建成美丽乡村小环线,打造3个以上特色村落民宿开发点,引进培育10个新型农业经营主体,形成5000亩(1亩约合667平方米)农旅开发示范板块。

——全县分步实施全域土地整治、全域农田流转和全域农房集聚集成改革。其中示范区大云镇完成2500亩全域土地整治样板区建设,农田流转率从改革前的87%提高到全域流转,农房集聚率从改革前的72%提高到82%以上。

——全县整体推进乡村治理大平台建设。其中示范区大云镇率先完成四个平台向村级重心下移,建成以综合服务为中心的村级邻里中心示范点,涉农审批服务事项从改革前的25项增加到40项以上。

二、实施基础

(一)顶层设计引领,改革支撑扎实

嘉善县是全国唯一的县域科学发展示范点。2017年,《浙江嘉善县域科学发展示范点发展改革方案》经国务院审定,由国家发展改革委正式批复实施,为农村综合改革指明了方向，奠定了基础。改革试点区大云镇位于嘉善最南端，下辖6个行政村1个社区，总人口3.8万人，区域面积28.7平方千米，区位条件优越，现代农业和乡村旅游业走在全县前列，建有省级花卉主导产业示范区、省级特色农业精品园、花卉种苗组培中心各一个，是嘉善县南部省级现代农业园区核心区；拥有十里水乡碧云花园、歌斐颂巧克力小镇、云澜湾温泉旅游度假区等三个AAAA级景区，是省级旅游度假区，2019年争创国家级旅游度假区。大云镇一、二、三产业融合发展基础良好，城乡统筹协调、发展势头强劲，是嘉善县实施乡村振兴战略的先行地，具备非常扎实的改革条件。

（二）创新探索丰富，试点基础牢固

嘉善县历来十分重视农村综合改革工作，先后被确定为省级农村改革试验区、探索村集体经济有效实现形式试点、农村产权制度改革试点、"一事一议"助推美丽乡村建设示范试点县，改革探索丰富、改革成效明显、改革氛围浓厚。试点区大云镇是全县承接改革试点最多、改革探索力度最大、改革成效最明显的区域。如被确定为全省唯一的整镇土地综合整治试点并在自然资源部（原国土资源部）作了经验交流；下辖缪家村被列入全省土地"多规合一"试点；智慧小镇建设被列为市首批新型智慧城市标杆镇试点；大云承担的全县首个飞地抱团强村项目得到了时任省委书记车俊和时任省长袁家军的高度肯定。

（三）具备集成条件，试点效应可期

嘉善县高度重视集成推进农村综合改革工作，整体布局、整体谋划，先后在打造农房集聚样板、推进全域流转、激活农村产权、优化城乡要素配置等方面取得了明显的改革成效，城乡融合发展水平一直保持省市前列。试点区大云镇已经提出打造乡村振兴先行区和城乡融合样板镇的目标，并把集成改革作为主抓手，以全域旅游整体串联，把现代农业园区、旅游度假区、工业园区和集镇统盘规划，推进一、二、三产业联动融合发展，实现农民、居民、新居民共同富裕。

（四）组织领导有力，改革保障充分

一直以来，嘉善县把改革作为示范点建设的重点关键，形成了县、镇、村三级强有力的工作领导班子，并得到了上级领导的高度重视和充分支持。习近平总书记曾亲临嘉善县和大云镇视察并提出了殷切期望，先后14次和5次分别对嘉善工作予以批示和讲话肯定。2018年1月，省委书记车俊对嘉善县和大云镇考察后，提出了嘉善要在全面落实乡村振兴战略上作示范、要在全面深化改革上作示范，并通过集成改革破解发展难题。2018年2月，省长袁家军考察了大云飞地抱团项目并予以充分肯定，并提出要把嘉善建设成城乡统筹协调发展又各具特色的示范区的要求。

三、试点内容

（一）深化农村产权制度改革，创新城乡要素配置体制

1. 推进城乡要素集成化配置。统盘优化配置城乡要素，推动农业供给侧结构性改革，重点推进以地、田、房为核心的农村产权制度改革。建立财政引导机制，通过支持全域土地整治，盘活存量土地，整合闲置土地，优化建设用地，并倒逼农田流转和农房集聚。通过支持全域农田流转，梳理农田肌理，提升农田效益，拉动农旅开发，并助推土地整治和农房集聚。通过支持全域农房集聚，改善农居条件，提升自然村落，提高节地水平，并拉动土地整治和全域流转。

2. 推进全域土地整治改革。全县整体推进全域土地整治，确定大云镇为省级试点镇，以"保护耕地、集约用地、结构优化、产业美化、农民增收"为五大原则，统筹配置集镇、农村、园区用地资源，突破规划瓶颈，打破区域限制，让有限的用地指标在拆旧区整治中同步，实现建新区的最大优化配置。在大云镇选择缪家、曹家、东云、大云4个村组成试点项目区，重点在用地整治、规划局部调整、土地开发等方面形成突破，探索形成改革流程和示范样本。选定缪家村集聚区北部2500亩区域作为整治试点的样板区，规划形成4个农业功能区、一个集观光、展览、体验于一体的一、二、三产业融合发展中心，打造形态美观、绿色发展的生态样板区。

3. 推进全域农田流转改革。以努力实现农田全域流转为目标，全面完成土地承包经营权的确权发证，同步实现农业退低进高、退散进集、退乱进美。以大云镇为样本，在全县形成一批导向清晰、管理规范、运作高效的土地流转样板区块，探索建立以提高农田流转委托率、规模率和法人经营率统为一体的流转提质机制。建立流转农田后续管控机制，全域布局农田业态，创新农业经济开发区理念，建立农用土地储备库和项目后备库，展开农业大招商。提升流转交易大平台，扩大农村承包土地的经营权抵押改革受益面，稳步推进流转农户二次分红，探索农村土地承包经营权入股和有偿退回机制。

4. 推进全域农房集聚改革。加大全县推进农房集聚改革力度，全面优化村庄布点规划，做强中心集聚点，提升一般集聚点，做靓保留自然村落。大云镇率先示范，通过两年改革，将农房集聚率从72%再提升10个百分点，全面推进大云"1+5"集聚点建设，主导公寓房安置模式。打通集聚通道，2018年全面启动集镇农民公寓安置房一期和二期建设，总占地面积65亩，总建筑面

积 12 万平方米，可安置农户 423 户。加快农村宅基地和农房不动产登记发证工作，大云镇率先全面完成，并探索农村宅基地所有权、资格权和使用权三权分置改革，推动民宿集中收储开发，探索农村宅基地入股和有偿退回机制，让村集体和农户共同受益。

（二）探索强村富民发展模式，创新城乡绿色发展体系

1. 探索建设一、二、三产业融合的产业创新综合体。转变城乡产业发展模式，围绕业态融合、特色彰显、品质驱动、活力持久的总体要求，整体布局、一次规划、统盘推进、分步实施，打造产业创新综合体大平台，为城乡产业兴旺注入源泉动力。大云镇结合现代农业和全域旅游，高起点谋划"云谷"产业创新综合体，在大云中德生态产业园规划 520 亩，按照 AAA 级景区的建设标准，打造集农居美宿、休闲度假、主题商业、文化创意、电子商务等于一体的创新综合体，形成农业+生态+旅游+文化+商业的多业融合发展新模式。

2. 创新飞地抱团强村园区化模式。深度推进全县跨区域飞地抱团强村发展模式，建立将指标注入、财政奖补、规费减免、项目代办等集成一体的引导推进机制，实现每个镇（街道）都有飞地项目，每个薄弱村都能抱团发展，每个腾退村都能投资建设。做强大云飞地抱团一期项目，建立全县 22 个抱团村红利共享增长机制，创新抱团村项目共建监管机制。2018 年启动大云飞地抱团二期项目，计划投资 8000 万元，由全县 21 个村抱团建设，飞地规模 40 亩，选择位置最优越的大云中德生态产业园核心区位立项，并探索形成建设与招商同步、出租与分红同频、园区与村集体共益的飞地抱团强村发展模式。

3. 创新美丽乡村跨村景区化模式。建立美丽乡村大景区理念，结合全域旅游示范县创建，在全县串点成线、连线成片，注入文化、留住乡愁，突破镇域、村域限制，提升美丽乡村的持久力、生命力。大云镇借力国家级旅游度假区创建，整合度假区内缪家、东云和曹家三村乡村资源，构建以新农村、自然村落、旅游景点和美丽田园融为一体的美丽乡村建设机制。利用水乡韵味、花乡品味，串联拖鞋浜等特色自然村落，计划投入 1 亿元，打造 3 个组团民宿开发群，建立镇级主导、村级入股、农户参与、社会资本引入、国资参股等多种开发模式，导入市场化运营团队，注入云宝区域品牌，让农业农村板块成为全域旅游的重要增长极。

4. 创新农旅开发富民共享化模式。在全县建立推进全域旅游、农业供给侧结构性改革等财政资金整合投入和百姓增收紧密链接机制，创新村集体、农业主体和农民利益共享机制。大云镇要结合嘉善南部现代农业园区的提升，高起点推进农业供给侧结构性改革，大手笔开展 5400 亩农田大招商、大开发，

探索农业主体法人化经营机制，探索农业企业、农民专业合作社和家庭农场主体叠加、功能互补、链接紧密的混合型经营体系，高品质推动笠歌生态、华神农场等新型农业主体转型升级。深化缪家等村劳务合作社的农民就业引导模式，创新职业农民、农业工人培育机制，探索农民学校、景区培训基地、外部师资等组团式培训平台，创新农田流转、农房集聚和民宿开发与农民就业增收的链接机制，让农民共享农旅大开发的丰硕红利。

5. 探索城乡绿色生态评价准入体系。在全县建立农业主体准入和腾退机制，出台农业产业负面清单，形成强有力源头管控机制。大云镇要率先制定以面源污染管控、环境卫生整治、水质空气土壤指标、集镇园区田间环境等为重点的绿色生态评价指标体系，以量化指标和系统评价探索形成生态警戒线和预警制度。在全镇推动垃圾、厕所、污水三大革命，用两年时间建成10条美丽河道、10座A级厕所、10家美丽工厂、10大示范田园、10户示范民宿，让人民共享绿色生态美丽环境。

6. 构建优化农民收入结构引导机制。在全县开展农民收入结构抽样调查，细化收入组成，关注新增来源，挖掘增收空间，并探索形成以收入调查、来源分析、结构预警为一体的农民收入分析指标体系。大云镇要率先运用分析成果，建立以优结构、拓空间、补短板为一体的农民收入结构引导机制，稳定农民的务工务农工资性收入，拓展流转收益、房租收入等财产性收入来源，布局股金分红、民宿开发、三产服务等补充性收入空间。通过两年改革，城乡收入比从1.7∶1缩小至1.5∶1以内，让农民在改革中取得更大的收获感。

（三）构建乡村治理平台体系，创新城乡公共服务机制

1. 打造党建引领治理新平台。在全县建立党建和乡村治理的链接机制，打响党建引领品牌，在村（社区）治理、景区管理、园区提升、农业主体培育等全领域注入党建引领治理元素，继续做强村党组织"领雁计划"，建立村干部综合评价体系，创新村级后备干部的培育机制。大云镇要围绕争创"全领域建强、全区域提升"基层党建标杆镇，打造红云党建品牌，在各村（社区）实现党群服务中心全覆盖，提升建设缪家村文化礼堂"习近平与缪家"展厅，启动特色小镇党群服务中心二期建设，打造中德生态产业园党建示范点，丰乐合作社党员先锋站升级改造等，进一步提升党建在乡村治理中的引领力。

2. 探索"三治"乡村治理链接机制。在全县推动以德治、法治、自治为一体的治理链接机制，建立德治的评判体系，畅通法治的有效通道，创新自治的示范样本。大云镇要统盘谋划，建立"三治"融为一体的治理范本，挖掘德治

的有效形式,通过传统优秀文化的传承、新时代乡村文明的传扬,打造乡贤参事、家风家训、道德模范、德治评判团等载体,扩大德治的引导力。梳理法治的目录库,构建村村设立法律顾问的制度,打造法治大讲堂、法律进农家、村干部讲法述法用法等平台,深化法治的执行力。出台自治的流程图,做深党员评议会、村民(社员)代表会、户长会、群众听证会等"四会"制度,创新村级公益事业筹资筹劳"一事一议"项目民主、"征集+决策+实施+监管+评价"五位一体机制、延伸村务监督委员会和民主理财小组监督面,提升自治的推动力。让"三治"治理形成整体、功能互补、特色彰显。

3. 构建涉农公共服务新机制。在全县深入推进"四个平台"建设,推动"最多跑一次"改革向村级重心下移,引导各类涉农服务集成整合,各类涉农审批集中办理。大云镇要在全镇实现集成化的便民服务网络全覆盖,实现"最多跑一次"事项覆盖率达到100%,涉农的审批服务事项从25项增加到40项以上。创新红色代办便民服务制度,以邻里中心理念建设便民服务一条街等公共服务示范平台,将治安维稳、居家养老、医疗服务、文化中心、体育健身、妇女之家、图书阅览和便民服务等功能统一纳入,并提升文化礼堂、家宴中心等建设品质,让农民在家门口就享受到优质的公共服务。

4. 构建智慧效能管理新机制。在全县加快城乡智慧建设,通过信息基础设施、公共基础设施和城乡基础设施"三基"融合改造和建设,构建智慧城乡基础设施体系。大云镇要结合智慧小镇市级样板镇试点,打造智慧大平台,全领域注入各智慧子板块,启动智慧小镇一期建设,建设基础大数据库,重点叠加智慧党建、智慧旅游、智慧城镇、智慧园区、智慧社区、智安小区、智慧医疗、智慧环保等智慧化功能,让城乡管理插上智慧翅膀,让百姓生活享有智慧红利。

5. 构建乡村文明培育新机制。在全县通过文明浇灌、文艺繁荣、文化培植"三大行动"提升乡村文明指数,培育文明乡风、良好家风、淳朴民风。大云镇要通过文明浇灌,探索传统文化和现代文明相结合的乡村文明传承机制,挖掘历史典故、名人乡贤,建设与旅游相结合的纪念馆、文化展厅。要通过文艺繁荣,注入文化的市场化运作机制,创新购买文化服务的载体,建立多方协作的文艺团队培育体系。要通过文化培植,创新文旅相融合的市场培育机制,吸收押花、十字绣、泥塑和农民画等当地优秀文化产品,借助云宝IP品牌,推动文化电商培育机制,开辟文化大卖场。通过乡村文明培育,推动百姓精神富有、物质富裕。

四、实施计划

按照集成设计、突出重点、整体推进、分步实施、联动改革的要求，嘉善县大云镇农村综合改革集成示范区建设从2018年开始全面实施，分两年完成建设。

（一）试点准备阶段（2018年1月—2018年3月）。贯彻上级部署要求，开展调查研究，制定初步方案，广泛征求意见，形成报审文案，开展方案申报。

（二）方案实施阶段（2018年4月—2019年11月）。建立领导小组，落实专门机构，细化改革方案，明确建设项目，压实工作责任，建立推进体系，加快动态推进，强化配套措施，加强改革保障。

（三）总结提升阶段（2019年11月—2019年12月）。开展查漏补缺，整理试点文档，开展试点评估，梳理试点成效，总结试点成果，提炼试点经验，形成示范样本。

五、配套措施

（一）加强组织领导

加大县级对试点工作的统一领导和推动力度，成立县农村综合改革集成示范区建设领导小组，由县长任组长、分管副县长任副组长，成员由各职能部门和大云镇主要领导担任。领导小组下设办公室，由县财政局主要领导兼任办公室主任，并配备业务骨干人员组成县级工作指导组。大云镇镇村两级相应配备由主要领导牵头的领导小组，整合各条线力量组建由专项办公室、政策指导组、协调推进组、督查监督组等形成的工作班子，统盘加快推动农村综合改革试点工作。

（二）统筹联动推进

充分整合县、镇、村三级力量，建立三级协同推进机制，明确职责分工，各责任主体要主动参与、密切配合、联动推进，建立健全联席会议和每月例会制度，加强专题研究，加快推进速度。同时要设计改革路径图，实施改革事项项目化管理，倒排时间、挂图作战，压实责任、倒逼任务，形成上下齐心、协同推进的联动推进体系。

（三）注重政策配套

用足用好上级财政扶持政策的同时，建立全域土地整治、全域农田流转、全域农房集聚等推动城乡要素合理配置的财政引导机制；整合县级原有政策，结合嘉善实际研究制定集成改革政策，建立县级以上财政扶持资金以奖代补操作办法，条件成熟时设立乡村振兴基金，创新财政扶持模式。建立财政资金向乡村振兴倾斜配置机制。畅通融资渠道，优化融资风险补偿机制，加大金融政策的支持力度，为改革提供充分保障。

（四）强化资金保障

围绕农村产权制度改革、强村富民模式改革和乡村治理平台建设，共确定 11 个改革试点项目，总投资 55430 万元。县级财政将整合农村产权制度改革、促进农业供给侧结构性改革、美丽乡村建设、提升村级集体经济发展品质、农村土地整治、高标准农田建设、农房改造集聚、农业综合开发等专项资金，每年可整合资金 2 亿元以上，优先统筹用于农村综合改革集成示范区建设试点工作。同时，嘉善将建立健全多元化投入机制，其中争取省财政扶持资金 6000 万元，县级财政按不低于省级补助同步配套，镇村自筹 30630 万元（以镇级投入为主），吸引社会资本投入 10800 万元。

（五）营造浓厚氛围

要加强对农村综合改革的宣传力度，传统媒体和新兴媒体同步参与，围绕改革意义、政策解读、工作进展等加强信息宣传，及时反映改革新举措、新成效、新亮点，形成导向鲜明、富有特色的强大舆论声势。同时加大督查力度，及时发现问题、总结经验，实时展示改革工作进度，营造"敢为人先、红利普惠"的浓厚氛围。

第三节　农村综合性改革试点概况

大云镇地处嘉善县南端，是沪杭高速、沪杭高铁接轨上海的浙江第一镇，区位交通条件优越。经过多年发展，大云镇产业基础良好、城乡统筹协调、发展势头强劲，承接改革最多、创新力度最大、集成成效最明显。大云镇作为全省唯一的开展整镇土地综合整治试点工作乡镇在自然资源部（原国土资源部）作经验交流，承办了嘉兴市"双确权"现场会，是全省土地"多规合一"试点，嘉兴市首批新型智慧城市标杆镇试点，全县首个飞地抱团强村项目，得到了时任省委书记和时任省长的高度肯定。是省级温泉旅游度假区、巧克力甜蜜小镇所在地、嘉善县实施乡村振兴战略的先行地，城乡融合发展水平一直保持省市前列，具有改革支撑基础。

大云镇组织领导有力，形成党建引领新高地。2008 年 10 月 29 日，时任国家副主席习近平来嘉善视察大云缪家村，并提出"走在前列、作好示范"的殷切嘱托。大云以党建助推乡村振兴，把改革作为乡村振兴和城乡融合的重点关键，在镇村两级强有力的领导班子带动下实现小镇的美丽蝶变。

一、试点试验总体情况

农村综合性改革试点试验主要通过综合集成政策措施，围绕中央出台的各项改革政策，多策并举、集中施策。通过三年时间，探索村级集体经济有效实现形式、打造乡村治理现代化善治平台、构建新时代农民持续有效增收机制、创新城乡生态文明绿色可持续发展模式、搭建农村产权要素集成改革体系，总体把握各项农村改革政策的关键点和衔接面，充分发挥财政资金的引导撬动作用，积极稳妥推进试点试验，努力形成可复制推广、科学管用的农村综合性改革试点试验样本。

农村综合性改革试点试验项目实际实施期为2018年6月—2021年6月，计划总投资8.85亿元，实际完成投资10.21亿元，截至2021年12月，方案内21个改革项目51个子项全部实施完成。试点核心区大云镇村均经常性收入从改革前的218万元增长至380.26万元；城乡收入比从改革前的1.7∶1缩小至1.48∶1；完成集党建引领、"三治"链接、涉农服务、智慧小镇和乡村文明为一体的现代化治理体系；建成13.6千米美丽乡村风景线，打造东云村特色村落民宿开发试点，A级景区村庄覆盖率66%，AAA级景区村庄2个，完成浙江省美丽城镇样板镇创建，农村人居环境明显改善，村容村貌显著提升；实施全域土地整治、农田流转和农房集聚集成改革，完成缪家村2500亩全域土地整治样板区建设，农田流转率从改革前的87%提高到96.1%，农房集聚率从改革前72%提高至87%，农民生产生活状态显著改善。

三年来，试点工作强化组织领导保障，专门设立工作领导小组和改革试点工作专班，并通过强化制度管理和完善配套政策等方面确保项目高效实施。通过改革政策集成，加强农村改革成果利用，有效解决要素空间制约、农民增收路径缺乏、村级集体经济不强、乡村环境面貌不佳和美丽经济转化不畅、乡村治理能力不强等乡村发展瓶颈问题，因地制宜探索乡村振兴示范样板。形成一系列可复制可推广集成改革模式：探索建立涉农资金统筹整合长效机制和乡村振兴多元化投入机制，县级层面在全省率先建立财政资金倾斜机制，在镇土地出让金净收益中提取10%建立乡村振兴专项资金；推出以地、田、房为核心的农村产权综合改革；形成建设与招商同步、出租与分红同频、园区与村集体共益的飞地抱团强村发展模式；建立全域土地整治、农田流转和农房集聚下的农民就业、创业链接机制；推动以农村、集镇和工业园区为一体的乡村环境综合整治推进机制。

二、试点任务完成情况

总体试点试验方案突出 5 大改革方向,依托 21 个改革项目 51 个子项目开展(见表 2-1 和表 2-2),涉及 17 个投资主体,包括大云镇政府及下属 5 家公司、6 个村集体组织及其 2 家下属公司、3 家社会主体公司。2019 年 10 月 30 日,根据实际情况对方案进行进行微调,并向浙江省财政厅上报调整报告,调整后计划总投入 8.85 亿元,其中,省级以上财政资金 1.13 亿元,地方财政投入 4.60 亿元,社会资本投入 3.12 亿元,实际完成投资 10.21 亿元,支出资金 9.33 亿元,其中县级及以上财政资金全部支出,执行率达 100%。具体情况如下:

(一)探索村集体经济有效实现形式

1. 飞地抱团强村二期项目。由全县 21 个村抱团建设,飞地 40 亩,总建筑面积 3 万平方米,项目实际完成投资 8168.64 万元,已支出 7559.71 万元(中央财政资金 600 万元,省级财政资金 600 万元,县级财政资金 1120 万元,村集体自筹 5239.71 万元),已引入 6 家优质企业入驻,由大云镇统一建设、招商、管理、运营、分红,2021 年初已为全县 21 个村分红 810 万元。

2. 农创园飞田置换项目。设立集中耕作区块,引导分散农田在"农创园"集聚发展。建设大云烘干中心,建筑面积约 3500 平方米,项目实际完成投资 770.09 万元,支出 192.52 万元(省级财政资金 192.52 万元),预计能为村集体经济年均增加 30 万元。

3. 美丽经济强村项目。下辖 3 个村进行美丽乡村基础设施建设,项目实际完成投资 13027.7 万元,支出 9393.45 万元(中央财政资金 506.5 万元,省级财政资金 700 万元,县财政资金 1439.6 万元,村集体自筹资金支出 1407.85 万元,镇财政资金支出 5339.5 万元),如东云村拖鞋浜民宿示范点 11 幢民宿已投入运营,每年房租收益约 55 万元。

(二)探索乡村现代化善治体系

1. 党建引领创新平台治理项目。建设缪家村史馆、中德生态产业园党建示范点,完成投资 824.6 万元,支出 677.89 万元(村集体自筹资金 356.36 万元,镇财政资金支出 321.53 万元)。

2. 涉农公共服务机制创新平台项目。建设缪家邻里中心,纳入休闲购物、家宴中心、文化体育等功能,实现集成化便民服务网络全覆盖。项目投资 1118.9 万元,支出 873.34 万元(中央财政资金 250 万元,省级财政资金 250 万元,村集体自筹支出 373.34 万元)。

3. "四个平台"提升项目。建设镇综合信息指挥室,实现智慧旅游、智慧管理等智慧服务集成。项目投资并支出654.13万元（中央财政资金100万元，县财政资金100万元，镇财政资金454.13万元）。

4.智慧小镇效能提升项目。建设智慧小镇一期智慧旅游、智慧医疗服务、智慧食安监控、智慧园区管理等系统，建设大云村5G智慧体系和智慧化封闭式小区。项目投资1796.42万元，支出1223.49万元（中央财政资金250万元，省级财政资金144.51万元，县财政资金350万元，镇财政资金支出478.98万元）。

5.乡风文明传承馆项目。实施大云社区文化中心提升改造、缪家乡贤工作室示范点、大云村新时代"红云管家"乡村服务综合体等项目。项目投资1589.12万元，支出575.90万元（其中省级财政资金187.95万元，县财政资金200万元，镇财政资金支出187.95万元）。

（三）构建乡村生态文明可持续发展机制

1.美丽乡村风景线模式创新建设项目。建设13.6千米美丽乡村风景线，改造农旅公路和道路基础建设，项目投资并支出9207.52万元（中央财政资金1000万元，省级财政资金500万元，县财政资金3000万元，镇财政资金4707.52万元）。

2.乡村环境综合整治机制创新建设。引入第三方保洁团队，形成集农村、集镇、园区、道路、河道"五位一体"乡村环境市场化综合整治推进机制，配套停车场等设施建设，项目投资并支出4347.4万元（中央财政资金600万元，省级财政资金240万元，县财政资金1134.24万元，镇财政资金2313.16万元）。

3.垃圾、厕所、污水三大革命。建成垃圾中转站，开发垃圾分类智慧管理系统，开展污水零直排工程，完成已建厕所改扩建和品质提升。项目投资2693.6万元，支出2085.15万元（中央财政资金185万元，县财政资金283.94万元，村集体自筹14.13万元，镇财政资金1602.08万元）。

（四）推动农村产权要素集成改革

1.全域土地综合整治一期样板项目。实施缪家村北部2500亩全域土地综合整治，项目投资并支出3319.22万元（中央财政资金600万元，省级财政资金200万元，县财政资金840万元，镇财政资金1679.22万元）。

2.全域土地整治二期项目。建设样板区外曹家村各类基础设施工程，项目投资并支出4739.63万元（中央财政资金600万元，省级财政资金250万元，县财政资金741.58万元，镇财政资3148.05万元）。

3.全域农田流转示范项目。采取联户流转、整社流转等方式建设大云村"云谷"农田流转示范生态园，项目投资345.82万元，实际支出86.45万元（省级财政资金 86.45 万元）。

4. 全域农房集聚农民安置中心集聚点公寓房一、二期项目。12 万平方米农民公寓房项目已竣工，投资并支出 28445.56 万元（中央财政资金 1000 万元，省级财政资金 738.56 万元，县财政资金 1666.55 万元，镇财政资金 25040.45 万元）。

（五）构建农民持续有效增收机制

1. 碧云花园现代农业产业园项目。对碧云花园开展农村实用人才培训基地、智慧园区等提质扩容建设，完成投资并支出 5231.16 万元（中央财政资金 600 万元，省级财政资金 350 万元，县财政资金 700 万元，社会主体投入 3581.16 万元）。

2. 全域旅游公共配套提升项目。包括嘉善巧克力甜蜜小镇北区停车场、殷家桥码头服务中心等项目，投资 2866.69 万元，支出 2250.15 万元（全部为镇财政资金）。

3. 包家浜等田园共同体项目。建设西班牙橄榄园及其他农业设施，完成投资并支出 2837.91 万元（县财政资金 500 万元，社会主体投入 2337.91 万元）。

4. 缪家乡村振兴学院项目。建设学院大楼，开展农业农村人才、村干部等实务培训，总投资 1563.73 万元，支出 1055.55 万元（中央财政资金 250 万元，省级财政资金 250 万元，县财政资金 50 万元，村集体自筹 505.55 万元），学院与周边乡村振兴示范镇、村形成"四区六环"教学拓展模式，累计培训学员 59 批、2847 人次，培训收入超 100 万元。

5. 农旅文化电商增收项目。以缪家乡村振兴学院及周边 10 大农场为平台，建设"大云农好"区域品牌和云影美墅项目，开展农产品电商直播销售，总投资 784 万元，实际支出 732.6 万元（社会主体投入 684 万元，镇财政资金 48.6 万元）。"大云农好"通过电商线上线下店、线上大卖场、产品展示中心营销推广，推出本地特色农产品超 100 种。

6. 智秌番薯藤产业创新项目。根据实际状况，项目已停。

三、试点试验组织情况

（一）强化组织领导

2018 年 5 月 17 日嘉善县人民政府办公室印发《关于成立嘉善县大云镇农村综合改革集成示范区建设试点工作领导小组的通知》，形成由县长任组长、分管副县长任副组长，各职能部门和大云镇主要领导为成员的工作领导小组，下设办公室，由县财政局主要领导任主任。同时，又成立由分管副县长任组长的改革试点专班，建立定期专题会议机制破解难题。另外，大云镇也相应成立领导小组和工作组，以保障项目推进、管理、验收。

（二）强化政策保障

先后出台《关于推进农业农村高质量发展的若干政策意见》《嘉善县农业投资项目"标准田"管理暂行办法》《关于支持乡村人才振兴的若干政策措施》《嘉善县乡村振兴专项资金管理暂行办法》等涉及土地、人才、资金、全域旅游等方面11个配套政策。

（三）强化项目管理

从工作协调机制、管理制度和配套政策建设等方面确保项目高效实施，设计试验工作路径图，形成项目推进表。出台试点试验项目工作推进实施方案、试点项目和资金管理办法》，对项目跟踪、资金拨付、资产分割等重要环节实行专项专管，并建立联席会议和月度例会制度。

四、资金管理使用总体情况

（一）项目资金管理情况

2018年，出台《嘉善县农村综合改革集成区试点项目和资金管理办法》《关于嘉善县农村综合性改革试点试验工作县级以上财政资金拨付的意见》《嘉善县农村综合性改革试点试验项目调整方案》《关于嘉善县农村综合性改革试点试验工作县级以上财政资金拨付的调整意见》等文件，确保资金规范使用。除每年开展项目绩效自评外，委托浙江中铭会计师事务所有限公司专门从项目立项、绩效目标、组织实施、完成进度、资金管理等方面进行整体财政绩效评价，并接受省财政组织的绩效评价，两次评估反馈为优。

（二）项目资金使用情况

1. 项目计划投入情况。试验项目计划总投入88520万元（见表2-1），其中，省级以上财政资金11291.5万元，地方财政45918万元，社会资本31310.5万元。

2. 项目资金到位情况。截至2021年12月，各项目实施主体实际到位资金93262.47万元，其中，省级以上财政资金11291.5万元（中央财政资金6601.5万元，省级财政资金4690万元），地方财政资金59697.24万元（县级财政资金12125.91万元，镇级资金47571.33万元），社会资本22273.73万元（其中村级资金7896.94万元，社会主体投入14376.79万元）。

3. 项目投资与资金使用情况（见表2-2）。截至2021年12月，实际完成投资102105.54万元，实际支出93262.47万元（其中县级及以上财政资金23417.41万元），支付执行率达100%。

表 2-1　国家级农村综合性改革试点试验项目目录

序号	改革方向	项目名称	子项目名称	计划投入（万元）	项目内容
1	村级集体经济发展方向	1.强村飞地抱团二期项目	强村飞地抱团二期项目	8100	由全县22个村抱团建设，飞地40亩，总建筑面积3万平方米
2		2.农创园飞田置换项目	农创园飞田置换项目	1000	整合土地资源，提升农业基础设施，打造烘谷房，通过设立集中耕作区块，提高粮食产出，做强农业经济
3		3.美丽经济强村项目	美丽经济强村项目	13000	由镇和相关村设立实体公司，打造1个民宿示范点，完成美丽乡村建设及各类旅游基础设施建设。建设嘉善巧克力甜蜜小镇公共停车场、南区公交站项目、公共服务中心项目
4	乡村治理平台改革创新	4.党建引领创新平台项目	缪家村村史展示馆	1000	
5			中德生态产业园党建示范点建设		实施中德生态产业园党建示范点优化工程及版面制作
6			红云总裁班		开办红云总裁班，开展各类培训
7			干部梯队建设		成立红云突击队，开展各项活动
8			新侨创业示范基地建设		成立新侨创业学院、侨之家、侨联等
9			党委理论中心组学习"半月坛"		组织党委理论中心学习组活动，开展各类学习
10			清廉大云建设		开展各村清廉村居建设、完成镇中心学校、两创中心清廉企业建设
11			长三角一体化区域联动活动		组织开展廊下、大云、广陈旅居产业活动型党委，开展培训及各类活动
12			新时代文明实践中心建设		完成新时代文明实践所及新时代文明实践点分布，实现镇域全覆盖
13		5.涉农公共服务机制创新平台	缪家邻里中心建设	1000	建设完成缪家邻里中心
14			"最多跑一次"改革		完成"一窗受理、集成改革""最多跑一次"事项全覆盖

续表

15	6."四个平台"提升项目	网格员队伍建设	500	组建专职网格员队伍，开展全网格配套建设
16		智慧小镇二期智慧交通		
17		镇综合信息指挥中心装修工程		实施镇综合信息指挥室装修工程，完成平台搭建
18	7.智慧小镇效能提升项目	智慧小镇一期智慧旅游	2000	建设智慧小镇各类基础配套工程，推进智慧旅游、智慧党建、云诊室等一系列智慧子模块
19		智慧医疗		
20		智慧食安		
21		企房云管家（智慧园区）		
22		大云村5G智慧体系和智慧化封闭式小区		实施5G智慧村庄建设；村部实施村级5G智慧管理中心建设、党群服务中心提升、矛调中心建设、党建阵地建设、便民停车位和文化氛围提升等
23	8.乡风文明传承馆项目	文化中心提升改造	1500	建设镇文化中心、姚绶展厅、智慧书屋、文化长廊
24		大云村新时代"红云管家"乡村服务综合体		改善跨线桥西南侧整体形象，同时建设好医养综合体、文化礼堂、家宴中心、居家养老活动中心、村级文化馆、商业体等配套设施服务群众
25		缪家村乡贤工作室		完成缪家乡贤工作室装修，成立缪家乡贤工作室
26		乡贤参事会全覆盖		实现6行政村1社区乡贤参事会全覆盖
27		乡贤联谊会		举办乡贤联谊会，乡贤发挥作用
28		九星文明户		各村社区全面推开九星文明户评创，实现全覆盖
29	构建农民持续有效增收机制	9.智杕番薯藤产业创新项目（根据实际已停止）	智杕番薯藤产业创新项目	11430	完成该地块土地流转、土地整理、有机土壤改良，建设有机观光农场以及有机人才培养基地，形成一个农业+旅游+美学的良壤大云有机农场聚落，带动周边地区发展循环农业，引导农民致富增收
30		10.碧云花园现代农业产业园项目	碧云花园现代农业产业园项目	4990	打造碧云花园嘉善杜鹃非物质文化产业园、农村实用人才培训基地、青少年农耕文化研学公益基地3个农业产业研学培训基地；提升智慧园区，增设精品果园，形成现代农业产业园创新模式，实现三产融合

续表

31		11.全域旅游公共配套提升项目	全域旅游公共配套提升项目	3000	嘉善巧克力甜蜜小镇北区停车场项目（多层汽车库）、嘉善巧克力甜蜜小镇殷家桥码头服务中心
32		12.包家浜等田园共同体项目	文松氧吧	5000	建设具备现代农业、休闲观光、创业抚育等功能的共同体内容
33		13.缪家乡村振兴学院项目	缪家乡村振兴学院项目	1500	建基地强人才、建游线增效益、建模式创样板，与周边乡村振兴示范镇、村联盟，形成"四区六环"教学拓展模式，推动职业农民和农村人才培育
34		14.农旅文化电商增收项目	农旅文化电商增收项目	1000	建设品牌电商线上线下店、开辟线上大卖场、产品展示中心，开展营销推广、大云农好品牌运营项目
35	创新乡村生态文明可持续发展机制	15.美丽乡村风景线模式创新建设项目	云梦路、云涛路建设工程	8000	云梦路云涛路（农村通村道路）提升工程西窑洞浜桥梁工程
36			美丽乡村风景线项目		迎宾大道二期工程、沿街立面改造整治工程（花海大道段）、城乡道路维修工程、度假区温泉大道路灯新建工程、东高线绿化土方回填、东高线道路绿化、农村土地全域综合整治（一期）、全域导视系统（风景线导视）
37			农旅公路改造提升工程		曹家至大通Y407乡道（云海路-后堰桥）道路拓宽工程、云巧路道路及景观改造工程、缪王公路绿化及亮化提升工程
38			云海路建设中心河以北道路建设		完成云海路建设中心河以北路段
39			路灯新建改造项目		完成主要街道路灯工程，完成度假区路灯工程、善曹线路灯新建工程、江家至洋桥农村公路路灯安装工程、小城镇环境综合整治EPC项目补充协议（十五）度假区主干道路灯新建工程、小城镇环境综合整治EPC项目补充协议（十三）城镇路灯主要街道更新改造工程
40		16.乡村环境综合整治机制创新建设	"四好农村"公路维护工程	5000	缪洪公路、云巧路、缪王公路、林家小桥改造提升工程，农村公路维护工程，大云至南湖新丰公路（康兴西路至联翔路段）及连接线工程（辅道工程），林家小桥改造工程（桥梁工程），云寺西路、卡帕路"白改黑"工程，缪王公路（缪洪线至王新线公路）二期工程
41			大云镇停车场工程		完成幼儿园停车场工程建设
42			"五位一体"市场化保洁机制		开展"五位一体"市场化保洁及设备运维等工作"五位一体"长效保洁费、环境保洁项目、环卫五位一体保洁管理项目

续表

43	17.垃圾、厕所、污水三大革命	污水零直排	2500	完成雨污管道改造、雨污水管道敷设及相关配套设施建设
44		垃圾分类与资源化利用		开展垃圾分类积分制管理，实现垃圾分类全覆盖，开展定时定点分类投放，提高垃圾分类准确率
45		垃圾中转站		完成压缩式垃圾中转站建设、垃圾处理设备及水处理设备项目（带五年运维）
46		厕所改扩建和星级厕所品质提升		完成6座厕所新建改造、缪家村办公楼装修水电工程、洋桥村共建配套用房公共厕所、东云村拖鞋浜美丽乡村提升工程、曹家村居家养老服务照料中心工程
47	搭建农村产权要素集成改革体系	18.全域土地整治一期样板项目	全域土地整治一期样板项目	3000	打造大云镇缪家村北部2500亩样板区，推进土地平整、开发、复垦、道路、提标等基础工程。建设农业功能区和一、二、三产业融合发展中心、迎宾路建设及农业主体提升等工程 完成全域综合整治示范项目（一期）建设、缪家村中心河南区块土地综合整治与生态修复工程项目（高标准农田、耕地质量等级提升、标准农田建设、农户拆迁补偿款）
48		19.全域土地整治二期推广项目	全域土地整治二期推广项目	4000	建设样板区外其他整治区各类基础工程，推进区内产业提升、全域土地综合整治与生态修复工程（土地复垦、土地开发、旱改水）、推土平整及多土运施工工程
49		20.全域农田流转示范项目	全域农田流转示范项目	1000	推动全域农田流转，开展承包田确权登记，建立流转交易大平台，开展农业招商和农业低乱散整治等
50		21.全域农房集聚	农民安置中心集聚点公寓房一期项目	10000	建设农民安置中心一期，占地面积21.3亩，主体建筑3.6万平方米
51			农民安置中心集聚点公寓房二期项目		建设农民安置中心二期，占地面积43.3亩，总建筑面积9.2万平方米
	合计			88520	

表 2-2　嘉善县农村综合性试点试验工作量化指标体系

序号	方向	一级指标 主要目标	完成情况	二级指标 指标名称及类型	单位	改革前（2018-06）	改革后（2021-6）
1	农村产权制度改革方向	推进全域土地整治、农田流转和农房集聚集成改革。高标准完成2500亩全域土地整治样板区建设，农田流转率从改革前的87%提高到全域流转，农房集聚率从改革前的72%提高到85%以上	完成2500亩全域土地整治样板区建设；农田流转率96.1%，农房集聚率83.1%	农田流转面积（农田流转率）	亩（%）	2400（20）	11547（96.1）
2				农房集聚率	%	75.6	83.1
3				全域土地综合整治示范片	亩	—	4000
4	村集体经济发展方向	村均经常性收入从改革前的218万元增长至350万元以上	380.26万元	探索村级经济发展模式	个	1	4
5				村年经常性收入	万元	218.95	380.26
6				村年经营性收入	万元	168.93	270.88
7				村集体股份分红	万元	0	742
8				村级组织实体化运作率	%	0	100
9				培育发展"电商专业村"	个	0	1
10				建成农业品牌/农产品品牌	个	1	4
11	乡村治理平台改革方向	完成集党建引领、"三治"链接、涉农服务、智慧小镇和乡村文明为一体的现代化治理体系。推动四个平台和"最多跑一次"改革向村级重心下移，建成村级邻里中心示范点，涉农审批服务事项从改革前的25项增加到40项以上	完成浙江省级村社换届试点；建成以智慧旅游、智慧医疗、智安小区为核心的智慧小镇一期项目，启用全省首个食品安全人工智能小镇，在全市率先建立镇级智慧医疗"云诊室"；四个平台和"最多跑一次"改革向村级重心下移；便民服务审批服务事项达249项以上	建立镇村干部综合评价体系及培育机制	—	0	1

续表

12			村党组织书记兼任村委会主任的村占比	%	—	100
13			党群服务中心覆盖率	%	100	提升改造率100
14			创建"三治融合"示范村	个	0	7
15			民主法制村（社区）达标率	%	—	100
16			"最多跑一次"省级下沉事项覆盖率	%	—	100
17			涉农服务集成审核、集中办理	项	40	249
18			善治示范村	个	—	3
19			乡贤参事会覆盖率	%	—	100
20			星级农村文化礼堂占比	%	100	100（6个均有提升）
21			小康体育村	个	0	6
22			全科网格建设达标率	%	0	100
23			农村放心农贸市场	个	1	1/连续评定
24			城乡居民收入比	—	1.7∶1	1.48∶1
25			农民人均纯收入	万元	31976	40741
26			低收入农户最低收入水平	万元	16550	20834
27			城乡居民社会养老保险	人	13992	16509
28	农民持续增收方向	城乡收入比从改革前的1.7∶1缩小至1.5∶1以内。	城乡居民合作医疗人数	人	15586	16511
29		1.48∶1	全镇农林牧渔业产值	万元	36171	32823
30			培训农村实用人才	人	55	99
31			省级示范性"青创农场"	个	0	1
32			培育省级示范性家庭农场	个	0	1

续表

33			培育省级示范性"青创农场"	个	0	1
34			农业"机器换人"示范点	个	0	1
35			农业龙头企业	家	2	4
36			农业科技新载体	家	1	4
37			家庭农场	家	18	38
38	生态文明发展方向	建成13.45千米美丽乡村风景线，建成农业经济开发区，打造3个以上特色村落民宿开发点，推进一、二、三产业融合的产业创新示范综合体	美丽乡村风景线	条	—	1
39			A级景区村庄覆盖率	%	16（1个）	66（4个）
40			AAA级景区村庄	个	1	2
41		打造13.6千米长的美丽乡村风景线；打造完成一个特色村落民宿开发点，推进并提升碧云花园、文松氧吧、智杕番薯藤等多个三产融合产业创新示范综合体	美丽城镇省级样板镇	—	0	1
42			县级以上美丽庭院示范户	%	30	60
43			农村全域秀美村创建率	%	0	100
44			新建改造农村厕所	座	0	6
45			农村垃圾分类准确率	%	40	99
46			集镇垃圾分类准确率	%	50	97.1
47			农村生活污水处理率	%	91.67	96
48			农村饮用水达标人口覆盖率	%	100	100

第四节　农村综合性改革试点内容

在农村综合改革中，涉及到的钱（资金）、地田房（土地）、人（人才）、技（技术）四要素是实现乡村振兴的关键，钱在哪、地咋改、谁来干、怎么干？如何在有限的要素支撑下最大程度地发挥作用？如何调整农村生产关系适应现阶段生产力发展？嘉善县大云镇两级政府充分开展调查研究，坚持问题导向，科学把握农村综合改革的破题方向，理清了改什么、怎么改的问题，主要通过实施"五大"改革集成，实现改革动能、模式、体系变换。

一、农村发展内生动力不足的制约

改革开放 40 多年来，各地经济社会发展快速，城市化进程非常快。但是，由于欠账过多、基础薄弱，城乡发展不平衡不协调的矛盾依然比较突出，对比共同富裕的目标，当下发展最大短板在于农村发展内生动力不足。比如实施农村综合改革试点的大云镇，城乡融合发展状况基础很好，但是在城乡资源要素配置、农民持续收入增收、村集体经济持续发展、农村环境、乡村社会治理、基本公共服务均等化等几个层面还存在瓶颈制约。

（一）要素空间制约是当前影响乡村发展的关键瓶颈

农村发展涉及"地田房人钱"这些要素的问题。首先土地集约利用程度低。土地流转呈零散化，农业经营主体低、散、乱，农业产出率低；农房分散，集聚率只有 72%，零星分散的自然村数有 86 个，户均农村居民点和人均村庄建设用地分别达到 680 平方米和 223 平方米。其次是政策性缺地严重。基本农田占有率很高，有的村农用地占比达 96%，致使农业设施用地落地难，也造成农业新型经营主体招引培育难。再次是人力资源制约。从事农业生产人员老龄化严重，农村实用人才短缺。第四，资金缺乏是常态。农村环境综合整治、美丽风景线建设、农村基础设施建设、标准农田水利设施建设、各种农村配套设施建设和对农民的补贴等，都需要大量资金，完全依靠政府实则是杯水车薪。

（二）农民增收路径缺乏是当前影响城乡充分融合的焦点难题

农民收入来源比较单一，大部分农民主要是依靠务工和土地流转收入，少部分农民仅有个体经营收入、田亩租金收入。农业经营效益进入下行通道，务农作为农民增收的传统方式动力有所减弱，农民增收难度日益加大。

（三）村级集体经济不强是当前影响乡村持续建设的突出短板

2018 年之前村级集体经济增收主要通过厂房出租、市场招租等形式实现，但是受市场影响大、稳定性不强，持续增收乏力。在违章建筑综合整治、村级开发区和"低小散弱污"企业腾退后，村集体经济更加显得增长无路。比如：大云镇各村共腾退村级"低散弱"企业 51 家、拆除"两高"沿线广告牌 95 块，村里租金净收益减少近 500 万元。集体经济严重受损且依靠自己难以寻找到增收途径。

（四）乡村环境面貌不佳和美丽经济转化不畅是影响乡村长远发展的基本因素

首先是整体面貌要提升，尽管近年来农村的环境问题正在日益改善，但仍然存在"点上出彩与面上不平衡""主干道干净美化与房前屋后有卫生死角"等问题。其次是生态优势尚未有效转化为经济发展优势，存在致富路子不多、举措不实、红利不足等问题。

（五）乡村治理能力不强是影响乡村发展水平的根本原因

乡村治理手段仍以传统办法为主，比如在农村环境整治中，面对一些不愿配合的农户，存在"新办法不会用、老办法不管用、硬办法不敢用、软办法不顶用"的尴尬。治理途径较为单一，创新程度不够。其次是便民程度还不够高，农户散居点公共配套设施不足，软硬件还要进一步加强，流程还要简化优化，公共服务水平有待提高，公共活动空间缺少，乡愁记忆点缺失，群众的满意度不高。因此需要新招、硬招，扫除乡村治理"最后一公里"路上的"拦路虎"。

二、实施"五大"改革集成，实现改革动能、模式、体系变换

根据相关要求，嘉善县的试点试验工作自2018年6月启动，实施期限为三年，到2021年6月基本完成。以大云镇作为实施试点的主要区域，坚持问题导向，科学把握农村综合改革的破题方向，制定出台农村综合改革试点试验工作方案，明确了以改革推动城乡融合基础、保障、手段、突破点和落脚点的21个改革试点项目。

（一）搭建农村产权要素集成改革体系破解要素空间制约瓶颈

围绕"地田房人钱"五大内容，形成"一集成三全域"改革框架。分别是推进乡村要素集成化配置，推进全域土地整治改革、推进全域农田流转改革、推进全域农房集聚改革。

1.优化"地"的配置，实施全域土地综合整治。首创形成了全域土地综合整治"一保四化"模式，即以保耕地守红线为前提，推动结构优化添动能和资源节化拓空间"双轮驱动"，实现产业美化促融合和红利转化增福祉同频共振，统筹配置集镇、农村、园区用地资源，突破规划瓶颈，打破区域限制，让有限的用地指标在拆旧区整治中同步，实现建新区的最大优化配置。累计整治立项31685亩，高标准农田净增4421亩；新增标准农田面积1445亩，标准农田的容量达到18979亩。耕地质量等级从5.9直接提升到5.4，500亩以上连片农田达到14片，其中千亩7片，耕地图斑数净减460个，大云镇共完成4000亩全域土地整治样板区打造，其中缪家村打造完成2500亩全域土地整治省级样板区。

2.优化"田"的配置，实施全域农田规模流转。以全域农田规模流转为

支撑，强化现代农业的关键保障。发挥村级组织委托流转作用，优化农田流转政策，以大云旅游度假区主要景观道路两侧、旅游项目周边农旅和民宿开发区、土地整治项目区、成片流转涉及零星农田作为重点区域，集中开展倒逼流转。采取联户流转、整社流转等方式，成片成方拉动土地流转速度，通过农业腾退、主体整合、低端产业淘汰等方法，全面提升土地流转效能。大云农田流转累计近 11547 亩，流转率 96.1%。

3. 优化"房"的配置，实施全域农房有序集聚。以全域农房有序集聚为助推，直抵村庄经营的关键要害。全面优化村庄布点规划，做强中心集聚点，提升一般集聚点，做靓保留自然村落。开展新农村规划建设，让分散宅基向大社区集聚。通过农房有序搬迁，零星分散的自然村数由 86 个降至 13 个，农村居民点从 680 个下降到 330 个、人均村庄建设用地从 223 平方米下降到 108 平方米，农村建设用地减少 919 亩，农村建设用地新增 412 亩。先后建成城乡一体新区 9 个，农房集聚已集聚 4020 户，集聚率达 86.9%。

4. 优化"人"的配置，创新育才引才路径。以乡村振兴学院为载体和红云总裁班，拓展乡村人才的振兴途径。通过校政企三方合作共建，打造全国首家实体运营的乡村级振兴学院——缪家乡村振兴学院，推出现代农业技术、农村电子商务、传统文化技艺等针对性的培育科目，对农村劳动力、低收入农户开展专题培训，培育造就了一支懂农业、爱农村、爱农民的"新农人"队伍，实现农业技能从低层次就业向高层次就业的转化，全镇劳动力就业达 98% 以上。缪家乡村振兴学院已成为农民自己的学校、田间流动的课堂、人才汇集的平台、成果应用的窗口。针对大云镇民营经济比较发达，创一代年龄偏大的问题，大云建立了以创二代为主体的红云总裁班，有利于企业家理清发展思路、解决转型难题，引导顺利传承接班。针对农业农村生产经营主体老龄化的问题，利用乡村振兴学院和红云总裁班的资源优势，深入宣传，创造创业创新的优越条件，吸引大批学农青年回归乡村、服务农业企业，吸引大批高精尖青年人才服务当地高科技企业。为镇域内遇到发展问题的乡贤企业，制定"因材施教"的指导课程，激励企业"二次创业"，发展更符合大云新环境优质产业。目前拥有云乡园、云沃农场、建忠家庭农场等一批乡贤创办的农业项目，已经成为大云农旅融合发展中的重要力量。

5. 优化"钱"的配置，完善资金保障机制。以健全财政投入保障机制为基础，撬动更多社会资金投入。国家级农村综合改革试点共计总投资 8.85 亿元，其中争取县级以上财政扶持资金 2.45 亿元，同时，通过业态集成布局，撬动更多社会资金投入。如打造"民宿+景区"美丽经济发展模式,集聚嘉德园艺、碧云花海、文松氧吧、华神甲鱼等十大农场,引进55亿元的智秋良壤有机生活度假区。围绕做强甜蜜小镇产业,发展旅游+"工业、文创、休闲、农业"发展模式集聚产业。歌斐颂巧克力小镇投资9亿元,通过巧克力元素集生产、游览和研学为一体,每年接待游客80万人次,旅游收入2亿元。围绕做靓高科园区产业,以"花园式园区、AAA级景区"为标准,以高端装备制造、精密机械及人才科技项目为产业导向,打造集工业、商务、旅游为一体的大云中德生态产业园,引进以德国为主的欧美"专精特新"企业30家,德国独资及中德合资企业15家。

(二)构建农民持续有效增收机制,破解农民增收路径缺乏

农民增收路径缺乏是当前影响城乡充分融合的焦点难题,为此形成"引、建、带、培"改革框架。分别是构建优化农民收入结构引导机制、创新探索新业态农业发展模式、创新一、二、三产业融合带动农民增收机制、构建新型职业农民培育机制。

深化"薪金+租金+股金+保障金+养老金+创业金"六金持续增收模式,着力增强人民群众获得感。通过发展旅游业、职业农民培训、现代农业产业园等吸纳本地农民就业约614人,人均月收入4500元左右,提高了"薪金"。通过出租房屋、流转土地,给每户带来2万元的房租收益、约1500元(年/亩)的土地租金。通过村集体分红、飞地抱团项目发放普惠式股金、精准式股金。通过给予农民合作医疗费用补助等提供政策性保障,同时发放煤气票、减免家宴中心场地使用费等,激励群众参与乡村治理。通过基本养老、置换养老,实现农民养老安置。目前大云镇享受养老安置的达1.2万人,养老金覆盖率达到98%,参加农村居民合作医疗9017人,参保率99.71%。通过创办各类专业合作社、家庭农场,增加创业发展型收入、创新带动型经营性收入。

(三)探索村级集体经济有效实现形式壮大村级集体经济

探索多路径强村发展体系,创新"飞地抱团"增收模式、深化农业创业增收模式、推动美丽经济增收模式,形成"一体系三模式"改革框架壮大村级集体经济。创造性成立村级运营公司,着力解决抱团投资、美丽经济转化、农田流转等关键问题。

探索"飞地抱团"增收模式。"飞地抱团",打破行政区划的界限和要素流动的障碍,县、镇(街道)统筹,将土地指标飞到国家级开发区、省级特色小镇、

"两创中心"等区位条件优越的区块,联合建设运营可持续发展项目,村集体以股份合作跨区域抱团投资,并获取保底分红收益(见图2-1:发展模式运作路径图①)。这模式实现了"村内经营到村外、粗放经营到集约、分散经营到集中"的转变。在大云中德生态产业园的"飞地抱团"两创中心已分红4290万元,先后得到时任省委书记车俊、时任中农办副主任韩俊、时任省长袁家军的高度肯定。大云"飞地抱团"升级版模式荣获了第五届浙江省公共管理创新案例优秀奖,并成功入选浙江省26条经济体制重点领域改革典型经验,在全省复制推广。

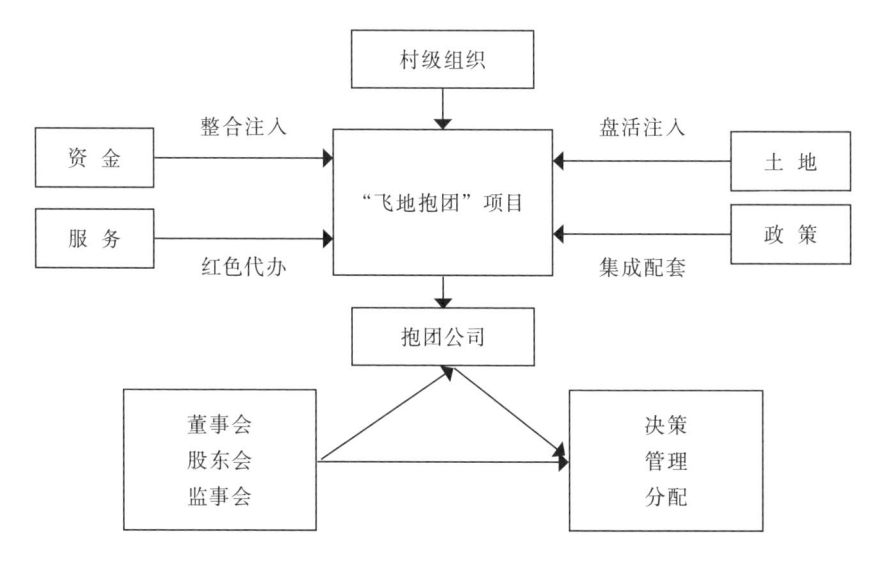

图2-1:"飞地抱团"发展模式运作路径图

另外,探索美丽经济增收模式。东云村借力全域旅游开发拖鞋浜民宿,11幢民宿投入运营,每年带来约55万元的房租收益,实现美丽经济可持续增收。探索农业创业增收模式。缪家村借力全域农田流转,经营缪家丰乐合作社,每年可销售"缪家"品牌大米约10万斤,为村级集体带来近20万元的净收益,实现品质农业增收。探索物业经济增收模式。洋桥村借力全域农房集聚,建设5层共1万平方米新社区配套服务用房出租,10年期租赁将带来2400万元租金收入,实现物业经济增收。

---

① 李圆圆、蒋星梅:《农村集体经济"飞地抱团"发展的生成逻辑、运作路径与发展绩效研究》,《经济视角》,2018年第5期,第14页。

（四）创新乡村绿色生态可持续发展模式，促进美丽经济有效转化

建立乡村绿色生态管控体系、创新美丽乡村风景线建设机制、创新乡村环境综合整治推进机制，形成一体系两机制的改革框架。

积极践行"两山"理念，立足自然水资源和生态环境优势，通过水下森林种植、河道清障、疏浚、水源涵养、生态缓冲带恢复等措施，实现集镇区水体透明度达到1.2米以上，水质达到Ⅲ类，度假区环线水体透明度达到1.8米以上，水质达到Ⅲ类，部分指标多次检测达均达到Ⅱ类，水生生物多样性明显提高，呈现"碧水绕云，碧水绕村"景象。坚持农旅融合发展助推美丽经济转化，通过土地流转对全镇的农田进行重新布局整理，打造美丽田园，优化改善农田生态环境，引入上规模农业经营主体，采取统一种植或委托季节性流转的方式，变"盆景"为"风景"，形成现代农业发展结合环境整治，将美丽资源转化为经济效益资源。坚持样板村、自然村落、旅游景点和美丽田园融为一体，保留并完善风土人情，逐步全面打造生态宜居乡村，形成13.6千米"美丽乡村"甜蜜花海风景线。2018年以来年均接待国内外游客250万人次，带动旅游收入近5亿元。

（五）探索乡村治理现代化善治体系，创新平台方法，持续提升乡村治理效能

打造党建引领治理新平台、探索"三治"乡村治理链接机制、构建涉农公共服务新机制、构建智慧效能管理新机制、构建乡村文明培育新机制，形成一平台四机制改革框架。

提升智慧化治理水平。基本建成以智慧旅游、智慧医疗、智安小区为核心的智慧小镇一期项目，启用全省首个食品安全人工智能小镇，在全市率先建立镇级智慧医疗"云诊室"。提升自主化管理水平。通过"九星文明户"[①]评创，形成群众工作"五步法"，着力破解农村人居环境长效管理等基层重点难点问题，引导群众自主参与各项中心工作，发挥群众主人翁精神，努力实现以评创促乡风文明，以评创促乡村善治。大云镇共有2500多户村民参与九星级文明户评创，有600多户评上九星级文明户，形成良好村风村貌。提升社会化协作水平。村级组织全部建立乡贤参事会，扩大统一战线"朋友圈"，并针对人居环境等薄弱环节，精准推出景观打造、环境提升、废物利用、志愿服务、绿色

---

① 九星级文明户：包含文明新风星、环境卫生星、绿色生态星、爱护公物星、诚实守信星、尊规守约星、孝老敬贤星、邻里和睦星、志愿奉献星等九颗星。评创流程通过个人自荐、村级初选、镇级审核、社会公示、终极评定、事迹展示等流程，引导农户参与村级治理以实现乡村善治。

账户等五大类项目。提升常态化服务水平。探索和推进党员、群众联动治理的"云网格、云访室、云管家"三朵云治理模式,形成有效的"三治融合"链接机制,实现群众疑惑"云端"解答、群众问题六级化解、社会矛盾双向预警,逐步健全"大调解"和多元化排查化解体系,源头上抓好信访积案化解。

第五节　农村综合性改革试点试验成效

乡村振兴是实现共同富裕的必然选择,改革是乡村振兴的内在动力。实施乡村振兴战略,其出发点和落脚点就是要通过改革解决发展不平衡不充分的问题,增进人民福祉、促进人的全面发展、稳步迈向共同富裕。嘉善县注重放大改革的示范性和引领性,充分尊重基层首创精神,在破题过程中创造经验,在创新过程中创造模式,有效提升城乡百姓民生福祉,为推进共同富裕真正发挥国家级农村综合改革的示范作用。

一、这是综合集成的农村改革

习近平总书记强调:"全面深化改革,全面者,就是要统筹推进各领域改革","这项工程极为宏大,零敲碎打的调整不行,碎片化修补也不行,必须是全面的系统的改革和改进,是各领域改革和改进的联动和集成","必须更加注重改革的系统性、整体性、协同性"。这深刻揭示了全面深化改革的系统性特征和集成性特征,不是各个领域体制改革的单向推进,而是各领域、各层次、各环节改革的系统推进。不是止步于改进体制机制,而是要着眼于制度聚合与集成,形成总体性的制度成果和制度文明(见图2-2)。

(一)体现在体制机制的整体集成

嘉善国家级农村综合改革突出的特征就是将城和乡作为一个整体来规划,从县到村一脉相承,重新勾勒了城乡融合和乡村振兴的体制机制,形成一个总体推进的框架。在工作机制上就是突出了以改革为有效的一个手段,综合产业、生态、治理、文化等各大因素共同推进。从搭建农村产权要素集成改革体系,构建农民持续有效增收机制和村集体经济发展机制,乡村治理平台改革创新,乡村生态文明可持续发展模式五大个方面着手,通过21个改革试点项目整体推进,实现产业融合、文化融合、制度融合,最终实现城乡居民收入差距缩小、公共服务无差别享受的景象。

共同富裕，关键难点在农村

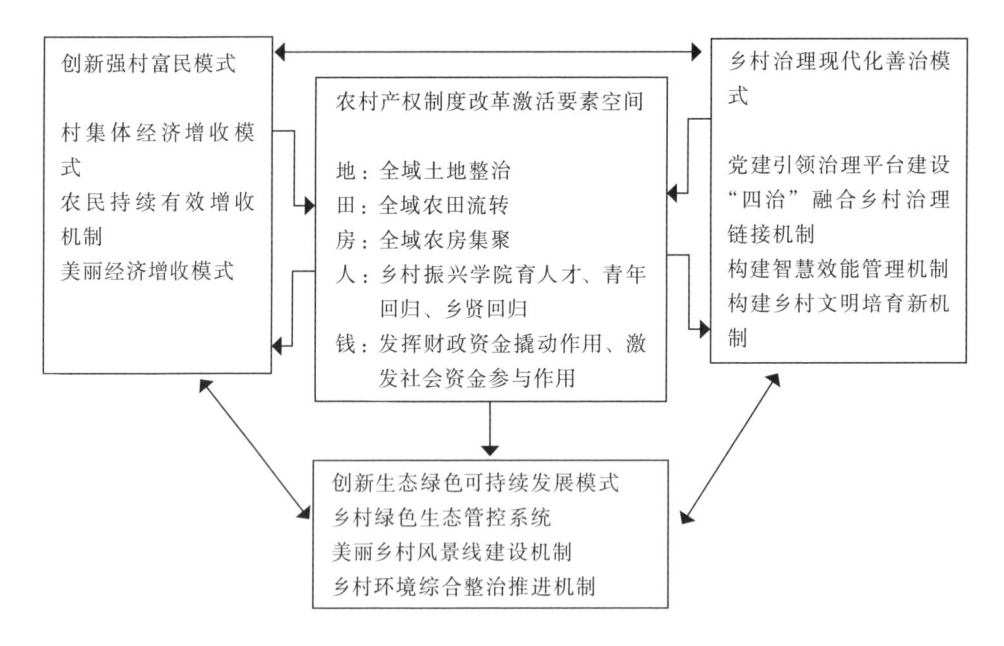

```
┌─────────────────┐      ┌──────────────────────┐      ┌──────────────────┐
│ 创新强村富民模式 │◄────►│ 农村产权制度改革激活 │◄────►│ 乡村治理现代化善 │
│                 │      │ 要素空间             │      │ 治模式           │
│ 村集体经济增收模 │      │                      │      │                  │
│ 式              │      │ 地：全域土地整治     │      │ 党建引领治理平台 │
│ 农民持续有效增收 │      │ 田：全域农田流转     │      │ 建设             │
│ 机制            │      │ 房：全域农房集聚     │      │ "四治"融合乡村治 │
│ 美丽经济增收模式 │      │ 人：乡村振兴学院育人 │      │ 理链接机制       │
│                 │      │     才、青年回归、乡 │      │ 构建智慧效能管理 │
│                 │      │     贤回归           │      │ 机制             │
│                 │      │ 钱：发挥财政资金撬动 │      │ 构建乡村文明培育 │
│                 │      │     作用、激发社会资 │      │ 新机制           │
│                 │      │     金参与作用       │      │                  │
└─────────────────┘      └──────────────────────┘      └──────────────────┘
         ▲                          │                           ▲
         │                          ▼                           │
         │               ┌──────────────────────┐               │
         └──────────────►│ 创新生态绿色可持续发展│◄──────────────┘
                         │ 模式                 │
                         │ 乡村绿色生态管控系统 │
                         │ 美丽乡村风景线建设机 │
                         │ 制                   │
                         │ 乡村环境综合整治推进 │
                         │ 机制                 │
                         └──────────────────────┘
```

图 2-2：综合集成农村改革试点

（二）体现在要素配置的综合集成

处理好农民与土地的关系是农村改革的主线。嘉善县紧抓主线先行先试，在保耕地守红线的前提下，把农村最关键的地、田、房、人、钱五大要素整合在一起设计相应政策，形成了一条闭环的改革路径。如以全域土地综合整治为龙头，在整个整治区块当中，通过全域农田规模流转来加快整治进程，解决供地保障的关键难题。通过全域农房有序集聚来打通土地整治的最大瓶颈，通过人才的振兴来激活的产业业态的更新迭代，促进现代农业发展、村庄经营破除桎梏，推动乡村高质量、高水平发展。

（三）体现在人与自然和谐相处的系统集成

坚持以量的积累实现质的飞跃。首先做好人居环境整治实现村庄洁美；其次进行村庄风貌管控和特色注入，实现村庄的秀美；再次考虑业态的注入和项目引进，加快了村庄富美，推动一批有影响力的农旅开发项目；第四，统筹水系连通、河道清障、清淤疏浚、岸坡整治、水源涵养和水土保持、河湖管护等多项水利措施，全力打造"美丽田园示范区"，实现"碧水绕云，碧水绕村"，人在景中、景在眼中、悦在心中，人与自然和谐相处的美丽图景。

二、这是示范先行的农村改革

习近平总书记强调:"世界每时每刻都在发生变化,中国也每时每刻都在发生变化,我们必须在理论上跟上时代,不断认识规律,不断推进理论创新、实践创新、制度创新、文化创新以及其他各方面创新。"

(一)尊重基层首创精神的实践创新

在改革过程中,尊重基层首创精神成为改革的沃土滋养,形成一系列的实践创新。在农村产权制度改革方面,将地田房三大领域改革有效整合、集成推进,探索了土地承包经营权的有偿退出,农村宅基地的有偿置换,跨村域的全域土地整治空间置换,形成改革最大的张力。做透改革后续延伸,重点探索存量集体建设用地再利用,形成全市首单、浙江省最大单的集体经营性建设用地入市大云方案。跨区域的飞地抱团和山海协作中西部扶贫的有效链接机制,创新"民宿+景区"美丽经济增收模式,建立村级集体经济参与下的资金合作、民宿开发、资产入股、景区运营等多途径利益获得机制,建立以优结构、拓空间、补短板为一体的农民收入结构引导机制等一系列的改革模式。

(二)形成改革品牌创新与推广

通过大胆探索实践,形成一批"改革品牌","飞地抱团"强村发展模式入选浙江省26条经济体制重点领域改革典型经验,并荣获第五届浙江省公共管理创新案例优秀奖;"云诊室"在嘉兴市开创镇级探索智慧医疗先河,惠及全县各类病患者1000多人;村级集体实体化运作乡村振兴学院,实现年度培训全国各地兴村治社干部和"致富带头人"500人以上;九星文明户评创首建"红海党建联盟"党群连心大平台,经验做法在全县复制推广。还有浙江省"两山理念"典型案例缪家村2500亩全域土地综合整治区,一、二、三产业融合的产业创新示范综合体碧云花园、西班牙橄榄园,全国首个实体化运作的村级乡村振兴学院缪家村乡村振兴学院,"乡村全域土地综合整治与生态修复工程"获年度乡村全域土地综合整治与生态修复省级精品工程并成功入选省自然资源系统践行"两山"理念典型案例等。

通过改革,形成一批在全省、全国叫得响、立得住的改革品牌,获得省、市领导批示肯定10余次;得到财政部有关司局领导和省厅相关处室领导的充分肯定;兄弟省份财政部门多次前来参观学习,共计接待考察团2000多人次。《人民日报》、新华社、中央电视台、《浙江日报》、浙江卫视等省级以上媒体聚焦报道120余篇。连续两年举办长三角V30村书记论坛,为苏浙沪皖三省一市提供乡村振兴发展典型经验。2018年率先设立从土地出让金净收益部分中提取10%的比例建立乡村振兴专项资金，此项工作得到时任副省长彭佳学同志批示肯定；"飞地抱团"强村发展模式入选全省26条经济体制重点领域改革典型经验，荣获第五届浙江省公共管理创新案例优秀奖；建立全国首个实体化运作乡村振兴学院，"云诊室"在全市开创镇级智慧医疗先河。

三、这是红利彰显的农村改革

习近平总书记一直强调：无论走过多长的路，无论走到多远的未来，全部奋斗的根本目的，就是为了人民对美好生活的向往。在农村综合改革试验中，从设计改革框架到具体政策实施，始终围绕"农民能不能增收、村集体能不能发展、乡镇实力能不能增强"开展，把强村富民、人民满意作为改革标识物。通过改革，营造强村富民科学路径，探索形成"飞地抱团"强村富民模式，创新"民宿+景区"美丽经济增收模式，建立村级集体经济参与下的资金合作、民宿开发、资产入股、景区运营等多途径利益获得机制。建立以优结构、拓空间、补短板为一体的农民收入结构引导机制，共享"六金"持续增收模式示范效应，2020年底，大云镇地区生产总值从2016年的18.3亿元增加到31.6亿元，年均增长14.63%。财政总收入、一般公共预算收入分别达到4.3亿元和2.3亿元，比2016年分别增长47.95%和71.11%。大云镇村均经常性收入从改革前的218万元增长至376.37万元。农民人均纯收入从改革前3万元增长至5万元，改革期内连续年增幅超过8%。城乡居民社会养老保险1.65万人，覆盖率98%；农村居民合作医疗人数1.6万人，覆盖率98%。大云镇城乡居民收入比从改革前1.7∶1缩小至1.48∶1。打开乡村发展最大空间，以21项改革试点项目为抓手，以"三全"集成改革推动农村产权要素改革，念活"土地经"；以国家级旅游度假区创建加速一、二、三产业融合发展，吸引740万海内外游客；以构建新时代乡村生态文明体系实现乡风文明和乡村善治，实现改革全域化、红利全转化。

为期三年的嘉善县国家级农村综合性改革试点圆满完成了各项改革试点任务，达成预期目标，改革试点在村集体经济多路径增收、农民持续有效增收、乡村现代化善治体系、生态文明可持续发展、城乡要素集成化配置等方面形成了一系列的城乡融合发展的体制机制，探索形成了一套完整的以农村改革推动城乡融合发展的改革体系，为缩小城乡差距，推动共同富裕提供了嘉善经验。

第六节　农村综合性改革试点经验启示

在国家级农村综合性改革试点建设中，创新了一系列的改革方法，形成了一系列的改革经验，创造了不少改革创新的经典案例，从中可以提炼出看得到、摸得着、能借鉴的推进农业农村改革系统集成的重要方法。

一、农村综合性改革试点试验方法

（一）试点集中法

所谓试点集中法，就是指相关各类专项试点要集中到综合改革试点平台落地，形成改革试点系统集成和叠加放大效应。此过程中，如何统一授权、一体试点，如何试而有效、试而推广是关键。在设计试点时，要根据试点初衷，尽量将涉及相关领域的关键环节的试点政策进行综合集成、一体试点，而且这些试点内容要具有普遍性，既使试点有序有力推进，又使试点有效果、能复制。要注重统筹各领域各类试点，将过去逐项零星试点转变为综合性试点，将相互交叉性试点转变为统一性试点，将只有个性化意义的试点转变为具有普遍性意义的试点，通过各类试点科学统筹、系统集成，放大试点的综合效应。

（二）项目牵引法

所谓项目牵引法，就是要以项目为中心，从项目谋划到落地见效，全流程梳理改革逻辑链条、设计改革事项、集成改革举措，避免出现"单只脚走路"的现象，拖改革的后腿。有关部门在相关改革重点项目安排上，要优先向开展集成改革的地区倾斜。这些地区在项目设计和建设的过程中，要立足处理好农民与土地的关系、城与乡的关系、政府与市场的关系，结合当地实际，明确改革方向定位，找准结合点，形成系统集成、前后呼应、整体推进、统筹实施的改革新格局。承担项目建设的地区要认真按照备案的实施方案和工作进度，强化工作措施，加快推进项目建设，完成好各年度各阶段目标任务。

（三）协同联动法

所谓协同联动法，就是对于一些涉及上级部门又由地方主推的改革事项，需要上下联动、条块协同、同频共振、整体推进，避免出现"下动上不动、打折来推动"的现象。围绕深化农业农村改革，各地区主要领导要亲自抓，成立政府领导为组长的工作领导小组及其办公室，加强对改革工作的统一领导，落实相关工作职责。要发挥好财政（综改）部门牵头作用，协调相关部门细化工作任务，建立分工明确、密切配合的工作推进机制，抓好具体工作落实。乡镇党委政府和村级组织要担负起项目实施主体责任，动员村民群众、凝聚社会力量共同参与改革工作。要设计改革路径图，倒排时间、挂图作战，压实责任、倒逼任务，形成上下齐心、协同推进的联动推进体系。

（四）要素耦合法

所谓要素耦合法，就是围绕核心的改革目标和制度框架，对关系改革落地的核心环节、关键领域进行政策配套，把零星的要素资源有机结合起来，形成一个系统的要素支撑体系。要在政府和市场两方面，加强资金、土地、人才、科技等资源要素的系统配置。在用足用好上级财政扶持政策的同时，建立全域土地整治、全域农田流转、全域农房集聚等推动城乡要素合理配置的财政引导机制。要建立以财政投入为引导，吸引社会各方投入集成区建设的多元投入机制。积极探索政府与社会资本合作的有效途径，综合运用先建后补、贴息、以奖代补、投资基金、风险担保等，撬动金融和社会资本投向集成区建设。鼓励各类金融机构加大金融支持力度。

二、农村综合性改革试点试验特色

（一）改革首创点

突出改革首创精神，在综合性改革中大胆探索。如探索村股份经济合作社下设市场化实体公司运营模式；探索形成建设与招商同步、出租与分红同频、园区与村集体共益的"飞地抱团"强村发展模式，并探索跨县域、跨省域"飞地抱团"带动集体经济发展和精准扶贫新模式；以工业化理念探索农业发展方式转型，创新飞田抱团强村机制，探索农业创业创新中心和农业经济开发区模式；探索建立了以提高农田流转委托率、规模率和法人经营率统为一体的流转提质机制；探索农村土地承包经营权和农村宅基地有偿退回机制；探索农村宅基地所有权、资格权和使用权三权分置改革；探索农业主体法人化经营机制。

（二）改革突破点

把握改革关键环节，在综合施策中大胆突破。如整体推进全域土地整治，让有限的用地指标在拆旧区整治中同步，实现建新区的最大优化配置；探索创新集体经济法人治理、经营运行、监督管理、权益分配机制；全面推进农房集聚点建设，主导公寓房安置模式，打通集聚通道；建立将指标注入、资金奖补、规费减免、项目代办等集成一体的"飞地抱团"引导推进机制；探索一、二、三产业融合的产业创新示范综合体；建立农业主体准入和腾退机制，出台农业产业负面清单，形成强有力源头管控机制；推动以德治、法治、自治为一体的治理链接机制。

（三）改革集成点

深化改革顶层设计，在系统谋划中统盘推进。如推出了以地、田、房为核心并统为一体的农村产权综合改革；探索形成城乡绿色生态警戒线和预警制度；构建以新农村、自然村落、旅游景点和美丽田园融为一体的美丽乡村建设机制；建立全域土地整治、农田流转和农房集聚下的农民就业、创业链接机制；探索形成建设与招商同步、出租与分红同频、园区与村集体共益的"飞地抱团"强村发展模式；建立镇级主导、村级入股、农户参与、社会资本引入、国资参股等多种民宿开发模式。推进以农村、集镇和工业园区统为一体的乡村环境综合整治推进机制。

（四）改革红利点

注重改革成果运用，在整体推进中释放红利。如探索美丽经济强村模式，建立村集体经济参与下的资金合作、民宿开发、资产入股、景区运营、电子商务等多途径利益获得机制；展开农业大招商，提升流转交易大平台，扩大农村承包土地的经营权抵押改革受益面，稳步推进流转农户二次分红；推动民宿集中收储开发，探索农村宅基地入股机制；建立以优结构、拓空间、补短板为一体的农民收入结构引导机制；探索构建新型职业农民培育机制；推动"最多跑一次"改革向村级重心下移，以邻里中心理念建设便民服务一条街等公共服务示范平台；注入文化的市场化运作机制，创新文旅相融合的市场培育机制，推动文化电商培育机制。

第三章　农村综合性改革试点试验的典型样本

第一节　大美云集大云镇

大云镇位于嘉善县南端，是沪杭高速、沪杭高铁接轨上海第一镇，相继获得中国鲜切花之乡、国家生态镇、国家园林城镇、全国文明镇等荣誉称号，是全县承接改革试点最多、探索力度最大、成效最明显的区域之一。

大云镇牢牢把握长三角一体化发展上升为国家战略的历史性机遇，按照乡村振兴战略20字总要求，以奏响新时代的田园牧歌、复兴升级版的农耕文明、打造世界级的诗画江南、建设高质量乡村振兴示范地为发展目标，深入实施农村综合性改革，全面推进乡村振兴战略，是嘉善县城乡统筹水平最明显的区域之一。作为全省唯一的整镇土地综合整治试点在自然资源部（原国土资源部）做了经验交流；缪家村被列入了全省土地"多规合一"的试点。在2018年承担了全市"千万工程"推进乡村振兴现场会，示范成果丰硕、示范效果明显。大云镇成为嘉兴市乡村振兴示范镇，缪家村和东云村成为乡村振兴示范村，辖区内6个村平均经常性收入达到380.26万元，城乡居民收入比缩小至1.48∶1，乡村振兴示范镇建设项目17个，完成投资16.5亿元。

一、搭建组织架构开展顶层设计

为确保创建工作顺利实施，大云积极行动，认真落实，早启动、早谋划，明确工作思路，强化组织保障，强势推进各项工作有序开展。

（一）抓好总体谋划

自 2018 年以来，先后出台《大云镇创建嘉兴市乡村振兴示范镇工作方案》《大云镇关于全面实施乡村振兴战略 高水平推进城乡深度融合的实施方案》《大云镇全域推进土地整治、农田流转、集中征迁工作方案》《大云镇农业转型提质三年行动方案》《大云镇推进园区品质深度提升三年行动方案》等工作推进文件，为争创示范镇牢牢夯实根基。

（二）构建推进框架

成立乡村振兴工作领导小组，由镇党委书记和镇长担任双组长，分管党群副书记和农业副镇长担任执行副组长，其他班子成员担任副组长，整合各条线力量组建强有力的工作班子。并且，在领导小组下设十个工作组，明确人员和职责，分头落实开展相关工作。同时，从全镇范围选派优秀年轻干部集中办公，专门负责乡村振兴日常工作，确保工作顺利开展。

（三）优化工作机制

精心设计乡村振兴路径图，以打造乡村振兴示范镇和建设城乡融合样板区为总体目标，实施乡村振兴工作项目化管理，明确任务、压实责任，形成上下齐心、协同推进的联动推进机制。同时，建立联席会议和每月例会制度，每月汇总示范信息专报、工作经验、重点项目推进进度，全力保障创建工作快速推进。

二、乡村振兴示范主要着力点

（一）着力融合发展作示范，促进更高水平的产业兴旺

1. 以全域旅游发展思路，推进全域大发展

乡村振兴工作实施以来，大云镇始终坚持绿色发展理念，融合一、二、三产业。围绕长三角生态休闲旅游度假区，编制全域城市设计，同时按"镇域景区化、景区全域化"要求，以景区标准分别对度假区、小城镇、工业园三大功能区实施公共配套设施和整体环境提升。到 2021 旅游项目总投资达 145.5 亿元，年均接待国内外游客 338 万人次，带动旅游收入近 7 亿元。

2. 以工业经济品质提升为目标，推进康兴工业园区"工改工"

实现工业园区有机更新及低效用地再开发；以"两创中心"创新服务综合体为方向，深入实施"筑巢引凤"，对标德国推进产业平台能级、效率、水平不断上升。同时，强化项目招引，2020 年就成功引进优质产业项目 18 个，其中超亿元内资项目 4 个。全镇规上企业产值突破 50 亿元，高新技术企业产值突破 30 亿元。

3. 推进农业深度转型，实施全域农田流转和土地整治

推进农业低散乱腾退，开展新型农业主体培育，高品质推动十大新型农

业主体转型发展（笠歌生态、华神农场、嘉德园艺、丰乐合作社等），发展农村电子商务等新型农业业态，同时优化农民收入结构、增加农民有效增收渠道。时任浙江省委常委、组织部部长任振鹤在全省组织部长会议上提出的"撒下一把'黄金米'"指示精神，报道嘉善县大云镇缪家村丰乐农技服务专业合作社的生产、经营和管理情况，展现通过打造特色农产品品牌，促进村集体经济发展，帮扶农民增收致富的经验做法。2020年大云人均GDP已达19.15万元，高于全县平均水平。

（二）提升镇村品位作示范，推动更具魅力的宜居生态

1. 推进集镇风貌靓化

实施城镇有机更新，全面提升居住环境，推进商住小区和商业综合体建设，提升开放式小区环境改造，整治城中村和背街小巷。先后开展小城镇环境综合整治和美丽城镇建设，投入3.1亿元，实施65个重点项目，引入全域化保洁、市场化监管、社会化治理的长效管理机制。

2. 加速农村面貌美化

以村村创A行动为抓手，编制A级景区村庄规划，全面优化村庄布点，结合江南水乡底色和全域旅游基础，保留原生态的水乡风貌和人文乡愁，抓好特色自然村落保留提升，开展平原绿化建设，确保田园环境整洁美丽。做精做美东云拖鞋浜、曹家上下村等特色自然村落，启动大云村西林庵、曹家村牛草泾、江家村西顺下浜等精品村落建设，串珠成链，打造13.6千米的甜蜜花海风景线，连片成景，促进乡村美丽经济发展。目前我镇已获评省级美丽乡村示范镇，缪家村、东云村获评美丽乡村特色精品村。

3. 开展环境全域治理

持续推进环境治理工作，统筹抓好工业点源、农业面源、生活污染源整治。坚持打好蓝天、净土、碧水保卫战，联动推进"五水""五气""五废"共治，深化"河长制""路长制"等制度，建立防反弹长效机制。巩固拆违治危工作成果，强化防违控违巡防机制，杜绝新增违建和点外建房。建立涵盖农村、集镇、园区、道路、河道"五位一体"城乡环境卫生长效保洁机制及第三方监管机制，实现卫生保洁市场化、专业化、全域化运作和过程监管的全程覆盖。

（三）深植文化底蕴作示范，厚植更有内涵的乡风文明

1. 培育文明素养

全镇致力于文化礼堂全覆盖，依托文化礼堂，举办各类群众喜闻乐见的文体活动，以"文"化人。树立价值标杆，以"红云半月谈"等理论学习平台，广

泛开展"红船精神"等理想信念教育。深入挖掘中华传统文化，加强对了凡、姚绶、魏大忠、陈龙正等历史名人及文化的宣传和保护，丰富"善文化"内涵，开展红云志愿行动、网格员网格化志愿行动、红云突击队志愿行动、九星文明户评创行动、移风易俗整治活动，形成"人人志愿、户户参与"的善美形象。全镇获评全国文明村镇。2018年，由中宣部理论局、中共浙江省委宣传部、浙江广电集团联袂打造的大型系列专题片《厉害了，我的乡村》之"乡风文明"篇在大云镇缪家村录制，在中央电视台、浙江卫视、人民网、新华网、新蓝网等多个平台播出，持续引发热烈反响。

2. 培养文化创造

建立"甜蜜文化+"特色品牌体系，以"甜蜜文化+"旅游、社会、文明、品牌四个抓手，将杜鹃文化节、乡村音乐节、上海交响乐团演奏会、老树画画文艺作品展等文化活动进行串联和整合；传承传统民俗和非遗经典，将泥塑、压花画、十字绣等珍贵遗产技艺融入文化元素，植入全域旅游全产业链。

3. 培植文产特色

推进文化与旅游产业深度融合，开发文化产品，做强知识产权（IP）品牌，深度发酵甜蜜IP文产品牌，通过高品质的音乐剧、动画片、绘本等形式，提升文旅附加值；推进市场化运营，提升文创产品设计、生产、推广、销售能力，做透云宝IP文创序列，开发以本土农副产品、手工技艺、景区产品等为要素的文创产品。

（四）致力服务民生作示范，推进更高效率的治理体系

1. 打造"三朵云"治理模式

以打造基层党建先锋镇为契机，探索和推进党员、群众联动治理的"云网格、云访室、云管家"三朵云治理模式，形成有效的"三治融合"链接机制，实现群众疑惑"云端"解答、群众问题六级化解、社会矛盾双向预警，逐步健全"大调解"和多元化排查化解体系，源头上抓好信访积案化解。目前全镇市级"三治融合"示范村占比达57%，民主法治村、平安村社区创建均达到100%，省级民主法治村创建率超70%。

2. 提高便民服务方式

深入推进"四个平台"建设，推动"最多跑一次"改革向村级重心下移，升级九大窗口，整合各类便民服务事项249个，引导各类涉农服务集成整合，各类涉农审批集中办理，完善"跑前导办"系统，推进便民服务网络全覆盖，以邻里中心理念建设便民服务一条街等公共服务示范平台。"最多跑一次"事

项覆盖率达到100%、群众满意度100%。

3. 构建智慧效能形式

以嘉兴市首批新型智慧城市标杆市"五类试点"单位为契机，实施"智慧小镇"五年行动，打造镇级综合治理指挥中心、智慧交通、智慧旅游、智安小区、智慧食安等数字化社会治理建设，实现基础大数据库互联共享。同时从群众的切身利益出发，在全市率先建立镇级智慧医疗"云诊室""义诊室"，推动就医"最多跑一次"，让群众生活享受智慧红利。

（五）推动强村富民作示范，实现更加幸福的美好生活

1. 培育农民促增收

深入实施农民素质提升和农村实用人才培育工程，依托缪家乡村振兴学院，推出现代农业技术、农村电子商务、传统文化技艺等针对性的培育科目，对农村劳动力、低收入农户开展专题培训，培育造就一支懂农业、爱农村、爱农民的"新农人"队伍，实现农业技能从低层次就业向高层次就业的转化。

2. 强村发展促增收

探索创新"飞地、飞田、飞房"强村发展模式，通过"飞地抱团"建设工业产业园，通过"飞田抱团"建设农业"农创园"，通过"飞房抱团"建设三产"两创园"，不断做大村级资产，提升造血功能，实现强村发展。

3. 六金模式促增收

探索"政府推动、村级带动、企业运营、农民自发"四位一体发展机制，增加农民薪金、租金、股金、保障金、养老金和经营性收入的"六金"收入，实现富民普惠。目前全镇劳动力就业达98%以上，养老和医保均达98%以上。

三、大美云集的示范亮点

在实施乡村振兴战略过程中，大云镇始终坚持全局性谋划，全方位推动乡村提质增效作示范，在这三年里亮点纷呈。

（一）以集成改革为牵引，打造最强有力的示范引擎

以乡村发展痛点、难点为突破口，全力探索改革有益经验和模式，不断推动乡村高质量、高水平发展。2018年年初，嘉善县被列为国家级农村综合性改革试点试验区，大云镇作为核心的实施主体，紧扣乡村振兴战略总要求，从村集体经济发展、乡村治理平台改革创新、构建农民持续有效增收机制、创新乡村生态文明可持续发展模式、搭建农村产权要素集成改革五大个方面着手，通过21个改革试点项目的实施和财政资金的撬动，有效提升了城乡百姓民生福祉，城乡居民收入每年高质量增长。

（二）以"飞地抱团"为驱动，打造最具活力的示范模式

创新"飞地抱团"增收模式，壮大村级集体经济。通过"土地+资金""强村+弱村"等形式，引导经济薄弱村将分散的资源集聚至"飞地"项目，实现村级集体经济的抱团致富，促进农民增收。一、二期主要是为本县实现强村服务，第三期于2020年11月开园，主要是跨区域实现"嘉善—庆元—九寨沟"三地"飞地抱团"强村项目，投产后为庆元县83个村、九寨沟48个村每年带来2200万元收益，实现主动"造血"。飞地模式入选浙江省26条经济体制重点领域改革典型经验，并获评省公共管理创新案例。2020年浙江省委省政府授予大云镇人民政府消除集体经济薄弱村先进集体，其经验也获得了时任省委书记袁家军和原中农办主任韩俊批示肯定。

（三）以三产融合为导向，打造最具深度的示范业态

大云拥有省级旅游度假区、巧克力甜蜜小镇两大省级平台，3个国家AAAA级景区，2个AAA级景区村庄。历年来我们坚持统盘城乡要素集成化配置，通过推进地、田、房为核心的农村产权制度改革，盘活存量用地、梳理农田肌理、拉动农旅开发。逐步完成农业退低进高、退散进集、退乱进美，同时整合度假区农业板块，高品质推动5400亩农旅大招商，高强度打造碧云花园现代农业产业园、西班牙橄榄园、智栊良壤（大云）有机生活度假区项目、歌斐颂巧克力小镇等一批产业融合创新综合体，引入各类新品种农作物，实现了农业底色个性化，重塑了农业业态布局，深层次植入旅游、文化，在不断圈粉吸引游客的基础上，反哺农业产业，实现一、二、三产业互利互赢、有效融合。

（四）以共同富裕为目标，打造最为唯美的示范画卷

1. 聚焦长三角一体化，引导村级发展区域协同

2020年6月28日，"大美云集党建引领新时代乡村振兴"首届长三角V30村书记论坛在嘉善县大云镇举行，来自苏浙沪皖的30位明星村书记围绕"如何破解城乡发展不平衡，统筹城乡融合发展"等问题，以"共享创共赢"，深入探讨乡村振兴实践，集思广益农民增收渠道。

2. 深入践行两进两回，合作共建有效载体

2019年9月27日，全国首个实体化运作的乡村振兴学院——缪家乡村振兴学院正式揭牌授课，学院邀请中国农业大学原校长柯炳生、上海财经大学旅游管理系主任何建民、浙江省乡村振兴研究院执行院长潘伟光和知名教授参与揭牌，同时省市县各级领导到场见证，受到全国68家媒体关注、报道。缪家乡村振兴学院的建成为科技、资金、青年、乡贤进乡村提供了有效通道和内在动力。

第二节　跨越之变缪家村

大云镇是嘉善农村国家级综合性改革试点试验的重点区域，而缪家村又是大云镇试点试验的重点。缪家村位于嘉兴市嘉善县大云镇东部，紧邻沪杭高速公路大云出口，面积7.07平方千米，农户1049户，户籍人口3393人。2008年10月29日，时任国家副主席的习近平同志莅临嘉善调研，缪家村作为唯一一个村级调研点受到了视察。多年来，缪家村始终牢记总书记视察时要求的"走在前列、作好示范"重要指示，通过改革组合拳，不断推进各项事业发展，取得了显著成效，获得了全国先进基层党组织、国家级农村实用人才培训基地、省级全面小康建设示范村、省级农房改造示范村、省级美丽乡村特色精品村等荣誉称号，努力实现"三个走在前列"的新时代乡村振兴示范样板。

一、缪家村的发展成效

（一）村强民富走在前列

二十年前的缪家村，村集体可支配资金不足5万元，农民人均纯收入不到1000元，"面朝黄土背朝天"是村民唯一的谋生方式。经过改革、创新和发展，如今缪家村产业得到振兴，一、二、三产业融合度较高，实现了村强民富。2020年，缪家村集体经济收入1380万元，农民人均可支配收入超过5万元，已连续6年农民人均可支配收入年增幅超过8%，高出全县平均值达万元之多，城乡收入比缩小至1.5∶1。

（二）村治民和走在前列

缪家村坚持党建引领，不断推进"四治融合"工作，运用现代信息技术，做好村务管理和治安工作，成为善治村庄、智安小区、平安社区的典范。缪家村高度重视乡风文明建设，以文化礼堂为主阵地，大力培育和践行社会主义核心价值观，与时俱进完善村规民约，常态化开展"善人善事""九星十美""好家风、好家训"集中展示等活动，促进邻里和睦，实现"零纠纷""零斗殴""零上访"，成为和谐村庄、文明社区的典范。

（三）村美民乐走在前列

缪家村秉承绿色发展理念，积极开展"五水共治""三改一拆"等环境综合整治行动，围绕2500亩全域土地整治示范区，在村容整洁、垃圾分类处理的基础上增设景观节点。缪家村还积极推进土地征迁流转养老安置，实现全村退休年龄养老安置全覆盖，常态化免费为年老体弱、空巢老人提供送餐上门、生活照料、助医护理、重要节日发放慰问品及慰问金等服务。在美丽的村居环境和健全的民生保障下,村民拥有了很高的幸福感、获得感和满足感。

二、缪家村的主要做法

(一)以"三全"工作为基石,作好产权改革示范

缪家村围绕"地、田、房",全力推进"三全"工作,深化产权制度改革,念活"土地经"。通过全域土地整治,盘活存量土地,整合闲置土地,优化建设用地。通过全域农田流转,发挥规模效应,提升农田效益,拉动农旅开发。通过全域农房集聚,改善农居条件,提升村庄布局,提高节地水平。缪家村以全域土地综合整治为突破口,全力打造2500亩全域土地综合整治样板区,在此基础上,推进全域土地流转和农房集聚,2020年全村土地流转面积达4500亩,流转率达96%,全村农房集聚农户996户,集聚率达95%。

(二)以"一院四园"为抓手,作好产业融合示范

缪家村通过建立缪家乡村振兴学院、碧云花园现代农业产业园、歌斐颂巧克力乐园、西班牙橄榄园,以及村集体入股中德生态产业园"飞地抱团"强村项目,促进了一、二、三产业融合发展,增强了村集体经济的"造血"机能。

缪家乡村振兴学院是全国首个实体运营的村级乡村振兴学院,致力于打造全国乡村振兴教学实践基地、全国农村实用人才培训基地、全国村书记乡村治理培训基地、全国领导干部基层培训基地。

碧云花园现代农业产业园占地面积1100亩左右,总投资2.1亿元,是一家集农业生产、育种研发、产品销售、科普示范、人才培训、观光体验、婚纱摄影、休闲度假、餐饮民宿等功能于一体的融合型产业园。

歌斐颂巧克力乐园是国内首个以巧克力文化为主题的工业旅游项目,先后荣获浙江省工业旅游示范基地、全省首批服务业特色小镇、国家AAAA级景区。西班牙橄榄园占地210亩,累计投资约1600万元,建设高标准农田110亩,氮磷生态拦截沟渠1800米,种养橄榄树、"红美人"橘子树、精品鱼种,通过场景化旅游观光体验和直播平台,实现线上线下双渠道销售。

缪家村还积极参与"飞地抱团"强村项目,累计投入1750万元参与中德生态产业园,该园区吸引德国道博模具、德国卓瑞精密机械、新加坡塑德精密设备、英国弈烯石墨烯科技、加拿大林川生物科技等欧美优质企业入驻,重点发展高端制造业。

(三)以"三朵云"平台为重点,作好基层治理示范

缪家村全力构建共建共治共享的基层治理格局,加强和创新社会治理,积

极推进"云访室""云网格""云管家"三个社会治理服务品牌建设。通过"云访室",领导干部可以在"云端"面对面为群众答疑解惑;通过"云网格"实现从微单元、微网格、网格员、网格长、村级、镇级六级化解阶梯,逐一化解、即时反馈,实现社会矛盾的双向预警,做好了源头防控;通过"云管家"集合房东与新居民在线备案登记、选房、调解、整改、上报等多种功能,进一步提升出租房屋和新居民管理服务水平。截至2020年底,缪家村通过"三朵云"平台共化解信访问题6个批次,办理群众事项444件,建立微网格383个,微单元443个,共收集百姓报事信息828条,办结率实现100%。

(四)以"八个一"工程为支撑,作好民生服务示范

近年来,缪家村充分发挥农村基层党组织的战斗堡垒作用,创新探索党建引领、民生服务"八个一"工程,通过打造"一个舒心的宜居小区""一个高效的便民服务大厅""一个功能齐全的文化礼堂""一个全科型的医疗服务站""一个幸福的居家养老中心""一个综合的先锋站""一条智能的常态服务热线""一个设施齐备的邻里中心",不断完善为民服务的阵地,建立集文化礼堂、远教广场、居家养老服务中心、社区卫生服务站等功能为一体的"便民服务一条街",提高老百姓的幸福指数和满意度。

(五)以"六金"模式为核心,作好共同富裕示范

缪家村着力建立以优结构、拓空间、补短板为一体的农民收入结构引导机制,稳定农民务工、务农工资性收入,拓展其他收入来源,形成"薪金+租金+股金+保障金+养老金+经营性收入"的"六金"持续增收模式,有力地促进村民走向共同富裕。一是通过发展旅游业等吸纳本地农民就业约614人,人均月收入4500元左右,提高了"薪金"。二是通过出租房屋、流转土地,给每户带来2万元的房租收益、约1500元(年/亩)的土地租金。三是通过村集体分红、"飞地抱团"项目发放普惠式股金、精准式股金。2020年缪家村村级分红累计总额近400万元。四是通过给予农民合作医疗费用补助等提供政策性保障。五是通过基本养老、置换养老,实现农民养老安置。缪家村养老金覆盖率已达到100%。六是通过创办各类专业合作社、家庭农场,增加创业发展型、创新带动型收入。

三、缪家经验的启示

(一)改革要"顶天立地"

缪家村的实践证明,在改革的进程中,必须始终坚持"顶天立地"的方法论。"顶天"就是要立足大局,研判大势,吃透上情,明确该往哪里走,做

到上下对接,配合全局。"立地"就是立足本村实际,满足群众需求,脚踏实地,深入调研,搞清楚该怎么走,做到有的放矢,改出实效。"顶天"与"立地",相辅相成辩证统一,只顾埋头赶路,就容易偏离方向,甚至和目标背道而驰;光抬头看天,不踏实前行,目标就会遥不可及。改革需要方向,方向正确才能走出新路;改革也需要方法,方法对头才会事半功倍。做到"顶天立地",就要坚持方向正确和方法对头的统一。全面深化改革,做正确的事,正确地做事,做到不走错路、少走弯路,就一定能释放出改革红利,让老百姓得到实惠。

(二)创新要"承前启后"

缪家村的实践证明,创新并不是一蹴而就的,而是一个连续性过程,需要不断做出阶段性调整,做到"承前启后",步步为营,稳扎稳打。"承前"意味着每一个阶段的创新都是以前期工作为基础的,"启后"意味着当前的创新必须具有可持续性,能够为未来发展打开空间、奠定根基。从全域土地整治、全域农田流转、全域农房集聚,到一、二、三产业融合发展,再到"三朵云"平台、"八个一"工程和"六金"模式,缪家村不断开拓创新,做到前呼后应,层层递进,环环相扣,一以贯之,持续发力,稳步提升。

(三)发展要"里应外合"

缪家村的实践证明,要实现乡村振兴,必须重视村庄内部主体与外部主体的互动、内部资源与外部资源的整合,做到"里应外合"。对内,村集体要取得村民的高度信任和广泛支持,要制定明确的发展目标、正确的发展方向、清晰的发展路线和科学的发展规划,激发全民的发展热情,开展集体行动,立足本村的资源禀赋,夯实基础,创造优越的创业创新环境;对外,要积极对接在外发展的乡贤,鼓励乡贤反哺故乡、回归故乡,引导外部资源、项目、技术、资金、人才注入本村,要积极对接上级有关部门,争取财政支持和项目配套,要积极对接外村,实施合作机制,共同谋求发展,要积极对接高等院校、科研机构、金融机构、规划公司、龙头企业等服务型和生产型主体,为本村发展提供智力支撑和合作机会。

第四章　搭建农村产权要素集成改革体系

耕地是粮食生产的命根子,是中华民族永续发展的根基。保耕地,不仅要保数量,还要提质量。2018年,嘉善县被列入国家级农村综合性改革试点试验单位,始终坚持问题导向,坚持生态发展定力,以改革创新破解乡村发展难题,全力探寻改革有益经验和模式,引领推动改革持续纵深发展。集成改革首先面临的土地后备资源匮乏困境如何破?大云镇创新提出全域土地整治、全域农田流转和全域农房集聚的"三全集成"改革,统筹配置地、田、房三大要素,坚持土地结构优化、资源利用节约化双轮驱动,实现产业美化与红利转化同频共振,打造"一保四化"全域土地整治模式,全面激活城乡发展要素,走出了一条土地资源驱动城乡融合发展的乡村振兴之路。

第一节　推进全域土地整治改革

一、全域土地综合整治的主要做法
(一)坚持规划为先,以"一本规划"绘制"一张蓝图"
1. 全地域规划
运用"多规合一"国家级试点经验,整合经济社会发展规划、土地利用总体规划、城乡建设规划、生态环境保护规划、村级土地利用规划,科学编制县、镇、村三级全域土地整治规划及实施方案,把沿河沿路、房前屋后、院内院外全部纳入整治范围,不留死角、不留空白。

2.全要素规划

分步骤、分年度统筹推进农村田、水、路、林、河综合整治以及村存量建设用地、低效用地、未利用地等综合开发利用,宜耕则耕、宜林则林、宜建则建,全面构筑农村生产集约高效、农居生活特色传承、生态空间岸绿水秀的空间格局。大云镇通过规划整治,农村建设用地减少919.2亩、耕地面积和城镇用地面积分别增加309亩和357.6亩,预留一、二、三产业融合发展用地149亩。

3.全产业规划

在严格控制土地开发强度和建设用地总规模的基础上,优化调整农业经济开发区、工业园区、休闲旅游区等空间布局,促进园区聚焦、产业集聚。整合国家级嘉善经济技术开发区、浙江姚庄经济开发区、归谷科技园等现有平台,规划打造"2+2+3"平台体系,即中新嘉善现代产业园、嘉善科技新城两大高能级产业主平台,西塘、大云两大旅游平台以及三大农业经济开发区,重点发展数字经济、先进装备制造等产业。

(二)坚持拆旧为重,在"一个圈圈"实行"一个标准"

1.画好拆旧圈,资源由"分散"转向"集中"

坚持以亩均、人均效益为核心评价标准,将规模小、能耗大、效益低、土地资源浪费严重的村级"低小散"企业列为重点拆旧对象,先后腾退村级"低小散"企业2580家,腾出土地10580亩。同时,通过入户调查、召开座谈会等方式,广泛征求村民意见,把没有保留价值、布点分散、公共服务配套缺乏、农民自愿搬迁的农居点作为拆旧区予以整体拆迁。以大云镇为例,通过整治,已拆出960亩村庄用地,结余指标680亩。

2.打好腾乱拳,环境由"散乱"转向"精美"

坚持以全国文明城市创建评价体系为核心标准,统筹推进"三改一拆""五水共治""五气共治""五废共治"、小城镇环境综合整治、码头堆场整治、美丽乡村建设等"组合拳",整合国土、农经、水利、交通、建设、环保、财政等项目资金31.5亿元,充分发挥资金叠加效应,拆除"脏乱差"、建设大花园,使田水与乡村融为一体、自然与文化相得益彰。2018年以来,全域土地综合整治项目区内已拆除违建442.9万平方米,清理腾退码头堆场407个,废品收购点606个,成功创建小城镇环境综合整治省级样板镇。

3.下好整体棋,农田由"低小"转向"规模"

坚持以"标准田"理念,统筹推进农业空间内高标准农田建设、旱地改水田、耕地质量提升、农村建设用地复垦、宜耕后备资源开发、粮食生产功能区建设、高效节水灌溉等农田建设项目，在增加有效耕地面积的同时，合理配置农业设施用地和农村二、三产业用地，全面提升耕地质量，提高耕地连片程度，为促进耕地规模经营、发展现代农业创造条件。同时，健全耕地保护补偿机制，建立"田长制"，加强对整治后耕地的管护，实现耕地保护长效管理。

（三）坚持建新为要，用"一种模式"实现"一方富裕"

1. 建"两创"中心富村富民

借助全域土地综合整治"一保四化"模式，进一步优化用地空间、产业布局，采用"飞地抱团""多村联建"的模式，对标国际一流产业园区，集中地块、集中要素建设"两创"中心（小微企业园），重点引进"四新"经济业态。目前，整治项目区内已建成"两创"中心4个、面积18万平方米，入驻企业200家；参与建设"两创"中心的薄弱村村均经常性收入达到218万元，部分村的村民分红可达到1.2万元（人/年）。

2. 建农村新社区惠村惠民

在全域土地综合整治基础上，统筹实施农房集聚"211"工程，重点加快中心集聚点建设以及幼儿园、家宴中心、农贸市场、农村"文化礼堂"、社区医疗服务点、停车场等配套设施建设，全面提高农村新社区对农民的公共服务能力。同时，在新社区配建一定比例的村集体自持物业，增加村集体租金收入。

3. 建农旅项目强村强民

依托全域土地综合整治后的江南水乡底色，做好"农业+""旅游+"的文章，精准招引总投资32亿元的嘉佑、宜葆、东昇等农业龙头企业5家以及种子种苗、农产品精深加工、农村电商等农业新经济企业15家，特别是西塘镇、大云镇整治项目区内还引进了宋城演艺、华策影视、梦幻嘉善、云野·歌遥等一批优质旅游项目，总投资超400亿元，预计新增就业2万人、新增税收20亿元。

二、全域土地综合整治的主要成效

（一）保耕地，把握全域土地整治大方向

保护耕地是全域土地整治工作的生命线，确保耕地增质增量是全域土地整治工作的动力源泉。通过全域土地整治，大云镇试点项目区内高标准农田由2232亩增至6253亩，净增4021亩；新增标准农田1445亩，标准农田的容量达到18979亩。耕地质量等级从5.9提升至5.4，旱田规模从2140亩降至148亩。通过全域土地整治，实现了农田耕地成片成方，500亩以上连片农田达到14片，其中千亩7片；耕地图斑数量由1681个减少至1221个，净减460个。

（二）土地结构优化，增添城乡发展动能

土地结构优化为"农业+"新产业、新业态融合拓展了新空间。按照"宜耕则耕、宜林则林、宜建则建"的原则，大云镇突破土地要素制约，打破区域用地限制，立体布局"田水路林河"，让零星农田向大园区集中，让分散宅基地向大社区集聚，让低效用地向大厂区集拢，确保土地资源利用更加合理高效，实现抱团共赢。通过整治，大云镇自然村数量由86个降至13个，农村建设用地减少919亩，城镇用地面积增加358亩，农村建新用地增加412亩，预留一、二、三产业融合发展用地149亩。通过对零星农居点和建设用地展开地毯式复垦，新产生1131亩流量空间，除504亩用于农房集聚外，净增627亩建设用地流量空间。

（三）资源利用节约化，盘活城乡发展要素

节约利用土地、资金等各项资源，为盘活城乡发展要素拓展了空间。大云镇将集约用地作为全域土地整治的最强着力点，从长远角度谋划，综合考量项目产出的虹吸效应、腾出空间的持久效益和要素盘活的叠加效能。通过整治，大云镇户均农村居民点和人均村庄建设用地分别从680平方米、223平方米降至330平方米、108平方米。倒逼腾退"低小散"企业用地163亩，盘活腾退"低小散"农业用地780亩，直接激活可用的土地指标919亩。既节省出了土地指标，又实现了亩均效益、人均效益双丰收。通过"土地增减挂"、耕地补充节余指标交易以及高标准农田建设等共回笼资金8.23亿元，基本实现了资金平衡，并进一步拓展了融资平台。

（四）产业美化，促融合发展大产业

产业美化，是大云镇打造全域旅游示范区、发展全域大旅游的重要环节。大云镇将全域土地整治作为推动农业旅游大开发、建设产业平台的重要推动力。通过全域土地整治，大手笔推动农业退低进高、退散进集、退乱进美，整体盘出5400亩农业旅游大开发地块，在此基础上引入农业经济开发区理念，开展农业旅游大招商。大云试点样板区打造成田园旅游综合体，做好农业旅游融合发展的大文章。全域土地整治将拆旧和建新无缝对接，以规划引领布局、以布局设置项目、以项目叠加指标，依托大云镇国际旅游度假区和中德生态产业园两大主平台，有效促进了大云镇产业平台的发展。

（五）红利转化，切实增进民生福祉

大云镇将农民更富、农村更美、农村更强、集镇更靓作为全域土地整治的根本落脚点和着力点,切实做到了把发展改革红利转化为发展新动能、民生新福祉。通过全域土地整治,大云镇拓展出旅游民宿、农村电商等多条农民增收、土地流转、收入分红等多元化农民增收机制;建立起职业农民培育、养老医疗保障、低收农民扶助等精准化的助农扶农机制。现在,大云镇农民人均年收入已突破4万,全镇农民共享了经济社会发展成果。大云镇将全域土地整治与城乡融合有机结合,把集成改革作为乡村振兴主动力,把全域土地整治作为集成改革主抓手。全镇农田流转率接近90%,农房集聚率突破75%,在"飞地抱团"项目带动下,村均经常性收入达到218万,有效推动了集中拆迁、全域拆违和整体拆旧中心工作。

三、经验启示

在推进"一保四化"全域土地整治工作模式过程中,大云镇坚持"政府主动引导、政策加以保障",用全域土地整治将党建引领、耕地保护、产业转型、美丽乡村、生态建设等有机结合;按照"全域规划、全域设计、全域整治"要求,科学编制全域土地整治规划及实施方案,最大限度促进存量土地挖潜盘活;建立规范统一的土地指标流转交易平台,完善市场参与机制,鼓励社会资本参与全域土地综合整治,满足区域发展中土地资源要素需求;充分保障农民的知情权、参与权、决策权和监督权,做到整治前群众同意、整治中群众参与、整治后群众满意,充分发挥村级组织的自主性,全面调动村集体和村民的积极性,确保群众工作贯穿全程。

通过试点,嘉善县已经形成了一整套接地气、可复制、能推广的全域土地整治的操作样本。总结经验,基础在政府要全面主导,核心在整治要全域谋划,突破在市场要全盘推动,关键在工作要全程持续。

(一)政府全面主导

在全域土地整治工作中要按照"政府主动引导、政策加以保障"的原则,把全域土地整治作为一根串珠成链的红线,在乡村振兴的大布局下,将党建引领、耕地保护、产业转型、"美丽乡村"、生态建设等有机结合,整合各方力量、调动各方资源,形成上下齐心合力、协同推进的工作推进体系。

(二)整治全域谋划

在全域土地整治工作中要按照"全域规划、全域设计、全域整治"的要求,围绕全镇一、二、三产业总体布局规划、乡镇土地利用总体规划以及村庄布点规划,从永农划定和保护土地整治、农村存量建设用地优化、基础设施建设、农村一、二、三产业融合发展、美丽乡村建设等方面科学编制全域土地整治规划及实施方案,充分发挥规划促进节地的龙头作用,最大限度促进存量土地挖潜盘活。

(三)市场全盘推动

在全域土地整治工作中要充分发挥市场对资源配置的决定性作用,建立规范统一的耕地占补平衡指标、城乡建设用地增减挂钩节余指标、标准农田指标、耕地质量等级提升指标等指标流转交易市场,建立市场参与机制,鼓励社会资本参与全域土地综合整治,解决各区域发展中土地资源要素需求问题。

(四)群众全程参与

在全域土地综合整治工作中要始终坚持以人民为中心的发展思想,充分尊重民意,保障农民的知情权、参与权、决策权和监督权,做到整治前群众同意、整治中群众参与、整治后群众满意,充分发挥村级组织的自主作用,全面调动村集体和村民的主动性、积极性,确保村集体利益和农民利益不受损有增收,实现多方共赢。

(五)资金基本平衡

在全域土地整治工作中要始终处理好资金的短期平衡和长期平衡、局部平衡和全域平衡、经济效益和社会效益。以试点镇大云镇为例,土地平整、田间道路、农户搬迁、社区建设等9大方面投入资金约9.45亿元,通过整合涉农资金补助、"增减挂"、耕地补充节余指标交易及高标农建设等途径(不含土地出让),即期基本可以实现资金平衡,远期综合效益明显。

第二节　推进全域农田流转改革

在长期发展中,嘉善农业呈现规模经营与个体农户分散种植并存的局面,但规模经营不够"规模",分散经营不够效率,为此,各乡镇因地制宜、统筹考虑多类农户种植需求,推出"全域土地流转"政策,实现规模经营和个体农户分散种植相得益彰的景象。

一、农业规模经营发展面临的问题

(一)种植业规模经营不够"规模"

随着农业现代化的发展,嘉善农业发展也面临一些问题,比如粮食作物种植经营规模较小,种植大户自发流转规模大多为30—40亩,即使村级协调流转也仅为100—200亩，难以形成规模化效应。比如基础设施较弱，农户自身、村集体层面均缺乏资金，难以承担农田基础设施提升所需的高昂成本。再比如产业链条较短，缺乏龙头企业带动，农业产业链延伸能力有限，尤其缺乏加工、销售、物流等环节。

（二）单个农户土地流转缺乏比较优势

农户土地流出比较优势不高。单个农户土地转出价格较低。农户自有土地规模小，即使村级协调流转整体规模也不大，难以对现代企业、人才、资金形成聚集效应，成交的土地流转价格较低。劳动力收益较少。农业现代化发展水平较为薄弱，难以支撑转出农户的就地就业需求。单独农户流出违约风险较大。自发流转违约风险较高，外来种植户面临市场风险"跑路"现象时有发生，农户财产性收益难以得到稳定保障。

（三）经济作物分散经营不利管理

经济作物种植中存在标准化程度低。单个农户自发种植的经济作物标准化程度较低，部分作物对生态环境影响较大。如天凝镇雪菜多种植于农户自留地，产生的高盐废水直接排入田埂，造成土地污染。生产管理效率低。农户自搭大棚缺少规划，呈现"小、散、乱"特征，土地利用率低下，现代要素投入少。囿于规模、资金等约束，农业设施大多相对简陋，缺乏现代化、智能化设备，较难实现高质量生产。同时，销售渠道大多为商贩上门收购，较难对接大市场提高农产品价格。需要将单个农户有效组织起来共同应对困难。

在发展规模经营和农户单独发展中，既需要规模经营，又要照顾好农户从事农业的意愿，规模经营需要土地大量流转，但是单个农户生产又会使土地流转中出现"插花田"现象，制约粮食作物规模经营。如果允许这种现象存在下去，又由于不同作物生产周期存在差异，多类型作物种植的隔离地块在生产中农户易因用水、农药喷洒等触碰周边地块而引发纠纷。同时，自发流转中农户选择作物品种的自主性较高，由于粮食种植收益相对较低，农户转入土地后可能种植经济作物，导致粮食功能区出现土地非粮化，进而抑制粮食作物的规模化发展。

二、实现全域土地流转的可能性

嘉善县耕地规模较小，社会经济条件相对发达，为嘉善实施"全域流转、镇域统筹"的农业现代化发展路径提供了良好的现实条件。

（一）自发流转基础足够支撑实施全域流转

嘉善户均耕地面积较小，农户自种收益较低，具有天然的流转基础。同时，嘉善的二、三产业发达，对流出农户就业吸纳能力比较高。在2015年底，农户自发流转率就已近50%，多数村庄已有较为成熟的规模经营实践，如西塘镇星建村2008年成立农星植保专业合作社开展规模化种植与服务。可见，嘉善全域流转政策一定程度上存在"顺势而为"的特征。

（二）配套设施设备足够支撑划区集中种植

嘉善农村生产性道路、路灯等基础设施整体建设优良，农户收入也足够购买农用交通工具等设备，这为嘉善推进农户集中种植提供了良好的现实条件。以姚庄镇武长村为例，该村生产道路已经全部硬化，从事经济作物种植的农户也大多拥有电动三轮车，可直接驾驶至自租大棚，入园十分便利。

（三）财政项目资金足够支撑现代设施建设

为充分激发基层积极性，浙江各级政府为"三农"发展配套了丰厚的财政资金。如全域流转激励奖励已下发4批土地流转奖补资金共计2944万元，惠及20个村。又如全域流转中"倒挂"租金的财政兜底、高标准农田以及现代农业小微产业园等设施的建设，均得到各级政府财政配套资金以及撬动的社会资本的支持。其中，西塘现代粮食全产业链新型智能装备项目、天凝雪菜产业综合体、姚庄现代农业小微产业园现有投资均已超过1亿元；姚庄镇每年税收高达11亿，用于农口的财政支出达1.5亿元。

三、全域土地流转是实现规模经营的有效路径

为有效应对上述问题，嘉善推出"全域流转"的政策概念，各乡镇因地制宜、统筹规划，不仅全面推进粮食作物适度规模化经营，还全力推进经济作物集中标准化经营，实现全域农业现代化和单独农户共同发展的双赢格局。

（一）全域土地流转实现规模经营

1.明晰整村流转奖励，推进农地全域流转

在双示范国家战略推动下，嘉善将粮食全产业链集成创新作为现代农业发展主导方向，规模经营是必然趋势。自2017年起，嘉善将全域流转作为县、镇、村重点工作推进，在农民自愿的基础上，集中流转农田至村（镇）级统筹规划。为充分激发村级积极性，出台文件明确对全域流转的村每年补助30元/亩，对新增连片流转50亩、300亩以上的村一次性补助200元/亩、250元/亩，对流转率达100%的村一次性补助200元/亩。数据显示，截至2020年底，全县累计流转土地面积25.03万亩，流转率达86.63%，部分乡镇已超过95%。

2.提高土地流出收益，激发农户转出意愿

为充分激发农户土地转出意愿，嘉善致力于提升土地转出比较优势。第一是提升土地流出价格。各乡镇凭借全域流转后的农田基础设施建设较优以及土地规模较大的优势，有效实现土地转出价格提升。如西塘镇、天凝镇为嘉善主要粮食种植区，2020年两地村级流入价格为800元/亩，加上粮食种植限定130元/亩的种粮补贴，农户可获得930元/亩的土地转出收入，相较前期自发流转及目前嘉兴周边的600—700元/亩得到大幅提升。此外，大云镇、姚庄镇经济相对发达，土地转出价格甚至分别高达1500元/亩、1200元/亩。第二，创造就业创业机会。如天凝镇引入善农公司聘用农户从事补种秧苗、除草施肥等工作，带动劳务用工上万人次，农户每年能有额外1万多元的收入。又如发展全域旅游的大云镇，持续推进以工促农、以旅补农，2020年全镇各类创业主体经营收入达1166万元。碧云花海等项目吸纳本地居民就业超800人，其平均月薪达4500元。

3. 镇域统筹农田改造，提升资源利用效率

为改善农田基础设施薄弱问题，多个乡镇通过"土地流转+土地整治"联动实施大规模高标准农田改造，全面提升沟渠路承载水平，配套生态拦截沟渠、高效节水灌溉设施、大田作业便利通道等示范功能，全面促进土地资源高效利用。如西塘镇将原有标准提高到15000元/亩进行高标准农田改造；天凝镇善农现代园区改造完成后，可实现自动灌排、远程可视化管理等功能的高标准农田面积将超过5000亩。

4. 多元利益联结方式，实现适度规模经营

严格保障产粮功能，全域流转后土地分配权集中于镇（村）级，可统一布局种植结构，严格限定种植功能，进而抑制非粮化风险，正如调研中表述的"全域流转反而提高了粮食种植率"。实现适度规模经营，各乡镇以全域流转后的高标准、大规模农田为"卖点"，积极对接有种植需求的家庭农场以及外部农业企业，衍生出多元利益联结方式。其中，未对接外部农企的农地，由镇（村）平台划分为250—550亩的地块，让有意向的家庭农场竞价拍租。如西塘镇将1.78万亩农田以灌区划为28个标段，公开拍租分包土地。调研显示，每村实际种粮主体已缩减为10多个家庭农场。实际上，部分村庄的最终拍租价格小于小农户转出价格，这种租金倒挂现象既实现了农户流出土地收益最大化，也保障了规模农户种植收益。此外，流转给外部农企的农地，由企业自行选择分包给本地家庭农场。如天凝镇善农园将流入的1.5万亩土地划分为30个区块，吸纳本地家庭农场作为"田管家"合作经营。园区稻谷实行统一生产管理，稻米产值以省最低保护价上浮5分/斤计价，扣除生产耗费及土地租金后作为家

庭农场的稻谷合作经营收益，同时小麦种植收益均归家庭农场所有，全年约有300—400元/亩的综合收益。

5. 强化农企服务带动，促进现代要素赋能

为解决产业链"短"的问题，嘉善大力推进生产托管、机械烘干等农业生产社会化服务多措并举延伸拓展粮食产业链。实践中，部分乡镇自发成立农业服务化企业，以有效提升对粮食种植户的服务质量。如2020年，西塘农发公司推出"田保姆"社会化服务品牌，构建生产、加工、储藏销售四位一体的粮食全产业链服务体系，旨在辐射带动周边功能区实现"亩增百公斤、增效五百元"的目标。目前应用面积已达1.2万亩，辐射带动面积5万亩。根据调研中相关负责人描述："即使零经验、零基础，西塘服务模式也能帮你种好、卖好。"此外，部分乡镇通过积极引入外部农业企业的方式带动地区传统农业转型升级。如天凝镇引入浙粮集团推动"育种、生产、加工、仓储、营销"全产业链服务项目顺利落地，为全省提供优质粮油保障。

（二）小微产业园促使农户标准化经营

为充分尊重部分小农户的种植意愿以及改变分散经营的局面，嘉善在全域流转下统筹划区实施集中种植，并强化现代园区建设推进生产的标准化、智能化经营。

1. 统筹划区集中种植，缓解分散经营与规模经营间现实矛盾

为缓解经济作物分散经营与粮食作物规模经营间的矛盾，嘉善多镇创新小农户集中种植制度，推进农业小微产业园等设施建设，落实设施完善的田块给有需求的小农户种植，并统一规范管理，以提升全域土地经营利用效率。如天凝镇为改变雪菜产业小散乱的发展现状，投资建设2.29万平方米雪菜产业综合体，积极引导小农户以及企业入园实施统一腌制、生产和管理。又如果蔬种植占主导的姚庄镇，创建了长三角首个现代农业小微产业园，共规划建设A、B、C、D四区约6000亩。园区依照"以棚换棚"的要求，鼓励小农户以原棚钢管以四分管2元/米的回购标准流转原有大棚，并优先以低于市价的租金实现入园生产。截至2021年7月，姚庄镇武长村农业小微产业园（A区一期）已吸纳25户种植户入园，亩均增产20%以上。

2. 强化现代园区建设，推进经济作物标准化、智能化经营

嘉善在规划区域实现经济作物集中种植的同时，还强化现代园区建设，以促进经济作物的标准化、智能化经营。如天凝镇雪菜产业化综合体，包括污水处理系统、检验监测中心等多个现代功能设施旨在打造以生产为基础，加工销售为延伸的产业发展格局,实现雪菜产业的标准化、绿色化发展。又如姚庄镇基于创建的农业小微产业园,完善大棚、灌溉排水渠道、道路等在内的基础设施建设,并计划引入农业智慧监控系统,推广现代农业技术,全力发展高效智慧现代农业。

第三节　推进标准田管理改革

通过农村土地制度改革创新提高土地要素利用效率,为推动现代农业高效稳定可持续发展提供了根本支撑,也是乡村振兴战略下激发农村发展内生动力的客观要求。根据《中共嘉善县委嘉善县人民政府关于全面实施乡村振兴战略高水平推进城乡深度融合的实施意见》(善委发〔2018〕17号)精神,嘉善县于2018年8月出台《嘉善县农业投资项目"标准田"管理暂行办法》,在全省首创"标准田"管理改革,即新型农业主体在适度规模田块上,通过标准化基础设施设备建设、现代化生产管理手段,生产出优于全县平均水平的优质高效农产品,亩均产出高于全县平均水平。

大云镇作为"标准田"改革的先行试点区,基于自身农业生产的地势与气候优势、农业项目引资的区位优势和全域土地整治的前期基础,积极探索"标准田"改革的创新路径,力图破除传统农业发展中产出低、效益低,投入小、规模小,分布散、管理难的问题,通过一系列体制机制创新不断完善"标准田"的实施与管理,为促进大云土地资源高效利用、土地资源价值实现、土地收益反哺农民、农业产业转型升级和村集体经济实力提升提供了切实途径。

一、以全域土地综合整治为基础,创造现代农业发展条件

"标准田"改革以全域土地流转和规模化经营为前提条件,在土地确权、土地流转的基础上,"标准田"改革是真正实现土地利用效率和效益双重提升的终端环节。大云镇于2017年初开始推行全域土地综合整治,统筹推进农业空间内高标准农田建设、旱地改水田、耕地质量提升、农村建设用地复垦、宜耕后备资源开发、粮食生产功能区建设、高效节水灌溉等农田建设项目,在增加有效耕地面积的同时,合理配置农业设施用地和农村二、三产业用地,全面提升耕地质量,提高耕地连片程度,为促进耕地规模经营、发展现代农业、加快项目招引创造条件。

（一）全域土地流转

大云镇累计流转农田11547亩，流转率96.1%，农户自发流转447亩（占比3.9%）。50亩流转规模以上9856亩（占比89.5%），流转给新型经营主体36家（企业6家、合作社10家、家庭农场20家），面积5381亩（占比50.8%）。在流转后土地中，粮油种植7150亩（占比64.9%）；经作蔬菜种植371亩（占比3.5%），水果种植面720亩（占比6.8%），花卉种植625亩（占比5.9%）；其他绿化苗木等2081亩，占比18.9%。

（二）耕地质量提升

通过全域土地整治，大云镇项目区内高标准农田由2232亩增加到6253亩，净增4021亩，增幅达180.2%；新增标准农田1445亩，总量达到18979亩；耕地质量等级从5.9提升到5.4，现状旱田规模从2140亩下降到148亩。

（三）土地结构优化

通过全域土地综合整治，大云镇进一步优化农村路网、河网，土地利用结构由过去的碎片化转变为当前的规模化。500亩以上连片农田达到14片，其中千亩农田7片；耕地图斑数由1681个减少到1221个，净减460个。

二、以全面准入细则为准绳，创新农地利用标准化思路

"标准田"改革借鉴工业用地"标准地"的思路，制定一系列农业投资项目的准入条件，源头把控项目质量，以此改变传统农业中土地粗放经营和分散经营的状态，提高土地利用效率和效益。

（一）满足规划前提

农业项目主体必须在宏观层面上满足规划要求，包括城乡总体规划、土地利用总体规划、农业产业发展规划、粮食生产功能区建设规划、养殖水域滩涂规划、设施农用地管理办法和环境生态功能区规划及环保准入要求等。同时，"标准田"改革实行负面清单制度，首创性地提出八个一律不准，对不符合农业产业导向或与法律法规相违背的不予准入，对产出低、投资大、环保影响大、生产影响大的农业产业进行限制。

（三）制定准入细则

依据农业发展现状及产业发展导向，将农业产业细分为经济作物、粮油作物、林业作物、水产养殖四类，分别制定准入细则，涵盖项目主体及规划、产业导向及布局、亩均投资、亩均产值、基础设施设备、生产技术等具体方面的多项指标。其中，特别针对粮油作物用地制定耕地质量保护的标准细则，避免经营主体掠夺性经营造成的地力损失。

（三）优先准入条件

"标准田"模式制定了一系列有限准入条件，为农业产业转型发展提供契机。包括：项目主体的企业实力突出具备高端人才；项目符合重大产业项目标准或投资额度高；项目实行一、二、三产业融合发展模式；项目发展现代种苗等产业，辐射带动农业发展和农户增收等。

三、以产业融合转型为牵引，优化土地要素供给质量

"标准田"建设对田块的标准化设施建设、现代化生产管理，以此为基础推进传统农业转型升级，促进农业产业集聚发展，拓展农业的生态环境保护、观光旅游休闲功能，促进产业兴旺。

（一）传统农业产业腾退

大云坚持以亩均、人均效益为核心评价标准，将规模小、能耗大、效益低、土地资源浪费严重的村级"低小散"企业列为重点拆旧对象，确保源头准入。

（二）产业规模化、集聚化发展

"标准田"改革规定，县域内通过土地流转平台流转土地新建（改建、扩建）的农业种植业（包括种养结合）、农产品加工业及农业服务类建设项目（农产品加工业及农业服务类建设项目准入参照工业相关规定）都可以加入"标准田"的行列。推进农业产业集聚区和特色农业强镇建设，促进农业产业规模化、集聚化发展，进一步调整优化农作物的空间布局，更加注重区域集中连片、品种色彩搭配，减少碎片化种植，让农田变美景，让园区变景区。

（三）一、二、三产业融合发展

立足自身资源禀赋和文化旅游优势，不断推进现代休闲观光农业和乡村旅游融合发展，由镇旅游公司统一经营，为全域旅游筑牢农业底色。深化"农业＋旅游""农业＋工业"模式，加大农村电子商务的推进力度，形成较为完整的产业链和价值链，一、二、三产业建立紧密利益联结机制，培育壮大当地优势特色产业，推进产业融合。

农业版"飞地"发展模式，指镇、村、社会主体、农户抱团，选择现代农业基础良好区域，建设高品质农业生产设施，吸纳招引优质农业主体，引入村集体、共富基金等资金，布局现代农业产业，形成组团共富的聚集效应，对产业收益实施合理分红。大云镇选择优质连片地块246亩，建设高效设施果蔬产业示范基地，以租赁形式引入全国知名农企上海孙桥溢佳农业技术股份有限公司运营18年，18年产生租金约8000万元。云都农业每年租金收益约445

万元,村集体作为公司股东之一,按份额享受入股资金的保底分红收益,以入股资金8%的分红模式计算,每年享受分红约48万元,实现集体收入的稳健增长。镇商会及乡贤筹措共富基金约122万元入股项目建设,按年均收益10%计算,每年固定分红约12.2万元,持股商会及乡贤全额反哺乡村扶贫工作,通过注入共富基金的形式,用于支持低收入农户有效帮扶。

四、以政府政策扶持为支撑,增添农业主体经营活力

对于通过农业投资项目"标准田"准入评价的项目主体,按规定给予设施农用地审批支持,《关于加快现代农业发展促进农业供给侧结构性改革的实施意见》明确的相关政策支持及其他涉农财政资金补助等,并给予适当政策倾斜、优先考虑。同时,在固定资产投入中,上述补助政策均不包含的,给予不高于该部分固定资产投入50%的补助。如对文松氧吧项目固定资产总投入376万元,政府给予178万元的补助,达到其固定资产投资的50%,农业经营主体的干劲和活力大大提升。

五、以全链条强效监管为保障,确保土地收益反哺农民

针对"标准田"项目的立项、实施、绩效评价、退出的全过程链条,确立了一系列监督管理措施,确保奖惩分明、扶优劣汰,令"标准田"项目真正实现效益提升,土地收益反哺农民。

(一)日常监管

强化项目实施过程的日常监督管理,对照《农业投资项目"标准田"准入评价审批表》《农业投资项目"标准田"建设方案》和《嘉善县农业投资项目"标准田"主体承诺书》,检查项目进度、建设内容及质量、投资额度等情况,发现项目实施过程中存在问题的及时督促整改。

(二)违规处罚

发现项目实施过程中存在严重违规行为的,视情节轻重相应采取通报批评、责令项目主体限期整改、暂停项目实施或取消相关政策扶持等处理措施。

(三)绩效评价

对项目开展绩效评价,主要包括建立健全管理机制,项目完成情况、完成质量,资金管理评价,项目实施成效等方面。

(四)档案管理

项目档案包括项目审批表、建设方案、承诺书及相关附件、文件、合同、图片、工作总结、审计报告和绩效评价报告等。县联审小组办公室、镇(街道)和项目主体各完整保存一套上述项目档案资料。

通过"标准田"改革，有效提升土地利用价值，提高土地综合生产能力，通过招引现代农业项目拓宽农民增收渠道，实现土地增值反哺农民。农民土地收益的增加一方面来自流转租金提升，由于新型经营主体的项目投入，租金平均水平从改革实施前的 1000 元 / 亩提高到 1500 元 / 亩；另一方面来自"标准田"中现代农业项目生产效益提升的带动作用，改革后的产业入驻提升农民就业人数，拔高农民收入，实现了农民从"一亩三分地"到新型职业农民、产业工人的转变。

第四节　全域农房集聚的缪家实践

嘉兴地区特别是嘉善地区，区位优势非常明显，是著名的江南水乡，传统上农民依水而居，每户住房和生活配套用房占地面积大且农村房屋布局散乱问题也较严重。嘉善又是浙江省的农业大县，耕地农保率高。农村村庄布局分散造成了公共服务配套成本高、环境治理难等问题日益严重。随着改革开放的深入，城镇化、工业化水平的不断提高，经济发展速度快，城镇建设用地日趋紧张，建设用地缺口很大。因此，嘉兴市创新提出"两分两换"改革，即将农民的宅基地与承包地分开、搬迁与土地流转分开，以宅基地置换住房、以土地承包经营权置换社会保障的以农村土地制度创新为核心的综合性改革。嘉兴市在加快推进新农村建设、推进城乡一体化的实践过程中，被浙江省委省政府确定为统筹城乡综合配套改革试点地区，具备了一定的先行试验权。

嘉善缪家村由于有较好的农房集聚基础，成为嘉兴最早一批搞"两分两换"的村。缪家村在各级党委、政府的领导和关心下，在上级有关部门的大力支持下，把农房改造工作作为全村经济可持续发展的出发点，把体现农村特色、提升农村品质、丰富农房改造建设内涵摆在重要位置，着力优化规划设计，创造富有特色的建筑精品，营造舒适优美的人居环境，努力建设生产发展、生活富裕、生态文明、自然人文特色彰显的"美丽乡村"。

一、农房集聚的缪家村做法

为改善建设用地紧张和农村农民居住环境，2005 年左右，缪家村提出搞新农村建设，进行农房集聚。

(一)成立组织机构

为确保农房集聚改造工作顺利进行,缪家村党委、村民委员会(即"两委")高度重视,自农房改造工作启动以来,特成立由村党委书记任组长、村主任为副组长的创建工作领导小组,将工作任务量化分解落实到两委每个成员,明确各自的工作责任,做到工作任务落实,齐心合力抓好农房改造建设示范村工作。

(二)加大农房改造宣传力度

为了确保农房改造工作的顺利进行,缪家村自成立工作领导小组后首先制定了相关的规章制度,使得缪家村的农房改造工作有章可循,有理可依。其次,缪家村还充分利用当时现有资源优势:数字电视、远教网站、三资触摸屏、标语、宣传栏等形式,宣传农房改造集聚的重大意义、内容和目的。第三,召开好党员、社长、村民代表和村民会议,讲明农房改造工作的意义、内容和村民应该做好的工作,让村民自觉投入到农房集聚改造活动中去。

(三)明确农房改造主要做法

农房改造的工作目标是把原本分散的村居民房集聚到一起,完善相应的基础设施及配套服务,达到改善百姓的生活环境及提升其生活质量的目标。为了这一预期目标,缪家村决定通过建设农村新社区来进行。

1. 以公寓开发为突破口促进农房集聚

为了给村民一个形象直观的体会,缪家村首先由村委会建好8幢,每幢两层、每套面积110平方米。有意愿入住的村民付8万元就可以入住。原先的老宅如果不拆掉,可以先交一部分押金,等老宅拆掉后,村里再返还押金。

2. 农房集聚三种安置模式

随着项目的陆续进驻,适应村民需求变化,缪家村提出了三种安置模式,前提是原来的老房子拆掉,宅基地还给村里。

建造"一户一宅"单体住宅。村民按自然资源部(原国土资源部)根据现有农村人口核定的宅基地合法户型面积的大户(125平方米)、中户(110平方米)、小户(75平方米)进行宅基地审批。然后按村里新社区统一规划、统一户型进行自行建房。

置换公寓房、复式公寓房。村里又针对收入不高农户和单身户的需求陆续建了公寓房,规定每户人口两个人可分75平方米住房,3个人可分110平方米住房,5个人以上可分125平方米住房,住户只需承担装修费用。村民以原有农村宅基地免费置换按照"统一规划、统一设计、统一建设、统一管理、统一配套、统一结算"方式建造的公寓房、复式公寓房一套。

置换联排房。按自然资源部（原国土资源部）根据现有农村人口核定的宅基地合法户型面积的大户（125平方米）、中户（110平方米）均可选择联排房。联排房占地面积统一核定为110平方米。审批程序仍按集体土地建设用地使用证流程操作，由农户抽签组合自行联建。

3. 激励政策引导农房集聚。制定"一免一补"的激励政策，引导农户向新社区集聚。"一免"：每户农户免收基础设施配套费；"一补"：旧房补助。对农户原有住房按评估总价的70%给予补助。该政策受到了村民的欢迎。不享受宅基地后可以拿公寓房。后来村里又出台了新的政策，就是不享受宅基地的，可以拿两套公寓房，第一套不用自己出钱，第二套只要出1600元/平方米的造价费。也可以买村里有出资联建的4层楼房，大约20万元左右，这种房型受到村民的欢迎。

4. 以土地流转及征地拆迁置换社会保障

当时嘉兴市的做法：60周岁以上农民一次性办理城镇居民社会保险手续，次月起享受城乡居民社会养老保险中的城镇居民养老保险待遇；16周岁以上、60周岁以下的农民直接按城镇居民缴费基数办理年度缴纳手续。2006年推出的嘉兴市城乡居民社会养老保险已将城乡居民纳入全覆盖的养老保险体系。缪家村为土地承包权流转的村民100%支付养老保险。一旦被征地，按征地拆迁处理，村里代为支付养老金。女的55周岁、男的60周岁开始领取养老金。目前领取退休金的村民平均每月约有2000元左右，解决了下半辈子的养老保障问题，村民的幸福感普遍升高。

二、农房集聚的效应

（一）农户财产性收入增加。农房集聚后农户可以获得一次性补偿收益和未来的预期收益。如农户可享受宅基地和商品房升值。比如，有村民当时分到两套安置房，第一套不用自己花钱的是125平方米，第二套是110平方米由自己出钱购买，每平方米1600元。有的村民因供孩子读书需要就把第一套房卖掉，解决了读书费用问题；有的村民把家里多余的3间房间出租，每月有1000元的租金收入。

（二）推进新农村集聚改善生活环境。推进新农村集聚既解决群众建房需求，又改善了村庄人居环境。居住条件、基础设施、公共服务配套都得到了极大的提升，农户可以分享城镇教育、文化、医疗、社会保障等高质量的公共产品和公共服务，提高了生活质量。

（三）农房集聚促进了土地承包经营权流转。现在缪家村土地流转的收入用来解决村民的养老保险，每年一个人能有4万元多养老金收入。2018年，缪家村新农村集聚农户929户，占缪家村村民总数的95%，陆续都搬进了缪家新村，集聚率88%。通过农房集聚，缪家新村社区户均占地0.33亩，大大节约了土地。宅基地置换后，除一部分用来复垦外，其余变为集体建设用地。

因此，农房集聚既让缪家村的村容村貌得到了提升，也改善了村民的居住条件，更通过这一措施完成了土地等村庄转型发展所必需的生产要素集聚。

2008年，嘉兴市被浙江省委省政府确定为统筹城乡综合配套改革试点地区，具备了一定的先行试验权。自2008年下半年开始，嘉善县在姚庄镇开展"两分两换"试点。2013年起，嘉善开始全域推进农房改造集聚工作。缪家小区是嘉善县示范性新社区。2018年开始，村民可以用宅基地置换到镇里的安置公寓，有独立产权可以交易，探索一直在进行中。

第五节 集体经营性建设用地入市的探索

土地是人类生存和发展的物质基础，是社会生产的劳动资料，是一切生产和生存的源泉。随着改革开放的深入，经济发展迅速，对土地的需求也在不断增加，但土地供应特别是建设用地的供应远远不能满足现代经济社会发展和建设的需要。然而我国广大农村有大量的集体经营性建设用地闲置，土地利用效率低，资源价值没有得到充分体现。如何使农村集体经营性建设用地与国有建设用地处于平等的法律地位、能够充分发挥集体经营性建设用地的使用效率、将土地资源的价值充分发挥？充分发挥农村集体经营性建设用地作用在基层是具有长期而丰富实践基础的。

一、集体经营性建设用地入市试点背景

集体经营性建设用地入市，就是赋予集体建设用地与国有建设用地在同一市场上的同等权能，使得作为土地所有者的农民集体可以像城镇国有土地所有者一样直接向市场中的用地者以出让、出租或作价出资入股等方式让渡一定年限的集体经营性建设用地使用权并获取对价收益，而不再需要先行征收为国有土地；同时，依法入市的集体经营性建设用地使用权享有与国有建设用地使用权同等的权能。

(一)国有建设用地的短缺加剧集体经营性建设用地入市的迫切性

一方面,现有国有建设用地的不足无法满足城市扩张的步伐,挖掘存量建设用地成为建设用地供应的主要方式;另一方面,广大农村有大量农村集体建设用地闲置,土地利用效率低,土地资源价值没有得到充分体现。国有建设用地的短缺和农村集体建设用地入市的渴望,成为中国现阶段独特的现象。

(二)城乡二元土地制度限制了集体经营性建设用地入市

在原有法律框架下,集体建设用地与国有建设用地的法律地位是不平等的,集体土地一般不能直接作为建设用途,必须征收为国有土地后由地方政府来统一供应,征地成为农村集体土地进入土地交易市场的唯一合法途径。这种城乡二元土地制度导致了地方政府高度垄断建设用地一级市场。政府通过低价征收农村土地和高价垄断出让以获取土地价差,同时通过投资于城市基础设施建设经营城市而进一步提升地价,但对于失地农民存在利益分配不科学问题,容易加剧城乡居民收入保障的差距和城乡发展差距,土地利用矛盾现象日益严重。因此,打破城乡土地制度的二元分割,构建城乡统一的建设用地市场,是我国当前农村土地制度改革的重点,以实现农村集体建设用地与城市建设用地"同权同价"。

(三)集体经营性建设用地入市的政策支持逐渐明朗

党的十八大以后,改革明显加速。2013年11月,党的十八届三中全会在《中共中央关于全面深化改革若干重大问题的决定》文件中明确提出,在"符合规划和用途管制的前提下",允许农村集体经营性建设用地入市流转,拥有与国有土地"同等入市、同权同价"的权利,为"农地入市"流转指明了新的改革方向。2014年12月中办、国办联合印发的《关于农村土地征收、集体经营性建设用地入市、宅基地制度改革试点工作的意见》,详细勾画了开展集体经营性建设用地入市改革试点的蓝图。2015年2月全国人大常委会又授权国务院在全国33个试点县市调整实施有关法律开展包括集体经营性建设用地入市在内的"三块地"改革的试点。其中,进行农村集体经营性建设用地入市试点的有15个,至此,"农地入市"流转进行到实践探索阶段。

2016年9月,改革进入统筹推进阶段,入市试点扩大到全国33个试点地区,试点地区涵盖各个省份。2017年,党的十九大提出,深化农村集体土地产权制度改革,大力推进农村土地制度改革,在严守"土地公有制性质不改变、耕地红线不突破、农民利益不受损"的前提条件下,加快农村集体经营性建设用地入市改革试点,充分发挥农村集体土地在城乡发展建设中的基础作用。

同年11月15日，全国人大常委会宣布，将全国33个农村土地制度改革试点期限延长一年至2018年12月31日结束。4年多的试点探索表明，集体经营性建设用地入市改革在提高土地资源配置效率、壮大集体经济和保护农民土地财产权益、促进社会和谐、促进城乡融合发展和乡村振兴等方面成效显著。

2019年"中央一号文件"提出，要全面推开农村集体经营性建设用地入市改革试点，加快建立城乡统一的建设用地市场，有效解决建设用地供需矛盾问题。2019年8月26日，十三届全国人大常委会第十二次会议审议通过《中华人民共和国土地管理法》修正案。集体经营性建设用地入市作为此次修法中最大的亮点和创新，既是将中央改革决策转化为立法的重要举措，也是对改革试点探索形成的"可复制、能推广、利修法"的成熟经验的总结提炼。《中华人民共和国土地管理法》修正案第六十三条规定：土地利用总体规划、城乡规划确定为工业、商业等经营性用途，并经依法登记的集体经营性建设用地，土地所有权人可以通过出让、出租等方式交由单位或者个人使用，并应当签订书面合同，载明土地界址、面积、动工期限、使用期限、土地用途、规划条件和双方其他权利义务。明确了集体经营性建设用地的合法性。

二、集体经营性建设用地入市的探索

在国家级农村综合改革试点试验中，嘉善重点探索存量集体建设用地再利用，形成全市首单、浙江省最大单的集体经营性建设用地入市。

（一）"他山之石"开阔思路

在着手这项工作前，嘉善县多次前往德清县考察学习经验。通过考察发现，德清县农村集体经营性建设用地入市以出让、直接入市为主，实施主体主要是村集体经济组织，大部分的规划主要用途是工业用地。借助"多规合一"改革，在"土地公有性质不改变、耕地红线不突破、农民利益不受损"三条底线的基础上，德清县初步形成了一套完善的集体经营性建设用地入市制度体系，主要有"一办法、两意见、五规定、十范本"，包含了集体经营性建设用地入市的决策管理、审批管理、交易管理以及收益管理制度等。

（二）摸清家底上图入库

按照"尊重历史、兼顾现实"原则，结合农村存量土地摸底调查，通过"一村一梳理、一地一整合"，由县自然资源规划部门统筹，对全县存量农村集体建设用地数量、面积、使用现状等进行摸底核查和汇总。结合各个镇（街道）摸排出的地块进行初步筛选，选取符合入市条件而且所在村集体入市意愿强烈的农村经营性地块上图入库。

（三）确定试点地利人和

在综合各种因素的前提下，确定大云镇曹家村上下自然村为试点单位先行先试。此次率先入市的地块为农村存量建设用地，权属明确无争议，地上农户均已通过集聚、搬迁等方式进行了安置，实际操作难度小。同时，曹家村属于经济薄弱村，村集体改革意愿强烈，多次主动与乡镇、县自然资源规划局对接，希望通过集体经营性建设用地入市改革壮大集体经济，实现改革和创收的双赢。

（四）"四步走"推进试点

1. 定方案

制定《大云镇集体经营性建设用地入市试点实施方案》，并向嘉善县农村综合改革集成示范区建设试点工作领导小组请示，经批复同意后开始具体实施。

2. 调规划

通过调整曹家村的村庄规划作为此次入市的规划依据，并纳入国土空间规划中进行落实，明确上下村试点地块用途为村庄商业服务业设施用地（V31）。

3. 定指标

邀请专业的设计团队根据地块的自然风貌和上下村在大云镇旅游度假区规划中的功能定位，进行项目设计并拟定初步方案，在该方案中初步明确了容积率、绿地率等用地的各项指标。后将初步方案提交县规评会进行项目指导，听取各个部门及专家的意见建议并修改完善，最终确认该地块的各项指标范围，形成基本方案。

4. 招拍挂

最后曹家村股份经济合作社委托大云镇向县政府、县自然资源规划局提交招拍挂申请。经批复后于2020年7月27日，嘉善大云温泉省级旅游度假区内总用地面积23.388亩的农村集体经营性建设用地（2020—16号地块）正式挂牌出让。

（五）制定相关配套政策

制定《嘉善县农村集体经营性建设用地入市管理办法（试行）》,《嘉善县农村集体经营性建设用地使用权出让规定（试行）等若干规定的通知》《嘉善县鼓励金融机构开展农村集体经营性建设用地使用权抵押贷款的指导意见的通知》。出台《农村集体经营性建设用地使用权抵押贷款》《农村集体经营性建设用地出让地价管理》《农村集体经营性建设用地异地调整》《农村集体经营性建设用地入市土地增值收益调节金征收和使用》《农村集体经营性建设用地入市收益分配管理》等配套实施文件，以规范性文件的形式保障用地入市过程中各环节的顺利实施。

三、推进集体经营性建设用地入市工作的思考

集体经营性建设用地入市毕竟是一项创新工作，又由于试验的各地实际情况不同，缺乏直接可用的经验，在推进中遇到"指标体系、建筑保留、出让金收益分配、出让地价、后期监管、抵押担保"等方面问题较为突出，嘉善的试点工作可以为农村集体经营性建设用地入市规范化提供探索借鉴。

（一）需要健全完善指标体系

国有经营性建设用地已经有一套完善完整的指标体系，而农村集体经营性建设用地的指标体系有所缺失。如果一味地照搬国有经营性建设用地的指标体系，过高的容积率和建筑密度等不符合乡村实际情况，容易破坏原有的农村风貌，丧失农村自身的特色，可能会出现将农村打造成城市的模样。需要建立健全一套规范、可行的规划指标体系，整合各个部门的规范要求，探索建立一套符合乡村实际的特定指标体系。或者针对不同地块的实际风貌和具体情况，根据"一事一议"的原则，每个项目单独建立起自己独特的用地指标范围。

（二）根据土地实际建立联审机制

本着"先易后难"的试点原则，大云镇集体经营性建设用地入市试点地块为整体搬迁的老旧村庄，属于农村集体存量建设用地，出让时地面建筑不进行保留。但是随着集体经营性建设用地入市的增加，将会遇到有建筑且需要保留的地块，而这类建筑在质量安全及消防方面可能不符合现行的标准和规范，如果准备保留建筑进行入市，对建筑的处理问题必然会涉及到各个职能部门，建筑该如何处理、项目如何操作都有待商榷。

需要成立集体经营性建设用地入市项目联审小组，成员包括发改局、自然资源规划局、建设局等部门，对于需入市的项目进行联审。如果不涉及建筑的项目，联审小组对相关用地指标进行研讨、审核。如果涉及地上建筑需保留的项目，联审小组对于原建筑的消防、质量安全等进行评估审查。若符合现行的相关标准，经认定之后可直接入市；若不符合现行的相关标准或存在其他问题的，由联审小组出具整改意见，整改到位且再次通过评审后，方可入市。

（三）需要优化土地出让金分配比例

目前挂牌出让的第一宗集体经营性建设用地的出让金收益分配参照了德清的分配方式和比例，收益由县财政和村集体享有，而镇一级财政的收益为零。该种收益分配方式和分配比例尚未经过专业部门的系统测算，需在现有的基础

上优化，制定详细的"农地入市"土地成本核算办法，明确符合本地实际的县、镇、村三者之间的收益分配比例。村集体和农民之间的分配应由内部协商来决定，村集体的提留比例应根据本村实际情况进行确定以及适当调整上浮，从而增加村集体为村民办事的资金以及积极性。

（四）需要完善地价评估体系

为实现集体经营性土地和国有经营性土地同权同价，入市流转的集体经营性建设用地的价格会接近国有经营性土地的出让价格。如果入市的收益过高，农民不仅能够得到短期的现金收益，还能收获长期的股权分红，对收益的期待值大幅提高，但不利于收益相对较小的全域土地整治、农房集聚等工作开展；如果入市的收益较低，一方面背离集体经营性建设用地和国有经营性建设用地同权同价的目标，另一方面则会降低农民入市的积极性，不利于发展集体经济、实现乡村振兴。需要制定出台"农村集体经营性建设用地使用权出让地价评估指导方案"，对集体经营性建设用地使用权的出让价进行评估，依照同权同价原则、价值主导原则、审慎原则、公开市场等原则，参照当前市场的正常客观收益水平，完善地价评估体系，为出让方通过集体决策确定土地出让起始价提供参考依据。

（五）需要建立多方监管机制

集体经营性建设用地按照其集体所有的性质，在批后监管的主体上，自然资源等部门没有权力对其进行后期的监管，而是各级集体经济组织担负起对其入市的土地监管的责任。由于需要监管的范围广、内容多，集体经济组织专业度不够，监管工作力不从心。同时，由于对应的批后监管、发证系统尚未完善，集体经营性建设用地后期监管、发证等无法接入。

村集体要落实好对其入市的土地监管的责任，镇及自然资源规划局配合村集体落实好监管工作；建议由自然资源规划局牵头，参照现行国有建设用地监管模式，对入市的集体经营性建设用地实行动态监管。同时做好与上级自然资源主管部门的对接工作，尽快在批后监管系统中开辟单独模块便于项目后期的监管。

（六）需要加强宣传拓宽抵押担保范围

由于集体经营性建设用地入市工作还未在全面开展，金融机构对集体经营性建设用地入市工作了解不深、对集体经营性土地和国有经营性土地的"同权"地位认识不够，一定程度上未认可其使用权可作为抵押担保。目前只有大云农商银行等少数银行接受农村集体经营性建设用地使用权抵押贷款。需要通过报纸、刊物等大力宣传农村集体经营性建设用地与国有建设用地同等入市、同权同价。按照金融改革与农村土地制度改革紧密衔接的原则，鼓励金融机构开展农村集体经营性建设用地使用权抵押贷款工作，贯彻落实《银监会、国土资源部关于印发农村集体经营性建设用地使用权抵押贷款管理暂行办法的通知》（银监发〔2016〕26号）等文件精神。

四、集体经营性建设用地入市试点的意义

集体经营性建设用地入市制度是在改革过程中不断摸索形成的新制度。有利于破解城乡融合发展面临的空间要素制约，农地的入市流转既壮大了村集体经济，增加了农民财产性收入，又为二、三产业发展提供了可利用空间。

（一）有助于实现"同权同价、同等入市"，初步形成县域内城乡统一的建设用地市场

在县域范围内初步建立起城乡统一的建设用地市场，将全县集体经营性建设用地统一纳入县公共资源交易中心交易，与国有建设用地实行同等入市制度：即完善城乡统一建设用地市场体系；完善统一的县公共资源交易中心；完善城乡统一的建设用地基准地价和租金体系；完善统一的招拍挂公开交易形式；完善统一的不动产登记和抵押全覆盖。从而实现农村土地市场的权能完整、统一规范，消除用地业主的"怀疑顾虑"。

（二）有助于促进农民增收、集体壮大，增强群众的改革获得感

在改革试点工作中，始终把维护好、发展好、实现好农民利益作为出发点和落脚点。在入市改革上，除按规定征收的土地增值收益调节金之外，全部出让金归村集体所有。同时通过村集体无偿回购部分建筑，后返租给受让人以获得租金收益，让薄弱村实现经济造血，实现"资源变资本，资本变资产，资产变资金"，为发展壮大村集体经济注入源头活水。

（三）有助于促进基层治理、乡风文明，加强农村土地自我管理

集体经营性建设用地入市的法定主体是集体经营性建设用地的所有权人。土地所有权主体是"农民集体"。农民集体是很多农民组成的一个集合体，《土地管理法》明确规定，集体经营性建设用地出让、出租等应当经本集体经济组织会议三分之二以上成员或三分之二以上村民代表同意，在落实集体土地所有权的同时切实保障农民成员的知情权、参与权、表决权。入市改革把土地出让形式、年限、价格等决策权全权赋予农民和农民集体，充分发挥其主体地位，真正让农民群众当家作主，有利于提升农民对土地价值的直观认识，提升对农地的自我管理和对村集体事务的共同关注。

（四）有助于推动生态保护、节约集约，实现城乡融合发展

在农村集体经营性建设用地入市中始终把生态保护优先、节约集约利用放在首位，结合农村全域土地综合整治，全面推进农村"生产、生活、生态"空间再造，大力开展村庄集聚和农村集体经营性建设用地异地调整入市，开展"退散进集"暨村级低端产业腾退整治，以规划引导工业用地集中布局，全力带动"低散乱污"企业腾退整治，将零星、分散的工业企业向工业园区集中，盘活农村存量土地、改善了农村基础设施建设、农村环境进一步改善、加快城乡融合发展。

第六节　试点提取土地出让金建立乡村振兴专项资金

2018年中央一号文件对坚持农业农村优先发展提出了原则要求，2019年中央一号文件作出了系统全面部署，硬化实化了坚持农业农村优先发展的政策安排。农业农村优先发展关键是要在"三农"要素配置上优先满足、在"三农"资金投入上优先保障。嘉善县围绕乡村振兴"钱该怎么投"，建立"一个口子、多元集成"资金统筹使用思路，在实践中积极探索财政支农体制机制改革新路径，围绕资金优先保障农业农村发展这一总目标，在全省首创土地出让金提取机制，即通过提取土地出让金建立乡村振兴专项资金模式，实现了以用地资金反哺乡村发展的财政保障体系，得到了时任副省长的批示肯定。

一、试点提取土地出让金建立乡村振兴专项资金主要做法

（一）建立乡村振兴专项资金，缓解"钱哪里来"的压力

1. 确定专项资金来源

坚持"地从乡村出、钱为乡村用"工作思路，2018年起从加强资金统筹整合力度和乡村振兴资金刚性保障出发，调整土地出让金分配办法，在各镇（街道）土地出让金净收益部分中提取10%的比例建立乡村振兴专项资金，专项用于推动各镇（街道）乡村振兴项目建设。已有超8亿元的乡村振兴专项资金，主要投入嘉善县农业经济开发区建设等20个优质三农项目，实现"地从乡村出、钱为乡村用"的良性循环。

2. 挖掘土地出让潜力

通过全域土地综合整治、土地指标盘活等措施，有力挖掘乡村可用土地指

标盘活和土地出让潜力,增加专项资金池体量,深入推进全域土地综合整治国家试点,联动开展农房集聚改造、农田集中流转,实现"田水林路房"肌理重塑,盘出宝贵土地指标,立项项目14个,面积4.89万亩。建立土地收储交易平台,将土地综合整治、低散乱腾退等土地节余指标纳入平台,累计收储节余指标1401亩,涉及资金7.3亿元。探索指标质押引资金,建立农业农村发展融资大平台,开展城乡建设用地增减挂钩节余指标质押,累计质押土地节余指标463.3亩,涉及资金2.3亿元。

(二)找准专项资金发力途径,探索"钱用哪里"的方向

1. 划定资金使用方向

梳理实施乡村振兴战略重点项目,资金使用方向更加项目化、明细化。如在《嘉善县人民政府关于进一步加快现代农业发展的实施意见》中明确"专项资金主要用于推进农业'两区'建设,对成功创建市级现代农业园区或省级特色农业强镇的给予500万元的奖励,对成功创建市级特色农业强镇的给予300万元的奖励等"。

2. 明确资金使用方法

制定《嘉善县乡村振兴专项资金使用管理暂行办法》,明确专项资金用于支持全县实施乡村振兴战略,用于农业农村优先发展,重点推动建立健全城乡融合发展体制机制和城乡基本公共服务均等化等。同时实行项目化管理的,资金使用主体应当严格按照批准的实施计划组织项目实施,不得擅自调整项目建设计划和实施方案。

(三)做好专项资金绩效管理,解决"钱怎么管"的难题

1. 建立资金监管机制

形成一整套资金管理流程办法和监督体系,制定《嘉善县乡村振兴专项资金使用管理暂行办法》,设定项目补助、以奖代补、一次性奖励三类扶持方式,并配套建立健全专项资金绩效管理制度,以及资金预算安排、资金拨付、业务检查、审计监督、绩效评价的全程监管机制,评价结果作为完善政策和资金分配的重要依据,确保资金使用安全、使用到位。

2. 确保资金集中输出

坚持"集中财力办大事"原则,谋划建立"1+1+N"涉农政策体系(即一个部门、一个文件加若干实施细则),确保在专项资金输出端实现集中发力,改变扶持资金撒胡椒粉情况,在嘉兴市率先启动乡村振兴相关政策梳理工作,梳理相关政策161个,取消政策29个,保留2018年前出台的政策54个,拟

新增、修订、整合政策 78 个，并配套出台现代农业发展、"标准田"管理、银行业服务乡村振兴等政策文件 50 个。

二、乡村振兴多元投入格局的构建

（一）撬动各方资金优先用于乡村发展

以专项资金为牵引，拓展乡村振兴各类发展保障资金通道，充分运用各类试点和融资平台，深入推动国家级农村综合性改革试点试验，确定 21 个改革试点项目，总投资 8.77 亿元，争取上级财政资金 1 亿元以上，直接撬动社会资本投入 3.4 亿元以上。将专项资金、村级资金和金融资本整合抱团注入"飞地项目"，连续实施四轮"强村计划"，制定工作意见和配套政策，在资金奖补、指标倾斜、金融扶持、规费减免等方面对村级集体经济发展给予支持，"飞地抱团"发展项目实现镇（街道）全覆盖，累计实施项目 23 个，村集体投资总额 16.5 亿元。同时，积极引导县镇两级国有平台加大对乡村板块投入，投资 2.5 亿元建设农旅融合风景线项目，县级层面将谋划设立农业投资集团，进一步加大对农业产业园、农业产业项目等投资力度。

（二）吸引社会资本更好服务乡村发展

以专项资金为依托，推动涉农投融资体制机制改革创新，发挥财政政策引导、资金牵引作用，鼓励社会资本支持乡村振兴，县级及以上财政支农资金重点投向农业经济开发区、省市农业"两区"、特色农业强镇建设等，对成功创建省级现代农业园区的，县财政按不低于上级补助的 50% 给予配套。以工业理念发展农业，加大专项资金扶持力度，推动农业经济开发区发展模式，实施农业大招商，落实嘉佑农业、浙粮集团、华腾牧业、荷兰铪科等农业项目 13 个，财政补助近 1 亿元，完成社会资本投资 4.9 亿元，签约合同金额 26.2 亿元。

（三）促进金融资本积极参与乡村发展

开展基层政策性农业信贷担保服务创新试点，构建政银担合作、省市县协同的基层农担服务体系和风险分担机制，省、县两级分别注入 200 万元设立担保风险池，为特色优势产业和新型农业主体提供融资担保服务，办理业务 1280 万元。加大贷款贴息工具使用力度，对发展村集体经济、粮食种植、农业产业化、土地流转等农业项目，开展贷款贴息，集体经济组织"强村计划"项目贷款平均年利率为 4.7%。稳妥推进农业产业项目的股权投资，其中华腾牧业项目由省、县两级通过产业基金共投入股权资金 1.3 亿元。

（四）释放创新红利加快推动乡村发展

以专项资金为保障，推动乡村振兴带动农民增收，最大程度缩小城乡收入差距。2021年，全县城镇居民人均可支配收入70428元，比上年增长7.9%；农村居民人均可支配收入44324元，增长8.8%。城乡收入比达1.59∶1，发展水平始终保持全国前列；2021年全县村均集体经济经常性收入达到435万元，获评全省实施乡村振兴战略优秀县。农村基础设施水平不断提升，教育、文化、卫生、交通、水利等各方面率先实现城乡一体化。

三、经验启示

（一）通过"以农哺农"，找到了一条切实可行的推动农业农村优先发展有效途径

围绕乡村振兴"钱从哪里来"，引入"地从乡村出、钱为乡村用"的创新思路，提出"调整土地出让金分配办法，在土地出让金净收益部分中提取不少于10%的比例，建立乡村振兴专项资金，用于农业农村发展"，并明确写入全县乡村振兴五年实施意见。

（二）实现"集成统筹"，形成了一套科学管用的保障农业农村优先发展政策体系

围绕乡村振兴"钱该怎么投"，建立"一个口子、多元集成"资金统筹使用思路，把宝贵的财政资金用在刀口、铺在实处，全力推动"地、田、房"全域要素集成改革、"人、财、物"全域资源统筹配置，让乡村振兴专项资金功能充分叠加、效能充分体现。

（三）发挥"杠杆效应"，探索了一组全链驱动的激励农业农村优先发展示范模式

围绕乡村振兴"钱该怎么管"，充分发挥财政资金"四两拨千斤"的撬动作用，构建科学管用的资金管理办法，"注动能，注杠杆，注红利"三管齐下，"盘要素、活政策、强民生"全链驱动，一举破解了乡村振兴保障资金来源少不持续、口子多不集成、管理难不高效三大难题，形成了可操作、易管理、重实效的示范引领模式。

第五章 探索村级集体经济有效实现形式

农村集体经济是社会主义新农村建设的重要物质基础，是村级组织有效发挥职能作用的前提和保障。在统筹城乡发展进程中，随着村级"低小散污"企业大量腾退和工业园区转型升级，村级集体经济发展遇到了成长中的"烦恼"。厂房出租、市场招租等传统的村级集体经济发展方式，面临稳定性不强、持续增收乏力等难题。村集体经济面临"实力有限无法投、没有地方无处投、看到项目不敢投"的三难境地，如何大力推进农村集体经济发展是至关重要并急待破解的瓶颈问题。

2008年以来，嘉善县结合本地实际，深入贯彻中央和省市工作精神，以建设县域科学发展示范点为契机，打破固有思维，切中瓶颈关键，创新建立以"县域统筹、跨村发展、股份经营、保底分红"为主的"飞地抱团"强村发展模式。该模式实现了"村内经营到村外、粗放经营到集约、分散经营到集中"的转变，走出了一条村集体经济自我造血增加收入、全域资源整合优化配置、市场政府相得益彰的新路子，村级集体经济迈入更优发展轨道。

第一节 强村富民的"飞地抱团"发展

随着村级"低小散污"企业大量腾退和工业园区转型升级，村级集体经济发展遇到了成长中的"烦恼"。厂房出租、市场招租等传统的村级集体经济发展方式，面临稳定性不强、持续增收乏力等难题。村集体经济"实力有限无法投、没有地方无处投、看到项目不敢投"的三难境地，成为迫切需要解决的问题。打破固有思维，切中瓶颈关键，创新建立以"县域统筹、跨村发展、股份经营、保底分红"为主的"飞地抱团"强村发展模式。该模式实现了"村内经营到村外、粗放经营到集约、分散经营到集中"的转变，走出了一条村集体经济自我造血增加收入、全域资源整合优化配置、市场政府相得益彰的新路子，村级集体经济迈入更优发展轨道。

"飞地抱团"发展模式先后得到时任浙江省委领导和时任中农办领导的高度肯定。大云"飞地抱团"升级版模式荣获了第五届浙江省公共管理创新案例优秀奖，并入选浙江省26条经济体制重点领域改革典型经验，在全省复制推广。

一、创新探索"飞地抱团"发展模式

"飞地抱团"，指县、镇（街道）统筹在区位条件优越的区块，联合建设运营可持续发展项目，村集体以股份合作跨区域抱团投资，并获取保底分红收益。"飞地抱团"范围已实现镇域、县域、跨县域、跨省域"四级连跳"。

（一）盘活土地指标

通过城乡建设用地增减挂钩，以低效用地腾退为"飞地抱团"项目开发腾出用地指标，并通过增减挂钩节余指标交易，为腾退村腾出村级提供再发展资金和投资"飞地抱团"发展项目资金。

（二）"飞"入优质项目

打破镇村界线和要素流动障碍，土地指标不用在本村区域，而是"飞"到特色小镇、"两创"中心等"金边银角"区域，高起点"飞地"布局强村发展项目。大云中德生态产业园，2016年6月正式启动，是嘉善第一个正式认定的"两创"中心项目，也是首个跨区域多村联建强村项目。嘉善县涉及所有镇（街道）22个村（包括17个经济薄弱村和5个腾退村），共同入股出资成立嘉善县强村创业大云投资管理股份有限公司，协议每个村腾退部分建设用地指标，以指标或资金入股，共同开发大云中德生态产业园项目。

（三）招商引资，组织运营

大云中德生态产业园项目厂房在建之初，就同步启动招商选资，引入集中式大服务功能区理念，客户服务中心、办公研发、商务会务、餐饮服务、员工之家等配套一应俱全，德国道博模具、法国卡优连接技术、新加坡塑德精密设备、德国凯瑟机械等9家欧美优质企业和人才项目最终入驻，总投资达3.4亿元，产值5亿元以上，亩均税收突破100万元。大云中德生态产业园一期建设

6幢厂房和一幢办公楼，二期新建4幢标准厂房、一幢办公楼，占地面积40亩，建筑面积3.67万平方米，计划投资1.11亿元，已分红4290万元。

（四）按股分红，保底收益

村集体作为公司股东，不仅按份额享有公司财产，每年还享有保底分红收益和剩余盈余分配收益，实现了集体收入的稳健增长和集体资产的保值增值。作为项目三期的嘉善、庆元、九寨沟三地联建项目，是全省首个跨省、跨县域三地共建"飞地抱团"强村项目，是嘉善县深化山海协作、开展对口精准帮扶的生动实践。

二、积极配套"飞地抱团"政策扶持

为支持"飞地抱团"强村项目的建设，嘉善县和大云镇结合强村计划，先后出台了一系列针对性配套政策。

（一）资金大扶持

对参加抱团的薄弱村由镇村补助160万元启动资金，并安排了最高200万元的银行贷款三年贴息资金。在项目引进方面，引进企业5个年度内所产生的税收县得部分，县财政在年终结算时将全额返还给大云镇。此外，还采取土地出让净收益全额返还等18项规费减免措施。对"飞地抱团"发展项目，县里安排三年总量200亩土地指标倾斜支持，允许跨年度统筹安排使用。

（二）收益大托底

由大云镇确保每年投资额10%的保底收益，如有不足，由大云镇托底支付。将来租金上涨出现盈余收益，也将全额给予各村。公司董事会、监事会和股东会按照股份公司规定要求，公开透明和规范开展决策、监督和分配。

（三）薄弱大帮扶

落实县领导、县级部门和镇（街道）领导联系指导薄弱村制度，建立县级部门、企业、社区和薄弱村"四方红色联盟"，凝聚合力共谋发展。大云镇"飞地抱团"三期项目，主要引进以德资为主的欧美高端装备制造、精密机械和科技人才项目，投产后将为庆元县83个薄弱村、九寨沟48个贫困村每年带来2200万元收益。

三、全面理顺"飞地抱团"推进机制

（一）建立整体联动推进机制

建立统一规划、统一审批、统一建设等"六统一"体制机制，上下联动，共同推进。项目分县、镇（街道）两级安排实施，整体组织发动，统筹协调推进，全域优化布局、全域整合资源、全域整体受益。

（二）明确部门工作职能

嘉善县强村办和县领导小组办公室负责统筹协调工作。大云镇（街道）负责项目筹备建设、整体推进和管理服务。投资新设的项目公司负责跨区域多村联建强村创业园项目的前期筹备、工程建设、租金收取、物业管理等日常管理事务。嘉善县发改局负责项目立项审批，县自然资源部（原国土资源部）负责指标安排、供地服务等工作，县住建局负责规划指导、规划办证等工作，县财政局负责扶持资金审核拨付等工作。

（三）深化推进"最多跑一次"改革

实行县委组织部派员服务的红色代办制，从2015年开始每年抽调4名同志驻点县行政审批服务中心，推行打包服务、限时办结制度，建立项目审批绿色通道，全面压缩审批时间，推动"飞地抱团"项目从立项到主体基本完工一年内完成。

第二节 东西部协作新模式：建设跨省跨县"飞地"产业园

开展东西部协作和定点帮扶，是党中央着眼推动区域协调发展、促进共同富裕作出的重大决策。习近平总书记多次对深化东西部协作和定点帮扶工作作重要指示。庆元县、嘉善县、九寨沟县三县以"飞地"项目为支点，跨越了县域、市域和省域，突破地域限制、行政限制，将土地资源、政府资金、企业资产相互融合利用，打造出三地优势互补、携手深化东西部合作和山海协作的典型示范。大云镇地处长三角生态绿色一体化发展示范区，"飞地"产业园的区位优势和战略优势日益显现，"飞地"产业园正成为高质量发展的示范园区、标杆园区，为实现跨区域创新合作发展提供可借鉴、可复制、可推广的"大云模式"。

一、建设跨省跨县"飞地"产业园是实现共同富裕的需要

2003年，浙江省委提出面向未来要进一步发挥八个方面优势、推进八个方面举措的"八八战略"。其中，进一步发挥山海资源优势，推动欠发达地区跨越式发展，是"八八战略"中的重要任务。多年来，浙江按照"八八战略"的部署，着眼于山区与沿海优势共同发挥、造血与输血功能共同增进，推动建设了一批山海协作产业园、"飞地"园区、生态旅游文化产业园等共建平台，持续打造山海协作升级版，成为发展最均衡最协调的省份之一。同时，浙江大力实施省际"东西部扶贫协作""对口支援""对口协作"等行动，推动合作机制深化、平台优化、成效显化，为决胜全面小康、决战脱贫攻坚贡献浙江力量。

嘉善、庆元、九寨沟三地，地理相隔但各具优势。庆元与福建接壤，土地资源丰富，生态环境优美；九寨沟是"世界自然遗产"，旅游资源丰富，声名在外；嘉善是接轨上海桥头堡，区位条件独特，营商环境优越。自2008年开始，嘉善就与庆元结成了结对帮扶关系。2016年，省政府更是将庆元、嘉善确定为山海协作结对县，开启了两地携手、山海协作的发展之路。2013年与九寨沟成为东西部扶贫协作结对县，从那时起，两地就开始在项目援建、人员互访等方面加强合作。

为认真落实中央、省委有关精神，进一步促进优势互补、合作共赢，嘉善将已有成功实践经验的"飞地抱团"模式"飞"出浙江，将庆元、九寨沟的建设用地指标"飞"到嘉善。2018年，嘉善县人民政府与庆元县人民政府、九寨沟县人民政府签订《嘉善—庆元—九寨沟规划建设"飞地"产业园合作协议》，在大云镇建设全省首个跨省、跨区域"飞地"产业园，以提高两县单位土地产出率，增强两县经济社会发展的能力和"造血"功能，三地携手打造跨省"飞地"产业园，共创东西部扶贫与山海协作结合的"飞地"经济新模式，为三地的集体经济薄弱村发展注入源动力。

二、建设跨省跨县"飞地"产业园的实践概况

（一）实施历程

2018年5月，三县签订《"飞地"产业园合作协议》；6月，外派挂职干部开展"飞地"项目前期洽谈；7月，签订《庆元—九寨沟成立合资国有公司合作协议》，并注册、组建、成立嘉善九庆产业投资有限责任公司；8月，项目立项；9月，规划方案设计；10月，土地挂牌；11月，开工奠基；2020年11月，1—6号厂房已完工，园区举行开园仪式，标志着跨省跨县"飞地抱团"的发展模式喜结硕果，三地将踏上东西部扶贫与山海协作"飞地"经济新的征程。鑫亿嘉科技等6家企业正式入驻嘉善—庆元—九寨沟"飞地"产业园。入园企业主要涉及电子科技、生物科技等领域。今后将引进德国为主的欧美高端制造、精密仪器和科技人才项目，打造全国性"飞地"产业先行先试示范基地。

（二）项目简介

嘉善—庆元—九寨沟"飞地"产业园位于嘉善县大云镇，为嘉善县中德产业园三期开发区块，位于大云镇联翔路南侧，按照新型工业化产业示范基地标准设计，总用地面积 73.63 亩，总建筑占地面积 2.02 万平方米，总建筑面积 7.0578 万平方米，容积率 1.39、建筑密度 41.15%、绿地率 18.1%，主要建设 6 层办公楼、综合楼各一幢、独栋 3 层标准厂房七幢，项目概算总投资 26725 万元。

（三）合作方式

园区规划用地的农转用指标、耕地占补平衡等土地要素由庆元、九寨沟两个县保障，园区招商工作以嘉善县为主，三方招商部门共同负责，建成后每年三地按比例分红，并优先招用庆元县、九寨沟县劳动力。根据三县签订的合作协议，庆元强村公司和九寨沟国资公司共同出资成立了嘉善九庆产业投资有限责任公司，该公司注册资本金 10000 万元，庆元强村公司和九寨沟国资公司各占股 50%。"飞地"产业园建成验收后起算，前五年采用包租固定回报的方法，嘉善县每年给予庆元县、九寨沟县项目投资公司投资额的 10% 作为投资固定收益，同时为加强东部地区对西部地区的支持，嘉善县和庆元县同意将产业园区内企业所缴税地方留成部分的 50% 归九寨沟县，后五年采用租金收益加税收分成的方法，厂房租金收益归庆元县、九寨沟县项目投资公司所有，园区内企业所缴税地方留成部分的 50% 按项目投资比例归庆元县和九寨沟县所有，10 年后收益回报再行协商。

（四）实施效益

园区正式投产后，预计亩均产值将达到 1000 万元以上，亩均税收不低于 60 万元。首期建成投入使用后，可为庆元县和九寨沟县每年带来约 2200 万元的收益，可用于推动庆元县 83 个薄弱村和九寨沟县 48 个贫困村增强"造血"功能，相当于每个村每年增收 16 万元，而目前庆元与九寨沟的村集体经济收入每年不足 5 万元、2 万元。入驻的日资富亿德塑胶项目，达产后年产值达 2.2 亿元，年税收达 1350 万元。2019 年，三县签订合作补充协议，于 9 月底前获得项目投资固定收益 1400 万元，已返还庆元、九寨沟县各 700 万元让县内贫困群众获得收益。截至 2020 年 12 月，该项目已实现返利 3540 万元。

三、建设跨省跨县"飞地"产业园的经验启示

（一）建设跨省跨县"飞地"产业园的创新实践

建设跨省跨县"飞地"产业园是深入贯彻习近平总书记关于区域协调发展重要论述和战略决策的创新实践。习近平同志在浙江工作期间，审时度势，作出了"山海协作工程是推动发达地区与欠发达地区对口协作、引导鼓励发达地区产业向欠发达地区转移辐射、促进欠发达地区劳务输出的重大举措"等科

学论断，并强调要立足全局发展浙江，跳出浙江发展浙江，要做好对口支援和国内合作交流工作，把"山海协作"的理念延伸到参与和服务全国统筹协作发展的大局之中，做好与对口帮扶和对口支援地区的深入对接工作。这不仅促使浙江成为全国区域协调发展领先的省份，也为习近平总书记提出实施区域协调发展战略提供了重要实践基础。嘉善县大云镇探索的跨省跨县"飞地"产业园发展模式，精准诠释和生动践行了"山海协作"的精神要旨，即充分发挥发达地区和欠发达地区各自的比较优势，通过优势互补，补齐各自"短板"，实现互利共赢。

（二）创新合作机制是内在特征与持久动力

创新合作机制是建设跨省跨县"飞地"产业园的内在特征与持久动力。实践表明，大云跨省跨县"飞地"的成功，在很大程度上得益于合作机制的创新。

1.创新共建机制

"飞地"合作各方政府要签订共建协议，明确双方责任、权利和义务。发达地区要积极为结对市、县（市、区）规划"飞地"发展空间，"飞地"开发建设用地指标和耕地占补平衡指标原则上由"飞出地"政府负责落实。各方政府可通过协商方式确定土地转让价格，鼓励"飞入地"以低于市场评估价格将土地开发使用权出让给结对市、县（市、区）。"飞地"开发建设支出由"飞出地"承担，收入归"飞出地"所有。

2.创新共管机制

"飞入地"政府负责"飞地"内外交通网络等基础设施规划布局，负责园区征地、拆迁、安置等政策处理和组织工作，落实入驻企业在项目、金融、人才等方面的属地同等优惠政策。"飞出地"政府要根据精简、高效的原则成立"飞地"管理机构，鼓励合作双方共同选派优秀干部赴"飞地"挂职。"飞地"管理机构要依据所在地总体规划布局，具体开展"飞地"的建设规划编制、基础设施和公共设施建设、招商引资等事项，配合做好企业注册登记和服务管理事宜。合作各方要建立常态化议事协调机制，合力研究解决政策制定、项目建设、园区管理和安全生产中遇到的问题。

3.创新招商机制

合作各方要针对不同类型"飞地"，制订相应的共同招商机制。"飞入地"政府要充分利用本地资源和平台优势，积极协助开展招商引资。"工业飞地"重点结合当地产业规划布局，突出横向配套和产业链上下游延伸，着力引进产业链高端的龙头大项目。"科创飞地"要重点引进"飞出地"产业发展所需的人才、技术和孵化项目。"削薄飞地"原则上由"飞入地"统一负责招商。

(三)规范运营模式是提高实效的重要路径

规范运营模式是提高跨省跨县"飞地"产业园建设实效的重要路径,实践表明,大云跨省跨县"飞地"项目通过规范运营,在扶贫、"削薄"、共富等方面取得明显成效。

1. 规范收益分配

按照"互惠互利、共建共赢"原则实施收益分配。鼓励"削薄飞地"采取"收益保底+税收分成"方式实施,"科创飞地"和"工业飞地"所产生的税收(地方留成部分)原则上全额归"飞出地"所有。其中:"削薄飞地"年保底收益按不低于"飞出地"总投资额10%计算,支持依据投资比例由合作双方协商税收分成;省、设区市两级财政对征收入库的税收(地方留成部分)通过"以奖代补"的方式直接返还给"削薄飞地"。

2. 规范统计核算

在统计经济社会发展情况时,"飞地"各项指标由"飞入地"政府统计部门按现行统计制度和口径进行统计、核算和发布;在政府内部考核时,允许合作双方综合权责等因素,协商划分地区生产总值、工业总产值、固定资产投资额、税收收入等指标。"飞地"能源消费、污染物排放等指标原则上归入属地管理,由"飞入地"政府相关职能部门按现行制度和口径进行统计,同时,双方也可就具体情况协商分担。

3. 规范企业监管

"飞入地"政府要按照"最多跑一次"改革要求,进一步深化项目审批制度改革,优化行政审批流程,促进跨区域服务共享,为"飞地"企业项目落地、建设、运营提供优质高效服务。"飞地"环境质量、安全生产等事项实行属地管理,"飞地"管理机构应认真落实"三线一单"要求,积极配合所在地推进"区域环评+环境标准"改革,严格落实安全生产管理机制。

第三节 构建新型职业农民培育机制

随着新形势下乡村振兴战略的深入实施,乡村发展进入了历史发展机遇期,产业如何兴旺持续、生活怎么共同富裕,面临着农民就业转移和收入结构深刻变化，面对着农田流转率不断提升、农村劳力年龄不断老化的必然趋势，谁来种田、谁能种好田已经成为现代农业转型发展的关键问题，2019年中央一号文件提出要加大新型职业农民培育。浙江省嘉善县大云镇顺势而为、主动而为，立足长三角发展一体化战略，结合国家级农村综合改革推进，紧扣当地发展实际，系统全面、创新构建新农人培育体系和机制，走出了一条新农人创新培育的生动实践之路。

一、紧跟形势，赋予新农人时代内涵

（一）突出"新"字，拓展职业农民范围

从"新"字入手，突破传统，赋予新农人新定义、新范围，新农人是具有科学文化素质、掌握现代农业生产技能、具备一定经营管理能力、主动投身农业农村、以农业为主的农民新群体。大云镇突破传统定义，拓展新型农民的范畴，凡是服务于乡村板块建设、致力于一、二、三融合的主体和个人都纳入新农人范围，一大批乡村产业发展带头人、新型业态经营主体、全域旅游服务者、乡村科研单位和个人都进入培育名单，引导他们采用新的生产、经营或服务方式形成农业新业态，让他们在农村活动，构成农村生命肌体的新细胞。

（二）突出"特"字，提升新型农民品质

从"特"字深入，推动"新农人"由身份认识向职业发展成功转化，大云镇创新开展新农人特色序列划分，根据镇域实际、业态特色和发展需求，围绕鲜花、葡萄、水蜜桃、车厘子、无花果、铁皮石斛划分特色农业产业新农人名录；围绕温泉、巧克力、江南水乡、吴越文化划分特色文化新农人名录；围绕养生休闲、特色民宿、婚纱摄影、亲子教育划分特色服务新农人名录，通过不同产业、不同行业，进行分门类别为新农人设置相应的职业定位、职业规划、素养能力等。

（三）突出"优"字，培植现代农民底韵

从"优"字深化，以"甜蜜大云美美生活"为主题建立学习品牌，以终身学习为导向，坚持以人为本、全面发展的原则，"精耕细作"新农人底韵，以文化技术培训、"甜蜜大云"系列社区教育课程为载体培育新农人的文化素质和专业技能。"甜蜜大云美美生活"学习品牌入选为2019年嘉兴市十大"终身学习品牌项目"名单；碧云花园被列入中组部、农业部等职合认定为全省唯一的国家级农业实用人才培训基地。上海市民终身学习基地、上海学习实践基地成功落户小镇。社区教育特色课程《甜蜜大云之杜鹃花开》作为嘉善县唯一在市立项的课程，已完成终期汇报，9月份将知晓成果评价情况。

二、彰显特色，拓宽新农人来源渠道

（一）青年归乡做新农

大力培育发展乡村新生力量，引导青年回归乡村、服务乡村、奉献乡村。原本留校的浙江农林大学毕业生杨珍在政府感召下回乡创业，创办杨珍农民专业合作社和华神有机甲鱼名牌，成为全国创业创新先进个人，连续两届成为省人大代表。莫雪峰作为创二代的典型代表，说服父亲开展事业转型，一手创办巧克力项目，为甜蜜小镇建设提供重要力量，项目也为无中生有、工业旅游、亲子研学的典范。

（二）乡贤返乡成新农

引导小镇各类乡贤力量，健全镇村二级乡贤推进体系，使乡贤组织也成为新农人培育的重要力量。董文松原本从事宠物饲料加工业，几年来企业得到长远发展，也面临着行业严峻的竞争态势。他看到家乡日新月异的旅游发展势头，果断进行转型，一手开启拳王水街项目建设，把理念定位于农旅深度结合，填补小镇旅游商业服务板块的短板，现代农业成为项目的特质底色，引入先进的管理理念，新项目将打造成为小镇发展的新的引擎。

（三）就地转型变新农

乡村发展离不开多年来一直在小镇创新发展的传统农人，面对新的形势，只有主动求变求新，才能开辟新的发展路径。碧云花园是大云首个国家4A景区，一直是全县农业发展带头企业。潘菊明根据形势发展需求，主动推动花园二次再创业，把婚纱摄影、研学培训作为新的发展支点。近期，在改革项目支持下，又启动了二期建设，拓展培育板块和硬件水平，引入花坊一条街，做深做透花产业，引入新的发展元素，成为当地培育新地型新农人的优秀代表。

（四）精细引育培新农

在新农人培育的良好氛围下，一大批外来新农人进入大云、服务大云。嘉善云乡园家庭农场主张岸迟作为巾帼创业者主动学习高级茶艺、中式面点，在农业、美容养生经营基础上开拓学习和创业面，准备走出一条"养生 + 生态 + 生活"的"三生"创业之路；拖鞋浜民宿首批七家开张后，一大批旅创客入驻；碧云花园、笠歌生态等优势主体大手笔招入优秀大学生，新鲜血液的注入为小镇发展带来生气勃勃。

三、统筹整合，搭建新农人培育平台

（一）整合资源，集中精力做培育

整合县镇村以及社会资源，打造"3+N"模式的资源平台，形成条线、人才和阵地联盟。县农业农村局、教育局、人社局等县级部门提供政策扶持、培育指导；镇工会、妇联、科协、农机水利中心、成校等部门联动，制定精准的培训计划和实施高效的培训学习；各村每季度一次入门入户走访新兴职业农民、农业经营主体、农业龙头企业主、农创客等全方位掌握新农人的素质基础、成长需求和产业特点。集合县农经专家、专技教师、农技推广员，镇农技水利人员、成校教师、农业领军人物等人才，共计100人。拓展缪家乡村振兴学院、成校、景区、"两创"中心、农场、合作社和民宿等阵地，共计50个。

（二）借势借力，千方百计做培育

充分发挥政府平台的作用，在健全完善成人教育、社区教育体系基础上，借助国际旅游度假区、AAAA景区、特色小镇、文化强镇、文明城市等一系列创建；农村人居环境、小城镇环境、全域土地等一些列整治；深入开展美丽乡村、美丽农田、景区村庄、市民终身学习体验基地等一系列评创，大量新农人服务于小镇发展各个条线，无论是推动现代农业发展的新型农民带头人、还是致力于全域旅游一线的新型旅创单位和新创客，都在平台上发挥着作用、体现着价值、经历着成长。

（三）改革驱动，科学有序做培育

结合国家级农业综合性改革契机，全力构建新农人培育创新机制。推动各方面资源向一个平台集聚，利用成校完整体系，逐步升格为大云农民学校、大云乡村振兴学院，吸纳各类优质师资，发动各种社会力量，做好培育服务；推进各方面阵地向一个平台集中，突破常规的教学，让田间地头、景区农场、文化礼堂，都成为新农人发展的大舞台；推进各序列创业创新向一个平台集汇，通过分类而育，针对创业就业、陶冶情操、提升修养等各类需求，科学有序做好培育。

四、多措并举，提升新农人综合素质

（一）多渠道培训，推动新农人变革

随着现代农业向高科技、规模化、集聚化转变，全域土地整治、全域农田流转和全域农房集聚的大规模推进，对老百姓的就业创业提出了更高要求，大云镇根据当地特色，推出创业培训清单，着力对青年农民、工业创二代、小镇创客等开展针对性创业培训，通过当地特色花卉、水果、稻米、园艺、水产等课程，12人获得新型职业农民资格认定。通过配合红云总裁班模式打造，20多名创二代得到理念再升华、能力再提升。经过努力，一大批创业创新新人进农业企业、入景点景区、干创业实体，培育成果得到了丰厚回报。从浙南自然资源保护区转行过来创业的方腾,在政府的培育下,引入"植物猎人"理念,大力培育各类新品种研发,拿到国家认定的自主植物品种5个,全面服务于拖鞋浜民宿打造,成为农旅休闲开发的典范。

(二)多要素保障,保障新农人发展

要把服务百姓为宗旨,拓展新农人培育工作的范畴,改革项目为培育工作专门下达了500万启动资金,整合各类资金2000多万。我们紧贴大云百姓实际需求,群众需要什么我们服务什么,群众期盼什么我们推进什么,全面激活办学活力与服务能力;随着形势发展,推动农业创业领军人才和新型职业农民的培育、优质外来人才引入培育、当地农民素质就地提升、新型乡村业态人才的引育,全部列入重点培育方略,让各类人才在乡村大施所能、大展才华、大显身手。

(三)多模式引领,强化新农人治理

新农人培育关键在于持续培育。为提升新农人各方面综合素质,大云镇结合中青年双证制高中、市民终身学习教育,并结合中心工作开展环境卫生、文明城市创建、平安建设、食品安全等知识的宣传和教育。截止目前,已有529人获得双证制高中文凭。随着生活水平的提高,居民对精神文化的追求越来越高,人居环境整治、文明城市创建、小城镇环境综合整治等中心工作都需要老百姓的支持配合和主动参与。

五、长效推进,完善新农人培育机制

(一)政策体系做支撑

推动新农人创新培育以来,大云镇先后出台了十余份各类培育文件政策,结合改革项目推进,对农田流转、创业创新、文化引育、主体发展、景区培育等进行了多层次扶持,先后投入12.8亿资金对全域旅游进行基础设施配套、1500多万对农田进行流转、6000多万资金对美丽乡村和美丽经济转化进行了培育。在政策扶持下,大云乡村振兴学院即将启动,将为新农人培育带来更大的推动力量。

(二)创业创新做转化

围绕创业创新,全镇30多家优质农业经营主体得到转型升级,碧云花园、嘉德园艺、华神农场、阿煜园花、笠歌生态等一大批优质主体实现组团式发展,杨珍、莫雪峰、方腾、张岸迟等30多名新农人率先实现创业第一步,100多名优秀新农人代表在各自条线发挥着关键作用,大量农村青年回归、大批优秀乡贤归乡,各大延伸产业得到了升华,小镇已经成为G60走廊创业创新高地之一。

（三）强村富民做结合

培育新农人落脚在推进乡村发展，关键体现在强村富民，在新农人的推动下，全镇 6 个行政村每年以 15% 左右高速体现村级集体经济增长，单一个拖鞋浜民宿就能为东云村带来 50 多万元的净收入。小镇百姓也在新农人培育下收获满满红利，小镇农民人均可支配收入逐年以 10% 以上速度提升，城乡比缩小至 1.6∶1 以内。村和民收入水平一直保持在全省前列，小镇福祉得到充分体现。

（四）服务新农讲效率

结合三服务工作，大云镇把新农人培育当作基层治理的一件大事、一件要事来抓好、抓实。小镇全体干部都在为培育努力，小镇全体百姓都在为发展努力，先后有 100 多名干部参与到各项培训中去，一万余名百姓直接受益于培育，100 多个培育中反馈的发展问题得到了解决，在最多跑一次的深入过程中，大云新农人培育也驰向了快车道，也在不断为大云乡村大振兴发挥着关键的作用。

第四节 创新"总裁"培育服务企业转型

推动企业理念、动能、结构、效率和环境转换，从"有没有"转向"好不好"，在高质量发展上走在前列是省委、省政府对于新时代下企业转型发展提出的明确要求。嘉善县大云镇把握形势需求、奏强时代强音，通过政府、商会和上海交通大学海外教育学院三方合作，开设传统企业转型与创新管理红云学院"总裁班"（简称"总裁班"），组织大云镇优秀企业家近 30 人参加为期一年的系统学习，实践总结出"转""变""学""创"的企业家培育四步曲，帮助区域内优质民营企业实现换挡增速、提质增效。2018 年年初，省委书记车俊来嘉善调研时，走进大云"总裁班"课堂，与企业家和上海交大教授亲自交流，对模式借力接轨上海资源、深度推进企业转型所展现的积极意义充分肯定。

一、转型先转脑，下好"转"的先手棋

在当前实施乡村振兴战略的过程中，围绕产业兴旺的总体要求，推进传统企业转型升级迫在眉睫。大云镇因势利导，把握先机，搭建转脑平台，倒逼企业转型。一是借助外脑搭平台。大云镇人民政府、大云镇商会和上海交大海外教育学院经过多次商议，达成共识，决定三方合作，拿出自我资源，开设传统

企业转型与创新管理大云"总裁班"。2017年12月9日，三方推动"总裁班"在上海交通大学海外教育学院举行开班典礼。二是主动转脑招总裁。大云镇三大工业园区的26名企业家自主报名成为"总裁班"第一期学员。他们有一个共同特点：经营的都是规上企业，且企业在转型升级中遇到发展瓶颈，急需突破和创新。而"总裁班"二期也在2019年继续开班，人数达到了30人，更多企业家主动参加学习，希望成为一名懂管理、善经营、能创新、敢竞争的现代企业家。三是武装大脑多形式。"总裁班"学习形式多样化，有邀请国内资深教授上课，比如中国经济体制改革研究会副会长、福卡智库首席研究员、著名经济学家王德培，财经作家吴晓波等；组织学员到标杆企业参观，比如宁波方太集团、多样屋等；组织到海外名企游学等。让学员站在更高维度上观察行业生态变化，用先进理念武装大脑，理清转型升级的思路，积极应对经济形势的变化，主动迎合把握市场。

二、培训变培育，注入"变"的新理念

头脑转型关键在于理念的转变，企业的转型关键在于产业的转型和创业的传承。针对上述要求，"总裁班"突破原有的培训模式，更加注重打造企业家培育的平台。一是量身定做排课程。大云镇企业以生产精密机械和电子信息设备为主，再加上开班前期，商会利用一个星期时间，对26位企业家进行课程制定意见征求和问卷调查，以"因材施教"的原则开设适合企业家的课程。目前，已上课程《互联网＋推动产业升级》《现代企业战略管理》《管理创新与组织变革》等近20堂。二是问题导向转思维。针对企业管理、股改上市、安全生产、园区景区化等多种因素，对"总裁班"学员进行特色课程教育。2017年全县共有4个企业股改上市，其中2个来自大云镇，分别是浙江金乙昌科技股份有限公司、嘉兴溢联环保科技股份有限公司。三是创业培育抓传承。针对大云镇多个传统企业家年龄较大，面临家族企业的传承，"总裁班"做好对企业继承者的培育，让他们从前人栽树后人乘凉的"富二代"转变为致富思源、富而思进的"创二代"，有利于解决企业在转型升级中遇到的危机，更有利于为企业带来二次创业。例如61岁的董文松带着儿子一起报名参加了学习，通过学习后父子俩决定借大云开发旅游之势，发展商业旅游，拳王水街项目已于去年开工建设。

三、集聚成凝聚，唱好"学"的合奏曲

转型升级是全镇企业共同的境遇，各自为营的单打独斗无法实现真正的转变，结盟互助才能有更大的力量推动全镇企业转型升级。一是打造交心学习大

讲台。总裁班打通了学员之间的交流通道，让他们建立友谊，共同探讨学习过程中的经验、心得和困惑。二是打造齐心协作大平台。三人为师，让他们在学习过程中，围绕各自的问题，互相帮助，共同成长、共同促进。三是打造凝心共赢大舞台。大云中德生态产业园有许多企业是生产汽车零部件的，有生产车载音响、有生产汽车座椅、有生产汽车仪表等，他们之间形成了紧密联系的产业链。学习的过程也是凝心聚力的过程，学员共商企业发展大计，做强每个环节，推动共同转型。

四、接轨到并轨，搭好"创"的大平台

上海交大是人才的聚集地，有着企业没有的庞大人才资源数量，目前大云镇企业的人才资源都是有限的，接轨上海，是做好人才资源输入的关键。一是引上海智力。与上海交通大学海外教育学院合作开设的"总裁班"，为大云在人才培养、人才强企等方面接轨上海搭建了很好的平台，有利于推动游学教育转移到大云、人才创业转接到大云、学院影响转嫁到大云。二是用上海资源。加快推动上海高校的课题成果转化到大云、高端资源要素集聚到大云，在企业技术难题与创新方面实现实时显示、实时交易、实时沟通，共享科技资源成果，为大云经济转型和企业科技创新提供了可持续的发展动力。三是转上海成果。通过"总裁班"的开设，加强了小镇企业与上海高校的合作，目前全镇共有 30 余家企业正在开展各类校企合作，例如富亿德与上海大学合作研发注塑软件，福气多与上海交大开展产学研合作，研发的贴片机器人即将试产。

第五节　推进乡贤"育引扬"展乡村振兴新气象

2015 年中央一号文件提出，创新乡贤文化，弘扬善行义举，以乡情乡愁为纽带吸引和凝聚各方人士支持家乡建设，传承乡村文明。2016 年中央一号文件，又将"乡贤文化"列入农村思想道德建设。"新乡贤文化"则分别被写进"十三五"规划纲要和 2017 年、2018 年的中央一号文件。党的十九大作出实施乡村振兴战略的重大决策部署，传承创新"乡贤文化"、留住乡村的"灵魂"已成为近年来的社会共识，新乡贤被认定为乡村振兴战略的内驱动力和人才支撑。

大云镇按照全面实施乡村振兴战略的部署要求，紧紧围绕"大团结、大联合"主题，念好乡贤"育、引、扬"三字诀，大力弘扬乡贤文化，聚力搭建乡贤平台，全力发挥乡贤力量，有效弥补乡村振兴中人才空心化短板，推动资金回流、项目回归、信息回传、人才回乡，在推动产业发展、民生服务、文化传承、社会治理等方面发挥积极作用，凸显大云乡村振兴新气象。

一、推进乡贤"育、引、扬"，实现乡村振兴人才支撑

（一）"育"基础，奠定团结联合"主基调"

1. 摸底巡查育组织

摸清乡贤资源实际情况，分类别建立数据库，实现动态更新。当前大云镇乡贤代表人数已达290余人，自首个缪家村新乡贤参事会成立以来，各村（社区）以会议和大型活动等多形式建立新乡贤参事会组织，已实现全镇7个村（社区）新乡贤参事会全覆盖。2019年6月29日，大云镇乡贤联谊会正式成立，为新乡贤工作的组织化、制度化、规范化提供了保障。

2. 完善规则育制度

积极推动乡贤工作规范化，加强组织领导，依法依规运作，充分发挥乡贤参事会制度在充实乡村德治方面的积极作用，切实服务民生、惠及民生，努力开创乡贤助力村（社区）建设新局面。坚持"资源整合、公开透明、安全高效"的原则，通过乡贤基金制度，努力实现"使用效益最大化、资金来源多元化"，推动各村（社区）乡贤工作发展，促进治理和服务水平全面提升。利用传统节日，打造一年三会制，推出春节在外乡贤家乡行、端午乡贤茶话会、中秋乡情恳谈会等。

3. 一村一品育阵地

围绕一村一品建设，借力新时代文明实践工作，建立各有特色的基层乡贤平台。大云社区、东云村突出历史文化的传承与保护，对先贤姚绶、魏大中等历史文化名人进行充分挖掘，高标准建成了姚绶展厅、魏大中公园；缪家村、洋桥村等通过生活实物、图片文字等形式，建成了激活村民文化记忆、弘扬文化传统的乡情记忆馆缪家村乡贤工作室作为全县首个村一级的乡贤议事厅运行，成为展示乡贤榜样、加强乡情联谊、激发乡贤活力的平台。大云会继续深化"一村一品"乡贤工作，积极争创乡贤工作示范村一个以上。

（二）"引"资源，激发凝心聚力"正能量"

1. 引地方资源，壮大乡贤综合实力

积极整合乡贤资源，加强"一馆一园一网"平台建设和"一廊一厅一室"阵地建设，努力构建镇村户"乡贤驿站—乡贤工作室—乡贤庭院"三级网络阵地。通过完善乡贤联谊会、乡贤参事会等平台，完善乡贤平台运作、激励、保障等内在运行机制,发挥本镇精英资源优势,"动员当地力量解决当地问题",引领新乡贤服务民生改善、促进了全民共建共享。

2.引异地资源,迸发乡贤实干活力

继续深度排摸乡贤资源,重点排摸在外创业、就业的异地乡贤,通过节日慰问、拜访联谊等形式,激发在外创业人士"爱乡、恋乡、助乡"的"乡愁情怀",得到外出新乡贤对家乡的支持和反哺,对于重要的乡贤对象将建立镇党委班子领导一对一结对联系。同时完善并推广乡贤讲习、乡贤坐堂、乡贤参事、乡贤义举的"四张清单制度"和群众说事、乡贤议事、公开亮事、定期评事、合理办事的"五事工作法",使得乡贤工作常态化运作。

3.引优势互补,彰显乡贤联动合力

加强本地乡贤与在外乡贤联动互补,使乡贤们在创业联谊、引资引智、文明促进、纠纷化解等方面发挥补位和辅助作用,凝聚各方共识,形成自治合力,提高基层社会治理的科学性和民主性。立足本镇产业、资源和区位优势,在人才引进、用工支持、金融支持等方面支持政策,鼓励返乡乡贤进入科技创新型、资源利用型、现代服务型等产业或行业,积极引导乡贤选准选好创业项目。

(三)"扬"优势,积累知行合一"好口碑"

1.扬专业优势,树立服务品牌

继续深化"乡贤助村'六个一'行动",打响"乡贤善治"云乡品牌,发挥各领域新乡贤专业优势,努力把乡贤平台搭起来、乡贤力量聚起来、乡贤优势发出来、乡贤文化创起来。在夯实基础的前提下,注重新乡贤在乡村善治方面的作用发挥,依托"乡贤课堂"、智力回乡、项目回归等为百姓提供各方面服务。各村(社区)定期开展乡贤驻堂授课活动,以不同主题适应不同的人群,真正做到全民参与。

2.扬乡贤文化,讲好乡贤故事

大云镇以缪家村为试点,建立了乡贤E站,实现了线上线下同步展示乡贤工作动态和讲好乡贤故事,目前已陆续推出动态信息、乡贤故事30余篇,正积极推广乡贤E站,争取实现智慧乡贤全覆盖;编印出版汇集大云乡贤故事的民间故事集《行得春风有夏雨》,制作先贤姚绶《心赏山水册》明信片等,进一步丰富"乡贤文化"内涵;《乡贤云集·同心筑梦》宣传片的拍摄,激活乡贤的榜样作用,让乡贤串联乡民,使乡贤文化纵深发展;大云乡贤之歌表达乡贤对故乡的那种眷恋和情怀,同时也表达了乡贤的责任感和对故乡未来的希望。通过这些方式加强对乡贤的宣传引导,加大乡贤先进人物、典型事迹的宣传力度,及时总结推广乡贤工作的好经验、好做法，吸引更多人才返乡创业，把有影响力、有热情、有能力的乡贤吸引到乡贤平台上来。

3. 扬带头作用，促进共建共治

大云乡贤在助推社会事业发展、开展公益慈善活动等方面发挥带头引领作用。开展农村人居环境整治工作，乡贤加入红海党建联盟，参与到基层社会治理中，共建共享、协同共治，共建绿色生态宜居家园。乡贤教师资源与每个村文化礼堂达成协议，在寒暑假的春泥计划中免费为学生上课；企业家们通过红云总裁班、乡贤参事会等方式学习交流，深入探讨如何将乡贤基金用到实处，如何生成"钱生钱"模式，缪家村已有20万乡贤基金到位；老干部老党员律师们勇当"老娘舅"，建立的乡贤调节室为大云群众们解决了很多的纠纷矛盾。各类乡贤充分发挥自身优势，真正做到在帮困助学、环境整治等方面发挥积极作用。

二、完善乡贤工作制度发挥乡贤作用

（一）编制"四张清单"，规范乡贤群体管理

大云镇推出"四张清单"管理制度，即乡贤讲习、乡贤坐堂、乡贤议事、乡贤义举，激活乡贤资源，推动乡贤工作规范化，充分发挥乡贤在充实乡村德治方面的积极作用，开创乡贤助力村（社区）建设新局面。

（二）落实"五事工作法"，畅通乡贤工作室运转

大云镇落实"五事工作法"，即群众说事——采集民生，问需于民；乡贤议事——群策群力，汇集才智；公开亮事——公开透明，社会监督；定期评事——全程督评，阶段小结；合力办事——资源整合，落到实处，让具有威信、热心公益、独具所长的乡贤们走进工作室，真正发挥好乡贤务实为民的本质，使乡贤工作室成为百姓走得进、愿意来、靠得住的主阵地。

（三）实现"六大功能"，推动乡村治理现代化

大云镇实现新乡贤及乡贤组织六大功能，即乡风文明的新窗口、党群关系的连心桥、调解矛盾的主阵地、社情民意的晴雨表、服务群众的快车道、民主管理的阳光房，实现乡村更高效的现代化治理。

三、进一步挖掘乡贤资源的启示

（一）深挖乡贤资源，力求领域多元化

围绕"连心桥、智囊团、活标杆"9字乡贤作用，大云镇深挖乡贤资源，全镇乡贤代表人数已达290余人，其中本地乡贤245人，异地乡贤45人，人员覆盖党政军机关干部、道德模范、高新技术人才、优秀教师、医生、律师等

各领域杰出代表,为资金回流、项目回归、信息回传、人才回乡。

(二)融合平台资源,力求阵地集约化

大云镇将乡贤组织架构与文化礼堂阵地架构有机融合,丰富农村文化礼堂为民服务的形式和内容。在原有基础功能上,依托乡贤凝聚人心、献智献策、为民服务,充分发挥乡贤的财智优势与礼堂的便民优势。通过成立乡贤工作室,将乡贤组织架构与村中心工作有机融合,充分发挥乡贤的桥梁纽带作用,上情下达、公开监督、为民办事,使乡贤组织更好地发挥其于村两委和百姓之间的介质作用。

第六章 构建农民持续有效增收机制

近些年,农民收入持续较快增长,城乡居民收入差距持续缩小。但城乡区域发展差距仍然较大,促进农村农民共同富裕的任务十分艰巨。因此,当前和今后一个时期,要坚持把促进农民增收作为实施乡村振兴战略的中心任务,不断优化政策供给,拓展增收渠道,扩大农村中等收入群体比重,增加农村低收入群体收入,推动农民收入再上新台阶。

第一节 "六金"富民增收模式

大云镇全方位激发农民增收的内生动力,就业金、财产金、创业金、股份金、养老金、补助金协同发力,拓宽了农民增收渠道,探索出一套具有大云特色的"六金"富民增收新模式。2021年全镇农民人均可支配收入超5万元,城乡收入比缩小至1.48∶1。

一、"六金"富民增收模式的主要做法

(一)育活龙头项目,拓宽就业金增收渠道

大云镇通过引进龙头引领型项目,引导本地农民创新创业,持续推进以工促农、以旅补农,创造了大量务工就业机会,提高了农民就业薪金收入。

1. 龙头项目引领工农转换

为推动乡村产业转型发展,大云镇全力引进和培育以绿色农业为基底,以

统筹生产、生态、生活"三生融合"为特色，产业融合度高、串联度强、价值度显著的"三度合一"优质旅游项目，碧云花海、云澜湾温泉小镇、歌斐颂巧克力小镇等龙头项目相继落地，为本地居民提供就业机会。

2.创业项目增加就业岗位

积极引导农户转产、转业，鼓励发展民宿、农家乐、农业观光、农事体验等新产业新业态，逐渐形成旅游、餐饮、住宿、购物、观光等要素一应俱全的乡村旅游产业链，并通过"农产品＋品牌""农产品＋电商"等模式不断创新旅游业态，增加了新的工作岗位。

（二）盘活闲置资产，确保财产金有效实现

通过探索土地流转和农房入市新途径，有效盘活农民闲置资产，保障了财产性收入来源。

1.发展适度规模经营，增加土地流转收入

随着城镇化进程加快和农业现代化水平不断提高，为应对农业人口老龄化等问题，出台专项政策推进全域承包地经营权流转，发展适度规模经营，既提升了现代农业经营水平，农民也获得了相对稳定的土地流转收入。

2.探索农房入市途径，增加农房出租收入

以国家级旅游度假区创建为契机，大力发展自然村落、旅游景点和美丽田园融为一体的"美丽乡村"，积极引导农户腾出闲置农房以出租或合作的方式，出让给村经济合作社或经营主体，引入市场化运营理念，打造民宿等特色自然村落，开创富民增收的重要增长极。

（三）激活人力资本，夯实创业金要素基础

大云镇充分发挥"农业部农村实用人才培训基地"平台优势，定期组织专家对农民进行技能和创业培训，引导高素质农民转型创业，大幅提升了农民经营性收入。

1.强化乡村振兴人才培养

缪家村创立全国首家实体化运营的村级乡村振兴学院，组建由知名"三农"学者和乡土人才组成的教学团队，开展新型职业农民培训；建立"红云学院·缪家分院"，定期组织党员干部参与理论教学和实践技能教学，将农村实用人才培育与党员学习教育有机融合。

2.引导本土人才创新创业

高质量培训提升了农民创新创业积极性，合作社、家庭农场等新型经营主体不断涌现，品牌营销、电商销售、文化创意得到长足发展。

（四）创强集体经济，保障股份金动态持续

成立村级运营公司，通过发展美丽经济、物业经济等方式壮大集体经济，并探索"飞地抱团"增收模式，为农民提供持续的集体股金收入。

1. 多路径创强集体经济，推动普惠式分红

因地制宜因村施策，精准发力推动强村计划，在东云村开发拖鞋浜民宿发展美丽经济，在缪家村设立丰乐合作社发展品牌农业，在洋桥村推动农房集聚发展物业经济。集体经济的壮大，为进一步提升村民福利提供了保障。

2. 开创"飞地抱团"强村模式，推动精准式分红

参与全县的"飞地抱团"项目，按每年投资额10%实行托底分红。目前，在大云中德生态产业园抱团项目、嘉善罗星创业抱团项目、中荷创业抱团项目等总计投入股金7200万元，累计兑现分红4290万元。

（五）创新社保机制，丰富养老金有效来源

以城乡统筹发展为目标，不断完善社会养老保险体系，开创土地承包置换养老金模式，有效提升了农村养老基金可持续发展水平。

1. 提升基本养老覆盖面

着力扩大包括职工基本养老保险和城乡居民社会养老保险在内的基本养老保险覆盖面，既保障了广大城乡居民老有所养，同时也成为增加农民家庭收入的一项要重要举措。目前全镇两项保险参保人数1.6万人，参保率98%以上。

2. 开创承包地置换养老金新模式

在缪家村率先探索承包地有偿退出机制，引导农户将承包土地流转给村股份经济合作社，合作社把流转来的土地转租给经营大户，待流转土地承包权所有者到了法定退休年龄，按嘉善县被征地农民基本生活保障办法，给予其基本生活保障。

（六）创享多元保障，推高补助金基准水平

通过严格落实政策性补贴以及灵活运用激励补偿等手段，不断提高补助资金的覆盖面和保障水平。

1. 强化政策性保障，守住补助资金基本盘

强化政策性保障，守住补助资金基本盘，严格落实耕地地力保护补助、农作物秸秆综合利用补助、农机购置及报废补贴、规模种粮补贴及粮食生产贷款贴息、农业供给侧结构性改革补贴等中央及省县常规性生产经营性补贴，同时以村集体发放福利费等形式给予村民医疗补贴、高龄补贴等。

2. 以奖代补提高保障水平

加快推动各村开展人居环境大整治，在成功创建"全域环境秀美（示范）村"的村内，对于人居环境符合"全域环境秀美村"普适标准的并现有独立审批宅基地的农户，以户为单位，通过以奖代补的形式在县级财政奖励（400元/户）的基础上，镇配套奖励600元/户。

二、"六金"富民增收模式的经验启示

"六金"富民增收模式的精髓在于，以"三活""三创"两大战略为支撑，以融合发展为主线，以增效增收为目标，走出了一条产业融合、城乡融合发展驱动农民增收的新路子。

（一）"三活"集聚要素资源，推动产业转型增效，激发富村富民内生动力

"三活"战略的实施，促进资金、土地、人才等各类要素"上山下乡"，投入乡村建设大潮，推动乡村产业融合发展和迭代升级，全面提高农民劳务收入、租金收入和创业收入。

1. 高引领育活龙头项目，打造产业转型新引擎

充分利用生态、区位、"美丽乡村"等优势，吸引社会资本投资乡村，以此带动乡村产业新模式、新业态迭代升级。"缪家大米""碧云葡萄""开昕农场草莓"通过绿色食品认证，碧云"鲜切花"、华神"中华鳖"获得浙江省名牌农产品称号，获浙江省农博会金奖；全镇16家农产品电商网上年销售额超1800万元；十字绣、押花画等本地手工艺得以传承，让更多的农民成为"艺术家"的同时也获得可观的创业收入。目前，全镇累计创办农民合作社9家、家庭农场13家，2021年各类创业主体经营收入超1000万元，全镇引进项目已吸纳本地居民就业超800人，平均月薪4500元。

2. 高回报盘活闲置资产，筑牢富民增收新基础

让农民拥有的承包地、宅基地和农房等使用权都能活起来，让农民拥有的各类资源变成资产、资本、资金、股权和增收创富的源泉，引导农民变股民和创业者。目前，全镇累计流转农田11547亩，流转率96.1%，农户土地流转收益每年达到2000余万元。集聚农房4212户，房间数17000多间，户均年租金收益达到2万元左右。

3. 高质量激活人力资本，积蓄创新创业新动能

把全面提升农民创业就业素质作为增强农民增收新动力的根本举措，加快培养新型专业人才，培育农业经营新主体，提升农民创新创富能力。目前，共举办各类培训班、研讨会100多批次，累计培训学员6000多人次。

（二）"三创"普惠民生福祉，助力城乡一体融合，彰显保农助农责任担当

"三创"战略的实施，以壮大村级集体经济为依托，创新股份金、养老金和补助金整合发放机制，有效保障农民能够享受到农业农村发展的成果。

1. 高要求创强集体经济，开辟强村富民新战场

充分利用优美田园景色和生态环境，加快乡村旅游的提档升级，使之成为壮大村级集体经济的支柱产业，成为促进农民就业增收的有效路径。2021年，全镇6个村实现村均经常性收入达436万元、村均经营性收入338万元。

2. 高水平创新社保机制，探索农村养老新模式

在统筹城乡背景下，既最大化农民养老保障覆盖面，也要依托承包地等财产性资源，丰富养老金来源。目前，全镇养老参保人数14114人，参保率97.12%；医保参保人数16840人，参保率99.88%。缪家村及碧云花园通过承包地置换养老金人数超过600人。

3. 高普惠创享多元保障，推动城乡一体新融合

精准兑现各类涉农补贴，筑牢社会保障基础，有效发挥以奖代补的激励作用，丰富补贴内容和发放形式，让农民充分分享改革发展红利。村民年均收到并发放各类涉农补助类资金达到1100万元；全镇共计发放医疗和高龄两项补助金累计超300万元。

第二节　旅游IP化发展的探索

"甜蜜大云"作为嘉善旅游大格局中的重要一翼，坚持以云宝IP引领产业融合的发展模式，结合已有资源，创新发展理念，转变发展思路，实现"全域景区化"向"景区品牌化、品牌IP化"转变。云宝IP先后荣获"亚洲旅游红珊瑚奖——最佳旅游创新项目"奖和"玉猴奖——2019年度十大最具商业价值文旅吉祥物IP"奖。

一、云宝IP的由来

大云镇以全域旅游的发展思路推进全域大发展、建设美美大花园，已拥有3个国家AAAA级景区，两大省级旅游平台、2个AAA级景区村庄，逐步实现了从"+旅游"到"旅游+"、从"乡村游"到"度假游"的华丽蝶变。然而，在大云旅游蝶变的过程中也面临着许多问题：大云没有突出的资源禀赋，如北

京长城、安徽黄山、四川九寨沟等著名风景；大云旅游虽业态丰富，但存在高同质化现象；度假区创建初期，区内各景区"单打独斗"，"大云旅游"母品牌缺失。针对这些问题，大云旅游整合资源、提炼特色、凝聚主题，创造了云宝IP作为品牌价值传递的具象载体，通过IP运营开发，走出了一条无中生有的旅游发展之路。

二、云宝IP打造的主要做法

自2017年起，嘉善大云坚持以"中国甜蜜度假目的地"为总目标，紧紧围绕"圈粉、变现"，深入实施云宝IP五年成长计划，以IP引领大云旅游品牌化建设，促进大云三次产业融合发展。

（一）坚持市场导向，塑造IP形态

2016年开始，大云旅游从温泉、水乡、农庄、花海、婚庆、巧克力等多种旅游元素中提炼"甜蜜"的最大公约数，进一步分析明确了大云的主要客群，"大云把你宠上天"的品牌口号、"中国甜蜜度假目的地"的总体定位应运而生。在此基础上，创造了云宝IP形象，它是由幽澜古泉的温泉暖气凝聚而成，以此来传递品牌精神、搭建情感桥梁。2017年6月1日，在上海外滩向全球发布云宝IP，暖萌正义的云宝形象一经亮相就引发媒体高度关注，得到了央视及40多家主流媒体的报道，大云打造甜蜜文化的极致追求，精准地向全国亿万观众传达。

（二）坚持内容为王，做深IP灵魂

立足大云文化和现有特色，深耕于云宝IP原生内容的创作，做足IP强标签特征的文章。完成云宝所在世界及价值观的完整设定和云宝原生故事的创作，包括云宝新家族阵营、故事主线、世界观构建及场景设计等。以核心故事为创意原点，构建云宝IP内容矩阵。《云宝》音乐剧在上海各大剧场公演，深受观众好评；云宝花卉类科普绘本《送给妈妈的礼物》由上海人民出版社出版发行，并参加了上海国际书展活动；第二本瓜果类绘本《虫子虫子快走开》已绘制完成，也已对外发行；云宝动画片《甜蜜特攻队》在哈哈炫动暑期黄金档首播，并上线爱奇艺、腾讯、优酷等视频网站实现全网联播。

（三）坚持社群孵化，丰富IP日常

为云宝IP搭建粉丝平台，专门为云宝IP推出微博、微信公众号"云宝甜蜜说"。结合热点定期更新话题文章、条漫和海报，每月20日推出"云宝甜蜜日"活动，促进云宝与粉丝的情感联系。此外，丰富IP常态内容，设计制作IP动态表情包、云宝手机壁纸、热点海报、节气海报、KV画面及一系列云

宝实景应用图。启用了新版旅游官方网站，根据完成的视觉识别（VI）体系，结合云宝三兄妹主题，与力通公司合作改版度假区官网及微网站，为游客提供了更便捷和清晰的旅游指南和服务。

（四）坚持场景运营，引爆 IP 节庆

2018 年举办的"一路有你"运营战略发布会，冲上当日新浪微博旅游话题榜第 4 名，获得线上超 3000 万关注和转发。2019 年"云领未来，嘉速起航"战略发布会依托区位优势，选址杭州省会发声，以"跨界深化内容运营""IP 体验夯实市场""文旅撬动综合价值"为主题，得到社会各界高度认可。至今，云宝已经 6 周岁了，大云镇以四季为节点，将一年的美好时光分为春日花海野营季、夏日萌趣狂欢季、秋日乡甜艺术季、冬日温暖奇遇季。

春日花海野营季，在碧云花海中饱览杜鹃花海盛景，乘坐十里水乡游船开启我最爱的甜田圈研学之旅。云宝生日派对上有中国 10 千米精英赛、萌王亲子跑、线上活力跑等值得期待的活动。

夏日萌趣狂欢季，在碧云花园葡萄节体验亲子采摘，在甜蜜市集收获萌趣玩意儿，让歌斐颂巧克力的灯光秀为大家献上一场视觉盛宴。

秋日乡甜艺术季，带上萌娃来大云，参与"云上艺术+"系列亲子活动；带上好友来大云，以音乐之名赴一场青春盛宴；带上伙伴来大云，参加长三角度假大会。大云的秋日乡甜艺术季，给你甜蜜，也让你思考。

冬日温暖奇遇季，到云澜湾泡个温泉，新年将至可以体验大云年货旅游节和年宵花展，打年糕、捏泥人、写福字……各具特色的乡村民俗，让年味变得越来越浓。

（五）坚持全民营销，放大 IP 声量

以云宝 IP 作为价值传递和宣传推广的重要载体，融入工业、农业、教育、体育、文化等领域，设计推出了工业云宝、先锋云宝、警务云宝、文明云宝等 20 多个不同形象，设计建设大云云宝幼儿园，先后开展云宝进幼儿园、进学校、进社区、进女排赛场等一系列活动，在社会各界和广大群众中形成热烈反响。同时，推出云宝主题全域导视系统、智慧旅游等特色载体，在助推小城镇环境综合整治等中心工作和社会治理中发挥重要作用。采用全媒体传播推广模式，提升大云旅游、云宝 IP 等知名度。刊发总量达 2600 多篇次报道，其中包括央级权威媒体如《人民日报》/人民网、新华社、《环球时报》等；综合门户新浪、网易、搜狐、腾讯等；地方核心媒体如《钱江晚报》、浙江之声、《都市快报》、《新闻晚报》等。

（六）坚持效益转化，促进 IP 变现

依托已培育的粉丝群体，多措并举促进 IP 从"圈粉"到"变现"的转变。在文创产品的变现上，推出云宝文创品牌"潮云社"，设计开发周边文创产品 80 多个品类，投入制作包括充电宝、保温杯、旅行箱、四件套等在内的一系列实物产品，并进驻到各景区实体店、新华书店等分销售卖，同时在淘宝电商平台开设店铺，扩大产品销售面。在内容产品的变现上，推动《云宝》音乐剧在上海白玉兰剧场、共舞台 ET 剧场公演，在大麦网、东方票务、格瓦拉等各大票务平台售卖，首次公演实现三场出票率 100%，上座率 90%；拓展云宝绘本售卖平台，上架上海国际书展和国际童书展，联合新华书店、当当网等线上线下平台共同推广销售，逐步实现效益转化。此外，通过旅行社有效整合度假区资源，开发设计旅游产品、线路，并通过自身分销系统以及驴妈妈、携程等 OTA 平台开展业务，实现营收目标，拓展旅游市场。

三、云宝 IP 打造的问题及思考

（一）稳固 IP 根基

云宝 IP 凝聚着大云的智慧和劳动，是一项重要的知识产权，也是一项无形的资产。但在打造云宝 IP 的实际过程中，对知识产权的保护工作起步较晚，导致 IP 根基不稳。因此，需加强知识产权保护工作，注重版权价值，确保版权明确、保证输出规范、争取输出机会、增值无形资产。通过注册 IP、法务咨询、完善《云宝 IP 标准化输出手册》、申请 IP 奖项及丰富文创产品等方式，为云宝塑造行业权威影响力。从根源上解决全域融合的先决条件，打造大云独有的旅游营销思路、旅游收入结构。

（二）提升 IP 价值

让 IP 与拥有共同价值观的产品联盟合作，组成产品生态链体系，可以利用品牌红利，帮助新型产品快速打入市场。但是，云宝 IP 合作企业还需扩大，生态链体系尚未建立，市场红利尚未打开，真正意义上的授权运营任重道远。可借鉴"小米生态链"成功经验，精选特色创新产品，借势县内优势领域的企业（如科创园区、归谷园区等），推进云宝 IP 与各类产品的双商标模式合作。通过纳入县内"名、特、优"产品，让 IP 积累的品牌势能在多个领域得到利用和释放，让大众对云宝 IP 生态链的认知产生信赖，实现价值最大化。

（三）增强 IP 体验

通过云宝 IP 与玩趣互动体验有效结合，让游客能够在游览体验中切身感受 IP 文创产品及文化体验，前期设计打造了系列落地项目。为促进中国儿童

友好小镇试验试点基地项目尽快落实,将大云镇打造成为适合儿童生长发展的小镇,形成充分落实儿童权利的地方政府系统。打造云宝二十四节气体验馆,面积有 2000 多平米共三层建筑,充分利用多媒体技术,以及相关体感技术,寓教于乐,增进亲子之间的交流与协作。推进房车营地建设落地,"云宝村"设计改造全域云宝 IP 导览导视特色节点,让游客在游览中强化体验。

（四）强化 IP 转化

在 IP 内容逐步完善的基础上,产品的销售推广、效益转化面临着渠道如何拓宽的问题。需要加快探索以小程序形式打通数据孤岛,关联微信公众号和在线会员系统,实现近场即时消费引导和智慧导览,服务 C 端用户,实现价值转化,让云宝赋能大云商户、农户,共享 IP 红利；建立微商分销平台,为云宝系列周边产品建立微信销售渠道,促进云宝文创的实际销售,打通 IP 变现渠道。此外,推进云宝 IP 品牌在本地市场的商业布局,打造 IP 实体体验店,从门店设计、陈列、装饰等方面,向消费者持续输出品牌理念,有效输出品牌文化,从而达到线上线下同步推广,形成 IP 变现闭环。

第三节　盘活美丽资源转换美丽经济

大云镇秉持"绿水青山就是金山银山"思想,深入践行新发展理念,坚守生态绿色,坚定实施乡村振兴战略,立足美丽乡村生态资源优势和全域旅游产业基础,盘活美丽资源,丰富美丽业态,转换美丽经济,打造美丽产业,将生态资源转化为新产业新业态基础,固化资源转化为可变现资产,城市居民需求转化为乡村承接项目,传统农村生产生活方式转化为新生活经营模式,美丽经济转化为富民产业,打造"民宿+景区"美丽经济发展模式,开辟村集体经济有效增收渠道,拓宽农民收入持续增长空间,实现美丽乡村持续秀美。

一、坚守生态绿色,盘活美丽资源

（一）夯实生态,底色变基础

1. 加快环境整治

大云镇坚持水岸同治,充分结合美丽乡村、民宿发展等工作,通过环境治理、生态环境修复、文化提升等一系列措施,全面改造和提升河道及周边生态环境,积极建设民宿发展区域的交通旅游、便民设施、生活配套等项目,提升民宿、景区环境承载力。2018年度获评浙江省美丽乡村示范乡镇，缪家村、东云村获评2018年度浙江省美丽乡村特色精品村。

2. 加快农田流转

加强农村承包地流转政策引导，推进承包地自主经营型模式，实现零散农田向村集体经济合作社集中，引进高质量农业项目，有效开发利用农田。截至目前，大云镇全域土地流转率已达92%，流转面积14581亩，引进云端花事、怡悦家庭农场、永青家庭农场等多个农业项目，夯实美丽田园基础。

（二）创新破难，资源变资产

1. 加快农房集聚

大云镇将农房集聚与新农村建设、拆迁和度假区规划有机结合，坚持政府可承受、农户可接受的原则，出台农房集聚政策，提供异地搬迁、公寓房置换等多种方式，推进人口向中心点集聚，提升节地率，为民宿集中收储开发打下基础。东云村拖鞋浜已集中收储、精心改造13幢民宿。

2. 推进存量集体建设用地再利用

加快农村宅基地和农房不动产登记发证，探索农村宅基地三权分置改革。通过农房集聚，村集体收储置换后的宅基地资源，探索农村宅基地入股和有偿退回机制，盘活闲置农村宅基地和地上房屋，为民宿等农村新业态开辟路径。

（三）城乡衔接，需求变项目

1. 运营社会化满足品位需求

大云镇明确镇域民宿重点发展区域，联合专业文旅开发公司，制定凸显地域风貌、乡村风情的民宿规划，采取镇村共同投资硬件建设，委托专业民宿运营负责运营，改变镇、村欠缺运营管理、市场营销短板等。以东云村为例，13幢民宿遵循精致、古朴的设计理念，委托宿里度假酒店负责运营，覆盖老上海、中式田园、欧洲风情等多种风格，满足城市居民品位。

2. 民宿景点化满足体验需求

按照独立景点理念，打造集自然村落民宿、旅游景点配套于一体的特色村落民宿开发点，按照景点景区化理念，串点成线，提升民宿区域价值。如东云村拖鞋浜在13幢民宿周边，建设了栈道、月季花圃、微田园、民俗馆等体验配套，以民宿为核心构成独立景点，同时拖鞋浜与上下村、云野·歌遥等民宿开发点，保持各自村落特色，连成13.45千米美丽乡村风景线，满足旅游、度假、疗休养等各种类型的体验需求。

（四）生活更迭，传统变时尚

1. 开辟农民收入新渠道

"民宿+景区"，推动了特色种养殖业、本地饮食、民宿管理等联动发展，延伸了农旅产业链，增加了就业新岗位，带来了特色农产品销售新渠道，不仅为青年返乡、农民就业创造了广阔空间，也吸引了大量社会中小资本投入，为稳定农民收入、拓展补充性收入提供了新途径。东云村拖鞋浜民宿经营以来，已直接吸纳本村12名村民参与民宿日常管理，从事与民宿、旅游相关产业。

2. 引领乡风文明新风尚

在激发、引领当前旅游休闲度假新需求的同时，民宿+景区的美丽经济发展模式，使乡村面貌保持鲜活，传承发扬当地特色文化，提升农民文化自信和生活自信，旅游业带来技术需求、文化交流，也孕育着乡风文明新风尚。东云村拖鞋浜民宿已实现WIFI全覆盖，进入拖鞋浜区域范围内，手机就能连接无线网络"恋上东云"，让村民、游客尽享现代乡村生活。

（五）融合互动，强村有活力

1. 推进农旅融合

大云镇不断推进现代休闲观光农业和乡村旅游融合发展，培育产业新业态和新模式，延长产业链，增加产业附加值。大云镇在拖鞋浜民宿发展区域周边嘉善县笠歌生态科技有限公司，将拖鞋浜南岸流转出来的84亩土地交由对方进行云端花事项目开发，建设现代化花卉品种选育基地，形成了集生产、观赏、采摘等多个功能于一体的休闲体验项目，与拖鞋浜民宿形成良性互动，提升民宿持续发展生命力。

2. 打开村级收入新空间

大云镇通过改造利用原有农房，村级集体经济增添了民宿新资产，通过第三方合作，实现资产保值增值，并衍生出物业管理、景点收入等收入增长点。以东云村拖鞋浜为例，与第三方运营机构约定，前五年收取租金，后五年在收取租金基础上增加民宿营业收入分成，实现集体资产保值增值。

二、美丽资源转化为美丽经济的启示

（一）盘活资源，擦亮美丽经济底色是基础

农田、宅基地、自然禀赋是农村重要资源，针对农田、宅基地等资源普遍处于闲置与低效率利用状态，大云镇创新唤醒方式，充分盘活农田、农房等闲置资源；通过环境整治，擦亮了经济底色，完成了美丽资源转化为美丽经济的第一步。

(二)有机融合,提升美丽经济成色的关键

"民宿+景区"不仅是两者相加的物理组合,更是有机互动的化学融合。大云镇深化多元开发模式,建立民宿景区一体化机制,主动引入社会资本,镇级主导、村级实施、农户参与、社会资本引入、国资参股等,建立多元共建开发模式,合作共建农旅项目,解决镇村资金投入、经营理念、市场开拓、日常运营等方面的短板,互利共赢。

(三)联动共享,焕发美丽经济本色是目标

美丽经济志在强村富民。大云镇在推进农房集聚中,充分尊重农户意愿,引导农户参与民宿经营、农旅项目经营等为农户提供多项选择。通过资源盘活、有机融合,发展"民宿+景区"的美丽经济发展模式,焕发美丽经济本色,成为村级经济增收、农户就业增收的新引擎,让农户共享美丽经济成果。

第七章　创新乡村绿色生态可持续发展模式

浙江省环境卫生整治实施方案指出，要全面贯彻落实党的十九大精神，实施乡村振兴战略，开展农村人居环境综合整治行动，着力解决农村重点环境问题，完善农村环境保护机制，协同推进农业供给侧结构性改革，不断提升农村人居环境，建设生态宜居的美丽乡村，为高水平全面建成小康社会和加快建设"两富""两美"浙江夯实基础。

第一节　构建全覆盖的市场化保洁模式

2019年中央一号文件《关于坚持农业农村有限发展做好"三农"工作的若干意见》提出，鼓励发展乡村新型服务业，充分发挥乡村资源、生态和文化优势，发展适应城乡居民需要的休闲旅游、餐饮民宿、文化体验、健康养生、养老服务等产业。作为农村综合改革试点核心区，早在2017年，大云镇对标全域旅游和美美大花园的建设要求，引入市场理念，在全县率先建立了"五位一体"的城乡环境卫生市场化保洁机制、市场化监管机制和社会化服务机制，探索形成了环境卫生保洁"大云模式"，取得了明显成效。

一、全覆盖市场化保洁主要做法

（一）市场化服务，多方资源高效整合

大云镇创新构建镇、村、第三方公司"三级联动"的环境卫生保洁与监督机制，利用监控管理系统平台和手机微信平台，按照"巡查—上传—整改—核实—上传"的操作流程，实现全域环境卫生的全方位、无缝隙的实施掌控，极大提高了资源的利用率。

1. 全托管保姆式卫生保洁

大云镇采取政府购买服务的形式，通过公开招标，引进宁波科环环境技术服务有限公司，提供专业、精细化的全托管保姆式服务，以实现通过市场化手段"一把扫帚扫到底"。通过"两个覆盖＋一个动态"全面提高精细化保洁程度。

2. 全方位社会化物业服务

投入160万元/年，引入19名保洁，与保利物业管理购买社会化服务，开展市容市貌辅助管理、保洁监管、五小行业监管安全、治安辅助管理、工业区安全监管、镇政府安全巡查、门岗执勤等管理、辅助政府其他综合治理辅助管理及其他日常管理等八项日常监管服务，不断提升公共服务效率和效能。

3. 全时段第三方公司监管

通过公开招标，浙江中仁市政工程有限公司嘉善项目组的8名人员——作为第三方监督公司的工作人员，对保洁公司每天的保洁情况开展监督。同时按照大云实际划分6个片区，借助手机软件，监督人员的工作轨迹得到实时掌握。

（二）五位一体，公共区域立体覆盖

大云镇按照"一个部门统筹、一条线管理、以块为主、属地负责"的总体思路，实现涵盖集镇、道路、河道、村庄和园区五大区域的"五位一体"城乡环境卫生长效管理新机制。在全镇范围内实现"清扫保洁一把扫帚"，着力整合属地环境卫生管理权，提高人财物统筹能力，消除卫生死角和管理盲区，促进集镇、村庄环境卫生面貌进一步提升。

1. 保洁区域全覆盖

将全镇范围内的园区、道路、村庄、河道和集镇，全部纳入到保洁范围中，进行整体打包，全面实施"五位一体"全域市场化运作。

2. 保洁时间全覆盖

在集镇主要商业路段、学校周边及集贸市场等重点区域不间断循环保洁、不间断清扫，彻底改善人流密集区的卫生状况。

3. 实施动态化管理

公司组成快速保洁队，在督促环卫工人清扫保洁的同时，随时捡拾落地垃圾，实现了垃圾不落地。

（三）多维监管，长效管理杜绝盲区

坚持把机制建设作为长效保洁的关键，用机制来管人管事，用机制来落实责任，用机制来巩固成效，形成上下联动、齐抓共管、全域推进的良好态势。

1. 管理部门职能监管

成立了由镇爱卫办、村建站、农技水利服务中心等部门组成的联合督查组，开展定期督查，督促保洁公司和第三方监督公司加快环境问题的整改。为了确保问题真正得到解决，对两个公司提出明确要求：整改后必须第一时间到现场核实拍照佐证，照片的拍摄角度能如实反映整改效果。

2. 网格化管控机制

坚持以网格化管控为手段，按照"四个平台"建设要求，推进基层治理"一张网"建设，将全镇划分为29个网格，全面推行环境卫生"网格化"管理体制，实行定点包干、定点巡查、定点指导，将责任落实到岗位、落实到人，实现责任落实全覆盖。

3. 路长制管理机制

在全县率先建立"路长"制，对集镇8条主要道路实施"巡查—反馈—协调—处置—督查""五步法"管理流程，道路整治提升实现了专人专管。并严格落实主要道路沿线商户门前"三包"制度，与商户签订《门前三包责任书》308份，有效规范了城镇秩序。

4. 志愿者群防群管

招募30多名村级监管志愿者，对保洁公司和第三方监管公司进行监管，通过手机微信平台，用照片和文字反馈的方式，即时发现即时销号，激发了村民参与环境治理的积极性，也在不断扩大监督的广度和整改的力度。

二、全覆盖市场化保洁工作成效

引入社会力量参与以后，大云镇城乡面貌改观很大，保洁人员不定时、全天候对全镇环卫进行保洁，管理上比过去做得更专业、更到位。环卫车辆和环卫工人已成为小城镇一道流动风景。

（一）提升了人居环境

通过建立城乡环境卫生保洁"五位一体"、三级环境监督机制实施后，运作越来越顺，效果也逐渐显现出来。两年时间全镇共督查发现问题57790个，即时整改56455个，整改率在97.7%以上。在全县环境卫生"四位一体"检查评比中连续多次获得第一。全镇环境面貌得到了全面改观，人居环境得到进一步提升，为全域旅游打下扎实基础。

（二）促进了乡风文明

在抓好环境卫生整治和环境文明建设中,加大整治与健全完善长效机制的结合,加大环境治理、管理和齐抓共管,巩固治理成果,市环境卫生和环境文明建设逐步达到规划科学、监管结合,促进乡风文明建设。

（三）实惠了群众百姓

专业化的管理,精细化清扫和新媒体的监管手段,群众成为环境卫生管理的主人,在环境卫生管理方面遇到问题能及时反映及时解决,畅通了镇村、管理部门与群众的通道,大家共同管理好大云这个大"家",使老百姓分享环境整治带来的福利。

三、全覆盖市场化保洁工作启示

（一）环境卫生保洁更专业化

通过绘制保洁地图,划分保洁范围,保洁员负责具体保洁区域内的保洁作业,片组长负责对片区内的保洁作业质量进行全天候、全方位监督检查。建立"机扫、普扫、高压冲刷、动态保洁"的精细化保洁制度,极大提高了对保洁工作的监管效率,对突发时间也能做到第一时间找到责任人、第一时间予以协调解决,逐步形成了作业、管理、监督的一体化管理格局。

（二）环境卫生监管更规范化

通过建立三级监管新机制运用市场化监管,促使政府、经营者和监管方,制定各项考核制度,规范各个主体的职责,将环境整治监管与保洁公司的经济效益兼顾起来,规范运作,形成环境卫生整治的良性循环。

（三）环境卫生管理更社会化

运用市场化手段,公开招聘了专业保洁公司、监管公司和物业管理公司,一环紧扣一环,让专业的人做专业的事,社会化的管理使环境卫生管理更具生命力。

第二节　创新群众工作助力农村人居环境长效管理

相信群众、依靠群众、发动群众、引领群众、密切联系群众,是我党一贯的优良作风。基层需要不断增强群众工作本领,创新群众工作体制机制和方式方法。大云镇着力破解农村人居环境长效管理等基层重点难点,突出群众"主人"意识,发挥基层首创作用,放大"九星文明户"评创效应,在全市首建"红海党建联盟"党群连心大平台，摸索形成了彰显新时代特征的群众工作"五步工作法"。

一、宣传先行，"动员群众法"入脑入心

（一）"乡村金话筒"拉网式宣传

围绕创新群众工作宣传有效载体，组建红云宣讲团，下设文艺轻骑、小镇青年、乡贤能人等8支宣讲队，并为八只队伍颁发了象征大宣讲的金话筒，以镇域为单位，划分宣传网格27个、落实专队领办100余次、丰富宣讲形式20多种，进农村、进社区、进企业、进学校、进景区，展开全方位、立体式、接地气拉网宣传，让"乡村金话筒"在每个乡村角落回响、每位群众心里扎根。

（二）"村民零距离"组团式宣传

围绕提升群众宣传的效率效果，运用现代化信息手段，从群众最能弄懂的内容入手、最易接受的形式切入、最快获取的渠道着力，推出"村民零距离"宣传组合拳，开展各类宣传1000余频次，让群众随时能手中点看微信群、耳边回荡土广播、眼前直击宣传语、心脑浇灌正能量。

（三）"红云专讲员"点题式宣传

围绕破解基层重点难点，聘请红云专讲员82名，吸纳专业干部、先锋党员、示范群众等各方力量，推出了"房前屋后怎么整""生活垃圾怎么分""美丽庭院怎么建""九星示范怎么创"等一系列宣传专题，以身边事例、群众土语、现身说法等形式，让群众听懂、悟透、学会。

二、先锋示范，"党员带头法"先做先行

（一）党群连心，创"红海联盟体"

做深党群连心有效载体，以"红"代表党的引领，以"海"诠释民的力量，以最紧密的形式绘就区域党建最大同心圆。整合全镇近千名党员、6个县级联挂部门、9个镇级联挂条线、43家牵头企事业单位，推出组织带干部、干部联党员、党员进农户的群众工作链，在党群同心凝聚、同轨运转的过程中实现基层难题最大公约数破难。

（二）示范带动，筑"党员责任网"

做实党员示范有效机制，以镇村干部带头示范、党员中心户带头执行、普通党员户带头参与"三带头"为牵引，针对人居环境突出问题，推动党员"美丽村庄"示范管、"美丽田园"示范整、"美丽庭院"示范建、"美丽家风"示范创、"美丽经济"示范干，实现党员示范有标准、群众跟着有方向。

（三）社会协同，建"同心项目库"

做精社会力量反哺乡村有效平台，深化"两进两回"落地形式，以助推产业旺、生态美、公益筹、人才归为具体导向，以乡贤参事会全覆盖为契机，扩大统一战线"朋友圈"，瞄准人居环境薄弱环节，精准推出景观打造、环境提升、废物利用、志愿服务、绿色账户等五大类项目，社会人士自发认领项目 50 余个、捐资 40 多万元。

三、群众典型，"差距推动法"活学活用

（一）"红榜 + 黑榜"，墙上找距离

把差距彻底亮出来，推出"红黑榜"，将人居环境问题查实量化，并开展周巡查、月督改、季评星，通过每周口头提醒、每月照片反馈、每季上榜通报的形式，按划定区域将排名前 3 名记入红榜，后 3 名记入黑榜，并张榜公示，让群众在自我找差距中比超提升。

（二）"挂星 + 摘星"，门前比荣誉

把差距全面比出来，结合九星文明户评创，实行门前挂（摘）星动态管理，盯牢人居环境短板，不搞"终身制"，一旦发现环境没管牢、垃圾又乱扔、绿化还破坏等问题一律降星摘星，以此形成挂星为荣、摘星为耻、创先争星的浓厚氛围，让群众在自我知得失中追赶提升。截至 2021 年 5 月底，大云镇共参与九星文明户评创活动约 2500 户，成功评创九星文明户 525 户。

（三）"提赞 + 提醒"，信中树正气

把差距及时点出来，充分发挥第三方监督作用，采取感谢信和通报信双管齐下的办法，对做得好的和做得差的均以函送形式报户主或其家庭成员所在的工作单位、就读学校等，充分营造"人居环境人人干，美好环境大家创"的新风正气，让群众在自我知荣辱中反省提升。

四、村规民约，"自我管理法"善治善为

（一）赋权先行，由群众自己定规矩

村级事务群众不只是参与者，更是决策者。全面优化村规民约，在基层组织的组织下，通过入户走访、面对面征求、片区户主会、党员村民代表联议公决制实施，充分发挥群众的主体地位，由群众来把握每个条款、来确认每项措施，让人居环境整治等重点工作成为群众认为要管、并一定要一起管好的事。

（二）放权跟进，由群众自己评优劣

村级事务群众不仅是决策者，更是执行者。将九星文明户评创作为村规民约的执行抓手，由群众全程参与申报、答辩、巡查、督导、评议全过程，每次从党员、村民代表和人居环境整治优秀家庭中选出 4 名督导员，采用轮值制直

接参与实地检查评分和星级表决，让村务执行成为群众主动要干、而且能让群众心服口服的事。

（三）用权落地，由群众自己管过程

村级事务群众不单是执行者，更是监督者。充分发挥村监委和纪委作用，邀请群众代表全过程参与全程监督，推动农户创评档案痕迹化和公示管理，让群众监督的村务成为群众明明白白、共同认可的事。

五、考核激励，"结果运用法"齐抓齐管

（一）积分奖励，让群众带劲

结合九星文明户评创，创新推出人居环境整治积分奖励机制，按农房周边、承包田地、沟渠道路、垃圾分类四方面，列出积分清单，实行量化考评，采取正反双向管理，成果运用到合作医疗补助、养老慰问、煤气券、家宴中心使用费减免及积分折现等差异化梯度奖惩，让干得好的群众得实惠、做得差的群众再努力。

（二）指数考评，让党员起劲

结合党员先锋指数考评，将党员户人居环境整治纳入先锋指数，引导党员冲在环境整治第一线，争当环境整治急先锋，以"先锋指数"拉动"环境指数"，并作为党员评先推优的重要依据，让人居环境整治做得好的党员得鼓励、做得差的党员有压力。目前，全镇598户党员户完成人居环境整治，完成率高达97.2%。

（三）关爱激励，让干部得劲

结合干部关爱工程推进，坚持严管与厚爱并重，针对人居环境整治重难点工作，既要鼓励基层干部"冲在一线、干在前线、不下火线"，又要充分体现组织关心关爱，大力实施镇村干部心理健康"向日葵"行动，推出"一线历练、一线考评、一线提拔"激励机制，让干部干得安心、做得舒心。

第三节　深化"千万工程"绘就江南水乡新明珠

二十年前，时任浙江省委书记的习近平同志亲自点题、亲自谋划、亲自部署了"千村示范、万村整治"工程。从那时起嘉善开启了以改善人居环境、提高农民生活品质为核心的村庄整治建设大行动。嘉善以"八八战略"为指引，以"水韵嘉善"为主题，深化"千村示范、万村整治"工程和美丽乡村建设，推动绿色和高质量发展，全面提升农业竞争力、乡村美丽度和农民幸福感，让美丽乡村成为示范区嘉善片区最靓金名片。获评全国文明城市、国家生态文明建设示范县、全省新时代美丽乡村示范县，《浙江嘉善："水韵嘉善"绘就美丽乡村新画卷》入选全国《乡村振兴战略规划实施报告（2018—2022年）》典型案例。嘉善县乡村管制共护模式入选浙江省美丽乡村长效管护十大模式。嘉善美丽乡村典型做法在2022年11月召开的全省"千万工程"现场会上书面交流，姚庄镇进行现场交流，大云镇易腐垃圾资源处置中心获评五星级农村生活垃圾资源化处理站点。在全国城乡统筹、科技创新、旅游综合实力百强县分别位列第4位、第14位、第24位，村均经常性收入450万元，农村居民收入47211元，城乡居民收入倍差缩小至1.54。

一、牢记嘱托、砥砺前行，绘好全域秀美图景

2003—2010年，嘉善县按照省委、省政府《关于实施"千村示范、万村整治"工程的通知》要求，根据县域不同村庄发展现状，率先探索村庄整治建设工作，分类推进村庄道路硬化、垃圾收集、卫生改厕、河沟清淤、村庄绿化，建成洪溪村、缪家村等一批全面小康建设示范村。到2010年，县域农村人居环境得到了阶段性提升。

2011—2020年，嘉善县按照省委、省政府印发的两个"美丽乡村建设五年行动计划"要求，依托人居环境基础和特色水乡风貌，持续深化"千万工程"，聚焦精品打造，大力推进美丽乡村迭代升级，全面改善提升农村人居环境和农民生活品质。到2020年，累计建成美丽乡村示范镇5个、风景线4条、特色精品村18个、高标准农村生活垃圾分类示范村9个，A级景区村庄46个，获评全国村庄清洁行动先进县。

2021年至今，嘉善县围绕深化"千万工程"，突出"水韵嘉善"主题，实施全域秀美专项行动，高水平建设新时代美丽乡村，创成全省新时代美丽乡村示范县。计划到2025年，100%行政村达到新时代美丽乡村标准，100%行政村创成全域秀美示范村，创建省级未来乡村15个以上、和美乡村示范片区3个，以最高标准打造"江南韵、文化味、生态魂、水乡情"的全域秀美新图景。

二、示范引领、融合发展，构筑宜居宜业格局

（一）全力打造环境和美样板

深化"四位一体"长效机制，推广积分制管理、"党群联动户比互评""九星文明户"，实行农村人居环境整治"月比季赛"和"红黑榜"，累计排查问题

13 余万个，整改率 98.8%，美丽庭院建设比例 70%，累计集聚农户 4.5 万户。连续三年蝉联全省新时代美丽乡村和农村生活垃圾分类处理工作优胜县。

（二）全力打造产业和融样板

大力实施农业"双强"行动，坚持农业"大平台＋小载体"齐抓共育、双轮驱动，打造"产学研""产加销""农工贸"等模式，已建成陶庄智种产业示范园等现代农业小微产业园 7 个，引进华维未来农场、红菱稻香未来村等农业项目 40 个、总投资达 45 亿元。连续实施五轮强村计划，累计实施"飞地抱团"项目 23 个，每年为村级分红 1.2 亿元。

（三）全力打造人文和润样板

嘉善有 5000 多年的"大往圩"史前文化遗址，是马家浜文化的发祥地之一。古镇西塘被联合国教科文组织列入世界文化遗产预备清单，是全国 AAAAA 级景区、首批十个历史文化名镇之一；"嘉善田歌"入选第二批全国"非遗"名录，被文化部命名为民间文化艺术之乡；"善文化"建设被中央文明办列为培育和践行社会主义核心价值观重点工程。创成全国文明村一个、省级文明村十六个。

（四）全力打造治理和谐样板

深入开展平安乡村建设，深化"四治融合"，建成全国乡村治理示范村 2 个、全国民主法治村 4 个、省级善治示范村 58 个、省级民主法治村 60 个。创新"善治驿站"数字化平台，建设"生态绿色加油站"，以积分制引导村民共建共享美好家园，打造村域善治范本。

（五）全力打造生活和顺样板

深入开展农村全域秀美提升行动，近三年绿化造林 1.9 万亩，14 个县控以上断面三类以上水质达到 100%，空气质量优良率达到 91.2%，持续提升农村服务设施，建设文化娱乐、便民服务等各类服务设施 300 多处。农村义务教育标准化学校达标率、农村等级幼儿园覆盖率、村级卫生室规范化率、农村居家养老服务覆盖率均达 100%。全县农村文化礼堂实现 100% 全覆盖，其中五星级文化礼堂 14 家。

三、美丽乡村风景线各有特色

（一）甜蜜花海风景线

甜蜜花海风景线分布于大云镇范围内，全线串联缪家村、曹家村上下村、东云村拖鞋浜等美丽乡村，总长度约 16.11 千米（其中水上游线，长度约 2.66 千米），形成嘉善东南部"甜蜜之旅，大美云集"的特色风景线。

全线依托碧云花海、十里水乡、歌斐颂巧克力小镇、云澜湾温泉景区等项目，旨在为游客提供集田园花海观光、民宿体验、温泉度假、甜蜜小镇旅游、红色旅游等多功能于一体的甜蜜水乡度假型风景线。

（二）桃源渔歌风景线

桃源渔歌风景线，位于长三角生态绿色一体化发展示范区的先行区——姚庄镇境内，与上海、江苏交界，主线全长 16.11 千米，自北向南，串起渔民村、丁栅村、沉香村、北鹤村、横港村、展幸村 6 个美丽乡村精品村，纵贯姚庄镇全境 75 平方千米，将姚庄镇的产业、文化、村庄、田园、生态等有机串连。

桃源景色醉人间，渔歌唱晚乐无边。桃源渔歌风景线是一条可观、可游、可赏、可居，展现嘉善北部"诗画田园、鱼果争鲜"乡村景观的美丽乡村风景线；是一条主动融入长三角，连接环淀山湖战略协同区的美丽乡村风景线。

（三）魅力农旅风景线

"水满田畴稻叶齐，日光穿树晓烟低"。魅力农旅风景线依托干窑镇、天凝镇的特色文化、现代农业和传统村落等田园风情 PLUS 为建设格局，重点推进干窑村、长生村、长丰村、洪溪村、蒋村村等 5 个精品村建设，线路总长度约 17.94 千米，全面打造集有机果蔬采摘、农耕文化体验、乡村休闲观光为一体的"瓜果飘香、悠游田园"美丽乡村风景线。

（四）吴越汾湖风景线

吴越汾湖风景线，位于陶庄镇境内，东邻西塘、南接天凝，是嘉善西接江苏的重要板块，区位条件优越，主线全长 13.03 千米，自北向南，串起汾湖村、汾玉村、汾南村 3 个美丽乡村精品村，全线依托吴越文化的人文底蕴，结合沿线丰富的水资源，将陶庄的"水上运动""水乡风情""亲子游乐""文化体验"等众多文旅元素融为一体。吴越汾湖风景线是一条集休闲娱乐、水上风光、农事体验为一体，展现嘉善北部"动静汾湖、风雅陶庄"乡村景观的美丽乡村风景线；是一条环境优美、和谐富裕、特色鲜明的宜居、宜游、宜业的美丽乡村风景线。

（五）梦里水乡风景线

梦里水乡风景线，位于长三角生态绿色一体化发展示范区的先行启动区——西塘镇境内，全线串起获沼村北卓—茜墩村杨家溇—金明村费家港—东汇村后村—荷池村荷池浜—翠南村王家阁—红菱村网埭浜、高家浜等美丽乡村精品村，总长度约 22 千米，纵贯西塘镇全境 82.92 平方千米，将西塘的古镇、田园、文化、产业、水脉有机串连。是一条集古镇旅游、水乡风光、农耕体验等于一体的绿色赋能、水陆同进、景村互融的"最江南"美丽乡村风景线,是一条穿梭于"活着的古镇"与"世界对话的未来水乡"之间的美丽乡村风景线。

（六）伴凝前行风景线

多彩田园·伴凝前行风景线（南段），位于天凝镇洪三线与杨庙大道交叉路口以西至光翁线段，总长5千米，沿线设计主要有抗疫纪念馆、亭子桥、净莲庵、享林下、月亮门节点，建设有乡野红色公园、逗号公园等。

（七）"悦响动漫·乡聚未来"精品线

悦响动漫·乡聚未来精品线全长10.9千米，立足嘉善"双示范"的政治优势，零距离接轨嘉兴的区位优势，贯穿嘉善主城区，串联罗星街道鑫锋村蔡家桥和潘家浜新社区、魏塘街道长秀村庙浜、干窑镇长生村西吴和潘家浜自然村，重点辐射带动同济未来村、月半湾社区等。精品线以乡村音乐、国民动漫为特色导入新业态、植入农村文化新元素；以数字化贯穿九大场景，体现未来感、科技感；同时"乡聚"与"相聚"同音，代表欢迎之意，吸引音乐创业者入驻、动漫爱好者游玩。

（八）"天凝时光·十分杏福"和美乡村示范片区

"天凝时光·十分杏福"和美乡村示范片区由8个集中连片的村组成，总面积26.3平方千米。依托"十百千万"（"十"是以蒋家漾为重点的"十里水漾"；"百"是《嘉善县志》记载"走过三关六码头，难过蒋村牛桥头"的百年繁华市集；"千"是浙江省内现存最古老的"夫妻"千年银杏；"万"是浙粮集团在长三角地区经营的面积最大、产量最高、品质最优的"万亩良田"）的自然资源禀赋，重点以天凝镇蒋村村北蒋浜辐射带动，自西向东延伸往南勾画了一条集现代农业、水乡风情、文化体验等于一体的Y形的风景线，呈现以蒋家漾——荡湾水系、千年银杏、农田风光为特色的杏福水漾片区，以蠡壳窗、京砖、泥塑等手工艺品为特色的乡潮文创片区，以百桌宴、千人席等民俗融合智慧农村社区为特色的未来栖居片区，形成了颇具"江南韵、文化味、生态魂、水乡情"的和美大格局。在这里，可以沉浸式感受水漾"蓝色时光"、稻杏"金色时光"、农旅"夜色时光"三色时光。

四、省级美丽乡村特色精品村风采各异

（一）大云镇缪家村：传善之地幸福缪家

缪家村地处大云镇东部，村域面积7.1平方千米，耕地面积4900亩，农户1048户，党员147名，2022年村级集体经济经常性收入1033万元。先后获得全国先进基层党组织、全国乡村治理示范村、浙江省级文明村、浙江省美丽乡村特色精品村、浙江省 3A 级景区村庄等荣誉称号,被确定为全国农村实用人才培训基地、浙江省未来乡村。

2008 年 10 月 29 日,习近平总书记到缪家村视察。缪家村牢记习近平总书记视察缪家时要求"走在前列、作好示范"的殷切嘱托,率先探索依托专业合作社经营集体土地壮大村集体经济,结合全域土地综合整治试点,加快培育发展丰乐粮油合作社、碧云花园、嘉德园艺等农业龙头企业,建设省级花卉主导产业示范区、省级特色农业精品园。结合大云国家级旅游度假区创建,建设碧云花园·十里水乡、歌斐颂巧克力小镇 2 个 AAAA 级景区。成立村级乡村振兴学院。建成村史馆、智慧缪家服务中心、幸福广场等,探索就业金、财产金、创业金、股份金、养老金、补助金"六金"富民增收模式,全力打造城乡融合发展样板。

(二)姚庄镇沉香村:悠悠香湖最美沉香

沉香村地处姚庄镇北部,村域面积 3.2 平方千米,耕地面积 2780 亩,农户 433 户,党员 72 名,2022 年村级集体经济经常性收入 243 万元。先后获得国家首批绿色村庄、浙江省美丽乡村特色精品村、浙江省兴林富民示范村等荣誉称号。

沉香村拥有千亩沉香荡,沉香荡古称"香湖",水域面积 1100 亩,村庄沿湖而建,村民沿湖而居。近年来,沉香村依托近千亩橘园,以柑橘产业、乡村景观、亲子旅游为基础,建设江小橘乐园、共同富裕展示馆、数字乡村客厅等,形成研学教育、田园乡创、亲子度假、民俗节庆等多种衍生体验产品的江小橘艺术村。村内数字乡村客厅包含智慧健身设备、公众健康体验点等设施,实现城乡资源互通。建立"生态绿色加油站",将善治积分、数字赋能、金融助力有机结合,以积分模式引导村民合力参与环境整治。沉香村是明代工部尚书丁宾故里,拥有嘉善廉洁文化教育基地——丁宾清风园,介绍丁宾"裸捐"资助家乡修桥铺路的事迹。

(三)姚庄镇北鹤村:锦绣桃源夭夭北鹤

北鹤村地处姚庄镇西部,村域面积 3.3 平方千米,耕地面积 3026 亩,农户 366 户,党员 50 名。2022 年村级集体经济经常性收入 272 万元。先后获得国家森林乡村、浙江省美丽乡村特色精品村、浙江省美丽宜居示范村、浙江省 3A 级景区村庄、浙江省"一村万树"示范村等荣誉称号。

北鹤村四面环水,桃树覆盖率达 80%,素有"浙北桃花岛"的美誉。依托独特的自然环境,以扩大黄桃种植规模为基础,北鹤村通过建桃林栈道赏桃林花海美景,造水上森林重塑水乡体验,展示更深入的"桃花岛"风采。3 月桃花节、8月黄桃节，八方游客慕名而来，通过大力发展黄桃产业和桃文化产业，整体提升桃花岛的旅游体验度，促使浙北桃花岛由季节观光向周年休闲旅游转变，打造成为集农俗游赏、农耕文化展示、休闲观光游览于一体的特色农业生态旅游区。引入杭商旅，建设"五彩姚庄"田园综合体，建成网红餐厅"知味桃桃"、民宿桃逸、长三角非遗集市等，植入数字农旅、亲子度假、非遗文化、田园旅居等五彩产业，打造长三角田园美好生活目的地。

（四）姚庄镇横港村：党建引领生态横港

横港村位于姚庄镇中部，地理位置优越，水陆交通方便。先后获得全国民主法治示范村，首批浙江省善治示范村、省级卫生村、省级美丽乡村特色精品村、AAA级景区村庄、省级美丽宜居示范村等荣誉称号。

横港村依托区位优势与资源禀赋，以现代农业为基础，发展稻作体验、大棚花卉、果蔬采摘等特色农业，以"党建引领环境综合整治、党群联手共建美丽家园"工作思路，充分发挥党员的先锋引领作用，朝着绿色生态发展方向，打造融休闲养生、民宿度假、农耕体验于一体的美丽乡村。同时，有效推动乡村旅游与农业产业协调发展，深度挖掘绿色生态特质，实现产业顺利转型。通过全域"美丽乡村"建设，实现"由内而外"的美丽嬗变，主打水稻、油菜花等农事体验、农业观光项目，港北重点打造民宿、农家乐等休闲度假项目，形成层次丰富、特色鲜明的横港里景区。既把农村打造成农民安居乐业的幸福家园，又把美丽乡村打造成市民向往的休闲乐园，让城乡居民享受更多乡村好风光，又带动乡村生产生活生态价值提升，促进乡村产业振兴。

（五）西塘镇红菱村：梦里水乡稻香红菱

红菱村地处西塘镇北部，村域面积8.6平方千米，耕地面积10053亩，农户1399户，党员142名。2022年村级集体经济经常性收入240万元。先后获得浙江省先进基层党组织、浙江省美丽乡村特色精品村、浙江省善治示范村等荣誉称号。

近年来，红菱村聚焦"布局美、产业美、人文美"三美融合，推动村庄重塑、加速产业迭代、打开幸福密码，全力打造"乡居田园"美丽乡村，实现美丽经济蝶变跃升。打造田保姆品牌，以红菱农机专业合作社为平台，成立专业服务队，服务稻田一万亩。探索粮食种业科研、绿色生态循环、粮食收加储销一体化等三大集成创新模式，被确定为省级乡村振兴粮食产业深度融合集成创新示范试点。引入乡村特色文旅业态，植入"小谷粒"文创IP，以稻米文化生活馆、"农创客"青年驿站、水塔民宿聚落等为主要形态，以红菱稻米码头、稻香广场等为景观节点，承接古镇旅游资源溢出效应，重塑"梦里水乡"唯美场景。

（六）西塘镇荷池村：古镇遗风双创荷池

荷池村位于西塘镇西侧，村域面积2.8平方千米，耕地面积1587亩，农户371户，党员49名。先后获得省级小康示范村、浙江省农家乐特色示范村、浙江省农民"种文化"百村赛"双十佳"、浙江省绿化示范村等称号。

荷池村历史悠久，清代时已是小有规模的村落，因村中池塘形如荷叶，周边村民在池中广植荷花而得名。一到盛夏时节，荷花碧叶连天，景色异常优美。与古镇景区仅一桥之隔，依托西塘古镇景区，从古镇引流、为乡村赋能，优先升级村庄，完善共创、共建、共享社区的配套设施，对原有乡村风貌、道路绿化、庭院景观、公共业态等进行提升。结合当前长三角的乡村创业热潮，围绕村内外来新青年的需求，打造相关的社区生活和娱乐配套服务的业态，建立共享共治和社区邻里服务的平台，从运营倒推需求，凭需求规划建设，以建设支撑运营，不断提升村庄管理能力和文明水平，将荷池村打造成深具江南特色、水网密布、景观秀丽的文化型美丽乡村。

（七）天凝镇洪溪村：魅力农旅活力洪溪

洪溪村地处天凝镇东部，村域面积1.4平方千米，耕地面积1012亩，农户556户，党员73名，2022年村级集体经济经常性收入379万元。先后获得全国乡村治理示范村、全国民主法治示范村、全国妇联基层组织建设示范村、中国最美村镇乡风文明成就奖、全国乡风文明示范村、浙江省美丽乡村特色精品村、浙江省ＡＡＡ级景区村庄等荣誉称号，《坚定新农村文化自信，弘扬新时代乡风文明》被评为全国乡村振兴优秀案例。

近年来，洪溪村通过推进全域土地流转，大力发展设施农业，建成洪溪生态园，引进天洪果蔬专业合作社，建立花卉基地、中草药种植基地。成立"辣妈宝贝文化传播有限公司"，开设电子商务微商城。通过创建省级ＡＡＡ级景区村庄，发展休闲农庄及农家乐，带动村民共同致富。强化村民自治，率先实行"重大村务公决制"，实行重大村务决策"八步法"[①]。定期举办村民运动会、"相亲相爱一家人"等活动，大力倡导乡风文明新风尚。

[①] 村民公决"八步法"，就是按照涉及的公共事务大小，确定村民公决范围和标准（局部公决或是全村公决），通过"公决事项酝酿、公决事项论证、提出公决草案、合法性审查、完善公决方案、组织村务公开、决议实施及监督、实施结果公开"等八个步骤，让村庄公共事项民主决策的事前沟通摸底更加充分，民主决策的事中参与更加积极有效，民主决策的事后监督更有保障，将村民参与村庄公共事务管理的权利落到实处。

第八章 探索乡村治理现代化善治体系

乡村是国家治理的"神经末梢",乡村善治带动县域善治,郡县治则天下安。大云创新"乡村善治"构建"共建共享"格局,坚持和发展"枫桥经验",用实际行动深化自治、法治、德治、智治"四治"融合,把法律法规管不到、村规民约管不好的问题化解在村间田头,实现了"小事不出村,大事不出镇,矛盾不上交"的目标,促进乡风文明,维护一方和谐稳定。

第一节 "三朵云"解锁社会治理"效能密码"

2020年,大云镇全力构建共建共治共享的基层治理格局,加强和创新社会治理,积极推进"云访室""云网格""云管家"三个基层社会治理服务品牌建设。"三朵云"畅通了干群联络渠道,实现共建共治共享新家园。

一、打造"云访室"品牌,实现化解常态化

"云访室"是指远程视频接访系统,包含视频监控室、心理疏导室、信访接待室、调解室四室,信访接待实行"一人一事一策一案"。

(一)视频连心,点单领单

大云镇实现"云访室"全覆盖,群众通过《领导干部视频预约单》实现在"云端""面对面"答疑解惑。比如东云村村民因河道施工影响生活,通过"云访室"表达诉求后,相关负责人立即召开问题分析会,研究解决办法,一周内问题得到有效解决。

（二）精准受理，秒接快办

全镇各村（社区）设立"秒接快办"受理点，干部接到群众初次诉求后，成为首问责任人，在第一时间录入"秒接记录本"，落实专人限时办理。对于一般民生小事，经电话回复或现场查看，及时解决。大云村村民向村里反映，自家承包田旁的机耕道太窄，收割机无法进来收割作业，代办员王汉祥带队实地查看并商讨解决方案后，仅用4天时间就把路修筑好。

（三）突出关怀，红色代办

对于复杂疑难信访事项，启动"红色代办"，其分为委托代办和指定代办两种形式。委托代办是由群众委托信任的红色代办员为其代办信访事项，指定代办是由信访事项所对应的分管条线指定某一红色代办员代办信访事宜。东云村杨某等14户村民要求把其租用的承包田变征地，解决养老问题，村书记被点单成为代办员，带着村民的诉求与相关部门对接，历经数月，最终该事项得到妥善解决。

二、打造"云网格"品牌，实现治理联动化

（一）科学布网，多元参与

结合"网格连心、组团服务"，以"微嘉园"为基础，建立一个总网格、九个大网格、27个中网格、383个微网格、443个微单元为架构的五级网格云上体系。"微嘉园"注册率达到177.48%，全镇有521名党员、178名"三官三师"（法官、检察官、警官、教师、律师和医师）在"微嘉园"平台亮明身份，"一约两会三团"（村规民约、百姓议事会、乡贤参事会、百事服务团、法律服务团、道德评判团）共注册信息554条。

（二）双向预警，源头防控

实行信访工作日排查、周例会、半月积案攻坚会、月考核、季度排名、半年小考、年终考等常态制度，设立微单元、微网格、网格员、网格长、村级、镇级六级化解阶梯，通过"信息采集—网格收集—分类上报—逐一化解—及时反馈"，做到"时时掌握民情、分分了解民意、秒秒接办民事"，实现社会矛盾的双向预警，做好源头防控，打通基层社会治理微循环。村民在"云网格"报事、参加平安巡逻、宣传正确垃圾分类等，可以收获积分，积分可以兑换煤气券、洗发水、调料等各种生活用品。这个积分机制，大大增加了群众的参与积极性，一改往日'干部在干、百姓在看'的局面。

（三）全民互动，参与治理

利用"微嘉园"平台，开展"红云志愿服务""九星文明户评创""蒲公英志愿服务联盟""孝亲文化节"等活动激发居民群众广泛参与社会治理及公共服务。创新"微嘉园"积分规则，合理设置积分值，引导居民愿意用、喜欢用、主动用，提高使用活跃度。

三、打造"云管家"品牌，实现管控动态化

"云管家"是指从房屋出租到流动人口入住等信息，都要通过"她"来进行登记和汇总，出租房屋的位置、内部设施、房租价格等信息一目了然，既让房东"租得放心"，也让房客"住得安心"。

（一）做强平台，在线管理

开展数字赋能智慧村（社区）建设，在原有出租房屋旅馆总台的基础上，设立24小时自助选房场所，开发"云警房管家"出租房屋在线管理服务平台，集合房东与新居民在线自主备案登记、在线选房、矛盾纠纷调解、安全隐患在线排查、督促整改、在线上报等多种功能，进一步提升出租房屋和新居民管理服务水平。比如，有租户看中了某套房屋，只需要输入自己的电话，房东即可收到，双方沟通"零距离"。由于和派出所系统联动，租户为在逃人员的可能性大大降低，进一步保障社会环境长治久安，赋能智慧村（社区）建设，为下一步5G智慧村庄建设打下基础。2021年7月起"云警房管家"覆盖全镇。后续还将开发手机App平台，增设厂房出租、企业招工等功能。

（二）队伍融合，星级评比

为了充实流动人口管理力量，组建7支由派出所社区辅警、网格员和出租房屋旅馆总台服务员整合成立的"云警房管家"队伍，现在已经有队员62人，对出租房屋加强巡查，对发现的问题督促落实整改措施。对出租房屋实行星级评比，根据出租房的建筑设施、环境、消防、治安安全状况，分为四等三级，即三星级、二星级、一星级和不合格（不合格不得出租）。大云镇现有三星级2910户、二星级326户、一星级19户、不合格0户。对一星级和不准出租房屋进行重点巡查，督促落实整改措施，提高星级。

（三）组建联盟，警民互动

针对如何更好管理房东，组建钉钉"红云房东联盟"，派出所会同综治办、各村（社区），实行每日发布防范提醒、每周进行网上互动、每月开展在线恳谈，强化房东、企业在出租房屋和新居民管理服务中的主体责任意识，有效提高了群众安全防范意识和对政府的满意度。据悉，目前共有3700名房东加入联盟，2956 户房东主动申报出租房屋备案、主动申报新居民 11796 人。针对如何更好服务新居民，在新居民集聚区成立新居民党支部 3 个，选派有威望的新居民党员担任党支部书记，充分发挥新居民党员先锋模范作用，带头组建环境整治、平安巡逻、疫情防控、文明劝导、反诈宣传等新居民志愿服务小分队，每周一三五集中进网格开展走访，为新居民解忧帮困。

第二节 "云诊室"品牌引领小镇就医迈入"E 时代"

基层医疗资源不足，看病难、看专家更难一直是困绕基层群众就诊的大事，大医院热闹、小卫生院冷清一直是制约医疗事业的瓶颈。为破解患者外出就诊不便和看专家难的困境，2018 年 5 月，大云镇卫生院启动远程智慧医疗"云诊室"，与银川互联网医院、嘉兴市中医医院以及嘉善县中医医院分别签约，通过三方合作，打通省市县乃至全国的远程诊疗通道，成为全省首个也是唯一接入省级预约平台的乡镇智慧医疗系统。借助云平台数据的快捷、推动云医疗资源的共享、展现云诊疗服务的温暖，让百姓在家门口就享有远程医疗福祉，在创新实践中实现小镇大医疗的美好愿景。

一、市场引来优资源，在线注入基层医疗改革新动能

资源缺乏一直是基层一线医疗事业的发展痛点，也是城乡融合民生事业的短板。

（一）依靠市场搭建大平台

大云镇以远程智慧医疗为突破，在 2017 年底引入全国顶级的好大夫在线，与银川互联网医院合作，前期投资 30 万，"云诊室"平台正式上线。

（二）依靠云端连线大专家

通过网络系统，可预约连线全国范围内 11 万知名专家，涵盖北京、上海以及省内各大医院，在小小远程诊疗室里就实现了百姓与专家"面对面"，实现原先的"找专家"变为"挑专家"。

（三）小院发展迎来大机遇

借助远程智慧，一举破解基层卫生院发展难题，小镇百姓甚至周边群众纷纷慕名而来，为基层医院注入源源生机活力和造血功能，卫生院实现小而强、专而精、优而特已从梦想转为现实。

二、智慧变革旧传统，远程建立点击一次就医新模式

"云诊室"作为全市首推远程智慧医疗平台，让患者院内就医实现"最多跑一次"，开启了嘉善县小镇智慧医疗的新篇章，促进了城乡融合发展，增强了百姓的获得感、幸福感和健康指数。

（一）创造方便为病患

打破了卫生院传统就医方式，推动就医"最多跑一次"，30分钟预约专家，15分钟网络会诊，15分钟落实治疗，不到一小时完成诊疗，群众不用舟车劳顿，实现省时省力见专家。

（二）精心助诊为病患

当地安排医生辅助，搭好专家和病人桥梁，解读专业术语，助读病患病情，让远程诊疗更精准、更贴心、更安全。

（三）跟进服务为病患

平台涉及图文咨询、电话咨询、预约转诊、远程门诊、诊后管理、家庭医生等多个领域，通过远程全过程记录，诊疗全过程跟踪，就医全过程指导，在高效便捷基础上实现最精准管理。

三、平台孕育土专家，网上牵引基层医生培养新机制

提升基层卫生医疗水平关键在一线医生，重点在专科特色。通过远程智慧医疗为基层医生提供不断提升的机会。

（一）网上向专家直接学

助诊医生在陪同患者专家诊疗同时，通过观摩直接获得国内外先进的医疗理念和诊疗方法，让小医生也能有学习大平台。

（二）特色借平台直接建

针对远程医疗特点，云诊室经过医疗科目精心筛选，分批重点推进特色智慧科目，先期在皮肤科、儿科、中医诊疗几个部门进行有益尝试，一批优质医疗项目呼之欲出，让小医院也能有特色好专科。

（三）人才用系统直接培

借助平台，抓住契机培育人才，云诊室采取滚动式助诊、精准式学诊、全程式跟诊等形式培养专业人才，并把远程医疗列入医生绩效考核，把学习成果应用列入培育重要环节，让小镇也能出大专家。

四、品牌推动大融合，智慧创造温暖百姓就医新福祉

镇级卫生医疗事业振兴能让百姓最直接感受生命健康的关爱，城乡医疗资源融合是群众最期盼的美好愿望。

（一）品牌影响力前所未有

前期试运行，吸纳大量病人前来就诊，引起社会各界高度关注，市、县领导多次调研指导，对模式充分肯定，对未来期望满满。

（二）品牌延伸度无比巨大

大云镇已把"云诊室"功能延展到家庭医生、居家养老等领域，创新诊疗模式，并推出一系列特色远程诊疗项目，制订一整套云诊服务套餐，把业务向外拓展，把模式深度提升。

（三）品牌获得感深入人心

"云诊室"三年接诊量超1000人次，节省群众各类医疗就诊成本250万元以上，以"云诊室"为龙头驱动的镇级大医疗服务格局已经呈现，百姓获得感、幸福感和健康指数在改革创新中得到全面提升。

第三节 创新打造全省首个食品安全人工智能小镇

大云镇以新型智慧城市标杆市试点为契机，按照"政府主导、经营者自律、第三方参与、公众监督"的原则，积极探索智慧食安建设的市场化路径，高起点谋划、高标准实施、高质量监管，建设智慧物联信息化监管平台，打造全省首个食品安全人工智能小镇，实现了食品安全由传统监管向智慧监管、智能监管转变。

一、创新举措，建立智能监管工作体系

（一）打造一个监管指挥中心

将餐饮单位"智安厨房"建设纳入乡村振兴先行区建设项目，投入120万元，依托第三方机构，引入了一套集人工智能、物联网技术于一体的食品安全人工智能监管系统。并在镇社区服务中心建立了人工智能信息化监控指挥中心，配备大型监控屏，有工作人员进行日常监控管理。

（二）安装一批智能监控设备

以大云镇集镇和云澜湾景区为试点，在大中型餐饮、小餐饮、校园食堂等85家餐饮单位，安装了92个人工智能摄像头，试点餐饮单位安装2套物联网监控设备，连接监控指挥中心，工作时段通过人工智能摄像头对人员行为进行分析研判监控，非工作时段对老鼠等四害生物图像进行重点监测预警。完成全镇 201 家餐饮经营单位全覆盖。

（三）成立一支智能监管队伍

成立由第三方机构专业工作人员组成的协查中队，并设立巡查组、监督组、记录组、快检组 4 个工作组，配合镇食安办、市场监管所、卫生监督所等部门开展日常排查、隐患整改、智慧监管等食品安全监管工作，实现从粗放型管理向精细化管理、传统式监管向智慧化监管的转变。

二、聚焦难点，提升智能监管五大功能

人工智能食品安全监管实现了由事后取证向事前预警、事中告警的转变，破解了食品安全监管难问题，初步实现了五大功能。

（一）实现了人员管理的智能化

通过餐饮单位人工智能摄像头对从业人员进行人脸扫描，就可自动查看人员身份信息，一旦发现人员实际工作信息与智能信息化管理系统数据不匹配，将立即预警，便于监管人员及时更新完善食品从业人员信息，破解食品从业人员流动性大、管理难度大的问题。

（二）实现了规范操作的智能化

通过人工智能摄像头，系统将根据实时影像与系统建模数据比对分析，餐饮单位一旦存在从业人员操作不规范、在特定区域内违反有关规定、垃圾桶未按规定加盖、四害生物进入店内等问题，就会立刻预警，提醒现场操作人员或餐饮单位负责人立即整改，并将预警信息实时传送给监管人员。

（三）实现了监控监管的智能化

通过智能信息化管理系统，对餐饮单位安装使用带有物联传感设备，实现对冰箱、消毒柜以及原材料的储存、从业人员的健康状况等进行智慧化监控，一旦发生异常，监管人员可即时通过手机 App 接收报警，及时进行核查处置，实现全方位全天候监控食品安全隐患。

（四）实现了数据分析的智能化

通过智能信息化管理系统的大数据分析模块，定期对餐饮单位的隐患点、监管人员的工作绩效等形成数据分析图，为监管部门开展数据查询统计、制定针对性措施、监管人员管理考核等提供了依据。

（五）实现了台账管理的智能化

通过智能信息化管理系统，建立经营户相关台账信息管理模块，利用互联网和物联技术实现自动生成记录传送系统，解决了因收工填写漏填少记等问题。同时系统还特别开发了食品安全学习平台，通过在线学习、在线咨询、在线考试，系统自动评分，形成学习考核记录。

三、注重效果，推动社会治理方式转变

（一）推动食品安全管理规范化

结合日常监管和智慧监管，依托信息化管理，做到管理制度规范化，操作流程标准化，监管执法精准化，确保食品安全闭环式管理更到位，经营者主体责任落实更到位，大大提升了监管效能。

（二）推动食品安全监管智能化

依托物联网、人工智能、大数据分析等技术，实现对经营单位进行 24 小时监控，自动分析识别隐患，即时自动预警提示等功能，机器换人减少工作量，实现由智慧监管向智能监管转变，达到了增效节支的目的。

（三）推动食品安全治理现代化

餐饮单位建立可视化厨房、建设监控中心指挥平台、实现 App 系统实时预警、监管信息网上公示等，智能监管逐步由点到面，实现全行业、全领域覆盖，推动人工智能小镇建设，提升食品安全现代化治理能力和水平。

第四节　以"四气"凝聚合力共促基层和谐发展

大云镇作为全省基层群团改革试点单位之一，认真贯彻落实改革精神要求，积极探索，大胆突破，扎实推进改革试点各项任务，使群团更接地气、工作更有底气、服务更聚人气、品牌更有朝气。

一、落实四项举措，使群团组织更接地气

通过完善架构、优化人员、延长手臂、夯实基础 4 项举措，使群团工作重心下移，更接地气。

（一）强化组织领导

成立镇党群办公室，由分管组织的党委委员兼任办公室主任，分管卫生行政的副镇长联系群团工作，配强工作力量，统筹群团日常工作开展。同时，还成立镇党群服务中心，分管组织的镇党委委员兼任主任，镇妇联主席兼任副主任。

（二）优化人员配置

按照"增三性、去四化"的改革要求，进一步优化各群团组织班子，采取"专、兼、挂、轮"多种方式，吸纳非机关人员加入。工青妇科班子中，来

自基层一线人员的比例均超过70%，其中工会设挂职和兼职副主席各一名，团委设兼职副书记2名，妇联完成村级"会改联"，并建立主席双月轮值制度；科协设兼职副主席一名，并将"三长"全部纳入。

（三）延伸工作手臂

构建"镇—村（社区）—网格"三级群团网络，依托综治网格平台，组建网格群团小组，将群团组织延伸至网格治理末梢，形成立体融合的组织体系。在小城镇环境综合整治、交通整治大会战、垃圾分类等工作中，群团网格小组发挥了很好的作用。

（四）注重基层基础

建立二级群团组织，成立了甜蜜小镇科协，汇集特色小镇内各旅游主体力量，在充分发挥碧云花园"全国农村科普示范基地"和"全国科普教育基地"两个国家级科普基地效应的基础上，帮助歌斐颂成功创建省级科普教育基地。成立中德生态产业园工会，形成了全镇第一个园区工会阵地，为园区企业职工提供更好的服务。成立超精密模具协会，为企业提供更专业的服务，同时正在积极谋划建立超精密模具研发和教学基地，能够更好地促进嘉善模具工业技术进步，推动工业经济高质量发展。

二、建立三大机制，使群团工作更增底气

进一步健全完善制度机制，努力在制度机制建设上规范群团组织抱团发展共建共享，使各项工作的开展更有底气。

（一）建立党群工作例会制度

每月召开党群工作会议，其中镇党委书记每季度亲自参加，听取改革工作汇报，提出工作要求。同时各个条线交流工作开展情况，共商工作疑难问题，研究改革推进事宜。

（二）建立群团轮值制度

工青妇科四个条线定时交流当月工作及下月计划，探索力量共用、资源共享、阵地共建、活动共办的模式，整合各条线资源力量，确定标准化工作清单和品牌化的服务清单，排定每月活动及服务事项，相关负责人每月轮值，牵头负责工作和活动开展。

（三）健全阵地共建共用机制

全力打造"1+3+N"党群服务中心站点体系。将这块工作列入政府重点实施项目。"1"总投资500万元、面积800平方米的镇级党群服务中心正在进行扩初设计；"3"总投资500万元、面积1070平方米的特色小镇党群服务站二

期项目正在进行招投标，总投资20万元、面积100平方米的中德生态产业园两创中心党群服务站本月投入使用，镇文化中心党群服务站已投入使用。"N"福气多、高裕、歌斐颂、碧云花园等多家企业党群服务点正陆续建成使用。同时，相继建成了职工之家、职工书屋、青年之家·学习社、青创农场、妇女微家、科普e站等一批群团阵地。

三、突出三个注重，使群团工作更聚人气

进一步强化群团组织的服务能力水平，助推大云经济社会发展，让全镇广大群众受益得惠，凝聚人气。

（一）注重特色小镇建设开展服务

镇总工会组织开展特色小镇创建立功竞赛活动，通过比创新赛机制、比高端赛要素、比产出赛功能、比特色赛亮点、比服务赛品质的"五比五赛"，充分调动了各个项目主体和职工群众的积极性，形成了以工建促竞赛、以竞赛促创建的良好氛围，相关做法在全省特色小镇创建立功竞赛会议上作书面交流。

（二）注重关键人物作用发挥开展服务

镇科协注重发挥好医院院长、学校校长、农技站站长（下文简称"三长"）等"关键人物"的作用。推行"三长"工作制，创新打造会议制度、活动制度、资金保障制度、考核制度和平台建设机制、服务链接机制、品牌建设机制、网格化管理机制的"4+4"制度机制体系，积极发挥以"三长"为代表的五个"关键人物"的作用。其中，卫生院院长具体推行的"云诊室"，已经为200多名患者提供远程医疗服务，获得群众一致好评，盛林荣院长荣获嘉兴市唯一的荣获2018年度浙江省优秀乡镇卫生院长荣誉称号。大云商会会长与镇政府、上海交大海外教育学院合作开办"总裁班"，抓企业家培训，转型先转脑的做法得到了省领导的高度肯定。经济建设服务中心主任负责推进"强村计划·飞地抱团"项目，已实现2次分红，"飞地抱团"扶贫模式入选浙江省26条经济体制重点领域改革典型经验，并获评省公共管理创新案例。

（三）注重整合资源开展服务

整合群团志愿服务资源，以"红云志愿星期六"行动为载体，推进扮靓小镇、文明养成、平安守护、善心互助、文化普惠五大项目。持续性开展"红云志愿星期六"行动130余场，参与人数达到3200余人次，有效助推了我镇多项创建、各类整治等中心工作的开展。

四、打造系列品牌，使群团工作更富朝气

依托红云党建品牌，进一步凸显红云之窗、红云学院、红云之声、红云

服务、红云人才、红云清风等6大类29个子项的亮点，着力打造"甜蜜大联盟"群团总品牌和"小镇大匠""活力满满""巾帼绽放""引才聚力"四大群团子品牌，使群团工作更有朝气。工会开展的"小镇大匠"选树活动，选树了一批业务精湛、技艺高超的工匠，激发了全镇职工学习工匠、争当工匠的热情，这一做法得到了市总领导的肯定。团委深化"小镇青年会"，从原来的一支队伍51人扩展到现在的六支队伍101人，更好地激发了年轻人的活力与激情。妇联开展的"巾帼心向党建功新时代"双月轮值活动获全市第一季"双网双争"活动点击率第一，探索"甜蜜妇联+"，推出家庭教育、创业创新、美丽庭院、巾帼文明公益领办项目，由妇联执委领办。镇妇联主席姚海雁同志当选为省妇联代表，并当选执委。科协"三长"工作被列为县级试点，并成功承办全省科协"三长"培训班现场观摩会、全市"三长"工作现场会，经验材料获市委、县委领导批示，并在第九期浙江科协杂志刊登，中国科协组织人事部也刊发了大云镇"三长"工作的专题周报。这些活动的开展凝聚了群团力量，提升了群团战斗力，更好地助力大云发展。

第九章　农村综合性改革试点的德清案例①

2018年，德清县和嘉善县同时成为浙江省两个国家级"农村综合性改革试点试验"县，试点试验区对照"产业兴旺、生态宜居、乡风文明、治理有效、生活富裕"乡村振兴总要求，坚持"民生为本、产村融合、创新改革"原则，以项目为载体，以"振兴乡村经济体系新机制、实施集体经济壮大新机制、构建乡村综合治理新机制、创新乡村绿色发展新机制、健全乡村社会文明新机制"等五大机制创新建设为重点，以"一环两带三园"总体布局为依托，经过三年时间的建设，层层推进，试点试验区"三生"空间（生产、生态、生活）已具规模，改革成效凸显。围绕"最美湿地推动两山转化，加快改革集成推动乡村振兴"的目标逐步实现，社会群体满意度较高。德清县试点试验区13个项目已完工。

第一节　德清县试点总体情况

德清县结合当地实际，将农村综合性改革试点放在下渚湖街道，并选择在下渚湖街道的和睦村、塘泾村、沿河村、二都村、双桥村和朱家村等6个村开

---

① 本章选自《德清县人民政府关于德清县农村综合性改革试点试验评估认定工作的自评报告》，德清县人民政府文件德政函〔2021〕110号。

展试点工作,区域面积23.98平方千米,农村人口10298人。试点建设期限为2018年6月—2021年6月,为期3年,实施主体为下渚湖街道办事处。

一、制度建设

根据《财政部关于印发〈开展农村综合性改革试点试验实施方案〉的通知》(财农〔2017〕53号)、《财政部关于深入推进农村综合性改革试点试验工作的通知》(财办农〔2018〕47号)和《浙江省农村综合改革工作领导小组办公室关于开展农村综合改革集成区试点工作的指导意见》(浙农改办〔2018〕2号)等文件精神,结合德清县实际情况,出台了《德清县农村综合性改革试点试验实施方案》(德政办发〔2018〕200号),细化项目工作组织架构,层层分解落实改革任务118项。以项目建设带动试点推进,分年度制定并下达试点试验区项目实施计划(德财基〔2018〕121号,德财基〔2019〕95号、157号,德财基〔2020〕5号、108号),细化实施步骤,出台《德清县农村综合性改革试点试验项目和资金管理暂行办法》《下渚湖街道财政补助资金抽查巡查管理制度》《下渚湖街道建设项目养护管理办法》《德清水精灵青虾综合服务中心交易管理制度》《德清县三合青虾市场管理有限公司交易管理办法》《浙江德晨旅游开发有限公司章程》《浙江德晨旅游开发有限公司固定资产管理办法》《下渚湖街道渔业养殖尾水治理长效管理机制》《河长工作站日常运行管理制度》等制度,有序推进改革试点工作。

二、试点任务完成情况

德清县以项目为载体开展综合性改革试点试验,一共设置13个项目,截至2021年底,德清县试点试验区13个项目已基本完工。

(一)构建农民持续增收机制项目(共4个)

完成水精灵青虾园、精品果蔬生态基地的九龙果园和禾谷千家建设,其中水精灵青虾园带动就业40人,每人年均增收45000元。每年如期开展趣味插秧比赛、"太湖2号"青虾推荐会等品牌提升活动。田园博览园园区带动就业120人,每人年均增收60000元。

(二)健全村集体经济发展机制项目(共1个)

德清水精灵青虾综合服务中心项目已完成建设及初级验收,出台了《德清水精灵青虾综合服务中心交易管理制度》和《德清县三合青虾市场管理有限公司交易管理办法》,拥有固定的场地、冷藏、加工、运输、结算、信息传递等交易设施,配备保安、交易员、市场保洁等专业人员,已投入运营,每笔交易收取的管理费,作为中心后续维护和运营费用,带动村级集体组织年均增收6

万元，带动就业260人，每人年均增收30000元。

（三）完善乡村治理机制项目（共2个）

已建成二都红管家等党建阵地，全国首个5G沉浸式治水实践体验馆，结合村庄特色已完成6个各具特色的河长工作站建设，并制定《河长工作站日常运行管理制度》，提出"三不得""四严禁"规章制度，用于河长工作站的日常管理与运行，同时依托环湖观光带，联合"水下森林"、乡村振兴馆等，开展研学、培训、生态文明教育等活动，不断释放水生态红利。

（四）建立农村生态宜居发展机制项目（共4个）

完成二都村、沿河村、和睦村、双桥村等美丽乡村建设，塘泾村美丽乡村提升建设，完成环湖观光带整体建设。环卫保洁、垃圾分类、污水长效运维环境整治工作已进入常态化，完成污水管网建设和水体生态治理。完成尾水治理监控建设15个，建成的尾水治理场点实现青虾养殖尾水治理全覆盖，并制定《下渚湖街道渔业养殖尾水治理长效管理机制》，从"落实监管责任，加强现场管理""筹措运维资金，保障正常运行""改善治理设施，提升处理效果""完善平台建设，强化远程监管"四大方面十小点作了规定，切实巩固提升治理效果，强化运维长效常态，保障全街道渔业绿色发展。

（五）健全乡村社会文明机制项目（共2个）

建成二都小镇农渔文化阵地，完成乡村振兴馆建设及布展提升，其中乡村振兴馆正式使用以来，一馆多用，作为培训、会议、研学的场所，已陆续接待研学参观考察团120余批次，4000余人。

第二节 改革成效和示范引领情况

一、德清改革创新做法

（一）组织集成——三级联动，全程监管，多方考核

德清县高站位、远立意地谋划农村综合性改革试点工作，使全县上下一盘棋，共同致力于各领域改革发展，并以微改革小切口快节奏优势，使各项改革举措在政策取向上相互配合，在实施过程中相互促进，在改革成效上相得益彰，产生共振效果。

1. 建立三级联动推进机制

在省市部门的支持督导下,健全"县为责任主体,街道为实施主体、财政局组织协调"的试点工作推进机制,建立了以县委、县政府主要领导为组长的领导小组,下设办公室设在县财政局,由各相关责任部门分别组成五个专项组"一办五组"的工作专班,将农村综合性改革试点试验作为县级"改革品牌深化工程"之一,开展"十大工程"部署,明确改革相关举措及工作目标任务,街道形成主任主抓、副书记具体抓、各条线领导负责项目落实的组织机制,以及"一周一汇商、一月一小结、一年一总结"的"三个一"工作模式,积极承上与县财政局汇报沟通、制定合理政策,对下与乡贤、农场主、农户等合商制定解决方案,保障试点工作高效运行,推进项目落地生根。

2. 建立项目全程监管机制

通过制定项目资金管理办法、开展绩效自评、引入第三方审计和绩效评价等一系列监管手段,实现资金、项目监管闭环。

3. 建立多方考核督查机制

浙江省财政厅把农村综合性改革试点试验列入督查范围,加强日常督促检查。德清县把农村综合性改革试点试验工作列入县委、县政府对相关部门、街道年度综合考核评价范畴。建立了常态化督查通报机制,根据组织实施、执行落实、工作评价、成效认可等情况,实行月度报、季度查、年度考评制度,及时将工作动态报送至省市相关领导以及省财政部门。每年组织"满意度评估",内容涉及改革、平安等多方面,通过"0571—12340"电话访问,了解百姓对德清政府的满意度、生活环境的满意度等,并根据考评结果,作出相应政策调整。

4. 建立多方宣传机制

德清县注重改革实践与成果的可推广性,重视农村综合性改革试点试验工作的宣传,专门与浙江在线合作,建立"生态下渚湖·擘画乡村振兴新蓝图"宣传网站,围绕下渚湖街道农村综合性改革试点试验工作,推出乡村振兴建设系列报道,通过网络平台如实记录、传播当地发展建设的点滴变化与改革经验。同时借助财政部、浙江省财政厅、德清、下渚湖等政府网站与公众号以及互联网、报纸等多媒体平台,发布农村综合性改革试点试验工作进展、改革成效、改革经验共170篇,为其他地方农村综合改革政策集成落地提供了有效的解决方案,并扩大德清县农村综合性改革影响力。

(二)要素集成——集中财力,明确导向,精准赋能

围绕"最美湿地推动两山转化,加快改革集成推动乡村振兴"的目标,德

清县积极探索资金整合、用地等要素的集成，全力拓宽乡村振兴之路。

1. 发挥涉农资金整合作用

德清县将试点项目建设作为财政资金重点倾斜的对象，给予了下渚湖试点试验区必要的政策倾斜，出台《德清县关于建立健全涉农资金统筹整合长效机制的实施方案》（德涉农整组〔2020〕1号），发挥各类政策资金的整合扶持作用，三年来共计整合农村生活污水、美丽乡村建设、农事活动、五水共治、党建、文化礼堂、村镇建设等方面的财政资金1.07亿元，以奖补助推村级集体经济发展和基础设施建设，加强土地等要素保障。

2. 创新投融资体制和财政资金投入方式

撬动金融和社会资本投向农村综合性改革试点区产业建设，如在乡村振兴馆项目中，通过农村综合性改革100万资金撬动两山资金500万、县美丽城镇资金200万、社会资本334万；在田园博览园项目中，以有限的财政补贴2000万元，成功撬动社会资本3.43亿元，拓宽了融资渠道；在水精灵青虾园、精品果蔬生态基地项目中，通过1∶1的政府与企业资金配比，撬动社会资本近750万元。

3. 加大对试点试验区建设项目的用地支持力度

统筹安排用地指标，优先予以用地保障；出台《德清县人民政府关于印发德清县农村宅基地管理办法（试行）的通知》（德政发〔2018〕31号）、《关于进一步规范农村集体经营性建设用地入市管理的通知》（德农领办〔2019〕2号）、《德清县人民政府关于德清县农村宅基地管理办法（试行）的通知》（德政发〔2021〕16号）等10余项政策，积极探索通过闲置农房集中连片打包流转、农村承包地集中流转以及盘活农村零散及闲置存量建设用地等方式保障试点建设用地。

（三）改革集成——突破限制，创新发展，力求实效

试点试验区注重集成改革措施的系统性与协同性，以五大机制创新建设为重点，通过整体谋划，构建1+1远大于2的创建集成体系。

1. 突破单个群体关系，提倡精准治理、全民参与，提高满意指数

通过建设村级"党建+"多功能室，打造"红管家"党建品牌、组建全国第一个环湖党员应急救援先锋队等，提升基层社会治理能力；全国首创"生态绿币"激励模式，形成"生态绿—14币"收集—获得—使用闭环，打造线上线下融合的"绿币生态圈"，以"生态绿币"使用共享进一步提高全民参与社会治理的主动性。

2.突破下渚湖湿地单一地域限制，以全域景区化引领全域环境整治，提高美丽指数

绘好生态空间规划一张图，增强景村融合度，推进湿地生态修复，重建湿地良好生境；推行垃圾分类、环境整治"四个一"长效管理机制，全省首创"公众护水平台"，推出巡河众包模式，创立"河湖健康体检"制度（此项创新得到省治水办高度认可并在全省推广），筑起环境"反弹墙"。

3.突破单个产业发展瓶颈，高质量推动产业融合、产村融合，提高幸福指数

通过成立青虾产业农合联、打造青虾综合服务中心等，打通青虾产业薄弱环节，优化主导产业发展模式。同时发展"农业+""文化+""生态+"的特色产业，探索以产兴村、以村促产、以文共谐的发展机制，推动设施一体化、服务均等化，实现城乡互促共进，形成独具特色的"融合发展德清模式"。

4.突破单项改革局限，通过改革集成发挥农村综合改革效应，提高发展指数

构建"公司+基地+村集体"的合作模式，增加村集体经济收入。且在后续发展中考虑以全域化旅游作为思路，以现有项目为基础带动南片与东片共同发展，进一步提高村集体经济收入。

（四）空间集成——由点及面，绘就蓝图，融合共促

在三年的推进过程中，德清凝练出"135"（1个理念、3种模式、5颗明珠）经验，为农村综合改革政策集成落地提供了具有德清特色的解决方案。

1——树立1个理念。试点试验区以"共享"为发展理念，以体制机制创新为着力点，通过项目承载，盘活最美湿地，共建"防风古国，共享之地"。在三年的试点试验中，注重改革实践与成果的可推广、可复制性，初步实现了三个共享——财富共享、口碑共享、绿肺共享。

3——凝练3种模式。试点试验区以五大机制创新建设为重点，通过项目建设，形成及时发现问题、解决问题、问题归类的实践思路，逐步在生态环境保护、产业发展、社会治理方面凝练出三个模式，即用"生态五技"，让绿肺共享；用"五金"模式，让财富共享；用"共治共赢"，让口碑共享。

5——孕育5颗明珠。基于下渚湖的资源禀赋、产业特点、文化底蕴、村庄特色，试点试验区以13个农村综合改革项目为支撑，通过环湖观光带有机衔接各个项目，由点及面、串点成线，经过三年建设，初步绘成一张"一环串五珠"的蓝图。

1. 做好"老树新枝"的文章

在研学上下功夫,以防风文化为特色,完成二都村(省级 AAA 级景区村庄)与沿河村美丽乡村建设、治水实践体验馆(2019 年全国首个 5G 治水体验馆)、乡村振兴馆、二都小镇农渔文化阵地等项目的建设与提升,成功举办全国首届美丽田园博览会;以二都村集体名义成立了旅游公司,探索"村集体成立旅游公司＋公司团队／院校"合作模式,带动村庄发展乡村旅游、休闲农业等业态;依托乡村振兴馆、治水实践体验馆等,探索研学运作流程。

2. 做好"湿地保护"的文章

在鸟类上见成效,以白鹭与湿地保护为特色,初步构建观鸟、摄影、民宿、餐饮、导游等鸟类主题一条龙旅游产业链。

3. 做好"插柳成荫"的文章

在青虾产业上求突破,立足于青虾养殖特色,完成美丽乡村青虾小镇建设,借鉴台湾桃米青蛙村发展模式,拓展青虾文创、旅游等多种功能。

4. 做好"科技赋能"的文章

在技术上寻真章,完成德清水精灵青虾综合服务中心主体建设以及渔业养殖尾水治理、精品果蔬生态基地提升工作,解决了青虾种源。养殖技术、果蔬销售、渔业养殖尾水治理长效管理机制等问题;试点试验的实施成功吸引了外来渔业业主,数字生态渔仓项目靠户和睦村,探索村企共建模式。

5. 做好"育种蹲苗"的文章

从产量上看效益,通过水精灵青虾园,建成全国首个青虾规模化特种水产良种繁育场,成功繁育优质"太湖 2 号"原种,突破种质资源瓶颈,目前水精灵青虾园正与浙江省淡水研究所合作探索活水增产试验,尝试进一步提高青虾出产量。

二、德清改革创新成效

试点试验区按照农村综合性改革试点试验实施要求,大力推进"振兴乡村经济体系新机制、实施集体经济大新机制、构建乡村综合治理新机制、创新乡村绿色发展新机制、健全乡村社会文明新机制"等五大机制创新建设,取得了较好成效,具体体现在以下四方面:

(一)筑好环境底色,成功打造最美湿地

1. 创建全域景区化新模式,美丽水乡添新颜

通过完善全域景区化建设、美丽乡村建设、环境治理等规划布局,推动村庄建设与景区建设有机融合,推进村容村貌持续改善,截至目前,下渚湖国家

湿地公园成功创建国家ＡＡＡＡ级景区、省级风景名胜区、朱鹮易地保护暨浙江种群重建基地、国家野生大豆保护区、浙江省50个最值得去的景区之一、省级生态旅游示范区试点单位。二都村成功创建国家级ＡＡＡ旅游景区、省级ＡＡＡ景区村庄、省级历史文化利用保护村落、小城镇环境综合整治省级样板以及二都、沿河两村成功创建省级美丽宜居示范村等，完成26个农村公厕建设任务和农村生活污水治理全覆盖，受益农户100%，智慧垃圾分类收集，农村生活垃圾分类处理建制村覆盖率100%。成功打造二都、和睦、塘家琪等"水下森林"（构建"水下森林——水生动物——微生物群落"生态共生系统）16个以上，面积达10万平方米，实现水体自净循环，改善水质，为全国水环境治理提供了新的模式和思路。

2. 首创渔业养殖尾水治理模式，实现产业可持续发展

在和睦村率先建立渔业养殖尾水治理点，推行"四池三／二坝式"（沉淀池、曝气池、生物净化池、湿地洁水池，二座过滤坝）净化模式，构建以三级田长责任制、远程监控管理制、错峰排放治理制、资金筹措保障制为主的青虾养殖尾水治理长效管理机制，实现以青虾为主的淡水水产业绿色化生产。此项创新得到时任浙江省委书记的重要批示，并在全省推广，全国水产技术推广总站站长肖放亲临现场调研，称该项治理走在了全国前列，开创了传统渔业迈入绿色生态养殖新时代。目前下渚湖试点试验区建成养殖尾水治理场点40个（包括成功创建省级尾水示范点2个，县级尾水示范点12个），全面覆盖1.42万亩青虾养殖面积。同时建成的养殖尾水处理设施资产归村集体所有，村集体经济从2017年的3357万元增加到目前的3860万元，并通过湿地景观打造，将尾水治理点变为网红打卡点，带来了经济与生态双重效益。

3. 通过生态修复，极大地优化了朱鹮的生存环境

朱鹮属世界珍稀濒危鸟类和国家一级保护动物，对生态环境要求极高，良好的水质环境促使朱鹮数量逐年攀升，从2008年引进的10只到2017年繁育的200余只，再到目前的406只，朱鹮种群数量进入全国前三行列，占全球朱鹮总数的10%以上。

4. 运用价值核算手段，生态系统效益稳步提升

通过量化生态系统的供给、调节、文化服务，使生态系统服务价值从2017年的19649万元增加到2019年的20440万元，表明试点试验区在项目建设的过程中，生态系统服务价值仍能提升。

（二）做好"融合"文章，逐步实现强村富民

1. 成立农合联等农村经济组织，创新管理手段

2018年成立青虾产业农合联，为产前、产中、产后提供设施与服务。2019年引进新品种"太湖2号"破解青虾产业种源退化瓶颈，并制定相关销售策略，为农户争取到了低于市场50%的种苗价格，成功发放"太湖2号"种苗两万斤，相较于本地青虾，"太湖2号"生长速度快30%，个头大15%—21%，抗病能力强，塘口价高出8—10元/斤，亩产效益增加2000至3000元。截至2020年底，农合联成员数量为54户，开展有关青虾产业主题培训、指导，青虾养殖面积从2017年的13600亩增加到目前的16000亩，青虾养殖户收入从每年5000元/亩提升到6000元/亩。

2. 优化了生产销售条件，提供一条链式服务

积极打造"水精灵青虾综合服务中心"，以及青虾医院、省淡水研究所工作站、物联网销售和信息中心等设施，建设集中化、规范化、标准化的交易市场，设立专家服务站、水产品质量安全检测中心等，拓展青虾饲料提供、运输冰块服务、终端延伸产品服务等相关服务，为全县青虾产业提供育种、生产、加工、销售、疾病防治等一站式服务。自2020年9月28日水精灵青虾综合服务中心试运营以来，每笔交易收取0.8%管理费，作为中心后续维护和运营费用，截至目前该中心累计交易量257吨，累计交易额逾1639万元，收取管理费等20.1万元。

3. 制定品牌推介计划，进一步提升了品牌影响力

每年如期开展"水精灵"青虾节、趣味插秧比赛、"太湖2号"青虾推荐会、防风文化节等品牌提升活动，2019年9月，在首届美丽中国田园博览会系列活动中，"水精灵"青虾卡通形象成功发布，在2020年第三届"水精灵"青虾节开幕式中成功发布浙江省首个青虾批发价格指数，提升了农产品知名度和竞争力，扩大了下渚湖影响力。同时每年在杭州、绍兴等地开展产品推介会，青虾占据杭州市场份额已超30%，相较于其他产地青虾，"水精灵"青虾价格溢价10元/斤，"水精灵"青虾品牌进一步打响。

4. 建立电商合作模式，进一步拓宽了销售路径

在2020年疫情期间青虾不能进入市场的情况下，街道积极与阿里巴巴旗下"盒马鲜生"等电商开展合作，建立产地直销模式，相较于德清本地青虾价格溢价一倍左右，即溢价30元/斤。

5. 发挥辐射带动效应

小虾（青虾）引来了大虾（罗氏沼虾），2018年12月，全国最大的罗氏沼

虾良种生产基地正式签约落户下渚湖，目前正在积极探索大虾如何扶持小虾、产生联动达到共赢的发展路径。

6.产业融合纽带逐步建立

以环湖观光带为纽带，以田园博览园、国内首个沉浸式治水实践体验馆为引爆点，将试点试验区 6 个村庄串联，发挥空间融合集聚效应，从单一的观光游向体验防风文化、湿地文化、青虾文化的深度游转变，将改革红利由景区扩展到景区周边的村庄，提高村集体与村民收入。2020 年试点试验区所涉村集体经济收入超过 1623.5 万元，比 2017 年增长 26.43%。

7.农民身份发生重大转变

在产村融合过程中，农民不仅是"居民""虾民"，还拥有了"股民""景区村民""文化村民"等多重身份，下渚湖街道人民的荣誉感和自豪感进一步加强。截至 2020 年底，人均可支配收入超 3.8 万元，高出全县平均值约 0.33 万元。

（三）创新改革模式，有效增强农村活力

1.深入推行"农地入市"政策，进一步壮大了村集体经济

2018 年八字桥生态工业园有六宗农地入市，其中五宗以 6500 元/亩的价格租赁，五年一付，村民小组能够得到 84% 的租赁收益，五年收入约 172 万，另一宗以 25 万元/亩的价格出让，一次性交付出让金，村集体获得 400 万元收入，试点试验区推行的"农地入市"机制创新不仅让村集体收益增加、产权更加明晰，也拓宽了村集体的发展思路。

2.实行"抱团入股"合作模式，拓宽了村集收入途径

乡村振兴需要发挥各方优势，共同合力，在德清水精灵综合服务中心项目中，塘泾和四都两村以资金入股，利润按照股份分红，构建"公司+基地+村集体"的经济合作形式，预计两村每年分红 25 万元，村集体经济由原先的 46 万元增加为 103 万元，自此下渚湖试点试验区又多了一条增加村集体经济造血功能的途径。

（四）发挥组织引领作用，提高全民参与热情

1.以党建为引领，提升了基层社会治理现代化能力

成功打造"红管家"党建服务品牌，完成"一中心（二都村"红管家"服务驿站与党群服务中心）、一馆（沿河村清廉乡村馆）、三多功能室（双桥、朱家、二都）"阵地提升与建设，初步形成乡贤参事会、"一室四平台"等"三治一体"基层社会治理现代化体系，有序开展党员"四个一"工作机制、垃圾分类"红黑榜"制度等。在"基层治理四平台"建设公众满意度调查中，下渚

湖民众满意度达到98%以上，高于德清平均水平。

2. 有效发挥乡贤参事作用，推进乡村治理协同化

街道已成功完成二都、沿河、上杨等7个村乡贤参事会组建工作，并鼓励参事会参与街道建设，如引导乡贤参事会开展乡村振兴、农村综合性改革试点等主题参事活动，通过上杨村乡贤座谈议事，为街道农村环境综合整治和垃圾分类"四个一"机制提出实际可行的意见办法，发动下杨村乡贤参会会长朱红飞捐赠60万元用于村民健身场所建设等，街道将在2021年完成下渚湖乡贤参事联合会、13个村乡贤参事会全组建工作，充分发挥乡贤智慧力量，为街道、村集体发展和社会稳定做出贡献。

3. 组建全国第一个环湖党员应急救援先锋队，进一步提升基层社会治理能力

先锋队吸引了15个村（居）近300名党员加入，组织参与服务田博会、防风文化节等大型活动700余人次，在2020年战"疫"中做到信息及时精准传递、措施及时合理实施，极大提升了社会防灾减灾救灾能力。

4. 全国首创"生态绿币"激励模式，全面激发全民参与治水热情

"生态绿币"是以生态环境保护为目的，以虚拟币为形式（1元人民币相当于10枚绿币），以智能化为基础，鼓励群众参与社会治理，"生态绿币"可兑换绿色农产品、日常用品、绿色金融产品。2018年首先从治水开始引入"生态绿币"机制，政府开发公众护水App，扫一扫注册当河长，对群众参与水环境巡查、治理实施绿币奖励，当年关注用户数就达到5万人，发放绿币200多万枚，绿色放贷9200万元。同时政府与农产品商行和农商银行签定长期战略合作协议，实现多赢。2019年"生态绿币"奖励范围扩大至垃圾分类和农村全域环境治理，真正实现了全民参与，2020年成立绿币基金，在6月5日世界环境日举办"生态绿币基金"捐赠仪式，邀请了34家绿色企业参与其中，通过为"美丽河湖"冠名、绿币兑换绿色企业产品等方式，共募集到"生态绿币"基金1344万枚，发布了"生态绿币"形象纪念币，二都村缸窑小港成为第一条被德清农商银行捐赠20万枚"生态绿币"而冠名的"美丽河湖"，实现了政府搭台、社会助力、群众唱戏的格局。未来将拓展邀请乡贤助力、全民自主捐赠等筹集方式进一步扩大影响力，营造良好生态文明氛围。

5. 创立了"河湖健康体检"制度，筑起水环境"反弹墙"

以基础、水文、水质、生态、管理、病史等六大类18项体检指标对河湖进行全面体检，让水体健康状况量化显示。实现河湖日常管理制度化，"一河一策"编制有档可查，河长交接有文可依。全面提升水环境长管理机制，使美丽河湖得以建成一批维护一批，此项创新得到省治水办高度认可并在全省推广。

第三节　德清改革创新项目

经过三年实践与探索，德清县在农村综合改革的机遇下，提出并实施了"生态绿币""河湖健康体检""水下森林""水精灵青虾综合服务中心"等四个创新项目，为全国农村综合改革探路。

一、全国首创"生态绿币"机制，实现多元共治

为持续弘扬生态文明价值理念，倡导绿色生活实践，下渚湖试点试验区在推进"五水共治"工作中，2017年首创"生态绿币"机制。近年来，德清县进一步总结经验、发挥先发优势，对"生态绿币"机制进一步深化，探索打造出了参与方式更灵活、绿色服务更快捷、绿色行为更多元、参与主体更广泛、奖励方式更有效的"绿币"生态圈。

（一）主要做法

1."一币"流通，助力实现乡村共治共享

以"生态绿币"为载体，着眼于政府、社会、群众不同需求，构建"生态绿币"的"收集—获得—使用"流通闭环，探索社会治理多元化。

2."一图"感知，助力实现乡村数字化管理

已开发"生态绿币"系统数据展示平台，对接公众护水平台模块、垃圾分类智能化平台管理模块、环境整治模块、GEP（生态系统生产总值）应用模块，未来将对接平安综治、低碳行为等模块。有效与"我德清"微信小程序衔接融合，统一纳入"大数据"平台管理，以"一图感知"的方式实时掌握生产、生活和生态变化情况，在数据共享交互的基础上实现数字化管理。目前"生态绿币"数字化展示系统主要由"总览"和"实时"两个大模块组成，展示出街道已将"生态绿币"融入社会多元化治理。

（二）取得成效

自率先试行"生态绿币"奖励机制以来，通过引导生态绿色行为，下渚湖试点试验区近几年GEP值增长率始终保持在5%以上，社会群体与生态建设

逐渐在实践和完善中形成"绿色闭环":

1. 成立生态绿币基金会

于2019年成立生态绿币基金会,纳入街道大数据平台管理,逐步对接五水共治、垃圾分类等数据端口,实现数字化管理。

2. 募集生态绿币基金

于2020年"世界环境日"之际,共募集生态绿币基金134.4万元,折合生态绿币1344万枚,发布了生态绿币形象纪念币,表彰了8个公众参与环境保护的优秀案例,向10家捐赠生态绿币基金的企业颁发了纪念证书,邀请了6家绿色农产品企业和德清农商银行现场向民众进行生态绿币兑换与绿色信用贷款,冠名两条"美丽河湖"(德清农商银行已冠名二都小镇缸窑小港,浙江首飞泵业已冠名二都小镇"水下森林"),开启社会多元化治理数字化长效管理新模式。

3. 建成生态绿币系统数据展示平台

于2021年建成生态绿币系统数据展示平台,截至目前,全街道参与五水共治、垃圾分类等活动的人数达7938人,占全街道户籍人口的1/3(2020年全街道人口为2.3万余人),参与活动次数达65万多人次,共计为民众兑换"生态绿币"110万枚,发放贷款2327万元,全面激活群众参与社会治理热情。

(三)创新经验

1. 不断规范生态绿币奖励机制,推进"生态绿币"系统持续运行

坚持从民众需求出发,将GEP应用场景与生态绿币系统服务端口业务贯通、流程衔接,打通政府治理与服务落地的"最后一千米",为民众提供直接参与GEP应用的有效途径。同时将生态绿币纳入数字乡村一张图管理,以"一图感知"的方式实时掌握生产、生活和生态变化情况,并对接五水共治、环境整治、垃圾分类等数据接口,在数据共享交互的基础上实现数字管理,助力实现乡村治理主体多元化。

2. 建立健全生态产品价值转化机制,让生态资源更好成为生态资本、生态红利

积极对接联系浙江吴越农业股份有限公司、九龙四季果蔬共享园、禾谷千家循环农业创意园,康介山家庭农场等,通过"兑换点+加盟商"的方式,形成"绿色联盟",让积极参与到五水共治、垃圾分类等行动中的民众所获得的生态绿币从线上到线下,无缝对接、快捷兑换。兑换点主要以签约商超定时、定点供应的日常生活物资为主;加盟商则以预约供应绿色植物和生鲜果蔬等生

态农产品为主；同时根据民众日常参与五水共治、垃圾分类和环境整治等生态环保公益事业而获得的绿币数量多少，分成6档利率，配比5万—50万元额度的"生态绿币"贷款。

3. 探索建立共治共享长效机制，实现多方共赢

以生态和数字赋能，以生态绿币为载体，从政府、企业与单位、群众角度出发，搭建生态绿币的"收集—获得—使用"流通闭环，形成共同利益联合体，致力于生态文明建设，共创美好未来。政府通过统筹作用，引导企业与单位、群众，共同参与五水共治、垃圾分类、环境整治等工作，不断提升社会群体生态保护意识，持续推进生态文明建设；企业与单位通过捐赠绿币行为，获得美丽河道、生态样板区域等冠名权，不断扩大自身影响力，同时通过兑换点、生态绿币贷款等，提高自身综合效益；群众基于绿色行为获得的生态绿币换真金白银，可兑换相应价值的物资，以及获得贷款资格，真正享受生态红利。

二、全国率先实施"河湖健康体检"，实现长效管护

为加强河湖长效管理，街道在全国率先实施"河湖健康体检"，以基础、水文、水质、生态、管理、病史等六大类18项体检指标对河湖进行全面体检，使水体健康状况量化，河湖日常管理制度化，"一河一策"编制有档可查，河长交接有文可依，此项改革经验已在全省推广。

（一）主要做法

1. 科学化定准，简单实操

邀请有关专家，在借鉴《河湖健康评估技术导则》的基础上，结合德清全县的治水工作以及河湖特点，确定涵盖河湖的基础、水文、水质、生态、管理、病史六大类属性的河湖管理指标体系，以及18个需专业检测的分项指标。同时，根据地表水水域环境功能确定相对应的参考值，对河湖健康状况总体评价采用分级指标评分法，通过逐级加权进行综合量化评分。

2. 健康化体检，精准施策

通过委托第三方专业机构，以六大类18个分项指标对河湖进行全面体检和综合评分，出具健康等级报告，对河湖状况进行综合评价，开出健康诊断结果，并建立"一河一策"档案，及时向相关河（湖）长传递档案信息、修复措施等。河（湖）长在深入了解所负责河湖的实际健康状态及存在的短板后，根据系统生成的雷达图及第三方专业建议，有针对性地开展河湖管护工作。

3. 智慧化联动，长效管护

建立河湖健康体检信息平台，以便随时了解河（湖）健康状况在时间与空

间上的变化趋势,对不同区域水体健康情况进行比较,精准施策。同时积极整合河湖健康体检、河长制平台、公众护水平台、水行德清等平台信息,形成水环境管理"一张图"2.0 版,以治水实践体验馆为展示载体,以图形化、拟物化的形式,生动展示德清全县河湖健康体检工作情况以及水体管理情况,达到成果展示、长效管护等要求。

(二)取得成效

试点试验区在全国率先实施"河湖健康体检",以六大类 18 个指标对环湖 60 个水体进行全面体检,形成"河湖健康体检报告单"15 份,进而针对性地制定治理方案 2 个,全面提升水环境长效管理机制,使美丽河湖得以建成一批维护一批,该做法得到了省环保厅、省治水办等充分肯定并在全省推广,下渚湖成功入选 2021 年全国美丽河湖优秀案例。

(三)创新经验

1. 一套流程,个性治理

借用人体医理的健康体检概念,用健康体检结果代替河道监测指标体系的系统性和复杂性。在技术指标和实际操作上,选择了一套简单易行的共性指标与流程,便于长效推广应用,同时根据每个河湖的差异性,提出个性化治理方案,维护其特有的生态、环境和社会服务功能,并促进三者之间协调有序,从而更好为社会发展服务。

2. 数字赋能,长效管护

充分应用数字技术,建立河湖健康体检信息平台,以数字动态量化每个河湖健康情况,并及时采取再次健康体检或根据现有经验有针对性地开展河湖管护工作等措施,确保水质不反弹。同时积极整合同类平台与数据,发挥合力作用,从而建立河湖健康长效管理的智能化路径。

三、全省首创"水下森林"生态治水,实现三生融合

试点试验区为消灭劣Ⅴ类小微水体,结合前期治水经验,在全省首创"水下森林",并不断扩大改革效应,使有鱼有草、人水和谐、清水绿岸、鱼翔浅底的水生态环境持续向好,让下渚湖水系成为造福人民的幸福河湖。

(一)主要做法

1. 科学治理,长效管护

以"水体自净能力弱""水动力不足""水体景观效果差"等问题为导向,以生态系统循环自净为原理,因水制宜采取不同的生态治理方式,如在开阔水面节点进行"水下森林"水生态系统的构建,在狭长水域进行"湿地植物群落"

生态系统的构建等。尽量选择本地物种，建立畅通的食物网路径，维持水体生态系统动态平衡，并在恢复过程中动态监测能反映恢复效果的指标，及时发现恢复过程中出现的问题，不断完善和修正水生态系统，使水体的生态性与景观性并存。

2. 项目联动，生态研学

充分发挥"水下森林"的亲水性、生态稳定性、整体景观性，依托环湖观光带及下仁公路、村庄主干道路，串联二都、塘家琪、和睦三个"水下森林"，联动沉浸式治水实践体验馆、二都小镇农渔文化阵地、河长工作站等农村综合改革项目以及周边景点，开展研学、培训、生态文明教育等活动，不断释放水生态红利。正在积极创建浙江省生态文明教育基地，并通过"水下森林"探索湿地碳汇测算方法。

（二）取得成效

经过三年小微水体整治，建成"水下森林"16个以上，面积达10万平方米，水质稳定在三类水，最高可达二类水，兼具美化环境、提升湿地水质等作用，其中二都"水下森林"成为德清县首个湿地水生植物教育示范基地，并以此为依托，打造了"湖色森鲜"夜市，游客数量比往年同期翻三番，带动二都小镇农户的农产品销售和民宿业、餐饮业的发展。同时"水下森林"联动沉浸式治水实践体验馆、河长工作站等项目，开展生态文明教育活动，年接待人数一万人以上，该项目得到省、市领导高度肯定，受央视、浙江等多家媒体报道。2021年4月街道特制定《下渚湖街道水体修复提升（水下森林）实施方案》，不断扩大"水下森林"改革效应，全面提升村民对生态环境的获得感。

（三）创新经验

1. 灵活运用生态方式，建立长效机制

"水下森林"是一项前期投资较大，后期维护成本低的生态工程。根据水体形态，提出基于自然的解决方案，灵活构建"面—中—底"三位一体水系生态系统，以生态工程学的原理进行设计和实施，使水体具有一定的自净功能和自我维持能力，并保持长期稳定。同时在生态构建时使用本地种，避免了外来生物入侵，保障了本地生态系统的安全。

2. 巧妙兼顾景观功能，焕发生态活力

"水下森林"设计时考虑了岸边绿化景观，把水下景观与驳岸景观融合为一体，实现景观从水域到陆域、从水下到水上的自然延伸。同时充分考虑了水体景观的亲水性，提升景观意境，初步达到了生态效应与社会效应、文化效应相统一的人水和谐状态。

3. 联动发展研学旅游，打通"两山"通道

突破单个项目发展限制，积极联合乡村振兴馆、生态绿币等多种类型项目，形成覆盖乡村振兴、水生态修复、全域旅游、社会治理等方面的研学合力，达到1+1>2的效果，协同打通"两山"通道。

四、打造"水精灵青虾综合服务中心"，实现共同致富

试点试验区坚持科技兴农、品质兴农、服务兴农，以打造水精灵青虾综合服务中心为抓手，建立政府、科研院校、市场、养殖户、经销户等多方联系，集聚产业服务功能，打通产业链薄弱环节，形成良性循环，带动村民致富增收。同时，以村庄抱团入股形式建立与服务中心的联系，增加村集体造血功能途径，一举多得。

（一）主要做法

1. 集聚功能，打通产业薄弱环节

以平台服务形式建设水精灵青虾技术服务中心、省淡水研究所工作站、水精灵青虾检测中心、水精灵青虾产业农合联、物联网销售和信息中心等主要服务功能，并引进"闻鲜生"农副食品配送服务、各大品牌饲料售卖配送服务、德清农商银行驻点提供存取款及惠民贷款等金融服务、中国人保驻点提供各类农业保险服务、冰库提供大小冰块服务、水精灵酒店提供青虾美食等各类生活配套服务，为下渚湖街道乃至德清全县青虾产业提供育种、生产、疾病防治、加工、销售等从苗场到卖场一条链式完整服务。同时在青虾产业批发销售环节，水精灵青虾综合服务中心联合德清县农业农村局、德清县供销合作社联合社（农合联执委会）、德清县下渚湖街道（管委会）办事处根据批发的不同规格制定相应的参考价格，联合发布了浙江省首个青虾批发价价格指数，引导养殖户销售、辅助市场参与者进行交易决策，并积极打响"水精灵青虾"品牌，在杭州、上海等地设置定点销售点，向全产业链发展迈出重要一步。目前正在积极培育主体，研究本地特色青虾种源，探索集约化养虾方式，以破解养殖户老龄化、种质资源供应不足等难题。

2. 抱团入股，壮大村级集体经济

塘泾和四都两村以土地、资金抱团入股水精灵青虾综合服务中心，构建"公司＋基地＋村集体"的经济合作形式，利润按照股份分红，预计两村每年分红约25万元，集体经济由原先的46万元增加到103万元。

3. 规范运营，维持中心稳定发展

按照政府标准，制定运营制度、财务制度、人员管理制度、商务合作制度等，不断推进水精灵青虾综合服务中心规范化运作，同时通过每笔交易收取 0.8%管理费以及收取场地租金等形式，维持水精灵青虾综合服务中心日常开支，稳定发展。

（二）取得成效

1. 突破要素限制，逐步优化青虾传统模式

通过水精灵青虾综合服务中心，实现了由原先的销售服务改为青虾从苗场到卖场的一条链式服务，不仅为养殖农户提供技术培训、新品种新技术的试验推广、苗种饲料渔药的采购供应、产品销售和市场等方面的服务，解决了养殖户的后顾之忧，提高了对青虾产业各环节的认知，而且在专业化指导下进一步提高了青虾产量与质量，维护了消费者"舌尖上"的安全，同时也为经销商提供了每批青虾检测服务，为进场双方都提供了公平交易的保障。自 2020 年 9 月 28 日水精灵青虾综合服务中心试运营以来，每日青虾交易量超 4000 斤，每日交易额逾 20 万元，该中心累计交易量 257 吨，累计交易额逾 1639 万元，收取管理费等 20.1 万元；青虾产业农合联成员已增加到 54 户，开展有关青虾产业主题培训 24 次，下乡指导 103 次，引进了"太湖 2 号"青虾种苗、实现虾塘亩均利润由原先的 2500 元增至 3500 元，发布了浙江首个青虾批发价格指数，已拥有 4 家"水精灵青虾"品牌定点销售店，有效提高了青虾综合效益。

2. 突破地域限制，逐步形成青虾全产业链

受益于国家级农村综合性改革试点试验的契机，街道突破地域限制、打破分散格局，串联起青虾养殖基地、青虾综合服务中心和塘泾青虾小镇，以青虾生产为基础的全产业链初具雏形，青虾特色产业不断壮大，同时，浙江省农业科技园区——德清县淡水智能渔业农业科技园区落地于水精灵青虾综合服务中心，进一步拓展了水精灵青虾综合服务中心的功能。

（三）创新经验

1. 逐步建立运营机制，做强产业

充分发挥水精灵青虾综合服务中心统筹、服务作用，以解决问题为导向，将市场、政府、科研院校等充分链接至青虾产业，优化青虾传统模式，并通过积极培育主体、研究种质资源、探索集约化养殖方式等，不断做强青虾产业。同时按照政府标准，建立各项制度，不断推动水精灵青虾综合服务中心规范化、市场化运营，并通过收取一定管理费和出租场地等形式，夯实其

可持续发展基础,从而更好地服务于青虾产业。

2.探索建立共富机制,强村富民

利用改革充分释放农村活力,通过塘泾和四都两村以土地、资金等形式抱团入股水精灵青虾综合服务中心,建立项目与村集体的联系,从而增加村集体经济造血功能。同时依托水精灵青虾综合服务中心,为养殖户和经销商提供育种、饲养,到生产、销售,再到疾病防治的一站式服务,既引导养殖户提高青虾产业认识,又为经销商提供质检服务和交易场所,保障养殖户和经销商双方的公平交易,同时也维护了消费者"舌尖上"的安全,形成良性循环,提高各方效益。

第十章 浙江省嘉善县农村综合性改革试点试验概况（西塘）

2022年嘉善县确定西塘镇以及所辖18个行政村为农村综合性改革试点试验区域，强化政策集成，加强成果利用，持续深化农村综合性改革，并立足嘉善、示范全省、辐射长三角，努力探索乡村全面振兴的示范样板，推进乡村治理体系和治理能力现代化。

第一节 西塘试点区域概况

试点区西塘镇位于嘉善县北部，全镇区域面积82.92平方千米，户籍人口5.68万人，流动人口3.67万人，辖18个行政村和6个社区，先后获得全国十大历史文化名镇、全国重点镇、国家卫生镇、省级小城市培育试点、省级旅游风情小镇、省级园林城镇等荣誉称号。试点区内主要涉及星建村、新胜村、礼庙村、红菱村、鸦鹊村、大舜村等共同富裕示范创建村以及镇域所有村级组织，行政区域面积34.88平方千米，户籍人口1.79万人，村均经常性收入419万元。多年以来，西塘镇结合千年古镇运营开发，着力打造长三角生态绿色核心板块，进一步提升浙北粮仓、景村共融、稻渔产业的三大标志性农业产业项目显示度，为试点试验创造了基础条件。西塘全力推动农村综合性改革，创新村庄有效运行模式，打造共同富裕先行典范，形成了一批可看可学、能应用能推广的标志性成果和示范做法,为试点试验创造了实施基础。

一、具备乡村振兴全面推进的改革示范优势

（一）具备产业迭代转型优势

嘉善历来是全省的农业强县,在2022年成为全国首批农业现代化示范区创建单位。试点区西塘镇作为嘉善县第一产粮大镇,通过加快推进整村全域土地流转、率先成立农业发展股份有限公司等手段,实现精品稻米、水果等优势产品的产业化、品牌化发展,坐拥浙江省农业绿色发展示范区、市稻鱼特色农业强镇等多项省市荣誉。

（二）具备环境友好生态优势

嘉善一直秉持"两山"理念,把生态绿色作为乡村发展的源泉动能。全县已建成7条美丽乡村风景线,50个美丽乡村示范村,建成美丽田园示范区12个、3.8万亩,高标准农田33万亩,在古镇西塘景区创建成为国家AAAAA级景区基础上,又陆续建成3个国家AAAA级旅游景区、7个AAA级旅游景区、8个AAA级景区村庄。试点区西塘镇以农村环境全域秀美为抓手,全面提升农村人居环境质量,推进新时代美丽乡村建设向更高层次迈进。全镇已建成一条美丽乡村风景线,2个美丽乡村示范村,建成美丽田园示范区1个、0.5万亩,高标准农田3.92万亩,建成2个AAA级景区村庄、4个A级景区村庄,并获评美丽乡村示范镇称号。

（三）具备数字引领发展优势

嘉善是浙江省级数字乡村试点县,致力于以数字化变革全力推动乡村高质量发展,高起点布局数字乡村建设,依托县域"城市大脑"建设,推进编制数字乡村发展规划,重点建设乡村产业、乡村经营、乡村治理、乡村服务以及全县农业大数据中心等内容。打造"善农云"平台,全国首创"智安小区"实现县域全覆盖,启动全省首个乡村振兴数字管理平台,建成农业物联网基地10个,引进雨露空间智慧冷链物流、一里谷"盒马村"等乡村数字产业项目,华腾农业被确定为全省数字农业工厂试点。试点区西塘镇加大数字乡村特色应用场景打造,相继推出现代粮油智慧全链、生态智慧方和菜鸟云仓,开设智慧健康屋和健康驿站,推出智慧水利数字控制中心,创新推出无人保洁船模式。

二、具备区域协同共享共惠的改革先行条件

（一）全力打造长三角生态绿色一体化发展示范先行区

嘉善县位于江浙沪两省一市交汇处、上海都市圈及杭州经济圈叠加影响圈层范围内,地处长三角中心的区位优势,是浙江省接轨上海的重要桥头堡,能

有效接受上海的辐射和带动,特别是2018年长三角一体化发展上升为国家战略,作为长三角生态绿色一体化发展示范区,优越的区位条件成为推动农村综合性改革的根本基础。试点区西塘镇位于嘉善县域北部,是全县的经济、交通、文化副中心,是长三角生态绿色一体化发展示范区先行启动区上海、江苏、浙江两省一市五镇之一,在接轨上海、借力杭甬、竞合江苏,率先推进农村综合性改革试点上有得天独厚的优势。

(二)全力争当高质量发展共同富裕先行典范

浙江省是全国首个高质量发展共同富裕示范区,嘉善作为全国城乡统筹水平最高、城乡收入倍差最小的地区之一,一直以来致力于高质量发展、城乡融合、生态绿色、开放发展、公共服务全面提升,努力率先把共同富裕美好社会形态变成看得见、摸得着、真实可感的示范图景,在建设共同富裕示范区进程中走在前列,率先形成了强村发展"飞地抱团"模式、乡村振兴专项资金等标志性成果。试点区西塘镇始终把率先实现共同富裕作为镇域发展的目标方向,生活着的千年古镇、保税区的设立、全域秀美的打造都是以增进百姓福祉作为前行动力,一幅幅美丽共富场景正在徐徐展开。

三、拥有集成创新久久为功的改革深厚积淀

(一)改革底蕴深厚有力

近年来,嘉善已有十多项国家和省级"三农"改革试点落地,又相继获得新时代乡村集成改革、乡村振兴集成创新、"三农"新型基础设施建设等3个省级试点。多年的农村改革历程,嘉善相继在浙江率先推出了强村发展"飞地抱团"、全域土地综合整治、生态绿色积分加油站等一揽子改革的好经验好做法,在全国全省应用推广,土地节约集约利用获国务院督查激励,并取得时任浙江省委书记、省长以及中农办副主任等十多位省部级领导批示肯定。嘉善通过多年的改革实践,已经形成了一整套成熟的改革推进机制,尊重基层首创、厚植改革热土已经成为全县上下推动乡村振兴的工作共识和突破抓手。

(二)集成创新先行先试

2018年嘉善就是全国农村综合性改革试点区,试点镇大云镇在改革试点有力驱动下,十多项体制机制创新、21个项目有力推进,为小镇发展注入了巨大的发展动能,乡村发展快速推进、乡村产业迭代发展、乡村面貌焕然一新。通过"飞地抱团"强村项目、乡村振兴学院、缪家村整体提升等改革试点形成了"地田房"要素集成配置、农民增收"六金"模式等在全国和省级层面上有影响力的标志性改革成果,为新一轮改革试点提供了宝贵的实践经验和扎实的改革基因。

（三）财政支农成果丰硕

嘉善县始终坚持农业农村优先发展，充分发挥财政支农的杠杆作用，深化推进财政支农体制机制改革，把宝贵的财政资金用在乡村发展的关键环节和重点领域。2018年，贯彻落实习近平总书记关于土地增值收益更多用于三农的重要指示精神，在全国率先建立乡村振兴专项资金制度，从乡镇土地出让金净收益中提取10%专项用于"三农"建设，已累计计提超8亿元，土地出让收入用于农业农村比例已提前达到"十四五"期末相关考核要求，在乡村产业发展、绿色生态建设、乡村治理创新等各方面发挥了关键作用。2020年，在财政部组织开展的涉农资金统筹整合改革任务中期评估中，浙江省综合得分排名全国第三。嘉善县作为浙江省两个县级代表之一全程参与财政部评估，得到评估专家组高度肯定，相关工作连续两年获得浙江省财政厅乡村振兴绩效提升奖补资金激励，并在全省会议上做书面交流。

第二节　西塘农村综合性改革的试点目标

在习近平新时代中国特色社会主义思想的指导下，全面贯彻党的十九大及十九届历次全会精神，按照中央、省委打造新时代全面展示中国特色社会主义制度优越性的重要窗口和高质量发展建设共同富裕示范区战略部署，忠实践行"八八战略"，聚焦加快实现乡村全面振兴总目标。以农村综合性改革为手段，不断创新乡村全面振兴体制机制，全面提升农民可持续发展能力，为深化县域高质量发展示范点和长三角生态绿色一体化发展示范区国家战略"双示范"建设提供有力支撑。围绕"农业更强、农村更美、农民更富"总体目标，以农村综合性改革为有力引擎，通过三年建设期努力，形成一批机制创新标志性成果和示范先行目标体系。探索形成乡村发展"嘉善模式""西塘样本"，力争为全国农村综合性改革创造基层经验和实践样本。

一、形成机制创新标志性成果

试点方案结合嘉善县和西塘镇实际，突出在全国示范引领导向，强化财政支农服农资金引擎驱动，紧扣农业高质高效、农村宜居宜业、农民富裕富足三大导向，以四大模式贯通富民乡村产业发展有效路径，通过形态重塑探索"持股飞田"未来农业发展模式，通过链条深融推动"微笑两端"绿色米业振兴模式,通过鲜明标识探索特质品牌催化模式;通过多域运营探索乡村共富多元投入模式;以三大新形态创设智慧赋能数字乡村实现平台,通过芯片植入构建农业"双强"智创体新形态,通过重心下沉创设"只要点一次"共富小屋新形态;通过"景村共融"打造未来村落群共富发展新形态;以二大路径开辟乡村人才振兴孵化引育通道,通过根植厚基构建乡村振兴人才梯田路径,通过引擎再造构筑现代农业"小微飞创"路径;以二大创新打造深化乡村善治示范样本,通过区域协同探索党建引领乡村发展机制创新,通过文化传承探索乡村文化自信传承机制创新。

二、形成示范先行目标体系

通过三年试点期推进,试点区西塘镇在产业富民、数字乡村、人才振兴、乡村治理四方面力争实现以下示范先行目标:

(一)推动产业富民先行示范

成立长三角共富联盟一个,建设乡村振兴示范镇一个,共同富裕示范村6个(红菱村、星建村、荷池村、鸦鹊村、新胜村、礼庙村),农业增加值年增长2%以上,开展全域土地整治1.19万亩,新建数字农田1.5万亩,土地集中流转面积达到4.85万亩,土地集中流转率达到93%;粮食生产面积达到4.2万亩,农业科技进步贡献率75%,主要农作物综合农业机械化率90%,种业示范基地2个,推广种业新品种5个,推广面积5000亩。建设美丽乡村风景线2条,美丽乡村9个,AAA级景区村庄3个,A级景区村庄6个。西塘镇农民人均收入达到6万元,城乡收入比逐步缩小。西塘镇村均经常性收入达到500万元。

(二)推动数字乡村先行示范

建设长三角一体化示范先行区未来数智村庄6个;建设多跨农业数字大脑一个,数字化特色应用场景6个,建成农业"双强"智慧化综合服务中心一个,示范无人农场3个,数字大田2万亩,现代粮油智慧全产业链2条,村级集体三资小微权力"云晴"系统全面应用,建成未来村庄3个。实现数字乡村应用全域覆盖、数字农业应用示范引领,乡村数字化水平走在全国前列。

(三)推动人才振兴先行示范

建成现代农业创业创新孵化器一个,建设现代农业产业研究院(中心)2个,建设现代农业小微飞创园3个,创设共同富裕学堂2家,建设星创天地5家,建设青创农场6个,培育科技小院2个,建设乡贤驿站2个,培育高素质职业农民120个,培育农业区域品牌2个。实现乡村人才振兴整体推进体系,形成乡村人才全链培育机制。

（四）推动乡村治理先行示范

建设长三角毗邻党建服务联盟一个，乡村发展基金规模达到一亿元以上，成立镇村联动乡村振兴实体化公司 3 家，培育共同富裕示范村落群一个，培育种业振兴共富型示范村、绿色转化共富型示范村、毗邻党建共富型示范村、产链转化共富型示范村、景村融合共富型示范村、产业迭代共富型示范村各一个。实现共同富裕特色村落群组团体系，打造一批乡村治理可看可学样本。

三、农村综合性改革的试点原则

（一）坚持党建引领、民生为本原则

以党建统领乡村振兴高质量发展，发挥县镇村三级书记抓乡村振兴机制作用，通过坚强党建堡垒推动改革创新。坚持以城带乡、产城一体、全域统筹发展，重塑工农城乡关系，促进农民就地就近就业创业，把促进全体人民共同富裕摆在更加重要的位置，坚持共同富裕方向，提高农业效益，构建高质量发展新格局。

（二）坚持底线思维、依法依规原则

落实党中央、国务院关于耕地保护"六严禁、八不准"要求，建立健全耕地数量监测预警机制；践行"绿水青山就是金山银山"理念，以保护和改善生态环境为前提，守住农业生态安全边界。强化试点项目全程监管，落实项目负面清单机制，强化项目绩效考核。

（三）坚持政府引导、市场主导原则

发挥政府在乡村振兴中的引领作用，强化政府政策扶持。充分调动市场在农业资源配置中的积极性，转变观念与方式，生产适销对路的产品，提高农业组织化程度，满足市场需求的多样化、优质化、动态化的要求，提高农产品市场竞争力。

（四）坚持机制创新、集成推进原则

在要素配置方式、组织服务体系、农业保护支持体系等方面进行大胆探索和集成创新，按照市场经济规律推动乡村发展模式和经营管理方式转变，培育家庭农场、种养大户和职业农民新型主体，积极推进适度规模经营。

（五）坚持因地制宜、特质发展原则

科学把握乡村的差异性和发展走势分化特征，坚持国家所谋、浙江所需、嘉善所能、群众所盼、未来所向，针对不同乡情村情，分类施策、典型引路，量力而行，不搞一刀切，不搞统一模式，杜绝"形象工程"，因地制宜探索建设乡村共同富裕美好社会。

四、试点区域空间布局

试点区西塘镇坚持规划引领、集成创新，凸显水乡基因特色、梳理生态要素，紧扣乡村振兴二十字方针，结合空间管制分区和三生空间划定，根据本试点试验规划形成了"一核多点、三轮驱动、多线贯通"的布局。"一核"是指以6个共同富裕示范创建村为组团的核心试点试验区；"多点"是指以11个项目为支撑的项目试点试验区；"三轮驱动"是指形成核心试点试验区、镇域辐射试点试验区、县域推广试点试验区；"多线贯通"是指以试点点位为串连，形成农业更强共富示范线、农村更美共富示范线。以规划布局为引领，串点成线扩面，形成试点试验立体推进格局，努力打造形成立足西塘、服务嘉善、辐射长三角、示范全国的农村综合性改革示范样本。

五、试点实施周期

按照改革的要求，以集成设计、突出重点、整体推进、分步实施、联动改革的思路，按照启动实施、深化建设和巩固提升"三段式、三步走"的模式，确保改革试点有序、有力、有成效。

（一）筹划启动阶段（2022年3月—2022年4月）

贯彻上级部署要求，开展调查研究，制定初步方案，广泛征求意见，形成报审文案，开展方案申报。

（二）深化建设阶段（2022年4月—2024年2月）

建立领导小组，落实专门机构，细化改革方案，明确建设项目，压实工作责任，建立推进体系，加快动态推进，强化配套措施，加强改革保障。

（三）巩固提升阶段（2024年2月—2024年12月）

对表开展自我评估，对标提升空间，梳理试点成效，完成建设验收评估，总结试点成果，提炼试点经验，形成示范样本。

第三节 西塘农村综合性改革的试点内容

西塘试点试验实施主体分别为西塘村级联合发展股份有限公司、西塘农业发展股份有限公司以及西塘镇所辖各行政村，其中西塘村级联合发展股份有限公司为西塘镇所辖18个村股份经济合作社联合投资组建的全资控股公司，公司资产管理体现"三个全部"，即：项目资金全部由村级集体经济组织投入，项目形成的资产全部归属为村集体经济组织，项目产生的红利全部归属于村集体经济组织以及所辖村民。在此基础上，为扎实有效推动项目建设，创新建立实体化运营机制，激励社会投资放大红利效应，引入专业化运营力量，形成了"决策统一运行、产权统分结合、运营统盘统抓、监管统筹联动、红利统配共享"的"五统"模式，确保职责清晰、产权明晰、运行有序、监督有力。

西塘试点试验突出联农带农导向，以试点试验拓展7条联农带农通道：一是党建引领联农带农通道，依托"毗邻党建"等项目推进，建立党建引领乡村振兴和共同富裕推进机系，凝聚乡村发展和联农带农核心引力；二是产业振兴联农带农通道，依托"景村共融"、米业振兴等项目推进，结合当地优势产业，延长产业链条，打通增收路径，拓展增收空间；三是产权改革联农带农通道，依托"持股飞田"等项目推进，引导村集体和农民以田入股、以钱入股和跨域入股、置换入股，增加村集体和农民有效收入；四是创业创新联农带农通道，依托"小微飞创"等项目推进，以产业平台和扶持政策为支撑，开辟精准化就业创业路径；五是数字改革联农带农通道，依托"共富小屋"等项目推进，打通农民数字化应用末端，以最简应用形式集成为农服务数字场景；六是人才振兴联农带农通道，依托"人才梯田"等项目推进，打造乡村人才振兴总部，开展人才精准培育，引入高端智库，建立人才梯田，全面破解乡村发展人才后继乏力问题；七是要素盘活联农带农通道，依托"钱地田房"等项目推进，将资金、土地、农田、农房等要素跨域集成、统筹统配，为联农带农发展提供强大保障。

通过试点试验形成联农带农预期成果，引入11个联农带农产业项目，培育8个联农带农支持平台，引育80个联农带农带头人，受益农业经营主体200家，直接受益农民2万余名，带动农民发展5万余名。

一、贯通富民乡村产业发展有效路径

（一）探索"持股飞田"未来农业共富发展模式（见图10-1）

依托嘉善"持股飞田"未来农业共富体项目，探索"持股飞田"未来农业共富发展模式。打通现代农业发展和实现共同富裕有效链接机制，以工业理念创新抓农业，以未来标准变革抓农业。打破农田流转单一形态，突破农田入股区域限制，探索形成"四持四入、跨域飞田"持股飞田发展模式：引导村级抱团联合持股、运营公司联动持股、服务实体配套持股、市场主体注资持股；支持本村农民流转就地入股、异地农民跨域置换入股、低收农民扶持引导入股、创业农民政策激励入股；破题农田流转后半篇文章，将"民为主体、多元投入、专业运营、精准服务、创业创新"集中到一个强村富民农业园区平台。创设未来农业标准,凸显生态绿色,打造双碳农业,全力打造以强村富民为核心的集现代农业业态、"三生融合"形态、种质资源保护、休闲农业培育、现代科技引领为一体的未来农业共富体。

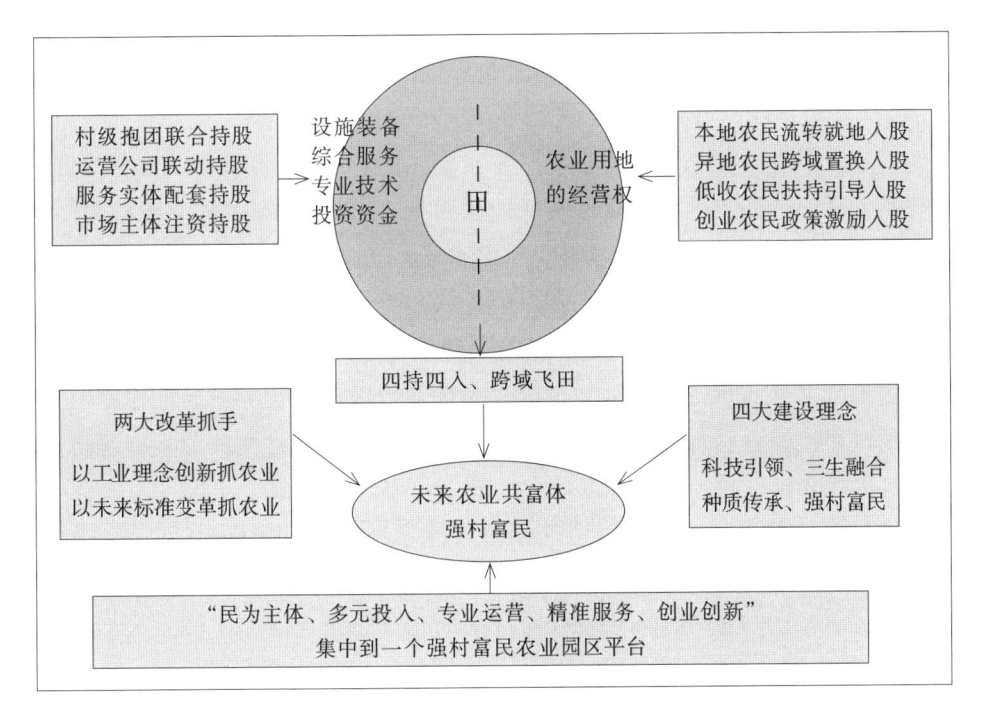

图 10-1 "持股飞田"未来农业共富发展模式

依托项目:嘉善"持股飞田"未来农业共富体项目。投资 18000 万元,其中:中央财政资金 4500 万元、省级财政资金 1500 万元、地方财政资金 3000 万元、社会资本 9000 万元。项目主要建设内容为 20000 亩绿色认证示范农田、1000 亩低碳智慧农田及智慧大田物联网系统、500 亩绿色生态采摘园、500 亩渔业研游基地及智慧渔业物联网系统、依托鸦鹊村特色自然村落打造 80 亩现代农业产学研基地。在西塘镇鸦鹊村 2000 亩区域打造试点样板区,引导村集体和农民就地就近飞田入股,全力打造以生态绿色为基调,生产、生活、生态"三生融合"的高品质未来农业现代园区。园区坚持未来标准,强化科技引领,盘活村集体闲置用地、闲置农房等资源,在要素保障的前提下鼓励农户农房集聚,对闲置用地、闲置农房进行改造提升,依托科研院所开展新品种、新技术、新模式研发,推进种质资源传承保护。项目建成后,将引入优质市场主体 3 个以上，直接受益农民 1000 人以上，培育新品种 4 个以上，培育新模式 3 种以上，亩均综合效益提升 30%，入股村级组织年增收 8% 以上、农民年增收 15% 以上。通过项目培育形成多元化农田入股示范模式和未来农业创设标准，并在全县应用推广。

（二）探索绿色米业"微笑两端"发展模式（见图 10-2）

围绕微笑前端种子种苗工程和微笑后端品牌服务工程，构建科技强农绿色米业"微笑两端"有效实现形式，夯实稳粮保供牢固基础，大力推进数字农田提档升级，依托农业科研院所和高等院校，建立长三角流域稻米品种为重点的种业资源库，打造种业振兴示范基地和种业芯片，推动新品种、新技术、新模式三新开发，引入一批院士工作站点和博士后工作站，打造"浙北粮仓""江南渔仓"核心区示范方。全力支撑绿色米业"微笑两端"，探索生物多样"生态唤醒"绿色种养，构筑生态绿色大底板，结合水乡韵味，唤醒乡愁记忆，全面营造绿色富美有效形式。以生物多样性为显著标识，探索生态绿色种养模式，推进稻田立体综合种养模式探索，形成一批稻鱼共生、立体种养、绿色防控、农田退水零直排、碧水绕村等绿色发展模式。

依托项目："浙北粮仓"核心区示范方建设项目。投资 6000 万元，其中：中央财政资金 1500 万元、省级财政资金 500 万元、地方财政资金 1000 万元、社会资本 3000 万元。项目主要建设内容为星建村 2000 亩现代种业生产基地、

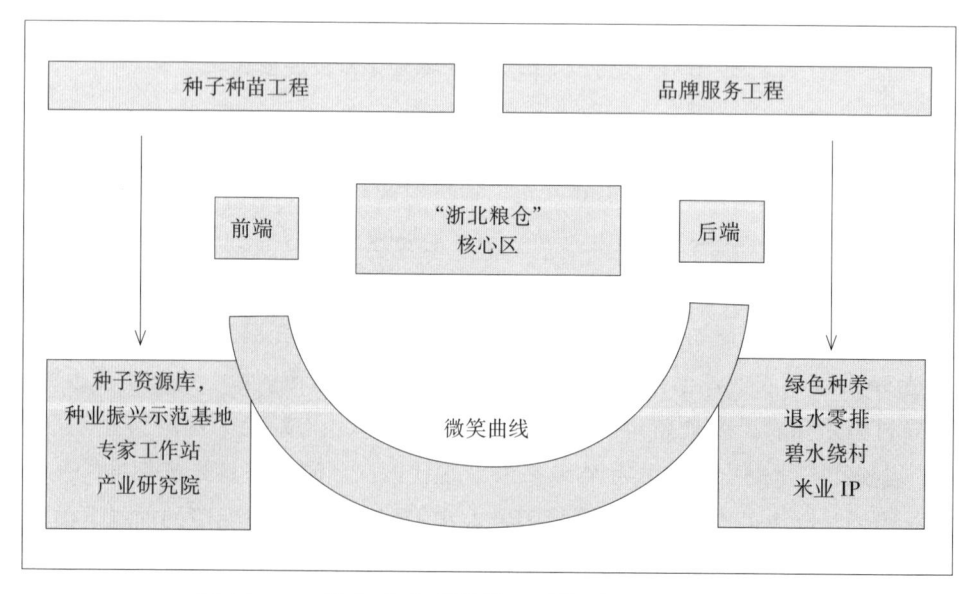

图 10-2　绿色米业"微笑两端"发展模式

新胜村500亩的稻渔种苗基地、鸦鹊村500亩驯化渔苗现代渔业基地，在新胜村、礼庙村、鸦鹊村推广稻田立体综合种养3000亩综合示范园。在西塘镇星建村建立"浙北粮仓"核心区种子种业示范方，结合嘉善县打造浙北粮仓核心区战略举措，引入省市县三级农科院科研力量，探索商业化育种和制种模式，建设粮食种业科研示范园区，培育优质粮油品种。紧扣粮食安全国家战略，探索稳粮高效新模式，引进优质种苗企业，打造"稻渔菜苗"等立体种养生态循环模式示范基地，在全镇推广新型种养模式。项目建成后将引入优质市场主体4个以上和农科院所3家以上，引入粮油新品种10个以上，培育新模式3种以上，直接受益农民3000名以上，受益农民增收30%以上。

（三）探索长三角乡村区域品牌催化模式（见图10-3）

立足西塘、服务嘉善、辐射长三角，打造"吴根越角＋"区域乡村共富品牌，依托三位一体农业社会化服务体系建设，打造西塘小谷粒绿色米业IP。立足现代农业创业创新，打造农业产业孵化器，构建形成"一线孵化、多级培育、政策激励、社会合力"的新型孵化机制。

依托项目：嘉善"吴根越角＋"绿色米业品牌开发项目。投资1500万元，其中：中央财政资金450万元、省级财政资金150万元、地方财政资金400万元、社会资本500万元。项目主要建设内容为在红菱村打造一个区域品牌展示展销中心，推动绿色农产品认证5000亩、有机认证800亩、一个线上线下"吴根越角＋"品牌数字化集成平台。在西塘镇红菱村开辟区域品牌展示展销中心，

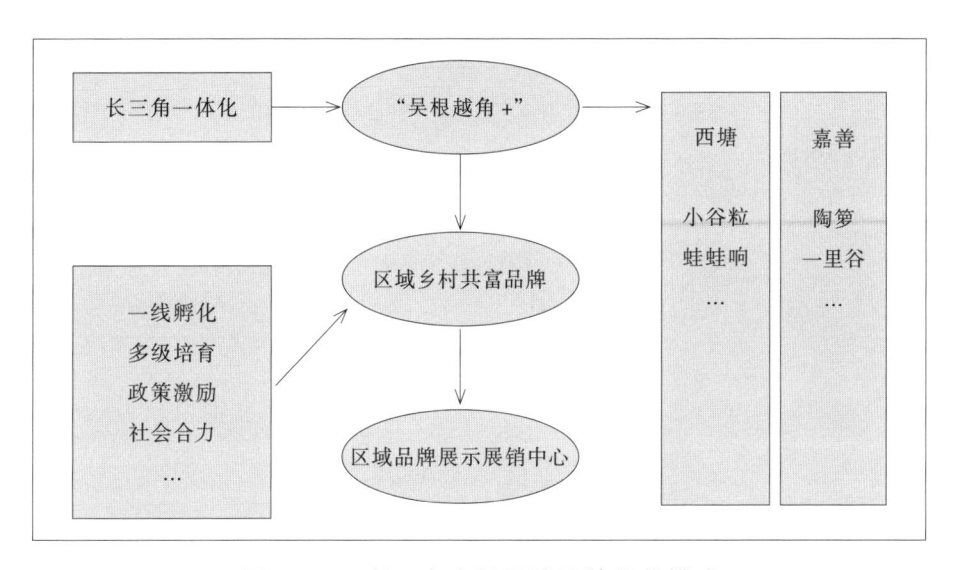

图10-3 长三角乡村区域品牌催化模式

推动绿色农产品认证5000亩、有机认证800亩，整合全县名优农产品，打造线上线下展销展示双平台，引导当地以稻米为主要加工品的各类市场主体，推出一批以区域品牌引领的特色产品，同时依托现代粮食全产业链智能装备项目培育和发展高等级精度大米、GABA米、胚芽米、低糖米等特色稻米产品，年产销额达到1000万元。项目建成后将引入优质市场主体一个以上，汇聚农产品品牌20个以上，培育农创客20个以上，直接受益农民1000人以上，受益农民增收60%以上。通过项目培育形成长三角知名乡村区域品牌，打造形成区域品牌推动共富示范样本。

（四）探索乡村共富多元化多跨投入模式（见图10-4）

破解乡村运营市场化推进瓶颈，创设西塘镇乡村发展基金，大力推动乡村运营实体化改革，组建西塘村级联合发展股份有限公司，做强西塘镇农业实体公司，引导试点区域镇村联合组建物业公司、产业服务公司、农业经营公司等新型服务组织，开展乡村新型服务业经营。推动各村因地制宜，吸纳社会资本，招引市场主体，联合创设实体运营平台，联动探索民宿经营、农旅开发、创业创新等多形态的运营平台。支持试点区所在村打破镇村界线和要素流动障碍，实施镇域飞地项目，做到全域优化布局、全域整合资源、全域整体受益。

依托项目：嘉善西塘乡村发展基金项目。投资5000万元，全部为社会资本投入。通过政府引导，吸纳工商资本、乡贤资金、外部资本等入驻成立西塘镇乡村发展基金，专项用于乡村发展项目投资、经营性基础设施投入和青年创

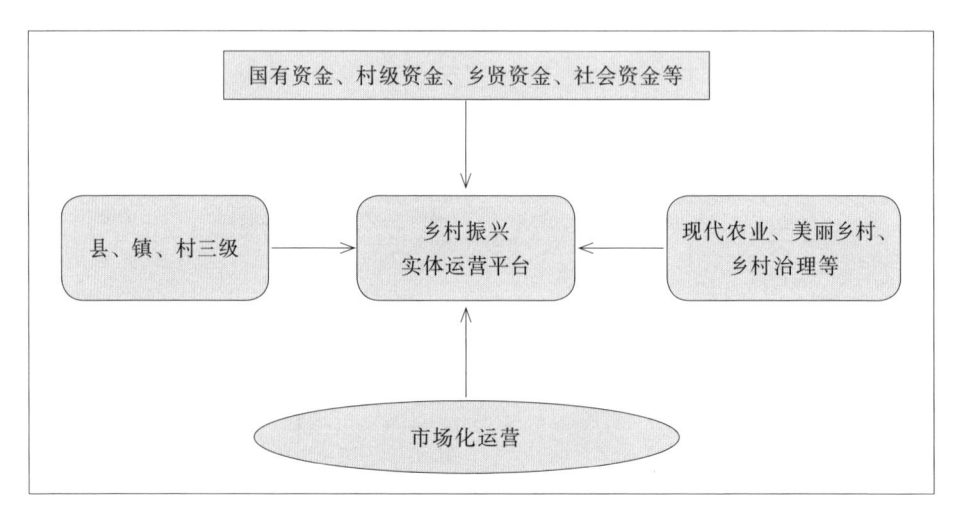

图10-4 乡村共富多元化多跨投入模式

业创新项目孵化，并配套国有资本和村集体资金做大做强。通过基金建立乡村发展投资项目库，打通基金入驻项目通道，建立乡村发展基金金融创新机制。项目建成后将年吸纳30个以上市场主体入库，年引入20个以上乡村投资项目入库，年吸引20个以上乡贤入库，年融资增资规模达到1000万以上，年实际投资额1000万以上。项目建成后将打造成为全镇乡村发展多元化投入引擎，并形成乡村振兴金融创新典范。

二、创设智慧赋能数字乡村实现平台

（一）构建农业"双强"智创体平台（见图10-5）

构建科技强农、机械强农有效实现形式，依托"善农云"县域数字平台，打造农业数字大脑，推进农业"双强"智慧化综合服务中心建设，促进信息技术和科技产品与农机农艺深度融合应用，注重网络安全、数据安全，打造一批以无人农场、数字大田、现代农业装备、现代农作、现代物联网、智慧农机农资库、生态绿色防控为重点的应用场景，重点打造现代粮油智慧全产业链，引入和自主研发一批智慧农机和小型实用设施装备。

依托项目：嘉善农业"双强"智慧化综合服务中心项目。投资3000万元，其中：中央财政资金1000万元、省级财政资金300万元、地方财政资金700万元、社会资本1000万元。项目主要建设内容为在西塘镇新胜村建设嘉善农业"双强"综合服务中心，改建4000平方米以上综合服务中心，依托县级平台统一搭建，农机农机统一入网，职业农民统一技能，以嘉善现有的全域土

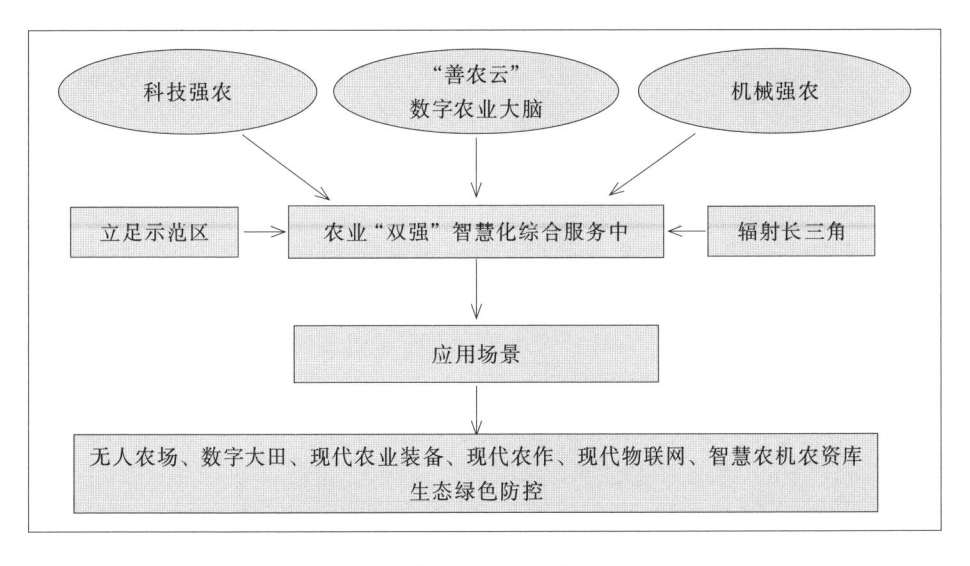

图10-5 农业"双强"智创体平台

地综合整治和农田流转为基础，探索和打造长三角的"大田制度"改革。立足西塘4万亩，覆盖服务全县20万亩粮油种植区块，辐射长三角，打造集种质种苗、农耕农作、统防统治、农资供应、品牌营销为一体的全县现代化农业"双强"智慧化综合服务中心和智慧管理平台，推动科技强农和机械强农，改造提升数字农资仓库和智慧机仓，对传统农机进行改造提升，集聚智慧农机、无人机械、小型实用机械、数字监测设备等形成智慧农机服务中心，延伸长三角区域农机综合服务。依托"三位一体"农业综合服务改革，创新区域性综合农业服务机制，建立农业双强和农业服务有效链结机制，整合全县资源打造新时代田保姆模式，形成以农业综合服务为主要增长点的村集体经济农业服务增收机制，补强农业服务全链条，打造未来农业大综合服务样本。项目建成后将引入优质市场主体3个以上，培育新品种20个以上，年提供农业社会化服务批次300批次以上，直接受益农民3000人以上，受益农民增收20%以上。通过项目建立科学管用的现代农业大脑体系和应用场景，形成现代农业智创体示范样本。

（二）创设"只要点一次"乡村共富小屋模式（图10-6）

突出数字乡村深度应用，依托数字乡村大平台，多跨集成农民群众需求迫切、操作不便的应用场景末端，在村域便捷区位推出"只要点一次"乡村共富小屋。小屋按方便赚钱、寻找服务、参与治理三大需求分类，集购农资、卖农货、查农情、寻工作、租房子、叫服务、找医生、寄快递、帮网购、点外卖、约网车、投保险、代缴费、报维修、订家宴、存取款、阅村务、看村账、诉民意、换积分等应用场景末端于一体，采取"只要点一次"数字应用手段，将促富措施、为民服务、村务管理、社情民意等功能在一个平台上多跨集成、最简应用，为加快实现共同富裕创造最佳的数字服务环境。

依托项目：嘉善西塘"只要点一次"乡村共富小屋建设项目。投资3500万元，其中中央财政资金900万元、省级财政资金300万元、地方财政资金600万元、社会资本1700万元。项目主要建设内容为在西塘全域18个行政村改造30个"只要点一次"乡村共富小屋、多跨集成系统开发、持续运营和拓展场景与应用。依托数字乡村大脑，在西塘镇全域建设"只要点一次"乡村共富小屋，按照村社的规模大小，合理设置点位，吸引青创回乡入驻，整合应用末端，开辟小屋场景，实现为农服务重心下沉。以项目推动村级集体三资小微权力"云晴"系统项目建设，以数字化为牵引，推进村级集体三资精准管控，打造集财务处理、民主理财、资金拨付、合同监管等为一体的数字化应用场景。项目建

```
┌─────────────────────────────────────────────────────────────┐
│                         "只要点一次"                           │
│    多跨集成  ↗         ↑        ↖   最简应用                  │
│                                                              │
│    数字乡村大脑  →  乡村共富小屋  ←  数字应用末端              │
│                         ↓                                    │
│                      二十大场景                               │
└─────────────────────────────────────────────────────────────┘
```

方便赚钱		寻找服务			参与自理	
购农资	卖农货	叫服务	找医生	寄快递	阅村务	看村账
寻工作	租房子	帮网购	点外卖	约网车	换积分	诉民意
查农情		投保险	代缴费	报维修		
		订家宴	存取款			

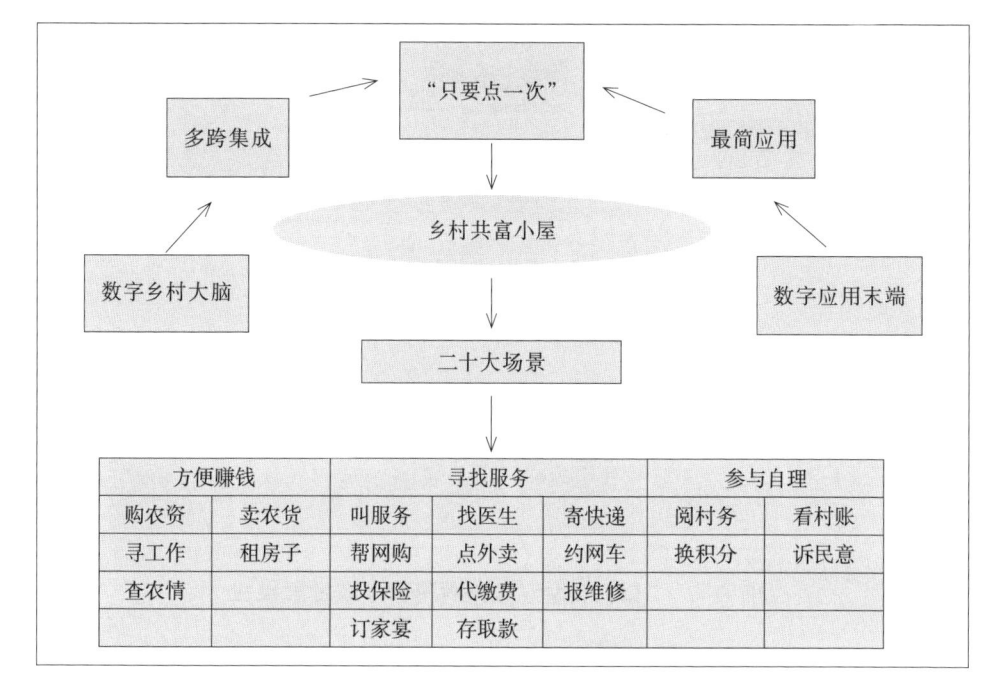

图 10-6 "只要点一次"乡村共富小屋模式

成后将年服务农民群众 2 万人以上，带动青年创业 40 人以上，多跨集成部门单位 30 个以上，拉动受益农民年增收 5% 以上，牵引各类服务组织机构 20 家以上。通过项目建设打造全国首个共同富裕数字乡村应用末端集成系统，形成数字化变革推动共同富裕集成创新典范。

（三）探索"景村共融"未来村落群共富发展模式（见图 10-7）

践行"两山理念"，深化"千万工程"，巩固全域秀美成果，贯通美丽经济转化通道，结合西塘 AAAAA 景区、千年古镇的开发利用，承接旅游资源溢出效应，构建大景区和大村庄联动发展，推动西塘镇美丽经济共富村落建设，引导村级组织抱团入股参与开发建设，以古镇西塘品牌效应带动江南水乡品质提升，形成景村联动的全域旅游发展态势。

依托项目：嘉善西塘"景村共融"未来村落群共富发展项目。投资 11000 万元，其中：中央财政资金 2700 万元、省级财政资金 900 万元、地方财政资金 1700 万元、社会资本 5700 万元。项目主要建设内容为打造 6 个以上特色鲜明、数字赋能的未来乡村，鼓励社会资本建设 3 个以上特色民宿组团，建设 3 条以上景村共融共富环线。在西塘镇鸦鹊村等 6 个共同富裕示范村以及镇域所有村级组织整体规划建设，全力打造共同富裕先行典范，紧扣水乡特质、突

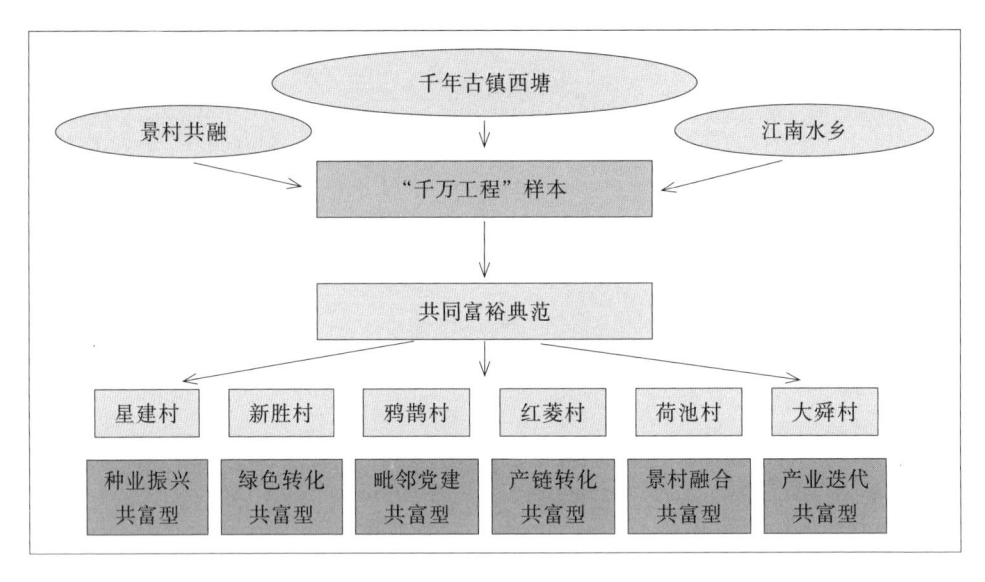

```
                    千年古镇西塘
       景村共融          ↓           江南水乡
         ↘      "千万工程"样本     ↙
                      ↓
                  共同富裕典范
    ┌──────┬──────┬──────┬──────┬──────┬──────┐
   星建村  新胜村  鸦鹊村  红菱村  荷池村  大舜村
   种业振兴 绿色转化 毗邻党建 产链转化 景村融合 产业迭代
   共富型  共富型  共富型  共富型  共富型  共富型
```

图 10-7 "景村共融"未来村落群共富发展模式

出民生福祉,把景区和村庄深度融合,贯通古镇复兴和共富村落通道,推动规划、投资、建设、运营、形态、服务、品牌"七融合",突出引导导流,引入激励消费的文旅项目,实现"景村共融"。组团式打造共富场景、珠链式勾勒共富画卷,构筑可学、可示范共同富裕示范村落群体系。将试点村落按未来标准进行整体提升、数字改造、美丽转化和红利释放。在全镇择选农业基础扎实、种业已启新程的星建村打造成为种业振兴共富型示范村,择选腾毕落后产业、实施立体种养的新胜村打造成为绿色转化共富型示范村,择选党建引领发展、跨域共享共惠的鸦鹊村打造成为毗邻党建共富型示范村,择选根植水乡底蕴、开辟米业组团的红菱村打造成为产链转化共富型示范村,择选依托千年古镇、治创未来场景的荷池村打造成为景村融合共富型示范村,择选迭代传统产业、植入数字芯片的大舜村打造成为产业迭代共富型示范村。项目建成后将引入优质市场主体 8 个以上,培育特色民宿组团 3 个以上,直接受益农民 3000 名以上,受益农民增收 10% 以上,相关村级集体经济增收 15% 以上。通过项目打造成为共同富裕乡村基本单元先行典范,培育形成共同富裕示范村落群样本。

三、开辟乡村人才振兴孵化引育通道

(一)构建乡村振兴人才梯田总部(见图 10-8)

推动乡村人才振兴,传承优势产业,海纳百川引入乡村发展人才,形成人才回归乡村、创业乡村、扎根乡村三级梯田孵化机制。总部将建设现代农业产业研究院（中心）、数字乡村大脑总控中心、西塘共同富裕学堂、产业创新实验室、现代农业创业创新孵化器、农村电商服务中心等，多渠道多领域开展乡村振兴人才培育工程。

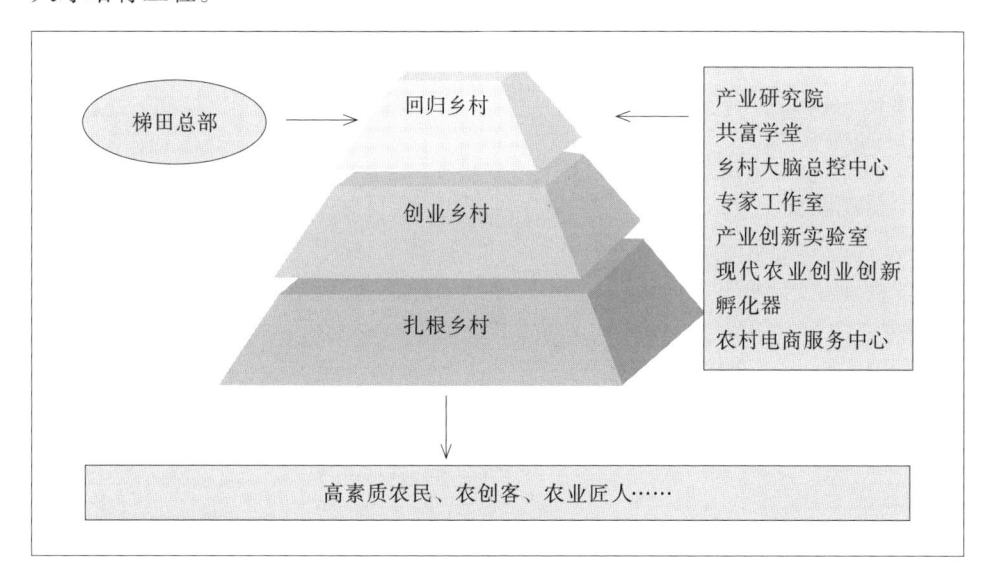

图 10-8　乡村振兴人才梯田总部

依托项目：嘉善乡村振兴人才梯田总部建设项目。投资 7000 万元，其中中央财政资金 1800 万元、省级财政资金 600 万元、地方财政资金 1200 万元、社会资本 3400 万元。项目主要建设内容为在西塘镇红菱村打造 6000 平方米乡村振兴人才梯田总部。总部集现代农业产业研究院（中心）、数字乡村大脑总控中心、西塘共同富裕学堂、产业创新实验室、现代农业创业创新孵化器、农村电商服务中心等于一体。项目建成后将引入优质市场主体 5 个以上，引入农业专家 10 人以上，年培育高素质农民 200 名、农创客 50 个、农业匠人 10 个，年开展各类技能培训 200 批次以上，受益农民增收 20% 以上。通过项目建设形成乡村回归、乡村创业、乡村扎根的乡村梯田总部农业创业创新孵化器，形成乡村振兴梯田式人才培育机制和乡村人才孵化核。

（二）构筑现代农业"小微飞创"模式（见图 10-9）

畅通小农户对接大市场有效路径，以工业化理念发展农业，推动产业向园区集中、农田向园区集聚、人才向园区集拢、资源向园区倾斜，促进农民就地就近就业创业，吸纳试点区有意愿传统农民、新型职业农民、有为青年农民入区建设现代农业小微园，把握飞田抱团有效抓手，形成产业优化、生态美化、创业孵化、改革催化、红利转化，同步畅通小农户对接大市场全产业链的"小微飞创·五化一链"新模式，打造"政府＋园区＋企业＋村集体＋农户"共建共筹共享的高质量农业示范园区。

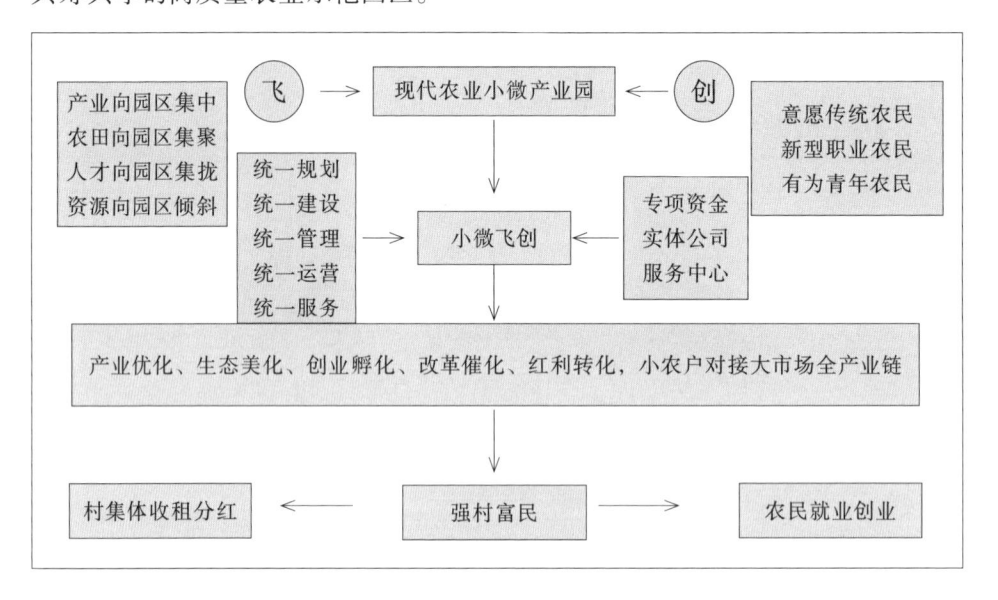

图 10-9　现代农业"小微飞创"模式

依托项目：嘉善现代农业小微飞创园项目。投资 4000 万元，其中中央财政资金 1100 万元、省级财政资金 400 万元、地方财政资金 700 万元、社会资本 1800 万元。项目主要建设内容为在地甸村打造一个 400 亩的绿色蔬菜设施农业创业园，在鸦鹊村打造一个 200 亩的数智植物工厂。在地甸村建设现代农业小微飞创园，推动产业向园区集中、农田向园区集聚、人才向园区集拢、资源向园区倾斜，促进农民就地就近就业创业，吸纳传统农民、职业农民、青年农民入区，畅通小农户对接大市场全产业链。打通小农户对接大市场有效通道，通过设施装备提升，引入实用型肥水一体等技术，全面提升当地蔬果经作水产作物品质，为传统农民就业创业提供载体。项目建成后将引入优质市场主体一个以上，年开展就地农业综合服务 300 批次以上，直接受益农民 150 名以上，吸引创业农民 30 名以上，受益农民增收 30% 以上。通过项目建设打造成为市场化的小微农业园区典范，形成"飞田经济""飞棚经济"等一批产业示范。

四、深化乡村善治示范样本

（一）探索党建引领区域协同发展机制创新（见图 10-10）

发挥长三角生态绿色一体化发展先行启动区资源优势，探索党建引领区域协同发展机制，发挥长三角毗邻党建服务联盟作用，建立青吴嘉"三地五镇"党建联盟、乡村振兴联盟和共同富裕联盟，打造一条红色珠链、培育一条红色研学线路、孵化一批党员创业示范基地，构建一体化示范区"15分钟党建服务圈"推动长三角乡村振兴一体化建设，探索长三角区域共富新形态，建立区域毗邻共建共享共惠共促推进机制。

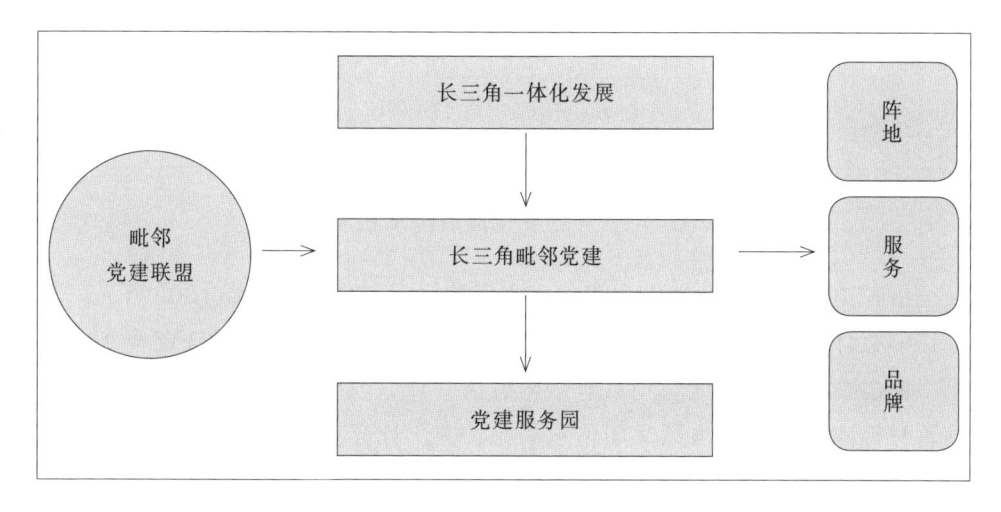

图 10-10　乡村善治示范样本

依托项目：长三角毗邻党建服务园项目。投资 2500 万元，其中中央财政资金 750 万元、省级财政资金 250 万元、地方财政资金 500 万元、社会资本 1000 万元。项目主要建设内容为在西塘镇全域改造提升党建服务中心，建强农村基层党组织堡垒，充分发挥"网格连心、组团服务"作用，深化乡村治理有效形式，改造建设一批党史教育基地、廉政教育基地、党建服务驿站。在西塘镇全域共建长三角毗邻党建服务园，推动毗邻党建机制创新，建立区域共建共享的党建联盟阵地。项目建成后将建立长三角毗邻党建服务阵地 2 个以上，年开展毗邻党建服务 30 批次以上，直接受众农民 3000 人以上。通过项目建设打造成为党建引领区域一体化发展乡村振兴样本。

（二）探索乡村文化自信传承机制创新（见图 10-11）

依托四治融合乡村善治模式，结合乡规民约建设，突出文化自信，推进水乡农耕文化产业传承培育驿站建设，提升乡村治理的品质。挖掘传承试点区农耕文化、古镇文化、水乡文化、忠孝文化等，充分挖掘社会主义核心价值观根植乡村路径，以文化振兴推动乡村全面发展。

```
┌─────────────────────────────────────────────────────────────┐
│                    社会主义核心价值观          新时代乡风      │
│                            │              ↗  文明传承驿站    │
│   善文化                    ↓                               │
│   忠孝文化      →        文化自信之路                       │
│   清廉文化                                      文化产业     │
│   ……                       ↓                               │
│                       中华传统文化              盘扣、砖雕…… │
└─────────────────────────────────────────────────────────────┘
```

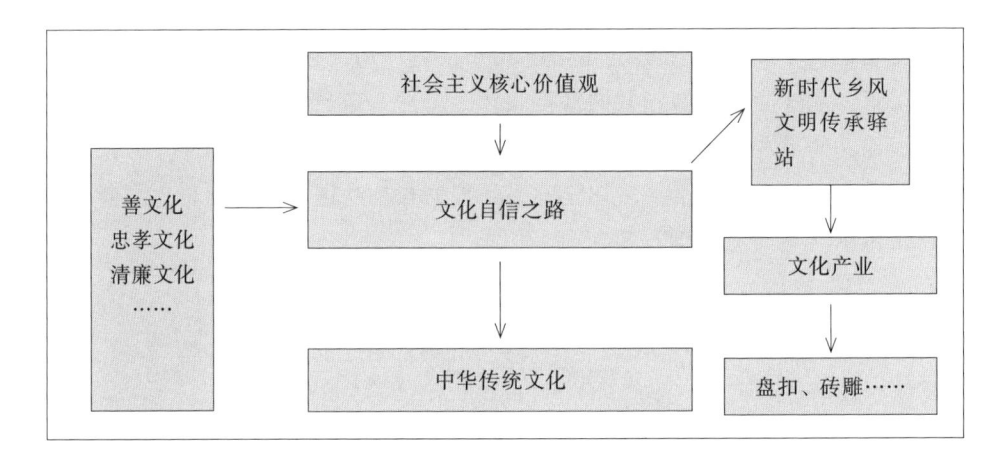

图 10-11　乡村文化自信传承机制创新

依托项目：嘉善西塘新时代乡风文明传承驿站项目。投资 1000 万元，其中：中央财政资金 300 万元、省级财政资金 100 万元、地方财政资金 200 万元、社会资本 400 万元。项目建设内容为一项，乡风文明传承驿站项目，在鸦鹊村等建立新时代乡风文明传承驿站，突出社会主义核心价值观乡村根植行动，弘扬中华有效传统文化。打造善文化品牌，培植传承忠孝文化、清廉文化，以文化传承推动乡村四治融合、有效治理。结合古镇传统农耕文化建立文化传承驿站，挖掘乡村文化产业。项目建成后将保护传承当地农耕文化 10 种以上，形成文化产业 10 种以上，年开展文化传承培育 100 批次上，直接受益农民 1000 人以上。项目建成后将打造成为新时代乡村文明传承示范基地和传统农耕文化传承枢纽地。

第四节　西塘农村综合性改革试点政策与保障措施

通过试点试验推进，围绕目标定位，突出示范引领，把握创新突破，力争建成一批示范性强、带动力足的标志性项目，形成一批改革成效显、红利释放足的体制机制创新成果，推出一批科学管用、示范先行的试点试验经验做法。

一、深化试点试验政策支撑体系

（一）建立"1+1+N"项目推进政策体系

深化财政支农体制机制改革，以存量调结构、增量促改革、集成强赋能，以试点试验为驱动，完善优化集中政策要素支撑乡村振兴的财政供给体系，形成了"1个规划引领、1个核心政策指导、N个专项政策协同发力"的政策集成体系。在乡村振兴规划基础上，完善《关于推进农业农村高质量发展的若干政策意见》，在全省县（市、区）中率先出台了建立健全涉农资金统筹整合长效机制实施意见和系统构建集中财力办大事财政政策体系等实施意见。

（二）深化"钱地田房"要素集成配置政策体系

优化乡村振兴专项资金管理运营模式，突出农业农村优先发展，以地哺农、共享共富。持续完善嘉善县乡村振兴资金筹集、管理和使用办法，充分发挥乡村振兴资金在产业发展、项目培育等方面的助推作用，以专项资金厚植"地田房"要素集成配置，以农房集聚作为统筹城乡的切入点，组织实施全域土地综合整治，全域农房有序集聚，全域农田高效流转，将土地整理、增减挂钩、农村产权制度改革等相关政策综合运用，统筹推进以土地整治为龙头，联动农田流转和农房集聚，推动闲置农房盘活利用，建立要素集成配置有效路径和联结机制。

（三）强化"农业双强"建强农业现代化推进体系

深入推进科技强农、机械强农行动，以"院地协同"提升农业科技本地化能力，嘉善和试点区西塘镇全力推动与中国农业科学院、中国水稻所等深度合作，建成一批重大农业科创平台。已引进院士、博士科研转化项目6个，推广应用新品种、新技术35个。推动数字经济与农业经济的深度融合，持续推进农业"机器换人"，被评为省级水稻产业"机器换人"示范县。全县主要农作物耕种收综合机械化率达到86%，培育省级农业"机器换人"示范镇5个、示范基地10个。推动绿色技术与生产技术融合应用，绿色防控示范区化学农药使用量较农户自防区减少46.3%，农作物病虫害绿色防控覆盖率较2010年提高近6倍。

（四）强化乡村人才振兴政策支持体系

完善嘉善县乡村人才振兴政策意见。创新农业人才培育孵化机制，探索农业高层次人才培育新模式，以"善农客"农业领创人才培育为引领，切实提高县农业高端人才的水平和质量。建立新农人培育和输送体系，建立嘉善乡村振兴培育机构，建成全国首个实体化运作的村级乡村振兴培育机构，引进上海交大海外教育学院产业创新实践基地、浙江省乡村振兴研究院研究基地。

二、强化试点试验工作保障体系

（一）加强组织领导

成立由书记、县长任双组长，由县委副书记任副组长，分管副县长任执行副组长,由县委办、县政府办、县发改局、县经信局、县民政局、县财政局、县人力资源社会保障局、县自然资源规划局、县建设局、县交通局、县水利局、县农业农村局、县商务局、县文旅体局、县统计局、嘉善生态环境分局、县政务数据办、县供销社、县乡村振兴办、县农科所、中国人民银行嘉善县支行、西塘镇主要领导,县委组织部、县委宣传部常务领导组成成员单位的农村综合性改革试点试验工作领导小组。领导小组下设办公室,由县财政局主要领导兼任办公室主任,并配备业务骨干人员组成县级工作指导组,统筹推动农村综合性改革试点试验工作。加强与省财政厅等上级主管部门的工作对接和交流,及时汇报阶段性工作进展,主动衔接好相关政策。

(二)强化协同推进

在领导小组框架下,由西塘镇相应配备由主要领导牵头的领导小组,整合各条线力量组建工作专班,充分整合县、镇、村三级力量,建立三级协同推进机制,明确职责分工,密切配合、联动推进,严格财务管理,强化风险防控意识,落实民主监督,建立健全联席会议、定期例会和疑难会商制度,加强专题研究,加快推进速度。县财政局会同项目实施主体负责按照建设的目标任务,制定年度工作计划,按部门分解年度目标任务,加强督查管理,每年一月底前,领导小组成员单位向领导小组办公室提交上年度工作总结和自评价报告,确保各项工作有序开展。

(三)强化用地保障

嘉善县历来十分重视农业农村用地保障工作,严格落实中央和省关于"三农"领域用地相关政策,土地节约集约利用工作获国务院督查激励。新编县级国土空间规划安排不少于10%建设用地规模,重点保障乡村产业发展用地。每年安排5%的年度土地利用计划指标,统筹安排城乡建设用地增减挂钩节余指标,专项支持一、二、三产业融合发展用地。经对11个依托项目用地情况分析,严禁出现占用耕地情况,除了位于西塘镇红菱村人才梯田总部28亩建设用地(批文为中华人民共和国建设项目用地预审与选址意见书〔用字第330421202100098号〕)已保障外,其他项目均不涉及新增建设用地指标;各项目需要配套的设施农用地经分析均已落实用地空间、符合用地要求。

(四)突出乡村治理

以党建引领乡村振兴高质量发展,发挥农村基层党组织堡垒作用,强化以乡村治理推动试点试验。充分发挥"网格连心、组团服务"作用,推动德治、自治、法治、智治"四治"有机结合,深化农村微网格建设,强化联农带农机制建设，把增加群众红利福祉作为试点试验的重要目标导向，结合试点试验，推动村务决策执行、村规民约优化，深化村级民主议事和四议两公开机制，增加村集体和村民在试点试验全程中的参与度，在项目建设、项目监督、红利共享等方面共建共享、共惠共利。

（五）营造浓厚氛围

要加强对农村综合性改革的宣传力度，让传统媒体和新兴媒体同步参与，围绕宣传改革意义、解读政策措施、通过工作进展等加强信息宣传，及时反映改革新举措、新成效、新亮点，形成导向鲜明、富有特色的强大舆论声势。同时加大督查力度，及时发现问题、总结经验，实时展示改革工作进度，营造"敢为人先、红利普惠"的浓厚氛围。

第五节　西塘农村综合性改革试点试验工作进展

为完成国家级农村综合性改革试点试验工作，西塘镇第一时间成立由镇党委、政府主要领导为双组长的领导小组，同时组建了以农业副镇长为执行组长，其他相关分管领导为副组长，党政综合办、党建办、农业农村办、财政财务办、村镇建设办、旅游发展办、乡村振兴公司、农业发展公司等骨干为成员的工作专班，确定了鸦鹊村、红菱村等6个村为实施主体，形成了党政主导、部门参与、齐抓共管的工作格局，建立"项目领衔制"，实行一个项目、一名班子领导领衔、一个部门牵头抓总、一批参与村（社）支持配合的推进机制，将11个具体项目详细划分为23个子项目，分别由7位牵头班子领导、14名具体负责人包干落实；健全"定期会商制"，每周召开专题推进会进行会商。

2023年初，嘉善县国家级农村综合性改革试点试验工作计划实施项目总数11个，已启动11个，启动率100%，开工9个，开工率81.8%；已竣工0个。项目总投资6.25亿元，2023年1月底，已完成投资3282万元。具体进展如下：

一、嘉善"持股飞田"未来农业共富体项目

项目总体情况：嘉善"持股飞田"未来农业共富体项目主要包含为4个子项目：一是粤海现代渔业种苗项目，项目方案已完成，已与粤海饲料对接养殖方案，正在持续深化中。二是北大特色紫米项目，第一期预计在鸦鹊村形成

1000 亩试点，已经对接北京现代农学院，种植方案已完成，正在商议细节；三是亚蔬——蔬菜中心项目，与亚蔬作物（嘉兴）科技创新发展项目签订项目招商引资的协议已正式生效，项目建设地块一期方案正在持续深化中。四是持股飞田体制机制创新项目，目前已初步拟定《关于西塘镇推进强村富民"持股飞田"模式创新的改革试行方案》（第二稿），完成了整体项目方案资金测算。

存在问题：一是粤海现代渔业种苗项目养殖细节正在商榷中，未全部确认；二是亚蔬——蔬菜中心项目二期建设区块部分插花田村里与农户还未签订流转协议，项目建设规划有待商议。

下一步计划：粤海现代渔业种苗项目尽快完成图纸设计及养殖方案确认，尽快完成土地设计。北大特色紫米项目正在进一步完善种植方案，深化项目方案的细节部分。亚蔬——蔬菜中心项目，加快一期项目建设方案确认，开展项目设计方案，争取项目尽快启动实施，二期建设地块协调村里及农户尽快完成土地流转工作。持股飞田体制机制创新项目于 2023 年 2 月底前完成项目策划、资金计划、公司架构、资金路演、政策讨证等；2023 年 9 月底前完成项目建设、项目导入、股权配置、运营体系、配套建设等；2023 年 10 月底前完成方案完善、模式架构、推广方案、初次分配等。

目前成效：通过项目培育形成多元化农田入股示范模式和未来农业创设标准，初步形成以鱼塘养殖、大棚种植、露天培养于一体的未来农业发展模式，目前经专家组测算，项目建成后将提高当地农民增收 10% 以上。

二、"浙北粮仓"核心区示范方建设项目

项目进展："浙北粮仓"核心区示范方建设项目主要包含为 3 个子项目：一是水稻育种制种生产基地项目，已确定项目建设范围，方案已在深化阶段；二是新胜村稻鱼综合种养基地项目，施工单位已进场开展土地平整；三是 500 亩驯化鱼苗现代渔业基地项目，已与农业主体对接养殖方案，已和省淡水研究所对接设计方案，正在深化中。

存在问题：一是水稻育种制种生产基地项目建设地块未全部落实，导致推进速度较慢；二是新胜村稻鱼综合种养基地项目，工程进度滞后；三是 500 亩驯化鱼苗现代渔业基地项目目前与农业主体还在敲定合作细节，有待进一步制定方案。

下一步计划：水稻育种制种生产基地项目开展项目深化设计，3 月启动项目招投标工作。新胜村稻鱼综合种养基地项目按期施工，持续加强基础设施建设。500 亩驯化鱼苗现代渔业基地项目，下一步将尽快完成图纸设计，深化设

计方案，尽快启动招投标工作。

目前成效：打造"稻鱼菜苗"等立体种养生态循环模式示范基地，解决非粮化之后当地养殖户再就业问题及提高当地农户种植水稻稳产增收模式。

三、嘉善"吴根越角+"绿色米业品牌开发项目

项目进展：2 万亩绿色农产品用地正在申报过程中，市级已完成现场踏勘，环境样本、稻谷已送样检测；品牌的推广工作已对接营销单位，营销方案已经初步完成，正在对营销方案细节进行二次商讨，开展项目绿色认证。

存在问题：品牌营销正在现场走访，初步计划需结合古镇旅游特色进行整体营销策划，导入古镇资源开展品牌推广。

下一步计划：将尽快完成 2 万亩绿色农产品用地申报工作，尽快完成绿色认证，同时邀请品牌营销单位驻场进行走访调研工作，尽快完善品牌推广方案。

目前成效：整合全镇优质农产品资源，依托现代粮食全产业链智能装备项目培育和发展特色稻米产品，提高西塘本地农产品经济效益。

四、嘉善西塘乡村发展基金项目

项目进展：目前已初步接洽省农资集团下属杭州浙农科业投资管理有限公司，并联系商讨乡村发展基金事宜。

存在问题：目前尚无其他基金管理投资方。

下一步计划：建议由嘉善国投旗下嘉善县善创私募基金管理公司作为基金管理方，完成招标手续，组建基金。

目前成效：目前待党委会通过后可立即实施，完成基金设立。项目建成后将打造成为全镇乡村发展多元化投入引擎，并形成乡村振兴金融创新典范。

五、嘉善农业"双强"智慧化综合服务中心项目

项目进展：嘉善农业"双强"智慧化综合服务中心项目已完成发改联审，正在与县自然资源与规划局对接用地指标及报批手续，目前项目红线已确定，正在对项目红线范围内的公交站台进行迁移。已和浙农初步对接，洽谈"双强"中心运营模式、发展方向，初步确定"双强"中心以育种培育、种子肥料流转、农机农具调度维修于一体的综合服务，项目建设方案已基本完成，土建设计正在开展中。

存在问题：报批进度缓慢，需要得到县里帮助，用地指标希望与县自然资源与规划局进行报批程序上协调，加快用地报批程序。

下一步计划：加快用地指标报批速度，进一步对接项目建设方案及设计图纸，与浙农细化合作，深入开展服务调研工作，进一步做好"双强"中心运

营模式探索。

目前成效：项目可研报告正在编制，预计项目建成后将形成以农业综合服务为主要增长点的村集体经济农业服务增收机制，补强农业服务全链条，打造未来农业大综合服务样本。

六、嘉善西塘"只要点一次"乡村共富小屋建设项目

项目进展：华联村整体竣工；荷池村、翠南村开始进场施工；红菱村已完成整体设计，待土建项目验收合格后即可进场施工；其余14个村已基本完成项目选址。

下一步计划：于2023年2月华联村竣工并可投入使用；荷池村、翠南村完成整体硬装。

目前成效：整个项目建成后将年服务农民群众2万人以上，带动青年创业40人以上，多跨集成部门、单位30个以上，拉动受益农民年增收5%以上，牵引各类服务组织机构20家以上。通过项目建设将打造全国首个共同富裕数字乡村应用末端集成系统，形成数字化变革推动共同富裕集成创新典范。

七、嘉善西塘"景村共融"未来村落群共富发展项目

项目进展：嘉善西塘"景村共融"未来村落群共富发展项目主要包含为4个子项目：一是西塘景区主入口迎客厅环境品质提升工程项目，目前工程已竣工，项目已送审，还未结算；二是古镇北接驳点项目，目前已完成内部找平、内外墙粉刷，后续招标文件公示中，预计3月份完成建设；三是荷池、红菱、鸦鹊等景村共融风景线项目，目前正在与上海交大对接方案初稿；四景区综合推广项目，正在开展接驳车外观、接驳站点、景村共融风景线门票的设计，已完成接驳站点初稿设计，继续优化设计中。

存在问题：目前设计元素较少，需待路线方案初步设计确定后才能进行下一步施工。

下一步计划：西塘景区主入口迎客厅环境品质提升工程于2023年1月完成竣工，项目送审中；古镇北接驳点项目预计于2023年3月底完成项目建设；荷池、红菱、鸦鹊等景村共融风景线项目将加快对接方案初稿；景区综合推广项目继续深化接驳车外观、接驳站点、景村融合风景线的设计稿，优化接驳点位选址。

目前成效：西塘景区主入口迎客厅环境品质提升工程已完成初步形象。项目建成后将引入优质市场主体8个以上，培育特色民宿组团3个以上，直接受益农民3000人以上，受益农民增收10%以上，相关村级集体经济增收15%

以上。通过项目打造成为共同富裕乡村基本单元先行典范,培育形成共同富裕示范村落群样本。

八、嘉善乡村振兴人才梯田总部建设项目

项目进展:嘉善乡村振兴人才梯田总部建设项目主要包含为 2 个子项目:一是西塘共同富裕学堂项目,目前文化礼堂及其功能室方案设计正在过审;二是现代农业产业综合体项目,已与浙农集团对接,对现代农业产业综合体项目进行初步规划,初步开展方案设计。

存在问题:西塘共同富裕学堂项目,文化礼堂及其功能室未正式启动装修。原计划近期就启动装修,但因文化礼堂装修这块未整体打包在整个大项目中,需待整个项目整体竣工后才能进场装修。

下一步计划:西塘共同富裕学堂项目外部主体建筑预计 2023 年 12 月底前整体竣工;现代农业产业综合体项目下一步将加快推进现代农业产业综合体项目策划方案,尽快确定项目建设方案。

目前成效:项目建成后将引入优质市场主体 5 个以上,引入农业专家 10 人以上,年培育高素质农民 200 名、农创客 50 个,农业匠人 10 个,年开展各类技能培训 200 批次以上,受益农民增收 20% 以上。通过项目建设打造形成乡村振兴梯田式人才培育机制,打造成为乡村人才孵化核。

九、嘉善现代农业小微飞创园项目

项目进展:嘉善现代农业小微飞创园项目主要包含为 2 个子项目:一是地甸村小微飞创园项目,施工单位已进场开展土地平整,正在进行大棚结构搭建;二是鸦鹊村小微飞创园项目,项目建设位置已经确定,产业布局方案已经初步完成,需要进一步完善细节。

下一步计划:地甸村小微飞创园项目加快连栋大棚基础建设,标准大棚基础完成 50%,争取在 2023 年 3 月初完成;鸦鹊村小微飞创园项目下一步将持续深化项目方案,尽快完成大棚方案。

十、长三角毗邻党建服务园项目

项目进展:长三角毗邻党建服务园项目主要包含为 3 个子项目:1.祥符荡 lian 心驿站项目,目前项目室外土建招标已完成,施工单位已进驻,预计 2023 年 4 月底前完成施工。室内场所的设计和改造工程进行招投标,预计 2023 年 2 月份完成招投标,6 月底前完成施工;2.党群服务中心项目、毗邻党建红茶坊项目完成整体方案设计。

下一步计划:祥符荡廉心驿站项目于 2023 年年 2 月室外工程进场施工,

室内场所的设计和改造工程完成招投标；党群服务中心项目、毗邻党建红茶坊项目于 2023 年 2 月完成施工图编制，进入招投标环节。

目前成效：项目建成后将建立长三角毗邻党建服务阵地 2 个以上，年开展毗邻党建服务 30 批次以上，直接受众农民 3000 人以上，将成为示范区先行启动区党员干部廉政教育和农村法纪教育的新基地。通过项目建设打造成为党建引领区域一体化发展乡村振兴样本。

十一、嘉善西塘新时代乡风文明传承驿站项目

项目进展：嘉善西塘新时代乡风文明传承驿站项目，计划在鸦鹊村建设西塘新时代乡风文明传承驿站，主要建设内容包括依托原有农房改造建设集乡村文化、乡风文明、文化传承、非遗展示等功能于一体的驿站以及相关配套和周边环境的提升。目前项目选址还在接洽中。

存在问题：原计划在鸦鹊村完成该项目，现考虑新时代乡风文明是否可以辐射农综项目所涉及到的村做统盘考虑，如统盘考虑涉及项目更改申报；另该项目设计策划的第三方目前还没找到合适的，方案没有满意的，需进一步寻找。

下一步计划：2023 年 2 月前确定设计方案，并尽快启动招投标工作。

目前成效：项目建成后将保护传承当地农耕文化 10 种以上，形成文化产业 10 种以上，年开展文化传承培育 100 批次上，直接受益农民 1000 人以上。项目建成后将打造成为新时代乡村文明传承示范基地和传统农耕文化传承枢纽地，将实现乡村文化、乡风文明、文化传承、非遗展示等功能为一体的驿站，周边环境得到显著提升。

第二编

嘉善农村改革案例

第十一章 "强村计划"壮大村集体经济

发展壮大村集体经济是实施乡村振兴战略的重要支撑,是引领广大农民实现共同富裕的重要途径,是促进城乡融合发展的必由之路。嘉善县一直致力于发展村集体经济,2008年以来,从实施第一轮强村计划到全面推行"抱团飞地"发展模式,一手抓示范推动,一手抓政策扶持,着力打好强村、净村、美村"组合拳",推动村级集体经济统筹发展、均衡发展,走出了一条具有嘉善特色的科学发展强村之路。

第一节 壮大村集体经济的主要路径

一、村集体经济发展基本情况

村集体经常性收入总体情况:2021年全县118个村的村级经常性总收入5.13亿元,村均经常性收入435万元,位列全市第一。所有村集体年经常性收入、经营性收入全部达到160万元、70万元以上。其中,村级经常性收入800万元以上的村10个,占比8.5%;435万—800万元的村28个,占比23.7%;300万—435万元的村34个,占比28.8%;300万元以下的村46个,占比39.0%。

村集体收入来源情况:全县村均经常性收入435万元中,以物业经济、投资收益等为主的经营性收入约335万元,占比77%;以耕地地力保护补贴、村干部报酬补助等为主的相对稳定转移支付收入约100万元，占比23%。

二、壮大村集体经济的主要路径

2008年以来，嘉善县先后在2008年、2012年、2016年、2019年启动实施了四轮"强村计划"，村集体经济发展经历了输血解困、造血扶持和激活动能三大发展阶段。在发展过程中，嘉善因村施策、分类施治，探索形成了一批发展模式和经验，有力推动了村集体经济发展提档升级。主要有以下几种路径：

（一）"飞地抱团"型

自2015年开始，嘉善县探索实施以"县域统筹、跨村发展、股份经营、保底分红"为主的"飞地抱团·强村计划"发展模式，将全县各村（社区）的零碎土地指标、资金等集中腾挪到更优质的区域，联合发展规模性、聚集型强村项目，推动全县面上村集体经济统筹发展、均衡发展。截至目前，累计实施"飞地抱团"项目23个，村级总投资28.2亿元。12个"飞地抱团"项目在2021年度分红近1.2亿元，为104个抱团村带来平均110万元的收益。比如，陶庄两创中心项目2018年投入使用，项目总投入金额5.5亿元，其中13个村级投入金额1.0798亿元（其中6398万元为村土地折价入股）。截至2021年底，已入驻企业（个体）188家，平均租金456元/平方米，项目经营状况较好，2021年为13个村分红1079.8万元。

（二）生产服务型

引导村级创办专业合作社等合作组织，通过提供生产管理、技术指导、劳务服务等，增加集体收入。比如，干窑镇范东村牵头成立范东粮油果蔬专业合作社，通过开展"机器换人"，合作社利用现代先进大型机械对机耕、机插秧、统防统治、水肥管理、收割作业、粮食烘干、大米加工等多个粮食生产环节提供社会化服务，每年增收达到100万元；再比如，陶庄镇金湖村依托村级合作社，承接省农科院、嘉兴农科院等省市知名科研院所的"嘉禾218"等80多类试验品种培育，推动"陶萝"大米育秧、生产、加工、销售等全链条服务，并联动周边区域开展农机社会化服务，助力村集体经济每年增收超160万元。

（三）物业经营型

引导、扶持村集体兴建标准厂房、专业市场、仓储设施、职工生活服务设施等，通过物业租赁经营等方式，增加村集体收入。比如，惠民街道枫南村地处浙沪交界，毗邻上海枫泾镇，沪杭高速、320国道、沪杭铁路贯穿整村。枫南村充分利用区位优势，通过征地拆迁、农房集聚、全域土地综合整治等挖掘资源，投资建设农产品集散中心、商业服务等设施，发展房屋租赁、物业公司等第三产业，通过拍租每年可为村集体提供400万元收入。

（四）资源盘活型

引导村集体通过招标拍卖、重组置换等方式，盘活闲置资产，完善集体产权有偿使用形式，实现资产的资本化运作。比如，罗星街道鑫锋村充分盘活周边32幢闲置宅基地，与本土企业合作开发"叁餐"餐厅、"肆季"民宿等经营业态，每年为村里增收房屋租金收入约95万元；充分利用常嘉高速桥下空间打造嘉兴首个高速桥下休闲公园，预计每年桥下运动场馆、停车场等租金收入在15万元左右；充分结合库浜、马家桥村，联合成立农业生态公司，将在2023年开展亲子采摘、农耕体验等农旅活动，预计使村级集体经济年增收60万元。

（五）村庄经营型

充分利用美丽乡村建设成果，大力发展美丽经济，拓展集体经济发展空间。比如，姚庄镇横港村在村庄环境整治、美丽乡村建设的基础上，依托村集体本身，抢抓旅游市场，做活美丽经济，大力发展研学教育、农耕体验、特色民宿、休闲采摘、农家乐等业态，美丽乡村每年为村集体多增加净收入35万元。此外，横港村不断拓展村集体增收渠道，将原有的猪棚改造为阳光共富大棚，既解决本村农户就业问题，也为村集体每年带来80万租金收益。

第二节 "强村计划"实施过程及其面临的新问题

嘉善县村级集体经济发展工作自2005年启动以来，各村积极抢抓发展机遇，大力兴办村办企业、村级市场和村级工业园区，出现了"村村点火、户户冒烟"的热闹景象，集体经济也得到了发展。从整体看，村级集体经济收入稳健增长、支出逐年递增和资产全面提质。但是，村级集体经济发展不平衡，偏远村集体经济普遍比较薄弱，单纯依靠村级集体自生力量很难解决。

一、"强村计划"实施

2008年，嘉善县及时审时度势，根据当时村级集体经济发展过程中出现的"增长空间拓展乏力、运营成本逐年增长、发展态势明显失衡"三大瓶颈问题，经过多方调研论证分析，为了从根本上扭转不利发展局面，从基础上营造长效发展机制。当年6月,下发了全面实施"强村计划"的意见等7个政策文件和一系列配套政策,提出了强村发展四年工作目标,重点帮扶经济薄弱村发展壮大村级集体经济。

(一)扶持政策切实有效

2012年,在首轮强村计划取得阶段性成果的基础上乘势而上,出台了次轮四年强村计划。把工作重心放在引导村级组织建设强村发展项目上,把工作重点放在扶持经济薄弱村发展上,并重点抓好三方面的扶持工作:一是给土地指标,首轮和次轮计划对村强村项目分别给予每年200亩和50亩建设用地指标;二是给扶持资金,首轮和次轮计划每年县镇二级分别配套1000万元和1200万元项目扶持资金;三是给减负政策,对部分项目规费全免或部分减免、村级集体土地和房屋出租租金税收先征后补、百万元以内银行贷款三年贴息等多项优惠扶持政策。

(二)因地制宜分类指导

推进强村计划关键在组织实施,县委县政府高度重视,职能部门全力推进,具体抓好四个方面:一是因地制宜,科学规划。认真制定强村建设规划,分阶段、分步骤组织实施;二是突出重点,注重特色。坚持"抓两头、促中间",重点对现代新农村建设中心村和集体经济相对薄弱村加强指导和扶持;三是激活主体,尊重首创。充分发挥村党组织领导核心作用和基层首创精神;四是分类指导,整体推进。坚持集体经济强村重管理、集体经济发展村重引导、集体经济薄弱村重帮扶的工作思路。

(三)培育引领示范模式

结合"强村计划"深入推进,嘉善县抓好"五个结合",积极探索"五种模式":一是与块状经济发展相结合,探索园区型发展新模式。积极推进村级创业园建设,通过抱团发展、强弱联合等推进形式,形成以魏塘村级创业园为代表的一批规模大、位置优、潜力足的村级创业园群;二是与现代市镇建设相结合,探索商业型发展新模式。引导相关村级组织参与集镇建设开发,通过商业开发和三产服务业的发展,实现集镇开发建设与村级集体经济同步发展;三是与农村新社区建设相结合,探索物业型发展新模式。结合全县城乡一体新社区建设,包装公建配套用房等强村项目,增加村级集体经济持续增收能力;四是与农村资源整合相结合,探索资源型发展新模式。引导农业资源、旅游资源比较丰富的村级组织开展休闲农庄等乡村旅游业,带动村级集体经济发展;五是与现代农业发展相结合,探索产业型发展新模式。逐步推进以村级组织为依托、服务型农民专业合作社为载体、农业技术部门为支撑的"三位一体"农业社会化服务新模式,县财政对符合政策条件的村级组织一次性奖励5万元。

(四)创新有效支撑机制

全面推进村级集体经济可持续科学发展,强有力的工作机制是关键。一是构建联动推进机制。在县强村办引领下,充分发挥部门联动、上下联动的优势和功能,抓好指导服务工作,通过建立绿色通道,对强村计划项目优先审批,缩短审批时间。二是构建帮扶结对机制。通过县领导联挂、机关部门结对、企业帮扶等方式,加大帮扶力度。县联挂领导帮助联系村理清发展思路、选准选好项目。结对部门从资金、信息、技术等方面给予支持。帮扶企业帮助解决项目实施资金问题。三是构建考核激励机制。建立健全考核奖励制度,增强村级组织积极性和创造性。四是构建舆论引导机制。通过广播、电视、报刊、网站等途径,大力宣传典型事例和先进事迹,努力营造浓厚的工作推进氛围。

二、"强村计划"实施中面临的新问题

然而在村集体经济自然发展和实施"强村计划"的过程中,存在一些突出问题,主要表现在以下三个方面:

(一)村级工业低效用地浪费严重

据统计,全县村级工业低效用地约一万余亩,村集体年收益6000多万元,亩均年收益只有6000多元。经济发展土地指标严重紧缺和村级低效用地大量沉淀浪费的矛盾突出。

(二)强村项目投入产出比不高

前两轮"强村计划"主要由村级组织来实施强村项目,共建成强村项目107个,投入了400亩土地,增加村集体年收入3500万元,集体经济亩均年收益只有8万多元,偏远村的强村项目投资效益更低。如,天凝镇蒋村2013年利用1.5亩土地建设标准厂房,年租金仅5万元,亩均收益只有3.3万元。

(三)村级工业产业层次较低

村级组织发展工业经济因区位条件不佳、缺乏产业规划、村干部专业素质不高等原因,导致招商项目质量偏低,往往"装进篮子都是菜"。不仅对地方经济贡献不大,还带来了河道污染、违章搭建、安全隐患、生产扰民等突出问题。

第三节 "飞地抱团"提升村集体经济发展品质

针对"强村计划"中出现的问题，从2015年开始支持薄弱村抱团发展（第二轮"强村计划"最后一年），2016年出台第三轮"强村计划"，打造"强村计划"升级版，推行以"县镇统筹、跨村发展、股份经营、保底分红"为主的"飞地抱团"模式。"飞地抱团"模式主要指县、镇（街道）统筹组织实施，村集体以股份合作形式抱团跨区域投资，突破镇域和村域限制，在区位条件优越的区块联合建设"两创中心"等可持续发展项目，由镇（街道）和开发区等平台统一运营，相关村集体获得保底分红收益，实现经济社会效益相统一。目标是实现两个提升：一是以"飞地"提升强村质量。围绕"产业转型升级引领区"建设，在国家和省级开发区、省市特色小镇、镇级"两创中心"等"金边银角"区域，规划符合产业发展导向的强村项目，实现土地价值的倍增。二是以"抱团"提升发展动能。发挥强村政策的牵引作用，引导村级组织将补助资金、自有资金和腾退的盘活资金整合起来，联合发展规模型、集聚型、生态型强村项目，增强村级组织参与优质项目的能力。

一、"飞地抱团"提升村集体经济发展品质

（一）超前谋划部署，变"单一政策"为"多管齐下"

1. 建立工作机制

县委、县政府始终将发展壮大村级集体经济工作作为一项重大政治任务，成立了"强村计划"工作领导小组（消除经济薄弱村领导小组），由县委副书记担任小组长，县委组织部长和县政府分管农业副县长为副组长，组织部、县农业农村局、县发改局、县财政局、县自然资源局、县经信局、县建设局、县政务数据办、嘉兴市生态环境局嘉善分局、县农商银行分管领导任领导小组成员，领导小组办公室设在县农业农村局，为强村工作（消除经济薄弱村工作）的政策制定与实施提供了有力的保障。

2. 强化约束激励

将镇（街道）村级集体经济发展和管理成效列入年中党建和工作述职内容，将发展村级集体经济列入县委县政府对各镇（街道）、县级有关部门的年度目标责任制考核，年度评出一、二、三等奖，并在县"三干"会议中评优表彰。将薄弱村转化作为年度书记领办基层党建攻坚项目，要求各级党组织书记每年进行专项述职评议，做到一级抓一级、层层抓落实，责任到人，责任到村。

3.专项资金扶持

县、镇(街道)财政每年安排村级集体经济扶持专项资金,通过资金补助、金融扶持、兜底保障等措施,用于发展村级集体经济。

(二)完善扶持体系,变"单村补助"为"项目补助"

在第三轮"强村计划"中,改变直接将资源要素投放到村的做法,以项目为牵引,实现政策、资金、服务"三集聚"。

1.突出政策引领

制定嘉善县第三轮、第四轮强村计划实施意见,按照"县域统筹、跨村发展、股份经营、保底分红"原则,在省级以上产业平台、特色小镇、县镇两级商贸区等优势区块,统筹布局"两创"中心,高标准建造标准厂房,吸引优质企业入驻。对第四轮"飞地抱团"发展项目,县里安排三年总量200亩土地指标倾斜支持,允许跨年度统筹安排使用,采取土地出让净收益全额返还等多项规费减免措施。

2.加大扶持力度

县财政每年统筹安排至少2000万元专项资金,用于支持重点扶持村抱团发展。对重点扶持村参与"飞地抱团"发展的首个项目,县财政补助100万元、镇(街道)配套补助60万元,并给予三年200万元贷款全额贴息;对第二个项目,县财政再补助60万元。对完成低效用地腾退任务后村集体经营性收入短期大幅下降的一般村,参照重点扶持村享受有关扶持政策,确保腾退村集体收入保持稳定、资产不断优化。

3.优化审批机制

大力推进"最多跑一次"改革,实行县委组织部派员服务的红色代办制,每年抽调干部驻点县行政审批部门,推行打包服务、限时办结制度,建立项目审批绿色通道,推动"飞地抱团"项目从立项到主体基本完工不到一年完成,全面压缩审批时间,实现强村项目早竣工、早分红。干窑镇9村联建"两创中心"项目,从取得土地使用权出让合同到正式开工建设仅用了4个工作日。

(三)创新运作模式,变"单打独斗"为"抱团发展"

加强县镇两级统筹力度,突出重点、科学布局、整体推进,实现全域抱团。

1.全域推进,分级实施

加强统一领导,分县、镇(街道)两级安排实施,整体组织发动,统筹协调推进。截至目前,全县共有"飞地抱团"项目23个,县域抱团项目9个,镇域抱团项目14个,抱团337村次,村集体投资总额达28.2亿元。罗星、大云等12个"飞地抱团"项目在2021年底陆续分红近1.2亿元,为104个村带来平均近110万元的收益。

2. 突出重点,跨域抱团

针对全县30个重点扶持村,采用"土地+资金""强村+弱村"模式,打破镇村界线和要素流动障碍,做到全域优化布局、全域整合资源、全域整体受益。截至目前,第四轮中30个重点扶持村全部参与一个以上抱团项目;所有重点扶持村参加天凝镇工业园区有机更新项目、姚庄镇精密智造产业园项目等4个县级抱团项目。

3. 统筹协调,高效推进

充分发挥县"强村计划"领导小组作用,建立健全"统一规划、统一审批、统一建设"等"六统一"体制机制,把村集体经济"飞地抱团"发展作为乡村振兴的重大举措抓实抓好。镇(街道)负责项目筹备建设、整体推进、管理服务,县相关部门全力支持、加强指导服务,确保项目早建设早收益。落实县领导、县级部门和镇(街道)领导联系指导相对薄弱村制度,建立县级部门、企业、社区和重点扶持村"四方红色联盟",凝聚合力共推重点扶持村发展。

(四)推进产业升级,变"村村冒烟"为"集聚发展"

坚决打破坛坛罐罐,结合治危拆违等工作,全面整治村级"低散弱"企业,推进实体经济"二次创业"。

1. 集聚发展腾空间

针对亩均产出低、企业规模小、产业分布散、环境影响大的村级"低散弱"企业,全面开展专项整治,累计拆除"违建"402万平方米;累计腾退"低散弱"企业5210家,腾退面积2.18万亩。对腾出的发展空间,按照"高起点规划设计、高标准推进建设、高质量集聚项目"的原则,规划建设一批布局合理、产业鲜明的"两创中心",目前,全县"飞地抱团"项目共集聚了1300余家优质企业。

2. 增减挂钩换指标

实施低效用地腾退后,通过城乡建设用地增减挂钩,为"飞地抱团"项目开发腾出用地指标,并通过增减挂钩节余指标交易,为腾退村腾出了村级再发展资金和参与"飞地抱团"发展资金,为农村产业转型和环境美化腾出了空间。干窑镇长丰村通过集中连片腾退,节余土地指标403亩,县里以每亩50万元的价格统一收储,扣除腾退成本后,村级增收5000万元;同时,利用腾退空间引入嘉佑农业建设田园综合体，开始走上了绿色发展新路子。

3. 招大引强提品质

依托强村项目平台，围绕重点产业和产业链，着力引进一批符合产业发展需要的大项目、好项目。大云中德生态产业园定位德国等欧美精密机械、装备制造产业开展精准招商，引进道博模具、奕烯科技等8家企业入驻；干窑镇将9村联建"两创中心"项目作为承载"机器人小镇"发展的重要平台，引进嘉兴博信机器人、云动机器人等十余个优质机器人项目，目前占地70亩、总投资1.2亿元的二期抱团项目已经竣工。

二、"飞地抱团"发展模式成效显著

综合来看，嘉善村集体经济"飞地抱团"发展覆盖面广、针对性强、实际效果好，镇（街道）、村集体整体受益，群众普遍比较欢迎，走出了一条相对薄弱村自我造血增加收入、全域资源整合优化配置的路子。

（一）"飞地抱团"获得肯定并推广

嘉善县强村计划"飞地抱团"发展模式得到时任浙江省委书记的批示肯定。"推广嘉善等地村集体经济'飞地抱团'发展模式"写进浙江省乡村振兴行动计划。跨县域"飞地""造血"助推精准扶贫脱贫机制作为全省26条经济体制重点领域改革典型经验在全省推广。强村富民的"飞地抱团"扶贫项目荣获第五届浙江省公共管理创新案例优秀奖。《通向改革强村之路：实现制度优势向发展优势转变的嘉善模式》得到时任农业农村部领导的批示肯定，《从改革强村发展看新经验新优势在嘉善的实践》得到了时任浙江省副省长的批示肯定。2020年2月19日，时任浙江省委副书记、省长来善调研给予充分肯定。

（二）"飞地抱团"有助于强化村集体"造血"能力

实践证明，通过"飞地抱团"发展壮大村级集体经济，让地理位置偏远或受规划限制、村内资源匮乏、发展空间较小的薄弱村拓展了发展空间，实现了"本地低效造血"向"异地高效造血"的转变，创新践行了土地资源变资金，资金变股金，村集体变股东的集体经济发展新模式，在提高经济收益的同时，促进了村集体资产的保值增值。原先村集体各自分散搞建设、招项目，缺乏专业人才，困难多、进度慢、项目质量不高。"飞地抱团"发展项目质量较高，同样的资金能换取更多利润，参与此类项目可较快实现村集体增收、村民获益。比如，同样300万元，投到天凝镇蒋村和投到大云镇，产出完全不一样。天凝镇蒋村地理位置偏僻，2013年蒋村村建设标准厂房，每年只能收到5万元租金。现在参与大云中德生态产业园"飞地抱团"发展项目后，通过专业化管理和市场化运营,"由专业的人干专业的事",轻轻松松拿到30万元分红。不仅是相对薄弱村,像缪家村这样的经济强村虽然不能享受奖补政策,但参与积极性也很高。缪家村书记说,"飞地抱团"发展项目质量较高,前景看好,参与这些项目使村干部减负、村集体增收、村民获益。

（三）"飞地抱团"有助于实现资源优化配置

实践证明,"飞地抱团"通过破除阻碍土地等要素自由流动的体制机制障碍,扩大要素市场化配置范围,实现了"项目空间错配"向"项目空间匹配"的转变,进而在更大空间布局上,实现零散碎片化开发向整合集中开发的转变,为经济高质量发展提供空间支撑,有效推动村集体经济发展质量变革、效率变革、动力变革。"飞地抱团"发展既解决了偏远薄弱村"造血难"问题,也解决了一些区位优势镇土地指标紧张难题。"飞地抱团"发展一方面将建设用地指标等稀缺资源从零散碎片、低效利用的农村集中配置到条件相对优越的"飞地",为发展平台提供了用地指标,解决了耕地短缺的难题。在县域空间布局上,实现了零散碎片化开发向整合集中化开发的转变,为县域经济高质量发展提供了空间支撑。

（四）"飞地抱团"有助于激发市场政府活力

实践证明,"飞地抱团"发展通过更好发挥政府作用,健全要素市场运行机制,完善政府调节与监管,做到放活与管好有机结合,提升监管和服务能力,引导以土地为核心的各类要素协同向先进生产力集聚,实现了"市场政府分隔"向"市场政府合力"的转变。这一模式下的村级集体经济发展,市场发挥了决定性作用,政府也更好地发挥了作用,市场政府优势互补,相得益彰。政府可以根据发展规划,统筹解决"飞地"布局、项目运营、土地指标配置、薄弱村资金来源等关键问题,最大程度优化空间布局和资源配置,提升区域整体发展水平。市场则通过规范的现代化运作机制、安全合理的投资回报率整合资源、团结村集体,形成强大的凝聚力,实现经济社会效益相统一。同时,"飞地抱团"也把改革强村作为凝聚农村基层党组织战斗力的重要阵地,通过聚焦构建农村善治体系,充分发挥基层党组织牵引作用,进一步完善红色代办、红海联盟等党建工作机制,营造出"干群同心推发展,社会各界助发展"的强村良好氛围,进而推动提升改革强村过程中的党建引领、平台创新和农民自觉。

第四节 提升村级集体经济发展的支持政策

在壮大村级集体经济发展上,嘉善县制定了"1+X"的一揽子政策,"1"核心政策就是《关于实施第四轮"强村计划"全面提升村级集体经济发展品质的工作意见》,"X"就是若干个配套政策。

一、"1"核心政策

(一)在项目补助上

凡参与投资县级抱团项目的重点扶持村,单个村第一个项目投资额达到200万以上的,县财政按首个项目实际投资额的50%给予补助,最高不超过100万元,镇(街道)财政给予30%的配套补助,最高不超过60万元;县级重点扶持村参加第二个县级抱团项目的,县财政按参投第二个项目实际投资额的30%给予参加抱团项目重点扶持村资金补助,最高不超过60万元。

(二)在土地要素上

经县"强村计划"领导小组确定的县级抱团发展项目及重点扶持项目,由县优先安排计划用地指标,三年总量不少于200亩指标倾斜支持,允许跨年度统筹安排使用。

(三)在规费减免上

对村级集体(含村级控股的合作社或多村抱团的公司)全额投入的项目或项目所属村级集体部分,在报批、建设、验收过程中应交的14项规费(如土地出让净收益、土地指标费等)按文件给予相应减免。

(四)在金融扶持上

凡村级股份经济合作社(或多村抱团参股公司化运作的项目)为发展村级经营性物业,需向嘉善农商银行融资的,贷款利率给予优惠(对参加县级抱团项目重点扶持村给予基准利率优惠)。超过总投资额,贴息时间不超过三年。凡投资建设跨区域强村抱团项目的重点扶持村,给予200万元贷款总额内财政贴息政策,由县财政按当年度基准利率给予全额贴息。

二、"X"配套政策

(一)在美村建设上

对列入县美丽乡村精品村建设项目实施计划并完成建设任务的,县财政按建设项目审定投资额的50%给予补助;对列入县美丽乡村风景线建设项目实施计划并完成建设任务的,县财政按建设项目审定投资额的60%给予补助;对被评定为县美丽乡村精品村的行政村，县财政以奖代补给予不超过 50 万元的补助；对被评定为县美丽乡村示范村的行政村，县财政按建设项目的审定投资总额，以奖代补给予 100 万—400 万元的补助；对达到农村人居环境全域秀美村普适标准的村（社区），县财政给予 10 万—30 万元的奖励；对达到农村人居环境全域秀美村示范标准的村（社区），在普适标准奖励基础上，县财政再增加 20 万元的奖励。

（二）在长效保洁上

县财政每年统筹 2800 万元用于城乡环境卫生"四位一体"长效保洁经费补助。对已建成美丽乡村精品村、示范村长效管理机制且运行成效良好的，县财政分别给予 10 万元/年、20 万元/年的补助。进一步落实农村生活垃圾分类长效运维机制，县财政结合考核结果，对日常运行经费给予最高 120 元（户/年）补助（非本县户籍的按每 6 人折一户）。

（三）在优美庭院上

对成功创建市级"优美庭院"示范村的，县财政给予 10 万元的一次性奖励；对县级"美丽庭院"争先进位村，县财政给予 10 万元的一次性奖励；对县级"美丽庭院"标杆村，县财政给予 20 万元的一次性奖励。

（四）在土地流转上

对当年新增委托连片流转土地面积 300 亩以上，县财政按 250 元/亩一次性给予村级组织奖励；对当年度委托流转面积达到本村承包经营权面积 90% 的村股份经济合作社，县财政按委托流转面积一次性给予 200 元/亩的奖励，次年起委托流转面积占比维持在 90% 以上的，每年按委托流转面积给予 50 元/亩的奖励；经备案设立的"集中耕作区块"，集中率达到 90%、70% 的，县财政分别按 400 元/亩、300 元/亩一次性给予村（社区）奖励。

（五）在耕地保护补偿上

重点扶持村的耕地保护补偿标准按《中共嘉善县委嘉善县人民政府关于加强耕地保护和改进占补平衡的实施意见》（善委发〔2018〕35 号）中经济薄弱村的标准［在原有的基础上再增加 50 元/亩·年］执行，耕地保护补偿提高部分全额留作村级集体收入。

（六）在村干部报酬补助上

按照财政全额支付、公平合理、绩效挂钩、适度平衡原则和基本报酬不低于县定保障标准要求，全面落实村党组织书记、副书记，村民委员会主任、副主任和村务监督委员会主任基本报酬，由县镇两级财政各承担 50%。对县财政保障范围以外的其他村"两委"干部，按照不低于全县上年度农村居民人均可支配收入的标准由镇（街道）财政进行保障。

第五节　村集体经济发展中面临的困难及对策思考

一、村集体经济发展中面临的困难

（一）从面上情况分析，存在村级收入快速增长和收入结构不合理、增收渠道单一等矛盾问题

历经四轮强村计划，村均经常性收入从2007年的79万元增长到2021年的435万元，增幅达450.6%，年均增速达11.3%。但总体来看，村级集体经济主要以物业经济为主，物业经济收入（包括村级资产出租租金收入、"飞地抱团"项目投资分红等）占经常性收入达70%以上，其他增收渠道相对较少。此外，从全县村集体收入发展看，在县域上呈现北弱南强的布局，南部三个街道和大云镇的42个村（含农村社区）村均经常性收入达到617万元，而北部五个镇的76个村均经常性收入只有334万元。另外，全县14个农村社区村均经常性收入达771万元，104个行政村村均经常性收入只有405万元，区位优势对村级集体经济收入影响很大。比如，罗星街道和合社区位于城市中心地段，该村周边有三所学校、一家医院，人员流量较大，区位优势显著。和合社区经常性收入从2018年548万元提升至2021年1552万元，增长近三倍，该村的主要收入来源为近年来新建成的配套设施带来的租金收入，占比达90%以上。而天凝镇三店村，受区位限制，2021年村级经常性收入179.6万元，经营收入仅8.5万元，村级收入主要依靠县镇两级抱团项目带来的分红收入122万元。

（二）从资产运营分析，存在村级资产总量快速增长和市场化运作不充分、闲置资产未激活等矛盾问题

通过优化重组集体资产、全面盘活存量资源，村集体经济迅速壮大，但乡村资产运营中村集体参与不够深入。如卫生保洁、绿化养护等大量乡村基础服务项目、小型工程均被市场主体瓜分，农业综合化服务只有少部分由村级集体经营，其余均由市场化主体承包。这些潜在的村级集体增收点未被挖掘，一方面是缺乏专业性运营机构、人才及技术，另一方面是部分村干部存在畏难情绪，

缺乏开辟精神,怀有"多一事不如少一事"的心理。平均每一个村卫生保洁经费就高达80万/年,仅卫生保洁这一项目,全县118个村每年就需支出9440万元。此外,在闲置农房盘活上,部分进城购房的村民收入水平高,选择两头居住,存在低效利用;还有部分农房常年闲置,但受传统观念、生活习惯等因素影响,参与集聚盘活的意愿不强。据统计,截至2021年底,全县盘活利用闲置农房只有1048幢。在农村集体经营性建设用地入市方面仍存在政策阻力,导致部分闲置土地难以产生实绩效益。

(三)从土地要素分析,存在发展需求激增和存量可用空间不匹配,土地瓶颈问题制约严重等矛盾问题

2018年,在创新实施"地田房"集成改革,推动全域土地综合整治、全域土地规模流转、全域农房有序集聚,有效盘活了土地资源,截至目前,全县土地综合整治17.9万亩,农田流转率达到86.6%,农房集聚率达55%。近年来村集体发展高质量农业产业,特别是对于农业精深加工、三产融合等意愿强烈,但土地要素仍面临较大瓶颈,一方面建设用地基本都位于城镇开发边界内,优先满足城镇商住、工业用地及基础设施等,农业项目配套的建设用地比较有限;另一方面永久基本农田建设比例高(84.8%),农业设施用地适用面小、范围窄和标准上限低,玻璃温室大棚等设施农业发展的制约较大。

(四)从产业平台分析,存在产业发展全面提速和产业平台不够集聚融合、联农带农机制不够顺畅等矛盾问题

嘉善努力推进农开区建设,部分区域大力推动一、二、三产业融合,着手探索小微产业园建设,在现代农业数字赋能、三次产业深度融合、全产业链发展、美丽乡村建设上取得了一些成效。但从整体推进层次而言,还存在着平台点位散乱、业态不够聚焦、融合度还不足、产业链未形成规模等方面的短板。特别是对于如何拉动集体经济发展、带动农民创业就业等方面还未形成有效的利益联结机制。比如,农业产业平台受益的对象主要是市场主体、外来投资商,甚至是外地的种植大户、农资农机供应商,本地的家庭农场、合作社,特别是小农户受益偏少,村集体经济发展、农业产业平台建设和农民增收致富之间的联结机制还需进一步研究破题。

二、壮大村集体经济的对策建议

(一)聚力组织汇能,夯实强村共富硬支撑

1.选优配强头雁队伍

充分发挥基层党组织在强村富民中的战斗堡垒作用和创富领头雁的示范带

动作用,打破地域、行业、身份界限,拓宽选拔任用渠道,大力推动能人回乡返村,重点在农村致富带头人、乡土人才、新乡贤、务工经商返乡人员、复员退伍军人等群体党员中优选基层干部,积极引导高等院校毕业生和机关事业单位的优秀年轻干部到村任职锻炼,以多种方式、多种路径配强基层干部队伍,加快凝聚乡村振兴、农民农村共同富裕的有生力量。

2. 逐层逐级压实责任

完善"县、镇、村"三级联动、一贯到底的推进体系,县级层面统筹制定村集体经济稳步增长计划,依据各村实际细分时间节点、明确具体目标,并全程跟进落实情况、精准做好指导服务,特别是要建立健全激励与倒逼双向机制,把发展壮大村级集体经济工作与镇街乡村振兴考核、村级年度评价、基层干部报酬增长、评优评先等紧密挂钩,以行之有效的奖惩措施,充分调动基层发展村集体经济的积极性与主动性。

3. 建立健全帮扶机制

针对每年村集体经济收入排名后十位的相对薄弱村,制订"一对一"专项帮扶措施,县镇两级政策资源予以优先倾斜,定期会商解决乡村层面的重点难点问题,并做好指导督促和协调服务等工作。在产业项目、劳务服务、合作发展等方面,推行"强村带弱村"发展模式,实现优势互补、互促共赢。鼓励和引导有基础条件的企业和有"三农"情怀的企业家积极开展村企共建行动,把企业自身业务发展与壮大村集体经济有机结合、一体联动,构建"以企带村、以村托企、村企共赢"的发展格局。

(二)聚力产业育能,激活强村共富主引擎

1. 迭代"以工哺农"模式释放红利

把"工业反哺农业"作为壮大村集体经济的重要抓手,持续做大做精做优原来首创的"飞地抱团"模式,特别是因地制宜用好各类场地、激活各种资源,把县级"飞地抱团"项目优先安排在示范区先行启动区、中新现代产业园、嘉善经济技术开发区等重点区域、重点平台,积极扶持集体经济薄弱的重点扶持村增加投入、扩大占股,以高质量的项目实现高产出的回报,切实增强集体经济"造血功能",从而实现可持续良性发展。

2. 创新"以农兴农"模式提升效益

抓紧新一轮国家农村综合性改革试点契机,加快探索实施"持股飞田"模式,通过"四持四入"模式(引导村级抱团联合持股、运营公司联动持股、服务实体配套持股、市场主体注资持股;支持本村农民流转就地入股、异地农民跨域置换入股、低收农民扶持引导入股、创业农民政策激励入股），将"多元投入、专业运营、精准服务、创新资源"集中到强村富民的农业园区平台，引入高效益、高产出的农业项目，拓宽农业与农村、农业与农民之间共富通道。

3. 深化"以旅带农"模式增添活力

依托毗邻上海都市圈的地理位置和交通优势，鼓励村级集体创办经济实体，拓展"旅游＋乡村"模式，带头发展观光、休闲、康养、研学等新型创意业态，打造旅游型美丽乡村，增加村级集体经济收入。特别是村级集体要注重本地特有的文化元素植入，全面盘活和深入挖掘黄桃文化、田歌文化、乡贤文化、古镇文化等资源潜能，从更深层次、更广视角打造沉浸式乡村旅游体验项目，让农村旅游新业态成为集体经济新的增长极。

（三）聚力改革赋能，催生强村共富内生力

1. 深化农村产权制度改革

深化农村产权交易体系建设，完善农村产权流转交易、评估担保等综合服务，更好激活农村"沉睡资产""静默资产"，推动集体资产保值增值。推广"两山银行"等做法，激活农村生态资源，积极构建乡村生态价值核算体系，通过经营性渠道反哺村集体，真正实现美丽乡村向美丽经济转化。探索推进农村集体经营性建设用地入市，重点保障乡村振兴项目建设，做大做强集体经济。加强集体"三资"监管，提升农村集体经济数字化管理水平，持续深化党务、财务、村务公开。

2. 构建村庄多跨经营机制

以村级集体经济组织市场化改革为动力，积极推动以村单独或联合的形式创办强村公司，建立市场运营工作规则和股权配置办法，创设项目准入、评价、监测标准，有效集聚县镇两级国有资本和各类投资主体、专业机构共同参与乡村产业运营，开展实业投资、物业服务、旅游开发、农业生产社会化服务和农村环境长效管护等业务，承接公共财政投入项目，让村集体融入本地产业链条，推动村庄经营机制向市场化、公司化方向转变。

3. 完善联农带农共享体系

在持续发展壮大村集体经济、千方百计做大蛋糕的同时，更要关注蛋糕公平合理地分配问题，即要始终坚持以农为本的理念，不断完善村集体与农户的利益联结机制，深入推进村股份经济合作组织"按股分红"，构建多元参与、更加紧密的利益共同体，让农民获得实实在在的好处，从而以更大的积极性去做大蛋糕，形成互促互进的良性循环。

（四）聚力要素增能，筑牢强村共富保障网

1. 强化土地要素保障

围绕点状供地、农业标准地、承包地"三权分置"、宅基地有偿自愿退出、全域土地综合整治等方面，加快推进关联性的土地制度改革，大胆走出嘉善的探索，进一步提升土地资源利用效能，为村集体经济发展壮大，特别是落地农业产业项目提供用地保障。

2. 强化资金要素保障

建立健全多元化投入保障机制，完善"领投＋跟投"体系。既要加大财政资金统筹调配，以实实在在的真金白银"领投"乡村振兴，更要充分激活财政资金撬动杠杆作用，鼓励和吸引社会资本"跟投"乡村振兴，特别是加大金融投入力度，探索开展农村集体经济组织信用等级评价，加快开发集体经济组织信贷产品。

3. 强化人才要素保障

大力培育新型职业农民、农村实用人才、农技推广人才、农业科技人员队伍，特别是要搭建人才发展平台、提升人才公共服务，通过一套组合拳来营造乡村"双创"良好环境，从而留住原乡人，召唤归乡人，吸引新乡人。

第六节 "窑望丰赢"共富工坊

实现共同富裕，是社会主义的本质要求，也是中国共产党带领人民走向现代化的基本特征，更是人民群众的共同期盼。嘉善县干窑镇结合自身发展实际阶段，通过基层党组织党建联建和村级集体经济抱团，走出一条纯农业村依托党建统领、现代农业、科学经营，努力实现农业强、农村美、农民富的共同富裕新路径，全力打造具有特色的"窑望丰赢"共富工坊基层共富现实样板。

一、"窑望丰赢"共富工坊发展历程

范东村位于干窑镇东北部，共有17个村民小组、农户751户，常住人口2793人，党员101名。全村共划分3个网格、9个微网格。村党委下设3个党支部，共有"两委"班子成员7名，曾获省级"民主法治村"、省级善治示范村、省级"一村万树"示范村、省级引领性示范社区等荣誉。范东村区域面积5.2平方千米，耕地面积5300亩，历史上一直是经济薄弱的纯农业村，不具备发展工业的条件。2007年，全村仅靠种植水稻为主，农业技术落后、销售渠道单一，村集体经济可支配收入仅为28万元，村民可支配收入明显低于全县水平。2010年村经常性收入仅97万元。范东村两委班子经过十余年的努力，紧紧围绕"农业增效、农民增收"目标，推动体制机制改革创新，依托"窑望丰赢"共富工坊，逐渐摸索出了一条范东特色的党建统领共同富裕发展之路。2022年全年村级经常性收入达到891万元。发放各类奖励、分红230万，让村民共享村级发展带来的红利。

"窑望丰赢"共富工坊的发展历经了十多年的前期探索实践。目前，"窑望丰赢"共富工坊由地相邻、业相近的范东村、范泾村、胡家埭村、新星村、黎明村5个行政村党组织和范东粮油果蔬专业合作社、范泾草莓专业合作社2个专业合作社党组织，组成"5+2"共富工坊。覆盖区域总面积达21.06平方千米，其中耕地面积16955亩，涉及农户3627户、12300余人，主导农产品为稻米、草莓，也包括油菜、甜瓜等经济作物。

（一）成立范东粮油果蔬专业合作社（2008—2015年）

2008年，范东村成立嘉善范东粮油果蔬专业合作社，成员涵盖全村村民。合作社成立初期，种植户还是各自种植，以传统的家庭作业为主，没有统一的规划和管理。本着为全体成员谋福利的初心，积极探索合作机制的优化改善。以推动资源整合和优化配置为主。村党支部通过发挥群众工作优势，积极推动土地流转，动员农户将不愿种、种不了和效益不好的承包地采取入股方式交由合作社，并采用"租金+分红"的模式，根据每年盈利情况给予一定的分红（约为合作社利润的20%），增加农民的收入，提高了农户流转入股的积极性，实现合作社与成员"双赢"。先后建成了农产品冷链中心、大米全产业链提升等一批项目，粮油合作社经营性利润从2015年的1.61万元到2022年达到200万元，实现了100多倍的增长。2022年以来获得市级首批十佳农事服务中心、市级十佳种粮主体等多项荣誉。

（二）成立合作社党支部发挥引领带动作用（2015—2018年）

2015年：范东村成立粮油果蔬专业合作社党支部，建立了"党支部+合作社+生产基地"的新型发展模式，打造"红色田管家"党建品牌，为全村的农业发展注入了"红色力量"。

合作社党支部积极探索"班子强村""绿色美村"和"经济富村"党建引领乡村振兴新路径，通过"党组织+党员""党组织+合作社""党组织+服务驿站"，积极打造"1+3"党建引领乡村振兴发展模式生动样本。同年投资

1000余万元新建占地4.82亩的烘干育秧社会化服务中心，引进粮食烘干机以及育秧物联网设备等40台（套）机械设备，并深入打造"范东大米"品牌。依托粮食功能区项目改造提升，打造了百亩高产示范方，沟渠、机耕道路提升，实施种植户统一管理。

（三）农合联党建助力产业发展和农民增收致富发展（2018—2020年）

2018年，在干窑镇农合联党建"七网融合惠三农"工作品牌推动下，范东村通过党建搭台、组织牵线，于2018年7月成立了嘉善县首个"善农服务先锋驿站"，建立集"农业科研、农技推广、农技骨干人才培养、农业科技成果转化"等多功能于一体的党建农业服务平台，为范东的现代农业持续高质量发展提供"智力"支持。自成立以来合计申报农业项目20多项，累计补贴1500多万元。同年投入800余万元实施粮食功能区提升工程，建成粮食功能区面积4578亩。2019年，成功注册并打响"醉范东"品牌米酒，"范东大米"成功入驻各大商超柜台。2020年，合作社因机构精简优化和内部增效，经重组建立"1+8"股本模式，即"1家村集体股份经济合作社+8位代表"组成合作社股本结构，8位代表与其他700多户成员签署共有、委托协议，全权委托处理合作社相关事宜，使合作社管理更灵活高效。当年度村经常性收入达到372万元，经结算盈余，合作社为全村村民发放分红共计20万余元。

（四）成立"窑望丰赢"共富工坊（2020年—至今）

2021年，干窑镇积极探索党建联建工作机制，将范东村多年来在村级发展工作中的成功经验扩大到地相邻、业相近的5个村和2个专业合作社，通过"党支部+合作社+生产基地+互联网"的新型发展模式，重点发展范东稻米产业和范泾草莓产业，并延伸至米酒、菜籽油等农副产品，以点上"致富"扩大到面上"共富"，推动村级集体经济和农民收入"双提升"。坚持"产业+农户+共富工坊"发展路径，探索"家门口就业圈"建设，鼓励闲散劳动力到共富工坊务工，盘活各村大户和农机手资源，实现就近就业，现已为20余名低收入人群增加工资性收入。通过"保底+绩效"的方式，带动村民增收致富。范东村集体经济收入达613万元，增长63%，全年为村民增收超150万元，范东粮油果蔬专业合作社分红超30万元，村民社员共享发展红利。辐射带动周边村共同发展，2021年联建5村经常性收入共计达2357.44万元，累计申报农业创业项目十多项、涉农补贴150余万元。

2022年，进一步深化党建联建工作机制，拓宽村集体经济抱团发展新路径，联建5村商定以土地和资源入股的形式共同成立嘉善窑望丰赢农业发展有限公司,联合范东粮油果蔬和范泾草莓2个专业合作社,打造"窑望丰赢"共富工坊。通过统一发包、统一机耕服务、统一种植品种、统一生产管理、统一收割、统一粮食回收、统一品牌、统一销售的"八统一"模式,重点经营稻米、草莓等主导产业。投资1000余万元启动稻米全产业链提升项目,打造175亩草莓小微农业产业园,成功创建品牌大米绿色食品标识。聚焦农业"微笑曲线"两端,推动农产品深加工提档升级,开发上市"醉范东"品牌草莓酒等系列产品,有效提高农产品附加值。依托"窑望丰赢"共富工坊辐射效应,打造"丰收共富"电商直播间,试水注册"范米粒"抖音直播号,打造丰收互联线上平台,自建干窑大米拍卖平台,通过线上线下多渠道拓宽产品销路,实现农业增效、农民增收、农田增值。

二、"红色 D.R.E.A.M.S"共富模式

干窑镇"窑望丰赢"共富工坊结合自身发展实际,以共同富裕为目标,全力打造"种田家"的梦想家园,并探索了"红色 D.R.E.A.M.S"(red、direction、resource、efficiency、association、management、sharing)共富模式。

(一)红色(red)是共同富裕道路上的鲜红底色

坚持党建统领高质量发展,切实发挥党委统筹协调作用、基层党组织带头引领作用以及各级党员先锋模范作用。深入实施村党组织书记"领雁带创"工程,坚持把农业带头人积极发展成党员,又把创新探索重任交给党员农户,使"红色力量"成为共富路上的"主力军"。

(二)方向(direction):坚持"双富裕"目标路径不动摇

始终把群众既要"富口袋",也要"富脑袋"的目标作为职责定位和工作方向,全力贯彻乡村振兴二十字方针。制定未来发展规划,明确以稻米产业、草莓产业为主导产业,坚持科技强农、机械强农道路,以现代化农业发展全力助推可持续、高质量共同富裕。

稻米产业上,目前合作社给种植户提供优质的稻谷种子和实惠价格。优价回收,保证原料的品质,又提升经济效益。同时新建500吨的稻谷周转仓,购置每日50吨的佐竹大米加工设备一套,谷物烘干类设备数套,实现每日150吨烘干量目标。草莓产业上,每年鼓励党员、微网格长试种新品种,加强与商超的上架对接,有效拓宽销售渠道。

(三)资源(resource):全力凝聚整合各类优质发展资源

坚持资源优先策略。加强全域耕地资源流转水平。依托农合联党建"七网融合惠三农"架构,加快引进高端农技理念、资源、载体、模式、路径。依托

农合联党建，更好更快打通优质收售渠道。范东村牵头与周边6个村和县银禾农业公司共同组建嘉善窑望丰赢农业发展有限公司，在不改变种粮主体关系、不增加种粮主体成本、不减少农机服务组织收益的前提下，整合了47个种粮主体、20个农机服务组织，开展社会化农事服务。进一步拓展了粮食烘干加工、农资配送、农事服务、农机维修、农产品销售等农事服务功能，服务面积达1.5万亩，目前服务承接到了罗星、大云，还预计全年农业服务产值超1000万元。在党建统领下，成立嘉善窑望丰赢农业发展有限公司联合党委、"窑望丰赢"共富矩阵，探索村庄经营，吸收了干窑123户低收入农户共同发展，农忙期间还可带动100多本地村民就业，共富工坊得到进一步做大做强。

窑望丰赢农事服务，积极利用本村积累的农机资源，拓宽集体经济"快车道"，与洋马集团联动合作，打造了全县首个农机综合维修中心，以后凡涉及嘉善的洋马农机相关配件可在范东购置，弥补了嘉善的空缺，进一步整合全县的农机具维修，提升农机具维修服务能力。

2022年申请的"稻米全产业链提升项目"纳入省级农业双强项目，获得省级财政资金扶持。依托稻米全产业链提升项目建设，对外承揽谷物烘干、大米加工等服务事项，逐渐延伸产业链，实现"产业兴农、增收惠农"，预计仅利用农机设备对外服务一项上每年可增收50万元以上。

（四）效率（efficiency）：以先进生产力提升现代农业效率

为提高农业现代化生产水平，合作社不断引进高性能农业机械设备，在种植、植保、收获、烘干、秸秆处理等主要生产环节全部实现作业机械化。由于合作社农机装备覆盖率高，数字化程度高，适用性强，不但提高了合作社水稻的生产水平，也在一定程度上带动了嘉善地区水稻生产水平。通过智能物联网技术，合作社的现代大型机械还能精确为本村4000多亩水稻、小麦提供全程机械化作业服务，同时提供新技术新品种引进、测土配方施肥、水肥管理、粮食烘干、大米加工销售、品牌打造等服务，有效保障了粮食增产增收。

目前，"共富工坊"的农业生产各环节已基本实现机械化，水稻产业更是做到全产业链。"范东大米"作为拳头产品，年销售量从2015年的1万斤，到2021年的达80万斤，仅此一项每年增收利润超过40余万元。

（五）联建（association）：发挥"党建联建"作用实现"叠加效应"

建立联席会议机制，研究重大决策，把准工作方向。统筹谋划加强优势互补，实现产业"规模化"发展。推动"先富带后富"，以点上致富带动面上共富，为区域一体化共同富裕提供有效做法和路径。

在"共富工坊"成立之前，5村2合作社之间相互竞争，发展强弱不一，各自为战。范东村地理位置偏僻，没有工业发展，稻米产业销售渠道单一线下门面销售为主；范泾村草莓产业园发展动力不足；胡家埭村资源不集约；新星村区域发展不平衡；黎明村内部竞争问题突出。"共富工坊"成立以后，不仅为村民增收，让社员共享发展福利，更是借用范东大米、范泾草莓的品牌效应，带动其余联建村产品的联动供销，以5村2合作社的产业优势、产品捆绑，打造一条"网红打卡带"，做强共富经济，实现5+2>7目标。

（六）经营（management）：科学经营不断提升产品附加值

以现代企业理念公司化经营"共富工坊"各产业健康发展。坚持以大项目推动产业大发展。坚定不移走立体化、品牌化路线，不全提升产品附加值。探索共富稻田、共富大棚、农旅结合等共富新模式。

（七）共享（sharing）：共享发展成果努力实现共同富裕

始终坚持合作社年底分红机制。探索实物积分方式方法。不断提升全体村民先行富裕高线、生活质量低线和总体发展的水平线。

关注弱势群体，在低保、低边、残疾人等低收入人群中，除了每人每月的基本低保金政策，还有每年1000元/亩的土地流转租金保障，在一定程度上提高了低收入人群的生活水平。

年底分红，除了租金保障，范东粮油果蔬专业合作社每年还有实物分红，包括范东大米、米酒、菜籽油等物。"田亩租金+分红+福利"的共享模式极大凝聚了党群合力。截止到2022年2月，合作社为全村2800余村民发放分红共计45万余元。

共享成果，勤劳的范东人在党的领导下，自力更生，艰苦创业，从2007年到2021年，村集体可支配收入实现了22倍的增长。为全镇55个种植大户提供统防统治技术服务，为一万亩良田进行农药指导与发放，为合作社增收48万元。累计帮助周边村申报农业创业项目十多项、补贴150余万元。实现了范东村的精神物质双富裕，并向着区域一体化共同富裕的目标不断前进！

第十二章 农房改造集聚的改革

嘉善县早在2008年开始农房改造集聚工作，探索宅基地有偿退出试点。姚庄镇桃源新邨社区作为改革试点的主中心，通过农房改造集聚工作开展宅基地货币置换、公寓房置换以及节地置换等多种形式，取得了显著的成效。该镇桃源新邨社区始建于2008年6月，2010年6月首批置换户入住。农户通过自愿报名的方式，放弃原有的农村宅基地，由当地政府牵头，落实土地、资金等，通过统一规划、统一设计、统一建设的方式进行安置房建设。

第一节 农房集聚的姚庄模式

2008年以来，姚庄镇作为浙江省统筹城乡综合配套改革试点，坚持统筹城乡一体化发展战略，从"两分两换"试点实践逐渐向农房改造集聚常态推进。姚庄镇紧密结合城乡统筹实际，合理把握"政府可承受、农民可接受、工作可推进"的原则，制定和完善置换政策，出台《姚庄镇农房改造集聚实施办法》《姚庄镇农房改造集聚补充意见》《关于进一步深入推进农房改造集聚的实施意见》等，引导农民根据自身需求自愿置换。坚持一张蓝图绘到底，不断创新工作推进机制，先后完成了一期、二期、三期农房改造集聚工作，建成了包括姚庄主中心和丁栅、俞汇社区副中心的"1+2+X"新社区，截至2020年底，全镇10280户农户，集聚率达70%以上，2020年城乡常住居民收入比为1.55∶1，通过农房改造集聚，累计可节约土地 3600 余亩。在红船起航地嘉兴打造了统筹城乡发展的"姚庄模式"。

一、农房集聚的缘由

（一）农房集聚是承担统筹城乡综合配套改革的新任务

自 2008 年 4 月，嘉兴市被确定为浙江省统筹城乡综合配套改革的试点，随后嘉兴市启动实施了以"两分两换"优化土地使用制度为核心，包括劳动就业、社会保障、户籍制度、新居民管理、涉农体制、村镇建设、金融体系、公共服务、规划统筹等的"十改联动"。嘉善县选择姚庄镇开展试点工作，鼓励引导全镇农户向 0.98 平方千米的城乡一体新社区——桃源新村社区集聚居住。

（二）农房集聚是拓展发展空间的内在需求

姚庄镇 2000 年起始建立姚庄工业园区迈上工业化道路，2010 年又被浙江省确立为小城市培育的首批试点镇，发展进入快速道。通过十多年的发展，原来规划的 8.48 平方千米的姚庄经济开发区已开发 4.8 平方千米，累计承载 400 多家中外企业，吸纳本地 90% 以上的劳动力和 4 万余新居民就业。工业发展空间越来越受到限制，而当时农户户均宅基地占地 0.6 亩，占用了大量非农建设用地。开展农房改造集聚、推进城乡一体新社区建设是拓展发展空间内在需求。

（三）农房集聚是农民共享美好生活的新期待

2008 年嘉兴的城市化水平相对比较低，还有 50% 以上的农民居住在农村，一方面，农民收入显著提高后改善住房内在需求强烈。2008 年 6 月试点时，姚庄镇共有农户 4805 户，农村居民人均纯收入 1.2 万元。2009 年 7 月，并镇后农户增至 10500 户，当年度农村居民人均纯收入 1.36 万元。但是农民住房除部分通过省市重点工程项目得以拆迁安置外，其余农户的住房大多建于上世纪八九十年代，比较陈旧，迫切需要翻建新房。当然还有很多农民已转变为产业工人，希望能够在城镇居住。另一方面，大部分农户由于分散居住在各自然村落，政府由于财力的限制公共服务基础设施很难向下延伸覆盖，与农民希望能享受基本公共服务，享受美好生活的新期待存在矛盾。

二、姚庄镇农房集聚的发展历程

（一）探索："两分两换"试点推进阶段

从 2008 年 6 月至 2010 年 9 月为第一阶段，是"两分两换"试点推进阶段（见表 12-1）。嘉兴市委市政府提出的"两分两换"：按照"土地节约集约有增量，农民安居乐业有保障"的要求，以"农业生产经营集约、农村人口要素集聚，

表 12-1　第一阶段桃源新邨一期数据

期别	总投入	占地面积	安置农户数	安置类型			总建筑面积
				公寓房	联排房	复式房	
桃源新邨一期	约4亿元	360亩	863户	588套	556套	14套	28万平方米

提高农民生活水平和生活质量"为目的,将宅基地与承包地分开,搬迁与土地流转分开;以承包地换股、换租、换保障,推进集约经营,转换生产方式;以宅基地换钱、换房、换地方,推进集中居住,转换生活方式。但是在实际的操作过程中,姚庄镇的"两分两换"仅仅实行"一分一换一流转",只涉及宅基地,不涉及承包田。这是在慎重思考"到底是把农民从土地上赶出来,还是把农民从土地上解放出来"后决定的。

由于没有现成经验可循,只有摸着石头过河,在边探索边实践过程中,坚持"政府可承受、农民可接受、工作可推进"的原则,坚持农民自愿置换原则,修改完善政策,在反复论证基础上形成了《姚庄镇农村住房置换城镇房产实施办法(试行)》。主要从以下几方面开展工作。

1. 理清家底

采取发放调查表、召开座谈会和上门核查等方式,摸清了全镇所有农户的农村住房、宅基地、人口和产业等情况,发现户均住房面积187平方米,户均人口4.3人,有67.5%的农村劳动力转移到二、三产业,户均现有宅基地面积为1.163亩。

2. 了解意愿

所有党员干部先后进村入户,直接面对农户,了解到绝大多数农民对这一改革表示赞成,自愿置换且集聚居住到姚庄镇农村新社区。

3. 拓宽思路

十分重视向其他地区学习先进理念和经验,分别赴天津市东丽区华明镇、江苏省江阴市新桥镇、上海市金山区枫泾镇新春村和廊下镇万春村等地,进行实地考察,学习经验,拓宽思路。

4. 科学规划

规划先导:在调查摸底的基础上,本着科学合理、节约集约的原则,将姚庄片30.8平方千米划分为商贸居住区、工业功能区和农业产业区三大区块。布局合理:该镇在商贸居住区中规划建设1.2平方千米的农村新社区,其中,0.98

平方千米规划建设为姚庄镇农民居住区，引导4805户农户自愿居住进集聚区；0.22平方千米规划建设为与工业功能区和商贸居住区相配套的综合服务配套区，组建农民物业股份有限公司。推进有序：考虑到政府财力和农民接受程度等因素，将0.98平方千米的集中居住区作为一个整体，一次性规划布局，把整个项目分成四期开发建设，每一期作为一个相对独立的整体进行规划布局，确保项目建设到哪里、功能设施配备到哪里。

5. 合理设计

结合农民生产生活习惯等因素，设计了6层（含车库）的标准公寓房和5层（含车库）的复式公寓房，配以既可用于会展娱乐，又可置办红白喜事的多功能"农民会所"等公共场所，配套设施功能齐全，完全符合农民的个性化需求，又最大限度地体现了节约。首期项目用地311亩，主要建设1000多套标准公寓房和复式公寓房，规划建筑面积22.76万平方米，一期工程项目总投资约4亿元。

（二）调整：农房集聚阶段

从2010年10月至2016年12月为第二阶段（见表12-2），是试点后常态转入农房改造集聚阶段。整个二期跨度时间前后6年左右。从2010年报名，2011年开始陆续招标启动建设，在姚庄主中心和丁栅、俞汇社区副中心等建设"1+2"城乡一体新社区，姚庄主中心安置点桃源新邨社区建成了二邨、三邨、四邨、五邨四个安置小区，总占地838亩，建设公寓房356套、复式房716套、联排房654套；丁栅新社区安置点建成了沉香荡新区，总占地206亩，建设公寓房202套、复式房492套、联排房78套；俞汇新社区安置点建成了俞家汇新村安置区，总占地57亩，建设公寓房88套、复式房24套、联排房68套。全镇已集聚农户2962户。

表12-2 第二阶段数据

期别	总投入	占地面积	安置农户数	安置类型			总建筑面积
				公寓房	联排房	复式房	
桃源新邨二期	约6亿元	838亩	2058户	356套	654套	716套	43万平方米
丁栅沉香荡新区		206亩		202套	78套	492套	
俞汇新村		57亩		88套	68套	24套	

桃源新村二期在坚持原有政策不变的情况下，通过对农民的住房需求和实际情况进行了深入调研分析，并结合小城市建设需要，特别是土地要素瓶颈制约这一特殊情况，在联排房、公建配套房、商品房和货币等置换方式的基础上，增加复式房户型供置换户灵活选择。

在实践中发现更多农户青睐于复式房置换。从经济角度讲，政策规定：可选择联排房置换的农户如果选择复式房置换，奖励要增加，农户置换一套复式房的费用要比置换一套联排房便宜好多万元，所承受的经济压力大大减轻了。从住房角度讲，复式房层数两层半，总建筑面积235平方米左右，大多数超过了原来的农村住房面积，且全部为框架结构，设计合理，可分可连，不仅能解决农户几代人的住房需求，还可以让农户合理安排好生活空间。同时，复式房每户都配备了层高较高的大容量底层，很多老人都喜欢住在底层，也可作为车库，更不用发愁农具等杂物的存放。

（三）完善：农房集聚常态化实施阶段

2017年1月以后为第三阶段是农房改造集聚三期。完成二期置换总结经验后常态化推进农房改造集聚阶段。因老百姓参加农房改造集聚的愿望很强烈，在2017年初出台文件，计划在姚庄、丁栅、俞汇三个点上安置集聚2000多农户。从三期开始，在安置户型、建设模式、管理方式等三个方面进行了较大调整。为增加节地率，在新增土地指标有限的情况下，可以集聚更多的农户，三期主要以公寓房为主，并且向小高层发展，房屋具有划拨土地性质的不动产证。委托国企参与建设和运行，提高社会化和规范化程度。建成后引入正规物业管理，可有效减轻政府社区物业管理压力。在集聚建设路径上，既考虑政策延续性，又结合新形势、新情况，尊重一部分农户意愿的基础上，采用中心点集聚和自建房两种模式同步启动、同步推进。

三、农房集聚的积极影响

农房改造集聚给姚庄经济社会发展和城乡面貌、人民生活带来了明显变化，让农民转变为居民后，有了真切的归属感和幸福感。

（一）节约集约了土地要素

通过宅基地有偿退出、农民统一安置，促使人口向城镇集中、住宅向社区集中，推动农村人口向中心村、中心镇集聚，从而优化农村土地利用布局，促进了集约和节约利用土地。姚庄镇农户宅基地户均节地0.44亩，一、二期农房置换后，获得土地周转指标1250亩，共节约土地1160亩，三期大约节约土地3600多亩，将置换户的农村住房、辅助房及附属物等全部拆除，实施农村土地综合整治，高标准、高质量开展土地复垦，获得的周转指标三分之一用于农房改造集聚新社区建设，三分之二用于工业项目和城市建设，有效破解了土地要素瓶颈制约，推进了姚庄镇的省级经济开发区建设和小城市培育试点建设，为长三角一体化发展腾出空间。农房改造集聚也使政府在对农村公共基础设施投入上节省了1.2亿—1.5亿元，强力支撑了小城市政府性项目建设，提高了资金使用效率。

（二）促进了农业转型

宅基地的退出使得政府能够更好的整合土地资源。在合理、有效的土地资源整合下，不但提高了土地利用率，也有利于农业规模化转型。可以吸引大型农业企业的入驻开发，从而提高农业生产规模化、产业化水平。

（三）优化了公共资源配置

随着农户的集中居住，通过合理规划，政府不再对农村基础设施和公共服务"摊大饼""撒胡椒"式的分散投资，转变为集中投资，投入到学校、城市公园、体育馆、医院、养老中心、电影院等项目，增强了城市功能，提高了公共财政资金使用效率，为进城居民创设优质的城市形态。

（四）提升了农民生活品质

农民住进了户均面积在 200 平方米至 400 平方米不等的新房，改善了居住条件，同时快速高效地共享了城市中的教育、医疗、金融、商贸等公共服务资源，加速了市民化进程。"三线"全部实现地埋，超市、银行等公共服务设施配套完善，绿化率达 30% 以上，全域开展农村人居环境整治，建成了展幸莲花泾、北鹤南北姚浜、渔民村等一批美丽乡村精品村（点），已经建成"桃源渔歌"风景线项目，为还留在农村的农户创造基本的生产生活条件和良好的生态环境。

（五）增加了农民收益

通过农房改造集聚和宅基地的有偿退出，农民的房屋的资产价值得到了大大提升，农民可以通过出租房屋得到租金收入，农民本身可以获得更多的就业机会，可以就近到企业打工，使农民的收入来源多样化，进一步增加收益；同时农民将原有土地入股村经济合作社等，通过土地整体流转又可以获得不错的分红收益。

（六）有效激活城乡经济

农户通过房屋的置换，不仅使原有的房屋实现了增值，并通过对空余房屋的出租，增加了财产性收入。比如，桃源新村社区租住新居民 8000 多人，以每人年均租房支出3000元计算,仅此一项就至少可以为农户增收2400万元。通过农房改造集聚,农村人口向建城区集聚,使小城市的人气、商气更加旺盛,宾馆、超市、金融机构等服务单位不断增多,拉动了城市消费需求。据不完全测算,仅农村居民集聚后对住房的装潢等总消费超过10亿元。同时,通过集聚,一部分不适宜从事现代农业发展的农户,把土地流转给了规模经营大户,促进了现代农业发展,搞活了农村市场。

总之,农民宅基地置换试点实践充分体现了"八个性"的特点:即谋划的超前性、调研的真实性、规划的科学性、设计的务实性、测算的客观性、政策的平衡性、操作的公开性和工作的创新性。宅基地置换跨出的这一步,得到的不仅仅是改善农民生活环境、让农民更方便地享受公共服务这么简单,更重要的是,它真正实现了农民在城市和农村之间的自由选择,是统筹城乡发展,建设新农村,构建和谐社会的一个创新实践。

四、农房集聚的启示及值得关注的问题

农房改造集聚工作周期长、情况复杂、资金需求量大,要素保障要求高。从当时的"两分两换"试点到常态化规范化的农房改造集聚,作为一项创新工作起到了先行先试的作用,积累了可看、可学、可示范的经验,形成了各方关注的"姚庄模式"。

(一)农房改造集聚的启示

1.拥有扎实的产业基础优势

产业基础好。规模农业和效益农业基础好,使农民可以从土地束缚中解脱出来,农业收入增加,农民生活比较富裕,对土地的依赖性减弱;经过多年发展积淀,逐步形成布局科学、环境良好、集聚效应明显的工业发展平台,可以吸收农民成为产业工人。城建基础好。姚庄由乡到镇,到2008年6月农房改造集聚试点时,城镇道路、绿化、供水、供电、排污、亮化及镇村交通道路建设等公共服务设施比较健全,城镇管理基础较好。

2.具备改革攻坚的强大组织力

姚庄镇先后获得全国文明镇、国家卫生镇、全国环境优美乡镇、全国先进基层党组织、浙江省"五好"乡镇党委、浙江省第二届"人民满意公务员集体"等荣誉,人民至上的崇高服务意识深入到每个公务员的行为中。开展的"523"团队(所谓"523"团队,就是要求全体镇村干部做到"5有",即每晨要有清醒、每天要有激情、每周要有成效、每月要有突破、每年要有跨越。"2子",就是时刻带着镜子照不足,带着尺子找差距,严格自律,拔高标杆。"3会",

即每位镇村干部要成为会干、会讲、会写的干部）建设，使镇村干部组织力、凝聚力、战斗力、创造力得到提升，拥有推进改革攻坚的强大组织力。

（二）农房集聚中值得关注的问题

从长远发展来看还存在一些问题需要关注和研究。

1. 村庄布点规划与实际匹配难

县级、镇级现有的规划，都是通过专家评审，地方人大通过的地方性法规，但是由于形势在不断发展、理念在不断更新、要求在不断提高，原有的布点规划与当前的实际有很多不匹配、不完全适应的地方。在规划用地空间上，由于公寓房安置需求的大量迅速增长，中心社区用地已明显不足，而偏远村域规划需求降低，需要进行调整。另外因农户大量"离村进城"，有些村即将成为"空心村"，不少村庄中心地带宅基地出现闲置，浪费了有限土地资源，破坏了农村景观布局。因此，需要抓紧修编完善各类规划并完成报批备案。各地在开建自建点前，县级部门要给予各类技术指导帮助。

2. 集聚房屋"定性"难

姚庄农房改造集聚一、二期的集聚房由于房屋坐落、用地性质、建设主体等原因，到底是"农村宅地"还是"城镇用房"很难定性，也就导致了大部分房屋无法拿到产证，大部分农民无法"凭证入户"；同时，根据《中华人民共和国户口登记条例》规定，之前通过农房改造集聚"进城"的农户，虽然没有了原有的农村宅基地，但是也没有新的不动产权证，所以仍旧保留农业户口，产生了"人在城镇，户口在村"的情况，为城乡一体化新社区的党组织管理和社区治理等带来极大难度，而按照现行法律规定，符合"农村居民户无宅基地的"等条件的农民可以申请宅基地用地，这也给农房改造集聚政策的进一步推进及社会稳定埋下了极大隐患。

3. "人户分离"管理难

农房改造集聚点是介于城市社区和农村社区之间的一种过渡型的社区，为了更好管理成立社区居委会，但是居民的户籍身份、政治身份、经济身份还挂在原居住地所在村，社会身份、生活身份属新社区，对于社区的环境卫生、治安秩序等处理起来难度较大。建议县级相关部门成立改革创新推进小组，抓紧启动研究集聚农户户籍制度改革，先行先试。同时，要审慎研究梳理处在城乡之间的城乡差别政策，研究制订一体推进方案。

4. 文化融合难

农房改造集聚覆盖全镇所有村。在传统上，18个村都有自己的村落文化，村民生产生活习惯还是有所不同的。通过农房改造集聚，村民聚集在一起，但大家还是熟悉的陌生人，新社区的文化力量、文化进入方式还是初创时期，没有现成的经验加速形成新的城乡一体新社区独有的文化，以达到感化人、教育人、塑造人、培育人目标。需要创新发展集聚区的文化，使集聚区居民能够有归属感、认同感。

5. 需要关注村级组织建设的问题

一方面，通过三期置换，将姚庄村、清凉村、武长村、展幸村、展丰村、南鹿村等6个村农村几乎置换完毕，行政村存在的区划需要重新进行调整，涉及到村级集体经济股权问题如何处置。另一方面村级党组织和村级自治组织村民委员会将何去何从？村级组织的各类人员何去何从等等，都需要关注并加以解决。

第二节　姚庄镇农房改造集聚措施①

为进一步加快城乡统筹发展，根据省、市、县关于加快农村住房改造建设的文件精神，姚庄镇结合实际制定《姚庄镇农房改造集聚实施办法》（2016年1月25日印发）。

一、农房改造集聚的目标

农房改造集聚是指拥有农村宅基地的农业家庭户（以下简称农村住户）自愿以农村住房、非住宅房屋和附属物等置换具有不动产权证的公寓房，并有偿退出原有宅基地的行为。农房改造集聚坚持与农村土地整治（复垦）项目相结合，以改善农村住户居住条件，节约集约利用土地，促进镇域经济社会发展为目的。农房改造集聚工作由姚庄镇人民政府组织实施，镇农房改造集聚办公室负责日常工作，各村必须建立相应的工作领导小组，落实专人负责本村农房改造集聚工作。

二、农房改造集聚的申请条件

符合下列条件之一的农村住户，由本户申请，村股份经济合作社审核，镇人民政府核准，参加农房改造集聚：五连户及以上连片集聚的农村住户；在前

---

① 选自《姚庄镇农房改造集聚实施办法》（2016年1月25日）印发。

期农房改造集聚中同一连体住房内已有农户置换的尚存农村住户；自然村落尚存零散农村住户，作为整体置换报名；其它因政府项目建设需要予以置换的自然村落或地块中的农村住户。

有下列情形之一的农村住户，不予参加置换：房屋产权有争议的或权利受限制的；将农村住房擅自转让或赠与给他人的；同一连体住房中现有所有农村住户没有达成一致置换意见的。另外，连户或整体置换的地块中涉及非农村住户的农村住房，参照货币置换进行补偿。当报名数超出计划数时，以抽签方式确定，抽签办法另行制定。

三、农房改造集聚置换方式和地点

（一）安置地点和房屋性质

安置地点主要在姚庄新社区和丁栅新社区、俞汇新社区。姚庄新社区主要安置姚庄村、展幸村、展丰村、南鹿村、横港村、北鹤村、清凉村、武长村、中联村、俞汇村的农村住户。

丁栅新社区、俞汇新社区主要安置丁栅村、沉香村、银水庙村、北港村、界泾港村、中联村、俞汇村、金星村、俞北村的农村住户。

（二）房屋性质和物业管理

组合式电梯子母公寓房、电梯公寓房，是具有不动产权证的住房，土地性质为国有划拨，缴纳房屋维修基金，由物业公司根据物业管理有关条例规定收取物业费。

（三）置换方式

置换户可以自愿选择组合式电梯子母公寓房、电梯公寓房、货币安置中的任何一种方式进行安置。选择组合式电梯子母公寓房、电梯公寓房的置换户，限选一套（组），依照本办法第九条规定选择安置地点。在册农业户籍为1人、原合法户型占地面积小于110平方米的置换户，只能选择电梯公寓房安置。

在安置地块内拥有本镇农村合法户型宅基地住房的非农村住户在参照货币置换的基础上，可按照本办法选购公寓房。其中原合法户型占地面积小于110平方米的，可选购电梯公寓房一套；原合法户型占地面积大于110平方米的，可选购组合式电梯子母公寓房一组，购房价格按置换价格上浮50%计算。

四、置换面积认定与补助标准

原合法户型占地和建筑面积认定标准：按照土地使用权证或其他合法权属证明记载的合法户型占地和建筑面积计算，房屋实际占地面积小于以上面积，按实际面积计算。

补助主要分为旧房补助、宅基地补助、货币安置宅基地补助和其他的补助。

（一）旧房补助标准

对自愿置换的全部农村住房、农村非住宅房屋和附属物，由评估机构按照房屋重置价格结合成新率等因素综合评估（评估标准以县政府公布的补偿标准为准），对评估结果经本户确认的资金总额（包括旧房残值）给予50%的补助。

（二）宅基地补助标准

以置换户原宅基地合法户型面积为基准，按下列各档进行补偿，宅基地户型面积中不足1平方米的，以1平方米计算。

1. 原合法户型占地面积为125平方米及以上的户，补助为10万元；

2. 原合法户型占地面积大于等于110平方米小于125平方米的户，补助为8.8万元；

3. 原合法户型占地面积小于110平方米的户，补助为6万元；

（三）货币安置宅基地补助标准

非农村住户，对原合法户型农村住房、非住宅房屋和附属物进行评估，按评估价（包括残值）的50%给予补助，对退出原宅基地，给予合法户型占地面积每平方米800元的补助。

（四）其他补助

1. 参加安置的置换户，每户补助一次性搬家费800元。

2. 临时安置补助费：每户每月补助200元，另按照户籍人口（实际农业人口）每人每月补助100元。补助时间从腾空原有旧房并经验收确认之日起，至交付新房钥匙之日止。

3. 按时签约、腾空、不抢装修的，分别给予原合法户型建筑面积每平方米20元、30元、30元的补助。

（五）补助款兑现方式

置换户所得全部补助资金和新房置换价实行货币差额结算，多退少补。

五、置换房型及价格

（一）置换房型和面积

1. 组合式电梯子母公寓房户型面积约为190平方米，内含两套住房，其中一套约为120平方米，另一套约为70平方米；车库约为7—8平方米。

2. 电梯公寓房户型面积约为70平方米左右、90平方米左右和120平方米左右三种户型，车库约为7—8平方米。

（二）置换价格计算

1. 组合式电梯子母公寓房、电梯公寓房置换价格：姚庄新社区基准价约为2200元/平方米，俞汇、丁栅新社区基准价约为2000元/平方米。

房屋价格为基准价乘层次差率。层次差率以公告为准。

2. 车库价格以公告为准。

六、置换程序

各村须召开村民代表大会决定是否自愿按《姚庄镇农房改造集聚实施办法》（2016年1月25日印发）参加置换。在此基础上，符合置换条件、意向参加农房改造集聚的农村住房，以户为单位向所在村书面申请进行预报名。

经村股份经济合作社审核，符合置换条件的申请置换户，按规定填写置换报名表，由村股份经济合作社对报名户名单、原住宅面积、其他房屋情况及连片连户情况等进行公示，公示时间为3天，并上报镇人民政府核准。经核准后，签订置换协议，协议应约定和明确双方的相关权利义务。协议签订后，一方当事人违约的，应承担违约责任。

经镇人民政府核准的置换户，进行公示，公示时间为7天，经公示后置换户因自身原因退出置换的，自动取消置换。

经公示无异议的置换户，由评估公司对置换户农村全部房屋进行评估，并予以公示，评估结果由置换户签字确认。

由受委托的拆迁公司发出限期腾房通知书，办理相关旧房移交手续。

镇人民政府根据评估公司评估报告和腾房确认书，确定补助标准。由村股份经济合作社与置换户签订《农村宅基地退出补偿协议》，签约时，代为收回集体土地使用证等相关证件。选择货币置换的一次性结清。

选择组合式电梯子母公寓房、电梯公寓房置换的，根据规定组织抽签选房后，与相关公司签订《安置房购房合同》，并根据《安置房购房合同》有关约定进行交房。

注销。村股份经济合作社根据村民签订的《农村宅基地退出补偿协议》，统一向镇人民政府申报，经审核上报县人民政府批准收回原宅基地使用权，并依法注销其原集体土地使用证。

七、之前文件废止

《姚庄镇农房改造集聚实施办法》（2016年1月25日印发），2017年2月25日起实行。同时下列文件予以废止：

1. 姚政〔2008〕95号《姚庄镇农村住房置换城镇房产实施办法（试行）》

2. 姚政〔2009〕14号《姚庄镇农村新社区一期置换户置换程序调整及奖励办法》

3. 姚政〔2009〕43号《姚庄镇农村住房置换城镇房产补充意见》

4. 姚政〔2009〕83号《姚庄镇农村住房置换城镇房产补充意见（二）》

5. 姚委〔2010〕81号《姚庄镇农房改造集聚实施办法（试行）》

6. 姚委〔2012〕93号《姚庄镇农房改造集聚实施办法（试行）》补充意见（一）

第三节　全域推进农房集聚的"211工程"

自2008年以来，嘉善不断完善规划、加强保障、强化举措、规范管理，农房集聚建设成效显著、深得民心。2017年针对农房集聚过程中村庄规划审批执行不到位、集聚点建设速度慢、点外建房仍然较多等实际情况，县委、县政府提出了农房集聚建设"211工程"三年方案（即3年全县完成建设公寓房200万平方米、集聚农户1万户和复垦农村建设用地1万亩的总体目标）。2017年至2019年，嘉善县累计开工建设公寓房260万平方米、集聚农户11457户，实施全域土地综合整治与生态修复区域面积36800亩，超额完成农房改造集聚"211工程"的目标任务。截至2019年底，全县累计集聚农户3.4万户，建设公寓房300万平方米，集聚率达48%。通过农村土地综合整治项目，嘉善县农村土地资源联动盘活，嘉善县累计获得土地周转指标13647.71余亩，户均节地0.4亩，节余指标3500亩，推进土地资源节约集约利用。

一、全县农房集聚基本情况

嘉善县坚持将农房改造集聚工作作为城乡统筹发展的切入点和突破口，通过创新举措、完善制度、攻坚克难、层层发动，全力建设城乡统筹先行区，涌现出了姚庄桃源新村、干窑月半湾小区、大云缪家小区、罗星库浜新区、开发区（惠民街道）枫南新区等一批典型集聚新社区，为小城镇环境综合整治奠定了良好基础，形成了体制基本接轨、产业相互融合、社会协调发展、差距明显缩小的城乡协调发展新格局。2017年4月的农房集聚工作现场推进会，嘉善县委、县政府要求突出重点、精准发力，推动农房改造集聚取得更大成效，提出了农房集聚建设"211工程"三年方案。

（一）加强组织保障

县政府专门成立了县农房办，并根据工作推进的需要调整农房办的力量，有效整合县自然资源规划局、县住建局等部门的人员力量，各成员单位积极配合参与，全力推进这项工作；各镇（街道）主要领导亲力亲为，组建专门工作班子，把解决农民建房问题作为工作重点，以解决本镇（街道）范围内的刚性建房需求为底线，把三年要建设的集聚点，在时间、户数、1、X、Y 启动的点数上都具体量化，并形成了镇（街道）新市镇公司代办代建等形式。

（二）推进农房确权登记

不动产统一登记是推进宅基地有偿退出改革的强力助推剂，也是保障农民权利的一项重要任务。针对宅基地登记发证历史遗留问题，制定了宅基地历史遗留问题处置办法，陆续出台了《嘉善县农村宅基地登记发证实施细则》《嘉善县农村集体土地范围内房屋所有权初始登记办法（试行）》《嘉善县集体土地范围内农房确权登记实施细则》等一系列政策文件，针对历史遗留问题排查出来的问题，结合当前宅基地及住房确权发证的有关政策文件精神，提出了解决宅基地历史遗留问题处理意见，为加快宅基地确权发证速度，推进宅基地有偿退出改革奠定基础。

（三）优化规划布局

按照多规融合的要求，综合考虑经济社会发展、生态保护等因素，以全域土地综合整治为基础，大力推进村级规划的编制工作，以镇（街道）为单位，统一落实上报"村庄规划"，开展全县村庄规划审批。针对原有规划点多、点散等情况，按照"做大做强中心点、做精做优保留点、缩减一般集聚点"的原则要求，通过广泛调研征集民意，进行了规划设计再优化，对村庄规划存在的问题进行修改完善，针对特殊户型需要调整规划的及时进行修编。除罗星街道其他镇（街道）均不同程度调整优化。全县村庄布点由249个调整为保留146个，缩减23个，取消80个。把节余的用地指标集中到中心点建设，提高政府对农村公共基础设施投入资金的使用效率。

（四）出台配套政策

按照"政府可承受、百姓可接受、政策可持续"的原则，相继出台了《关于加强农房改造集聚与建设管理工作的意见》《嘉善县国土资源局宅基地"三权分置"改革实施方案》《嘉善县宅基地有偿退出暂行办法（试行）》《嘉善县农村宅基地使用权转让实施细则（试行）》《嘉善县享受农村村民住宅用地（宅基地）政策人员和分户认定细则》等相关政策文件及配套措施，从宏观上引导新政策的施行，为宅基地的有偿退出工作提供了政策保障。明确了全力保障建设用地指标，对刚需户（危房户、无房户、新增户）所需建设用地指标由县全额保障，对农房改造集聚"211工程"公寓房建设所需用地指标由县重点保障；加大农房集聚保障力度，增加县财政贴息扶持，追加建设启动资金补助，加大对自愿到集聚区公寓房置换的奖补力度，建立农房改造集聚保障专项资金；减免农房集聚项目相关收费，县级有关部门在政策允许的前提下，有关收费能免则免，能减则减。各镇（街道）也均出台了农房集聚安置等相关政策。

（五）做好结合文章

在推进农房集聚建设过程中，注重了与土地流转、全域土地综合整治等工作相结合。通过土地流转为引导农民到中心集聚点居住提供了基础，也为全域整治提供前提条件。农房集聚为土地整治腾出整治空间，土地综合整治既解决指标问题，也解决空间问题，还解决农村刚需户（无房户、新增户、危房户）等群体住房困难的重要举措，解决农民的部分补偿问题。因此，开展农房集聚，是推进新型城市化和城乡发展一体化的有效路径，是加快城乡统筹、促进人口集聚、改善城乡环境、推进转型发展的有力抓手，也是实现土地集约节约利用的治本之策，理顺了"房、钱、地"三者的关系。

二、全域农房集聚过程中存在的差距

围绕农房集聚"211工程"目标任务，农房集聚推进力度大，农房集聚规划布局优、农房集聚政策进一步完善，但是涉及面广、直接和人民群众利益相关，存在一些困难和问题，主要表现在以下方面。

（一）主体之间进度不够均衡

农房集聚推进过程中受资金、土地、规划等资源的制约，如有的项目资金没有落实、有的项目名称需要调整、有的规划设计需要调整、有的项目地块没有落实（土地征迁没有完成）、有的项目涉及收费协调等，各镇（街道）农房集聚推进差异日益明显。

（二）主体之间政策不够平衡

在县指导性政策意见的基础上，各镇（街道）都相应出台了农房集聚公寓房安置实施办法并进行优化调整。如魏塘街道于2017年出台了《魏塘街道农房集聚中心点公寓房安置实施办法（试行）》、2018年出台了《魏塘街道农房集聚公寓房安置实施办法》。综合全县9个主体的农房集聚公寓房安置政策，从安置面积、安置价格（标准面积、产权调换面积、不可分割面积等价格）、奖励补助（旧房评估补助、签约腾空奖励、宅基地置换奖励、公寓房安置奖励、联片搬迁集聚奖励和其他补助等）看，罗星街道、大云镇安置政策最高，开发区（惠民街道）、魏塘街道次之，这4个主体基本与城市征地拆迁安置政策相当，姚庄镇处于中间，西塘镇、干窑镇略低，陶庄镇、天凝镇最低。以一个中等户测算，最高的和最低的安置方面相差40万—50万元。

（三）主体之间资源差异明显

农房集聚所需资金量很大，部分镇因土地、政策等资源的制约全面完成"211工程"的目标任务比较困难。由于历史原因和产业发展差异，各镇（街道）之间、村之间户均宅基地、房屋周边闲置用地相当不平衡，农房集聚所腾出的户均可进行整治的土地资源相差较大，部分镇通过农房集聚后整治净增耕地不大或者无净增耕地，如有的镇（街道）的部分区域户均宅基地达到1.5亩以上，陶庄镇户均宅基地约0.6亩、天凝镇约0.7亩。各镇（街道）地理位置不同，安置方式、土地出让价格等都不同，土地收益和安置成本资金平衡困难。同时由于农房集聚启动先后和项目性质因素，有的农房集聚获得了上级"棚改"等政策支持，有的项目无法获得上级的各类政策资源。部分镇受这些因素的制约，只能启动规划中的部分农房集聚项目，保障无房户、新增户、危房户等群体的住房需求。

三、对全域农房集聚的再认识

嘉善处于长三角生态绿色一体化发展示范区的核心区，必然会对区域内的人口、产业、生产力等布局调整带来很大变化，加快推进以人为核心的新型城镇化，推动县域农业转移人口向中心城区和主要城镇有序转移。从实践看，城镇化是集约节约土地的重要途径，是推动城市有效治理的重要载体，是提高公共服务水平的重要条件，是促进产业转型升级的重要基础。2017年在推进农房集聚时深刻认识到：全县40%的农村人口，占用了60%的建设用地，用3年推进农房集聚，既保障了集聚农户的居住，节约出来的土地又能够支撑经济社会的发展。事实证明，农房集聚的效应正在不断显现，公共资源的不断集聚，减少了农村基础设施和公用设施的重复建设，从而基本实现了城镇一体化的公共服务，孩子读书、老人看病、年轻人就业等生产、生活的各个方面有了很大的改变，也改善了基层治理。统筹城乡，只有抓住新型城市化这个龙头，才能激活发展的澎湃活力。

推进统筹城乡发展，农房集聚无疑是最有现实和战略意义的切入点和突破口。农房集聚改造不是简单的村庄整治或者给农房"穿衣戴帽"，而是促进农民生产和生活方式转变，解决阻碍农民进城的购房成本，是从农民变市民的过程，也就是社会转型与经济转型的过程。经过农房集聚，绝大部分农户的年轻人均在县城、集镇有住房，年轻人住在城镇，老年人则住在农村，农村房屋闲置率很高。农村土地流转或者代耕代种等形式让农民从土地解放出来，农民非常愿意到功能更加齐全的集聚点集中居住。农户参加农房集聚后一般将有2至3套公寓房，除自己居住外可以出租，农户的财产性收入占比将有大幅提高。

（一）要加强宣传引导

要加强城乡统筹、推进新型城市化的重要意义和总体要求的宣传，加强县域科学发展示范点和长三角一体化生态绿色示范区建设的宣传。建议针对部分群众对农房集聚认识还不够清晰，要加强农房集聚规划、区块选址、安置程序、安置政策、房屋性质等内容的宣传，要给农户看农房集聚公寓房的"区位图""效果图""户型图"，宣传好集聚小区的配套功能等情况，让规划集聚的农户真正了解农房集聚的情况，充分调动农户的积极性，转变传统居住观念，形成良好的推进农房集聚的群众基础。

（二）要落实政策保障

要加强推进农房改造集聚工作需要创新保障途径，打好政策组合拳。相关部门要综合施策、统筹推进。要根据"政府可承受、农民可接受"和"鼓励公寓房安置"的原则，进一步"做大做强中心点、做精做优保留点、缩减一般集聚点"，完善并执行好农房集聚的各类奖补政策，完善各镇（街道）差异化支持政策，对农户原宅基地较小、节地不明显的区域给予重点支持，平衡各镇（街道）落实以奖代补政策，鼓励农户联户整村成片搬迁集聚，促进农房改造的可持续发展。

（三）要持续推进建设

围绕既定目标，部门联手，镇村联动，坚持有序推进不变。各相关部门要加强对镇（街道）的农房集聚的业务指导，完善各部门业务工作之间的协调机制，提高对镇（街道）农房集聚工作中征迁、报建等环节的服务。注重农房集聚规划与国土空间规划、镇总体规划、村庄规划及各项专项规划的衔接，对规划未覆盖的集聚点建设项目，全力做好农房规划的优化调整。要正确分析政府的承受与农民的需求相对称的问题，农房集聚区的选址，优先选择在交通区位优势明显、公共服务设施完善、综合经济发展较强的区位。要争取上级的补助资金用于集聚点的公建、道路、绿地等市政配套基础设施。要拓宽融资渠道，加强与银行、企业的对接，保障农房集聚项目建设有序推进。

第四节 闲置农房盘活利用的探索

随着城镇化和工业化的快速推进，大量农村居民进城务或进城居住，导致农村农房大面积闲置。但与此同时，城市建设用地与农村发展建设用地又面临着紧缺的状况，土地的稀缺和闲置现象矛盾并存。近年来，嘉善县深入贯彻落实省、市关于农村宅基地改革管理的各项工作部署，紧紧围绕"双示范"建设，以农房盘活数字化场景为改革试点，因地制宜开展实践探索，积极稳慎推进闲置农房盘活利用，进一步带动农民增收，推动乡村振兴，助力共同富裕。

一、闲置农房盘活基本情况

（一）闲置农房数量、盘活利用现状

现有闲置农房总量1342宗，已激活利用1048宗，待激活297宗，激活利用农房占78%。其中出租居住971宗、自营15宗、出租经营47宗、合作经营1宗，其他14宗。2021年，全县闲置农房盘活利用实现农户增收1388万元，村集体增收4535万元，引进投资930万元。通过加大对农家乐、民宿的扶持力度，全县现有农家乐备案23家，民宿备案647家，等级民宿备案20家，实现以乡村产业发展推进美丽经济蝶变，做强做大农旅融合文章。

（二）基础数据建设情况

2017年，嘉善县开展农村宅基地及住房确权登记发证集中行动。2021年将农房发证逐步转化为日常登记工作，建立以县自然资源规划局为指导、不动产登记中心负责技术培训、自然资源规划所为实施主体的农村宅基地及住房登记发证长效工作机制。全县完成调查农户61735户，其中符合发证条件的有60925户，登簿发证60925户，完成符合登记发证率100%。

（三）现有的农房盘活相关应用开发建设情况

为深入推进闲置农房盘活利用，大云镇缪家村创新建立"云管家"平台，通过手机或24小时自助机实现在线房屋备案、居住登记、自助租房、纠纷调解。"云管家"平台上线以来，缪家村闲置农房出租户数为501户，总共1049户，出租率为47.8%，通过宣传引导，现有383户在"云管家"平台注册备案，平台使用率达到76.4%。

（四）政策制定情况

为规范农村闲置农房盘活利用，2021年，制定《嘉善县闲置农房（宅基地）盘活利用的实施意见（试行）》，积极稳妥开展闲置农房盘活利用。另一方面，

通过建立财政补助扶持机制，制定《嘉善县农业农村局嘉善县财政局关于印发嘉善县推进农业农村高质量发展的若干政策意见实施细则的通知》，对新评定为五星级、四星级、三星级、县级（一星级、二星级）农家乐（民宿）的，县财政给予50万元、30万元、20万元、5万元的奖励。2021年累计拨付发展休闲观光农业、农家乐和民宿等新业态扶持资金42万元。

二、闲置农房盘活的主要措施

（一）聚焦"活"，推进农房盘活有效性

结合美丽乡村建设和乡村产业发展，对拥有资源禀赋、产业发展、环境优势的闲置农房，通过"政府引导+农户参与"发展模式，鼓励村集体和农户发展农家乐、民宿、乡村旅游等，唤醒农村闲置资源活力，纵深推进强村富民乡村集成改革。例如，姚庄镇通过政府介入、运营先导、村民联动，在沉香村试点"村民宿集"共享模式，将农村闲置农房改造为可经营的住宿业态，可供租赁闲置主房、辅助房及庭院菜园，实行收益共享。保留辅助房1—2个房间作为居家老人居住。一户村民将家里闲置农房出租给专业运营团队，每年能有约4万元的租金收益；同时，当地村民通过参与民宿运营，被聘为民宿管家，从事客房保洁、票务接待等工作，每年能有约2.4万元的工资性收入。大云镇东云村拖鞋浜美丽乡村点共有民宿8幢，通过公开招拍，2021年签订5年租赁合同，每年每幢租金3万元，有力促进农村集体经济发展。

（二）鼓励"试"，推进农房盘活数字化

大云镇缪家村创新建立"云管家"平台，通过手机或24小时自助机实现在线房屋备案、居住登记、自助租房、纠纷调解，深化闲置农房盘活利用"最多跑一次"，有效推进盘活改革。2022年3月，省农业农村厅部署开展农房盘活数字化场景"先行先试"工作。经我局申报，市局推荐，省厅择优遴选，我县成功入围"浙农富裕"应用农房盘活数字化场景第一批"先行先试"推广应用单位。已完成基础数据对接收集和闲置农房专项调查，农房盘活数字化场景应用实现贯通。

（三）探索"引"，加强政策保障

为推进闲置农房盘活利用，政府加强引导，制定《关于印发嘉善县推进农业农村高质量发展的若干政策意见实施细则的通知》，对新评定为一至五星级农家乐（民宿）的，县财政给予5万至50万元的奖励。

二、闲置农房盘活中的关注点

（一）排摸不彻底信息不对称

农房盘活首先要做到心里有底,但是全县有多少闲置农房还缺乏深入调查。同时,农户、村经济组织和社会资本三者之间缺少有效对接互通渠道及信息咨询共享平台,信息的不对称导致众多闲置农房得不到及时和充分的利用,不知道"盘活什么"。

(二)改革不彻底法规不明晰

在闲置农房盘活的实践探索中,相关制度不够明确,不能适应当前发展的迫切要求。例如,对于哪些闲置农房可以用于盘活的基本条件尚不明确,而农房涉及到的产权、安全、环保、文物等各方面政策较多,导致部分村民和村集体存在顾虑,不敢轻易盘活。又如,关于闲置农房利用的租赁期限尚未明确。在实际操作中存在不少民间协议签订的租赁期限太长不利于保障农民住房权益,也难以得到政策法规支持,容易产生后续纠纷;但租赁期限过短,又不利于产业的引进和发展,因此亟需出台政策予以明确"怎么盘活"的问题。

(三)规划不系统谋划不充分

部分区域在盘活时缺乏科学规划,忽视了产业基础、区位环境等基本条件,使得盘活效益不高。例如,一些村集体在未能充分谋划好将来发展何种产业之前,就过早收储闲置农房,但却多年不能引入业态,或是业态进驻之后效益不理想。而每年少则几万多则几十万的农房流转租金仍需支付,反而加重了村集体经济负担,造成"盘而不活"。

三、关于闲置农房盘活的思考

盘活闲置农房是一项系统工程,需要在坚守改革底线的前提下积极探索和创新。

(一)推进摸底调查和数字赋能

首先建立闲置农房档案,从村级层面摸清农房的闲置现状、收储清单、农户身份信息、房屋产权信息等,以初步掌握闲置农房盘活潜力。全力推进农房盘活数字化场景先行先试,督促做好应用推广,及时总结试点经验和典型做法。

(二)加强培育乡村新产业

将盘活闲置农房和农村土地制度改革任务、全域整治、美丽乡村建设、农业产业化培育等工作相结合,发挥政策合力。鼓励村集体结合区域优势,以美丽乡村为载体,以农业农村为基础,以休闲旅游为导向,要因地制宜立足本地资源禀赋和产业发展实际,精准施策,分类开发,宜商则商、宜游则游、宜租则租,走出各具特色的盘活利用之路。

（三）出台针对性指导意见

结合省市相关规定，出台专门指导意见，为闲置农房开发利用提供制度保障。明确符合哪些基本条件的闲置农房可用于盘活，同时列明负面清单，确保改革探索在政策底线内进行。明确农房利用的租赁期限，探索通过不超过15—20年有限年期的租赁、转让、合作、入股等多种交易方式实现闲置农房在供需双方的有效对接，达到发展与稳定之间的平衡。

四、闲置农房盘活的典型案例

（一）鑫锋村闲置农房盘活案例

鑫锋村地处嘉善县罗星街道西南侧，东与嘉善新城区接壤、与县妇幼保健院新院区隔路相望，南临嘉兴市南湖区，西靠嘉兴七星镇，北接嘉善归谷园区，地理位置优越交通便利。鑫锋村区域面积8.5平方千米，辖区34个自然村，总户数1165户、总人口3966人，常住户数791户、常住人口2686人。全村耕地面积5488亩，其中规模经营的耕地面积3487亩。先后获得省级A级旅游景区村庄、文化示范村、引领型农村社区、绿化示范村、生态村、县级美丽乡村精品村、"美丽庭院"标杆村、"十大绿色发展特色强村"等荣誉称号。

罗星街道鑫锋村围绕"美丽乡村示范村""3A级景区村庄""乡村振兴示范村"的创建目标，结合美丽乡村建设和乡村产业发展，盘活闲置农房，打造数字乡村音乐村，探索生态旅游观光新路径，全面推进乡村振兴。

1. 强化规划引领，打造美丽乡村

鑫锋村按照风景线规划和精品村建设规划理念，围绕"乐活鑫锋、畅享未来"主题，推进长三角（罗星）数字音乐村建设，重点打造"音乐岛""水岸风情街""畅享田园带""律动长廊"等项目，利用常嘉高速桥下空间打造全市首个高速桥下休闲公园，积极构建"乡村音乐文化+美丽生态文旅"相融合的发展模式，全面促进文化与产业深度融合，着力打造成为宜居宜业宜游的美丽乡村。同时，在鑫锋村数字音乐村建设基础上，以造场景、造邻里、造产业为建设途径，以乡土味、乡亲味、乡愁味为建设特色，以未来产业、风貌、文化、邻里、健康、低碳、交通、智慧、治理等打造场景，集成"美丽乡村+数字乡村+共富乡村+人文乡村+善治乡村"建设，着力构建引领数字生活体验、呈现未来元素、彰显江南韵味的乡村新社区，在系统治理、长效治理中实现美丽乡村质的飞跃。

2. 盘活闲置农房，促进美丽蜕变

鑫锋村已盘活改造闲置农房5幢，盘活面积1060平方米，盘活农房20

间。依托"音乐岛""水岸风情街"等音乐 IP 盘活，培育以民宿、餐饮、咖啡吧、音乐培训、互动式体验式娱乐等乡村业态。同时，随着城镇化的推进，鑫锋村原蔡家桥小学逐步退出原有使用功能，村民对文化娱乐的需求与日俱增，通过盘活蔡家桥小学，打造鑫锋村文化礼堂，丰富村民文化娱乐生活。

3. 探索产业富民，激活美丽经济

通过盘活闲置农房，打造长三角（罗星）数字音乐村项目，以村庄现有道路和河道为依托，串联各主体景观节点，形成鑫锋村"天籁之音景观风情带"和"余音回荡水上风情带"等多条乡村特色文旅线路，将罗星地域风景文化与多种音乐形式相结合，着力打造音乐岛、潮流音乐水街、动感地带、乡村客厅、乐享田园五大主题场景，布局音乐酒吧、培训基地、音乐商店等多种服务形式。以"乡村音乐文化 + 美丽生态文旅"的形式，构建音乐文化新业态，全面促进文化与产业的深度融合。嘉善景晨大酒店已签约入住，主要经营餐饮、民宿、咖啡吧；传承吉他已签约入住，主要经营手工吉他制作销售、音乐培训、音乐活动策划等。

鑫锋村未来发展思考

1. 挖掘潜力发挥潜能，探索产业发展新路径。根据鑫锋村自身特色，充分挖掘产业潜力，增加村域经济发展亮点。同乡贤、大运河文化等文化运营主体积极探讨业态发展模式，充分论证可行性；潜心培育共富直播间等业态的运营，助力农村产业发展和乡村振兴；积极摸索农居体验式服务业态，盘活"向阳花海""共富菜园""共富农场"等资源，探索乡村音乐文化 + 美丽生态文旅发展模式。

2. 突出重点发展特色，强化音乐 IP 特征。宏观上选择精准的音乐赛道，吸引音乐相关协会、教育培训、音乐人才等资源落地，逐步创建培育具有一定辨识度和特色的音乐品牌，实现音乐资源整合，充分发挥音乐在强村富农方面的作用，为后续闲置农房盘活奠定基础。

3. 集中资源打造品牌，增加品牌号召力。结合美丽乡村建设和乡村产业发展，把音乐、农业、旅游结合起来，打造鑫锋村生态旅游观光新品牌，发挥旅游对经济的带动效应，助推区域特色经济快速发展，做大做强乡村产业，全面推进乡村振兴。

（二）大云镇闲置农房盘活案例

大云镇立足美丽乡村生态资源优势和全域旅游产业基础，盘活闲置农房，推进"民宿 + 景区"美丽经济发展模式，探索闲置农房盘活路径，开辟村集体经济增收渠道,拓宽农民收入持续增长空间,助力共同富裕。

1. 夯实生态,底色变基础

一是全域推进环境整治。大云镇结合美丽乡村建设,全面推进农村人居环境整治,加大民宿发展区域内的交通旅游、生活配套设施等建设力度,提升民宿、景区环境承载力。大云镇获评2018年度浙江省美丽乡村示范乡镇,大云镇缪家村、东云村获评2018年度浙江省美丽乡村特色精品村。二是全域推进土地流转。加强农村承包地流转政策引导,引进高质量农业项目,实现高效利用。大云镇全域土地流转率已达96.1%。

2. 创新破难,资源变资产

一是加快农房集聚。大云镇将农房集聚与新农村建设、拆迁和度假区规划有机结合,坚持政府可承受、农户可接受的原则,出台农房集聚政策,提供异地搬迁、公寓房置换等多种方式,为闲置农房收储开发打下基础。东云村拖鞋浜已收储闲置农房17幢,其中精心改造民宿6幢。二是推进存量集体建设用地再利用。通过农房集聚,探索农村宅基地入股和有偿退出机制,择优盘活闲置宅基地和地上房屋,为民宿发展等农村新业态开辟路径。

3. 城乡衔接,需求变项目

一是运营社会化满足品位需求。大云镇明确镇域民宿重点发展区域,联合专业文旅开发公司,制定凸显地域风貌、乡村风情的民俗规划,采取镇村共同投资硬件建设,委托专业运营。以东云村为例,6幢民宿遵循精致、古朴的设计理念,委托宿里度假酒店负责运营,覆盖老上海、中式田园、欧洲风情等多种风格,满足城市居民品位。二是民宿景点化满足体验需求。按照独立景点理念,打造集自然村落民宿、旅游景点配套于一体的特色村落民宿开发点,按照景点景区化理念,串点成线,提升民宿区域价值。

4. 生活更迭,传统变时尚

一是开辟农民收入新渠道。"民宿+景区"美丽经济发展模式,推动特色种养殖业、本地饮食、民宿管理等联动发展,延伸农旅产业链,增加就业新岗位,带来特色农产品销售新渠道,为稳定农民收入、拓展补充性收入提供新途径。东云村拖鞋浜民宿经营以来,已直接吸纳本村12名村民参与民宿日常管理,从事与民宿、旅游相关产业。二是引领乡风文明新风尚。东云村拖鞋浜民宿已实现Wi-Fi全覆盖,进入拖鞋浜区域范围内,手机就能连接无线网络"恋上东云",让村民、游客尽享现代乡村生活。

5. 融合互动,强村有活力

一是推进农旅融合。推进现代休闲观光农业和乡村旅游融合发展，培育产业新业态和新模式，延长产业链，增加产业附加值。将民宿周边拖鞋浜南岸流转出来的123亩土地租给嘉善县笠歌生态科技有限公司进行云端花事项目开发，建设现代化花卉品种选育基地，形成了集生产、观赏、采摘等多功能于一体的休闲体验项目，与拖鞋浜民宿形成良性互动，提升民宿持续发展生命力。二是打开村级收入新空间。大云镇通过改造利用原有农房，村级集体经济增添了民宿新资产，通过第三方合作，实现资产保值增值，并衍生物业管理、景点收入等收入增长点。以东云村拖鞋浜为例，与第三方运营机构约定，每三年为一个周期，后一周期在前一周期的基础上租金递增5%，实现集体资产保值增值。

大云镇农房盘活效应

1. 盘活资源，擦亮美丽经济底色

针对部分农田、农房等处于闲置状态，大云镇创新唤醒方式，积极盘活农田、农房等闲置资源，擦亮美丽经济底色。2021年，缪家村2500亩全域土地综合整治样本区被列入浙江省"两山"理念典型案例。

2. 有机融合，提升美丽经济成色

大云镇借力国家级旅游度假区创建，深化多元开发模式，建立民宿景区一体化机制，引导农户参与民宿经营、农旅项目经营，让农户共享美丽经济。目前，大云镇已盘活闲置农房253宗，盘活面积35062平方米，实现农户增收实现672万元。

3. 联动共享，焕发美丽经济本色

通过闲置资源有效盘活、产业有机融合，有力助推村级经济增收、农户就业增收，焕发美丽经济本色，共享改革发展红利。建立联动共享机制，以缪家村为试点，创新建立"云管家"平台，该案例入选2021年度省厅闲置盘活案例。

（三）姚庄镇闲置农房盘活案例

2008年，姚庄镇作为嘉兴市"两分两换"先行启动区，经多年政策推动，成效显著、特色明显，受到社会各界广泛关注。大量乡村资源权属获归村集体，随之带来的是农村劳动力流失、农业产业衰退，乡村资源闲置、农村人口就业成为最大难题。2018年以来，随着示范区建设的推进，姚庄镇迎来了新一轮发展机遇，产业格局发生深刻的变化，原有的一些低效散微产业正在逐步清退。以北鹤村为例，黄桃管理、鱼塘养殖等多处服务于原有农业生产的管理用房及农民居住用房在黄桃种植减少、渔场清退的背景下彻底"闲下来"。

2019年，杭商旅·宏逸集团积极布局"长三角生态绿色一体化发展示范区"，五彩姚庄田园综合体项目应运而生。项目围绕"一体化"、紧扣"高质量"，以文旅策划、投资运营赋能示范区姚庄镇北部区域的城乡统筹发展，激活乡村存量，助力共同富裕。2020年，宏逸集团主导投资和姚庄本地企业——嘉善县姚庄乡村振兴开发建设有限公司出资成立浙江宏逸五彩农旅发展有限公司。

五彩姚庄团队主要围绕闲置农房的升级再建和农业用地的创新再用，不断赋能产业链和创新链，成功在北鹤村构筑"吃＋住＋行＋游＋购＋娱"的消费旅游场景，在乡村文旅、城乡统筹等多个维度提出新型共富方式，最终形成了集商经营、公共服务、创业办公为一体的多元产业平台。在"浙北桃花岛"姚庄北鹤村内一座座设计新潮并具备完整功能的建筑，展现着乡村振兴的新面貌、共同富裕的新能量。星创天地办公楼的前身便是桃园的管理用房。堆放化肥、存放桃树的农房在五彩姚庄团队的加持下已然成为农业研发、产业创新的嘉兴市级星创办公空间。它以农业为桥梁，是新旧结合的象征性纽带，在传统农业内注入新鲜活力，创造性地适应和改变旧时乡村。星火可以燎原，星创天地聚集更多农业人才，让更多年轻人回归乡村、建设乡村，加快了传统农业向现代新农业的转型升级。桃逸的院子民宿原是由八九十年代三栋砖房结构的农房组成，"乱、老、小"是其最大的特点。项目初期五彩团队仅投入50万资金，将其中一栋农房尝试性的将原有破旧不堪的农房整体改造，通过精心构思、巧妙设计，将艺术性与功能性融于一体，与当地环境融合、展示当地特色，打造了具有一定地域风貌、文化特色的乡土建筑，营造出田园乡村生活的江南意境。在提供基本的住宿功能外，简洁明亮的新式乡村建筑也成为独特的乡村旅游吸引物，成为在地文化的展示窗口。从第一栋到第二、第三栋，从独立投资到乡贤合资，五彩姚庄一直在用实际行动带动当地居民共富增收。知味桃桃餐厅、逸大叔文创店和非遗戏台，这些对外输出地方餐饮、打响地方特产和公共文化的娱乐空间都是由闲置农房改造而来。

五彩姚庄团队将地域文化与乡村元素相结合，表达独特的民俗文化，寻觅渐行渐远的乡愁记忆，让乡村民俗文化在新时代文明实践中真正"活"起来，保留历史沧桑感，兼具时代风貌感，让民间艺术再次回归街头巷尾，在宣传非遗文化、彰显公共文化活力的同时，多方面、多层次的为当地居民提供就业岗位，两年来已累计帮助50余名"下岗"农民实现二次就业。

盘活闲置农房是一件关系到生产发展、乡风文明、乡村振兴的急事，也是一件利农惠民的好事。但在实践过程中，真正让闲置农房"活起来"需注意以下三大方面：

1. 分项而治，注重特色

对分布零散的闲置农房，引进小而精、小而新的特色项目；对自然环境优越、民俗特色鲜明的历史文化村落，则引导社会资本进行开发利用。同时，充分运用"互联网＋产权交易"的优势，全面推广农房盘活数字化场景应用，吸引返乡人员、农创客、社会资本等采取合作、合资、合股等不同方式开发闲置农房。

2. 因地制宜，科学优化

盘活闲置农房是促进乡村振兴的重要措施，但随着这项工作的深入推进，"插花式"闲置农房利用难、资本下乡"淘房"隐忧多、同质化竞争效益低等问题逐渐凸显，需要结合宅基地制度改革，探索解决的方法和途径。

3. 整合资源，系统梳理

在闲置农房回收至交付企业、社会资本进入改造过程前，存在长时间空白期。更在一定程度上导致管理缺失，无人看守、无人维护，闲置农房加剧老化甚至成为危房，而此时更应实时系统梳理原有闲置资源，注意维护管理。引入市场主体后，及时将闲置农房盘活利用，通过更新再造和资源整合，实现有机发展增收。

唤醒"沉睡"的乡村资源，盘活闲置农房，吸引城市人到乡村休闲旅游，为区域发展带来新消费新动能，打造共同富裕产业平台以促进乡村振兴、城乡融合的前景诱人、蓝图辉煌，但需循序渐进，应统筹规划、规模开发。集中人力、物力、财力，形成合力，更好的促进经济社会事业的健康快速和谐发展。

第十三章 统筹城乡发展之路

诺贝尔经济学奖获得者斯蒂格利茨曾把"中国的城镇化"和"美国的高科技"并列为影响21世纪人类发展进程的两件最深刻的事情。世纪之交,浙江省委、省政府根据浙江经济社会发展的实际,提出要不失时机地推进城市化,在全国最早实施城市化战略。党的十六大以后,浙江陆续推出一系列统筹城乡一体化发展的战略举措,2010年12月21日,浙江省政府办公厅出台了《关于开展小城市培育试点的通知》(浙政办发〔2010〕162号),这是为推进小城市发展而作出的重大战略部署,也是国内首创之举。2010年12月,嘉善县姚庄镇被列为浙江省首批27个小城市培育试点之一,预示着姚庄进入了一个千载难逢的发展机遇期。浙江省小城市培育领导小组和县有关部门为姚庄试点定方向、补资金、保用地、给政策、扩权限、作指导,姚庄社会经济发展驶入了一条快车道,实现年度考核连续8年全省优秀的好成绩。

第一节 均衡性一体化小城市发展之路

姚庄镇位于嘉善县东北部,全镇区域面积约75平方千米,辖18个行政村和4个社区居委会,户籍人口约4万人,新居民约3.8万人。东与上海市相连,西北与江苏省吴江区隔河相望,是浙江省接轨上海的"桥头堡",长三角生态绿色一体化发展示范区的先行启动区,承担着未来创新发展、生态绿色、开放共享、治理现代化的历史重任。先后获得全国文明镇、国家卫生镇、国家生态镇、全国优秀乡镇、全国先进基层党组织、国家园林城镇等19项国家级和浙江省"五好"乡镇党委、浙江省"人民满意公务员集体"等54项省级综合性荣誉称号。

一、坚持规划科学引领，构建小城市整体空间布局

规划是小城市培育的龙头，在小城市培育试点开始时，姚庄镇制定了一系列的规划，变单纯的城市规划为城乡规划，变单纯的总规划为总规、控规、详规相结合，结束了农村发展建设的无序状态。规划描绘了田园新城的发展蓝图，具有"小巧、精致、特色、强劲、美丽"的城市个性内涵。按照"加快发展速度、加大投入力度、加强要素保障，转变发展方式、转变城市形态、转变扶持重点，创新工作方法、创新公共服务、创新城市管理"的发展要求，努力拓展城市框架和城市规模，精细规范管理城市和社会，大力发展一、二、三产业，经济社会发展综合实力增强，创新城乡一体统筹发展特色，推进"美丽乡村"建设，打造城市"绿肺"，体现田园城市永续发展的功能。

总体规划立足长远，合理配置各类资源，接轨区域发展，协调开发建设与生态保护的关系，完善城镇功能与城乡基础设施配套，有序引导农村住房改造建设，推动姚庄镇经济、社会、环境和谐发展，制定了《姚庄小城市培育试点镇总体规划（2011—2030）》，明确了小城市的功能定位，即城乡统筹全国样板，产业协调临沪新城，宜居宜业幸福小城。编制《姚庄小城市核心区控制性详细规划》，控制性规划覆盖率100%；编制的《姚庄镇美丽乡村建设规划》细致入微，在供水、公交、垃圾收集处理、路灯亮化、绿化建设、便民服务等方面实现城乡一体化，整镇推进"美丽乡村"建设。

二、坚持以产业支撑为根本，发挥产业辐射带动作用

姚庄镇坚持以开放型工业为主导、高效生态农业为基础、现代服务业为纽带，夯实小城市产业支撑体系，提升开放经济发展品质体量。始终坚定推进大平台、大产业、大项目、大企业"四大"建设，姚庄经济开发区成为全省首个设在镇一级的省级经济开发区，大力培育和发展精密机械、通信电子两大特色主导产业，先后引进晨亨科技、立讯智造等集研发、设计、智造于一体的通信电子"独角兽"企业。累计培育规上工业企业135家，国家高新技术企业68家，培育和引进国家特聘专家5人，国家人才计划人才2人，省人才计划人才3人。开放型工业经济贡献了全镇90%以上的财政收入、吸纳了80%以上的劳动力就业，充分发挥了产业对城市化的支撑和带动作用，走出了一条"产城融合"发展的路子。在工业的反哺带动下，姚庄形成了黄桃、蘑菇、番茄、甲鱼和芦笋五大特色农业和生态休闲旅游、小城市商贸等三产服务业发展格局。

三、坚持以项目建设为重点，切实增强城市形态魅力

完备的城镇基础设施，是城镇文明的基础。姚庄镇累计固定资产投资400多亿元，相继启动和建成了电子产业园、贝思特门机、德嘉科技等一批工业经济类项目；左岸嘉园、枫景尚院、农房改造集聚安置房三期等一批商业住宅类项目；城市基础路网、城市公共停车场、航道整治等一批市政设施类项目；文体中心、姚庄医院、姚庄中心学校等社会事业类项目；洪福公园、滨河公园、水源地保护工程等社会环境类项目；人防大楼、行政审批服务中心大楼、综治大楼等公共服务和体制创新类项目。成功创建都市节点型美丽城镇省级样板，基础服务设施不断完善推进城乡公共资源合理配置，让姚庄农民快速高效地共享更加完善的城市功能和优质的公共服务，小城市形态越来越丰满，魅力充分展露。

四、坚持以创新体制为动力，不断转变基层政府职能

大力推进强镇扩权，累计下放给镇的审批服务事项数量为575项，以派驻、委托、联办和镇派员协助办理等方式实现就地办理。全面深化"最多跑一次改革"，依托镇审批服务中心、村便民中心、红色代办点等平台，提高政务服务效率，服务事项办结率100%。创新推进"四个平台"建设，加强环保、综合执法、自然资源局等7个县级部门驻镇机构的属地管理，推动职权、人员重心下移，贴近一线，实现多部门联动的高效工作体系。

五、坚持以农房改造为抓手，大力提升城市人气商气

坚持把握城乡统筹发展的关键环节，大力推进农房改造集聚，推动农村居民就地城镇化。从2008年开始，已累计引导6000余户农村居民"带地进城"，预计农村居民集聚率达到70%以上。对集聚农户实施了"生活以社区管理为主、生产以所在村管理为主"，"权利两地共享、义务两地共担"的"双重"管理服务，有效推进了农村人口集聚和市民化进程，拉动了城市消费、激活了城市经济，走出了一条以农户自愿集聚为基础，以"政府可承受、农户可接受、工作可持续"为原则的新型城镇化新路子。

六、坚持以土地增效为目标，不断激活发展新空间

坚持统筹好保住土地红线、保障发展需要和保护群众利益三者关系，大胆先行探索破解土地要素制约，以农房改造集聚为依托，以城乡建设用地增减挂钩试点为突破口，大力推进农村土地整治。据测算，姚庄镇农房改造集聚户均可节地约0.45亩左右。通过土地整治项目获得的周转指标三分之一用于农房改造集聚新社区建设，三分之二用于工业项目和城市建设，有效破解了土地要素瓶颈制约，推进了姚庄省级经济开发区和小城市培育试点建设。

第二节　均衡性一体化小城市发展主要成效

姚庄镇始终按照嘉善县域科学发展示范点建设要求，打造姚庄一体发展示范片区。"均衡发展"的"姚庄模式"被省发展改革委列为浙江小城市培育可复制可推广的"八大模式"之一，并作为全国10个典型之一，在国家新型城镇化综合试点工作经验交流会上进行大会交流，一体发展经验得到普遍认可，影响力和知名度不断扩大。

一、城镇化水平不断提高

姚庄镇建成区面积增长至11平方千米，在城市形态上由原来的两横（姚庄大道、洪福路）一纵（新景路）三条主要街道，新拉伸出南部滨水文体区块、西部品质商住区块、北部农房集聚区块和东部产业配套区块。空间载体已具小城市形态，人口以较快速度向城镇集聚。建成区绿化覆盖率由2016年的30.78%增长至37%。建成区常住人口由2016年的5.2万人增长至6.1万人。同时，依托农房改造集聚，城乡一体新社区规模不断扩大，建成区常住人口集聚率逐年攀升，其中本地人口的城镇化贡献率逐年提高，城镇化的质量和水平呈现稳步提升的良性发展态势。

二、主要指标跨越式提升

2021年GDP增速达8.6%。工业经济指标稳步提升，2021年实现规上工业产值393.9亿元，同比增长24.65%；数字经济增加值10.5亿元，同比增长26.2%；外贸出口额159.83亿元，同比增长28%；规上工业用地亩均工业增加值增长至137万元。具体指标附后（见表13-1）。

三、城乡面貌大幅改善

积极践行"绿水青山就是金山银行"发展理念，完成姚庄、丁栅、俞汇三个集镇的小城镇环境综合整治。推进污水零直排区建设，对工业园区、老旧小区、企业内部全面开展雨污水分流改造。在全县率先完成垃圾分类分拣中心建设。强化水源地保护，常态化推进治水护水，所有出境断面水质考核均为优秀，镇域主要河道水质等级达到三类。完成洪福公园改造和建成区绿化提升。镇区绿地率达31.24%，建成区绿化覆盖率达37%。人均公园绿地面积达9.18平方米，创建成为国家园林城镇。农村生活污水行政村覆盖率、生活垃圾分类覆盖率、生活垃圾无害化处理率均达100%。全面推进美丽乡村建设，串点成线，完成16.5千米长的桃源渔歌风景线建设，彰显江南韵味。

四、民生事业不断推进

培育期内不断加大教育、医疗等民生设施投入力度,姚庄医院建成并正式运营,姚庄幼儿园扩容改建并晋升省一级幼儿园。等级幼儿园在园幼儿覆盖面达100%。在中小学包括幼儿园使用方面,通过城乡教师流动国家级试点的机制,不仅使本地学生全部有学可上,还吸纳了学生占比近60%的新居民子女就学。在智慧水利、数字城管、智慧交通等智慧工程方面,依托科技网络手段,大大提升了管理水平。体育馆利用方面,一方面举办各级体育赛事,提升小城市文体活动层次;另一方面以场地租赁的形式承接大型娱乐选秀节目的录制,实现经营收入增长。完成省级残疾人辅助就业中心,省级无障碍社区、省级示范性居养中心建设。每千名老年人拥有医疗机构康复护理床位数达25张。全社会基本养老保险参保率达到99.3%。城市公共设施坚持有效运行,实用性和功能性充分发挥,让百姓得到最大实惠。

五、主导产业集群集约发展

通过农房集聚集约节约土地,招大引强产业集聚效应显著。主导产业集群集约发展,带动性和后发性更为强劲。大力发展精密机械、通信电子两大主导产业,2020年成功培育全县首家单体超百亿企业。园区内集聚了来自新加坡、日本、中国台湾等地的世界500强企业、上市企业。姚庄经济开发区从无到有,从有到精,从精到特,每年产值增长幅度都在30%以上。现代农业增量提效,集约化、规模化、品牌化水平不断提高,粮食产量达到稳中有升,农产品网络零售交易额保持两位数增长。

第三节 关于均衡性一体化发展的一些思考

姚庄自2010年第一轮启动省级小城市培育试点以来,产业发展加快、城市建设加速、投资规模加大,政策红利基本提前兑现,当前正面临较大经济体量下进一步增长的压力。由于国际国内经济形势、省级财政扶持取消等因素的影响,姚庄经济下行压力加大,主要经济指标增长或将有所放缓。城市要素供给瓶颈加剧,受宏观调控和政府融资平台清理等因素影响,政府融资门槛和成本进一步提高,政府主导的项目投资保障难度加大。虽然经过"两分两换""农房改造集聚""退散进集"等模式盘活了一定的存量建设用地,但姚庄镇农保率较高，后备土地资源紧缺，未来土地供给难以满足社会经济快速发展的需求。城市治理水平有待提升，姚庄通过小城市培育，在实现城市规模和管理权限较快扩张的同时，城市治理难度也在不断加大。随着长三角一体化高质量推进，对姚庄镇城市治理能力体系提出了更高的要求。但由于原本的乡镇管理模式并未根本转变，姚庄城市精细化管理体系尚未形成，与城乡居民需求以及企业发展期望仍存在一定的差距。

小城市培育试点是全新的事业，既不同于以往的村镇建设，又不同于现代大中城市的建设，它是适应"新四化"同步推进规律的产物。对标《小城市培育规范》，姚庄属于第一类小城市培育试点镇，主要任务是做强经济实力、增强城市能级、加强现代化管理，进一步提升城市影响力。对照要求，继续推进小城市建设中还须全力绘就乡村振兴美画卷、全力打造智能制造新高地、全力建设和谐幸福大家园。在进一步构建具有鲜明个性特质现代田园小城市中，应重视把握好以下几个方面：

一、必须坚持以科学规划为龙头，努力在规划布局上体现特色

小城市规划是小城镇未来发展的战略部署，是小城镇发展战略目标的具体体现，规划水平决定了小城市建设的层次和品位。因此，综合考虑姚庄的区域特点、人文风貌和产业基础等因素，量身定制、科学修编规划，遵循小城市培育的内在规律，真正使总体规划和各个专项规划更能体现区域优势和特色，成为指导小城市建设和发展的蓝图。一是要突出规划的独特性。特色是城市的竞争力所在，必须坚持以特色致胜，把姚庄建设成既体现出别具一格的风格，又体现时代气息的上海近郊宜居宜业田园新城。二是要突出规划的可持续。虽然全省首批小城市培育试点的期限为3年，但小城市化必然是一个长期的建设发展过程，所以要把规划作为姚庄小城市化发展的全新起点，按照"一个规划、百年建设"的思路，突出规划编制的前瞻性和可持续性，综合考虑上下统一、前后衔接、远近结合，着力编制"一管百年"的科学规划。三是要突出规划的权威性。规划一旦编制完成，就是城市发展和建设的"规范"，必须切实确保规划的严肃性、权威性，不能将规划束之高阁，规划和建设"两张皮"，更不能搞一任领导一个规划，随意变动甚至推倒重来。

二、必须坚持以产业支撑为根本，努力在主导产业上打造特色

产业化是小城市建设和发展的原动力，决定着小城市辐射吸附能力的强弱。没有产业化的支撑的小城市化如同空中楼阁，没有产业的壮大发展就没有城市的集聚繁荣。因此，姚庄的小城市建设和发展必须注重特色产业的培育，形成

错位发展、一镇多品的特色产业优势。一是要坚定不移实施"工业立镇"战略，大力培育支柱产业。在百亿产业和百亿企业基础上着力打造百年产业和百年企业，带动一、三产和城市化发展。二是要坚定不移实施"农业稳镇"战略，做强特色品牌农业。三是要坚定不移实施"三产活镇"战略，繁荣小型都市服务业。大力发展专业市场、城市综合体、高档写字楼等人气吸附力强、高层次的三产业态，增添城市餐饮娱乐服务元素，抓深农业生态休闲旅游，做好"卖风景"的文章。

三、必须坚持以资源要素为保障，释放城市发展活力

城市化的国际经验说明：城市化完全由市场调节，会使农村人口无序地涌入城市，使城市化盲目发展，大城市恶性膨胀，造成严重的"城市病"；仅仅有市场的作用也不能保证城市的公共基础设施和非盈利性自然垄断部门的发展。"城市病"的避免或消除，都离不开必要的政策调节。对于姚庄镇而言，资金、土地、能源、环境、人才等要素不足、交织影响，成为制约小城市试点建设的常态。因此，用好政策和市场两种手段，着力突破要素瓶颈，必须走出一条在要素制约条件下拓展发展的新路，激发城市发展活力，发挥政府投资的杠杆作用，以政府投资为引导，进一步增强新市镇公司融资能力，保障建设资金需求。要积极推动工业项目以"亩均、人均、科技论英雄"，通过退低进高、退二进三、盘活闲置和低效利用厂房、技改提升等手段，着力提高土地集约利用率。要完善引人留人机制。通过放宽小城市落户条件、经济补贴、享受政治待遇等经济、行政和政策手段，吸引和留住具有较高学历的高级技工和专业人才，解决小城市试点建设的人才问题。

四、必须坚持以人为核心，使人的发展与现代城市文明相适应

随着实践的发展，人们越来越认识到，城镇化不仅使城镇人口比例增加和城镇面积扩大，更重要的是生产方式、生活状态、行为习惯等由"乡"到"城"的转变，是发展层次和文明水平的提升。因而，小城市培育必须坚持以人为核心，转移人和提升人。在促进农村人口转移的过程中要努力提升人，使人的能力素质与现代城市文明相适应。城镇化使人从土地的束缚中解放出来，人的发展舞台由传统乡土亲缘拓展到整个社会，可以在更广阔的空间放飞梦想。而要适应现代产业发展、文明进步、社会生活，就必须转变人的思想观念、提高人的能力素质。以人为核心重要的是提升人的素质，提高人的职业技能，培养人的现代思维方式、行为习惯。这是一个需要从多方面努力的系统工程，其中教育事业和法治社会的建设具有基础意义。要更加重视发展职业技术教育，促进教育资源向农村孩子倾斜。使农村孩子不仅有机会改变自己的命运,而且能成为高素质的就业人口和城市居民,比较顺畅地融入城市社会,共建共享现代文明。在城镇化过程中,越来越多的人从熟悉的乡村进入陌生的城镇。在人口大量聚居的"陌生人社会",这就要求人们之间的信任关系从基于个人交往和相同的血缘地缘提升到基于法律制度层面。所以说,小城市建设的一个必要条件就是法治思维、规则意识取代地域情结、人情关系,这成为人们的处世依据和行为准则。要使社会既和谐有序又充满活力,使人们把心思和精力都用在发展和创业上,就必须把各项事业和各项工作纳入法制轨道。

五、必须坚持以创新体制为动力,在高效服务上创造特色

责任大、权力小是基层乡镇小城市化推进中面临的突出矛盾。因此,推进小城市建设必须大胆先行先试,破除体制机制障碍,推进基层政府由"重管理"向"重服务"转变。一是要全面推进强镇扩权改革。在下放事权、扩大财权、改革人事权、保障用地四个方面进行扩权,进一步扩大小城市对经济社会的管理权限,建立权责明确、责任落实、运作顺畅、便民高效的管理体制和运作机制。二是要加快推进行政管理体制改革。按照经济社会发展要求,调整优化小城市机构设置,理顺派(驻)镇部门管理体制,加快建立便民高效、运作协调的运行机制。实施相对集中行政处罚权和综合行政执法工作,增强小城市管理服务功能。三是要积极推进社会服务管理体制创新。推进行政审批、综合执法、就业保障、土地储备、应急维稳等城市公共服务体系的功能完善、服务升级和体制创新。

六、必须坚持完善科学的考核体系,进一步强化导向作用

考核是指挥棒,充分发挥考核的导向作用和"杠杆"放大作用,对小城市实行科学、有序的培育引导。有关部门在跟踪研究中及时修改完善各项政策措施,提高政策的针对性和实效性。建议对试点小城市实行分阶段和类型考核,按类型确定不同考核内容和标准,突出重点,更加符合实际。加快完善考核指标体系,适当增加城市规划、基础设施、生态环境、社会保障等基础性考核内容,在经济、人口规模等考核中增加结构性、素质性的考核指标。建议将考核周期从 3 年延长至 5 年甚至更长,引导小城市更加注重长远发展,更加重视做好基础性工作。严格规范考核程序,及时兑现考核结果。积极创新考核形式,开展小城市培育建设先进单位评选,用物质激励和精神奖励相结合的方式,营造良好氛围。

表13-1：小城市培育指标情况表

类别	序号	指标	一类小城市	二类小城市	三类小城市	单位	指标说明	2021年数据
经济发展	1	规上工业企业亩均税收	25			万元/亩	小城市区域内规上工业企业税收除以规上工业企业用地	25.13
	2	每万名劳动力中研发人员	148			人	小城市区域内研发人员总数除以小城市内劳动力总数×10000	754
	3	地区生产总值	180	85	40	亿元	小城市区域内所有常住单位在一年内生产的商品与服务的最终价值	107.8
	4	二三产业增加值占比	94			%	小城市区域内第二、三产业增加值之和占GDP比重	93.86
基础设施	5	避灾安置场所总建筑面积	500	350	300	平方米	小城市区域内的避灾安置场所总建筑面积。避灾安置场所是由县政府确认组织建设，为受洪涝、风暴、台风、地震、滑坡、泥石流等自然灾害影响和突发公共事件影响，需要转移安置的当地群众及外来人员，无偿提供临时性避护和基本生活保障的场所	37100
	6	道路网密度	6	4	3	千米/平方千米	建成区指城市行政区内实际已成片开发建设，市政公用设施和公共设施基本具备的地区（下同）。该指标指小城市建成区内道路总长度除以用地总面积	乡镇不统计
	7	二乙及以上医院数量	1			家	小城市区域内经评定确定为二级乙等及以上的医院数量	1（按照二级综合医院标准建设，未达到评审年限）

续表

	指标	单位			说明
公共服务	8	乡镇居家养老中心或社会养老机构数量	个	8	3	2	小城市区域内拥有乡镇居家养老中心或社会养老服务中心，是指兼具社会化养老机构的数量总和。居家养老服务中心日间照料服务功能，提供生活服务、全托服务、日托服务、家庭支持服务、社会工作和心理疏导服务、康复辅助器具租赁服务等6项服务的综合性养老服务机构
	9	城市标准功能配置	—	一个包含交通、城管、安防、基层治理等功能的城市大脑；一个展示城市未来发展历史的城市客厅；一条特标识形象长度超200米的商业街；一个建筑面积大于2000平方米的全民健身活动中心；一条一千米以上的城市绿道；一个阅览座位不少于130座的公共图书馆	一个包含交通、城管、安防、基层治理等功能的城市大脑；一个展示城市未来发展历史的城市客厅；一条特标识形象长度超200米的商业街；一个建筑面积大于2000平方米的全民健身活动中心；一条一千米以上的城市绿道；一个阅览座位不少于130座的公共图书馆	城市大脑是互联网大脑架构与智慧城市建设结合的产物，是智能巨系统，是中国行之有效的解决城市复杂问题、提高城市运行效率的方案。城市客厅是满足城市各类人群休闲临时性需求的场所，更好地服务外来客人和本地市民，是城市客厅时光的空间。商业街是以人口集中、多以中国传统中心为主要时光场所，置了集了MALL与中国传统商铺的综合区，是现代全民健身进行体育活动的场所。城市绿道是连接公园自然保护地、风景名胜区、历史古迹区和城乡居民聚居区的绿色开敞空间，一般沿着河滨溪谷、山脊路径或人工走廊等自然人工廊道建立，内设可供游憩行走的景观游步道，是由社会力量兴办、政府支持或委办、整合公众开放的公益性图书馆。公共文化与服务设施建设，是指具有文献信息资源收集、整理、存储、传播、研究和社会教育等功能的公共文化服务设施
	10	普惠性幼儿园在园幼儿占比	%	90	100	普惠性幼儿园指以政府指导价收取保育费和住宿费的幼儿园。该指标指在普惠性幼儿园就读的幼儿占所在城市所有幼儿园幼儿数的比重
	11	每千人口拥有执业（助理）医师数	人	4.3	小城市执业（助理）医师数除以常住人口×1000	2	

续表

分类	序号	指标	单位	目标值	实际值	说明
公共服务	12	具有中高级职称教师占比	%	65	61.4	小城市区域内具有中级、高级及以上职称的教师数量占总教师人数比
	13	城镇居民人均住房面积	平方米	49	乡镇不统计	小城市区域内实有住宅建筑总面积除以应该常住人口
	14	基本医疗保险参保率	%	99.8	99.3	小城市区域内实际参保人数除以应该常住人口
	15	农村常住居民人均可支配收入	元	40000	48491	小城市区域内农村居民家庭全部现金收入用于安排家庭日常生活的那部分收入
	16	城镇常住居民人均可支配收入	元	64000	74751	小城市区域内城镇居民家庭全部现金收入用于安排家庭日常生活的那部分收入
	17	城乡居民收入倍差	一	1.6左右	1.54	城镇居民人均可支配收入与农村常住居民人均可支配收入的倍差
文体建设	18	惠民演出场数	次/每年	12	13	在小城市区域内举办的惠民演出总场数。惠民演出，指能让人在特定的时间受到特定的环境下所举办的各类文艺表演活动如戏曲、舞蹈、杂技、电影等
	19	文化社团组织数	家	8	4	在小城市区域内注册登记的文化社团组织数量
	20	人均文化事业费	元	200	95	小城市区域内用于发展社会文化事业的经费支出除以常住人口
	21	每万人公共文化设施面积	平方米	4350	5656	小城市区域内公共文化设施建筑面积除以小城市常住人口×10000。公共文化设施指由各级人民政府或社会力量举办的，同公众开放用于开展文化活动的公益性图书馆、博物馆、纪念馆、美术馆，文化站等建筑物、场地和设备
	22	农村文化礼堂覆盖率	%	100	100	集学教、礼仪、娱乐于一体的综合性农村文化礼堂在小城市所有行政村的覆盖率
生态环保	23	工业固体废物利用处置率	%	99	100	小城市区域内各工业企业（包括处置利用的工业固体废物）之和占当年各工业企业产生的工业固体废物量之和的百分比

续表

		指标	值	单位	说明	
	24	城镇生活垃圾分类覆盖率	99以上	%	小城市建成区城镇开展生活垃圾分类覆盖单位数占城镇单位总数的百分比	100
	25	建成区绿化覆盖率	30	%	小城市建成区绿化覆盖面积占建成区总面积的百分比	37
	26	"千吨万人"饮用水水源地水质达标率	100	%	"千吨万人"饮用水水源地水质达到标率指"千吨万人"饮用水水源地水质达到或优于 GB 3838—2002 或 GB/T 14848—2017 III类标准的水源数量占总水源数量的百分比	100
	27	森林覆盖率	61.5	%	森林覆盖面积占土地总面积的比率	—
	28	劣 V 类水体比例	0	%	劣 V 类水体比例指县控以上劣 V 类断面个数比例	—
	29	受污染耕地安全利用率	95	%	受污染耕地安全利用率指受污染耕地面积经安全利用后污染耕地亩数占小城市区域内总污染耕地亩数	—
	30	依申请政务服务办件"一网通办"率	90	%	指群众申请政务服务在"一张网"可办事项数占镇政府所有政府服务事项的比重	99.8
	31	拥有行政审批权事项比例	98 / 95 / 90	%	镇政府拥有的行政审批权（市、区）政府行政审批权事项的比重	24
	32	建成区数字化管理覆盖率	100	%	小城市建成区内数字化管理信息系统对建成区公共区域的监督范围覆盖率	100
基层治理	33	城乡公交一体化比例	85	%	小城市建成区周边 20 千米区域内，城市公交区域一体化运营公交数量占城乡公交总运营数的比例	乡镇不统计
	34	亿元 GDP 生产安全事故死亡率	<0.01	人	小城市区域内生产安全事故死亡人数除以全镇生产总值	0

注 1：按照规模等级将小城市分为三类，一类：主要是财政收入 10 亿元以上的小城市；二类：财政收入 5 亿—10 亿元的小城市；三类：财政收入 5 亿元以下的小城市。

注 2：部分规模指标针对三类小城市采取分类定标的方式，合理地引导小城市培育建设工作。

第四节　统筹城乡发展的姚庄模式

新发展阶段实现共同富裕，需要坚持农业农村优先发展、坚持城乡融合发展、畅通城乡要素流动。姚庄镇坚持把城乡统筹作为一项战略性工作来抓，充分利用长三角一体化发展国家战略、省统筹城乡综合配套改革试点、省级小城市培育试点等机遇，推动城乡统筹发展，促进了产业升级、农村进步、农民富裕。2021年，全镇GDP达到107.8亿元，增长8.6%；规上工业产值394亿元，增长24.7%；农村居民人均可支配收入46180元，城乡居民收入倍差缩小到1.55。

推进城乡统筹发展的姚庄模式，聚焦补齐短板、突破瓶颈，形成了以城乡融合发展促进共同富裕的实践路径。

一、姚庄统筹城乡发展的主要做法成效

2005年，时任浙江省委书记习近平同志到嘉善调研，对我们提出做好转变发展方式、主动接轨上海、统筹城乡发展"三篇文章"的重要指示。姚庄镇认真落实指示要求，坚持做好"三篇文章"，特别是围绕"统筹城乡发展"，以农房改造集聚为抓手，形成了"地集约、产兴旺、城提质、村秀美、人享服"的统筹城乡发展模式。2020年，空间集聚的姚庄模式入选浙江省乡村振兴十大模式。

（一）聚焦"地集约"，破解城乡统筹空间制约

姚庄过去是纯农业乡镇，耕地保护任务重，城乡建设用地少，经济社会发展的用地需求与城乡建设用地紧缺的矛盾十分突出。2008年起，姚庄把握列入浙江省统筹城乡综合配套改革试点的契机，按照"农民可接受、政府可承受、工作可持续"的原则，积极开展以农村住房置换城镇房产、农村宅基地复垦为耕地为主要内容的农房改造集聚工作。经过10多年的努力，累计开展三期农房改造集聚，实施土地整治项目40多个，引导7000多户农村居民"带地进城"，农户集聚率达到70%以上，新垦造出耕地5500多亩，节余盘活建设用地2066亩，有效缓解了建设用地"卡脖子"问题，为城市基础设施建设和工业发展拓展了空间。

（二）聚焦"产兴旺"，夯实城乡统筹经济基础

产业不兴，城乡居民难以富裕，城乡统筹也不可持续。姚庄坚持从零开始抓工业强镇建设，2014年创建成全省首个镇级的省经济开发区，依托长三角

核心区位优势,全力引进立讯智造、福莱新材料、晨亨科技等300余家优质内外资企业,培育形成通信电子和精密机械两大百亿级主导产业。规上工业总产值从2008年的136亿元,增长至2022年的超500亿元,年均增长10.9%,工业贡献了全镇90%以上的财政收入,吸纳了80%以上的劳动力就业。在大抓工业的同时,姚庄坚持"以工补农、工农互促",推动农业"创品牌、做精品",形成了黄桃、番茄、甲鱼、葡萄、芦笋等特色农业品牌,其中"姚庄黄桃"成为国家地理标志品牌。2020年,建成长三角首个现代农业小微产业园,打造"龙头企业+村集体+小农户"共建平台,开辟出一条小农户与大市场有机衔接的通道,带动入园农户获得20%以上的亩均增收。2021年,以全县十分之一的耕地面积完成了四分之一的农业GDP。

(三)聚焦"城提质",做强城乡统筹关键支撑

城乡统筹,城镇是"龙头",乡村是"龙身"。"龙头"不做强,就很难带动"龙身"起舞。姚庄坚持提升镇区能级,强化以城带乡作用。牢牢把握姚庄列入浙江省首批小城市培育试点的机遇,在农户大量集聚后,将原来对农村基础设施和民生工程"撒胡椒"式的分散投资,转变为在集聚小区周边的集中投资。高标准、高品质推进城市基础设施建设,近10年累计投入500亿元、实施300多个市政设施、社会事业、生态环境、公共服务类项目。镇区面积由原来的不到一平方千米增加到八平方千米,镇区道路由原来的三条街道扩展到"五横五纵"路网体系,推进智慧水利、数字城管、智慧交通工程,建成国家级姚庄体育馆、姚庄医院、姚庄养老院、电影院、城市广场、河滨公园、商贸综合体等配套设施,镇区形象明显提升,服务配套功能显著增强。

(四)聚焦"村秀美",补齐城乡统筹突出短板

统筹城乡发展,农村是短板、是关键。在快速推进城镇建设的同时,姚庄始终不忘农村、不忘留在农村的农民,加大政策、资金、力量向农村倾斜,不断平衡城乡投入,缩小城乡差距,激活乡村动力。狠抓生态文明建设,深入实施"千村示范、万村整治"工程,持续推进"五水共治""碧水行动""全域秀美"等行动,与上海共保共治太浦河水源地,长白荡水源地水质合格率保持100%。狠抓美丽乡村提升,近三年累计投入4.4亿元,大力改善农村保留村庄的基础设施,以"景区标准"打造展幸村莲花泾、丁栅村洪字圩等6个新时代美丽乡村精品点,创建市级乡村振兴示范镇。狠抓"两山"转化,升级"桃源渔歌"风景线和"最美香湖"风景线,打造"五彩姚庄""沉香共同富裕聚落",成功创建"两美浙江特色体验地"、省AAA级景区镇、省级数字文旅特色镇。

2022年共接待长三角区域游客25万人，旅游收入超过1500万元，带动村集体经济增收、农民致富。

（五）聚焦"人享服"，增进城乡统筹民生福祉

坚持以人为本，统筹城镇与乡村，全域提升综合服务能力，增强公共服务配套能力，实现城乡公共服务一体化、品质化。高标准建设镇政务服务中心，推动村社代办服务全覆盖，让老百姓不出村社就能方便办事。在全县率先完成农村学校撤并，城乡同享一体化优质教育资源。打造"桃源汇""阳光坊"等养老助残民生服务品牌，让特殊群体享受更优质的公共服务。2019年长三角一体化发展上升为国家战略以来，打通省际断头路3条，开通"跨省公交"方便青吴嘉居民出行；引入上海等地优质医疗资源，实现居民电子健康档案跨区域互联互通互认，形成"互联网+医疗健康"共享模式。

二、推动解决城乡融合发展面临的困难

虽然姚庄统筹城乡发展取得了较好的成效，但是对照高质量发展建设共同富裕示范区的高要求，还存在不少的问题短板。主要体现在：

（一）镇域南北两个片区发展差距较大

对照全域协调发展的要求，姚庄以申嘉湖高速为界，南北两个片区存在较为明显的发展不平衡问题。北部区域主要是原丁栅镇的辖区，2009年丁栅镇撤并入姚庄后，原丁栅老集镇整体衰落、村庄活力不足、镇村资源存在闲置，留在农村的农户增收困难，在经济体量、基础设施建设、公共服务等方面与南部镇区存在较大差距。

（二）城乡资源双向流动不够顺畅

姚庄积极撬动金融资本、社会力量参与乡村建设和产业发展，并取得了一定实效。但从总体上看，城乡要素流动依然主要表现为农村劳动力、土地空间等向城镇的单向流动，技术、资本、人才等高端要素向农村流动渠道不够畅通。亟需健全激励保障机制，加快打通城乡要素双向平等流动通道，推动各类要素更多向农村集聚，更好促进城乡融合发展。

（三）"两山"转化通道不够畅通

近年来，姚庄通过大力开展"五水共治""三改一拆"，国控、省控断面三类及以上水体占比从0提高并保持在100%，获评全省"五水共治"优秀乡镇。姚庄北部还有与上海市青浦区金泽镇共保的"金泽水库——长白荡水源地"，对招商引资、产业发展有严格的要求。生态环境越来越好，老百姓的腰包却没有随之越来越鼓。如何把江南好风景变成群众好收入，如何进一步打通"两

山"转化的通道、拓宽群众增收渠道还需要深入谋划。

三、新发展阶段姚庄通过城乡融合促进共同富裕的路径思考

党的二十大报告指出,共同富裕是中国特色社会主义的本质要求。浙江承担高质量发展建设共同富裕示范区任务之后,姚庄也结合实际,积极谋划推动共同富裕的目标、路径和具体举措。目标是争取到2024年姚庄农民人均可支配收入超过5.7万元、年均增长7.4%以上,城乡居民收入倍差从1.55缩小到1.53以内。具体提出"12345"的思路举措来促进共同富裕。

(一)"1",找准城乡融合促进共同富裕这一跑道

综合运用历史思维、辩证思维、系统思维来分析,姚庄继续坚持走城乡融合促进共同富裕的道路。从历史思维看,姚庄从2008年开始推动城乡统筹,经过十多年的努力,已经具备了比较好的工作基础,应该坚持"一张蓝图绘到底"。从辩证思维看,既要看到姚庄城乡统筹取得的成效,也要看到对照新时代新要求,在更高水平上推进城乡融合、促进共同富裕还有很多短板弱项。同时,城乡融合是共同富裕工作的主要矛盾,抓好这一主要矛盾,对推动整体工作可以起到纲举目张的作用。从系统思维来看,城乡融合的内容十分丰富,包含了产业转型升级、体制机制创新、城乡设施完善、城乡居民增收、公共服务提质、社会治理改进等内容,必须开展前瞻性思考、全局性谋划,进行战略性布局、整体性推进。

(二)"2",推进南北两个组团协同发展

姚庄南北发展基础不同,要因地制宜、协同推进镇域内南部"产城融合"组团和北部"美丽乡村"组团协调发展,为共同富裕做大经济蛋糕。北部组团立足"生态绿色"定位,发挥地处长三角生态绿色一体化示范区核心区域的区位优势,临近沪苏嘉城际铁路、申嘉湖高速、沪昆高速联络线、嘉善大道快速路的交通优势,以及姚庄北部湖荡众多、蓝绿空间比超过80%的生态优势,统筹空间布局、生态保护、产业发展等规划,引进杭州商旅集团等企业,投资50亿元打造"一湖一镇一居两村"的沉香共同富裕聚落。通过实体项目带动,盘活老集镇、农村闲置资源,打通"两山转化"通道,带动农民群众就近就业、创业,畅通村集体和农民勤劳创新致富渠道,促进乡村全面振兴。南部组团基于省级经济开发区和小城市培育发展成果,聚焦产城融合发展,统筹产业发展和城市服务,重点打造城乡融合片区、低碳智造片区、新兴产业片区、未来社区片区"四大片区",加快推进数字经济产业园、姚庄青年城、全民健身中心及中央公园项目建设,提升南部城区功能和品质。

（三）"3"，做好强村富民"三集三进"改革试点

2022年6月，嘉善县"创新乡村产业强村富民运营新机制"列入浙江高质量发展建设共同富裕示范区第二批试点名单，姚庄成为改革试点主要承载地。"创新乡村产业强村富民运营新机制"的核心，是开展"三集三进"改革试点，重点解决"钱从哪里来、事情谁来干、农民怎么富"三大难题，以创新集成探寻乡村共富新模式。

1. 破解"谁来投"瓶颈

探索多元资金集成进乡村，发挥财政资金杠杆牵引作用，整合村集体闲置资金，积极鼓励社会资金跟投，创设乡村振兴专项资金与发展基金"双金"模式，破解乡村产业投入来源少、资金小、整合弱的现状问题。

2. 贯通"谁来干"路径

探索多元经营主体集成进乡村，实体化运作镇级乡村振兴公司和18个村的村级乡村振兴公司。充分发挥市场在乡村产业发展中的决定性作用，以乡村振兴公司为载体，引入专业化农业生产、市场运营公司，形成"投资公司＋运营公司"专业化运营体系。

3. 打开"怎么干"空间

探索共富模式集成进乡村，升级打造姚庄现代农业小微产业园，借助全产业链龙头农企资源优势，构建"一区一业、一特一园、多园成群"的发展格局，深化打造"小微飞创"共富联结模式。创新风险投资增收模式，引导镇村乡村振兴公司风险投资入股高新技术产业项目，企业的红利以及上市后收益全部反哺村集体经济。

（四）"4"，激发政府、企业、村集体、农户四方力量

强村富民，政府不能"全管全托"，要充分激发多方力量。以乡村振兴公司实体化运作为基础，开辟工商企业、乡贤群体、金融资本以及外来投资商等社会力量进乡村投资通道，探索引导农民以"田、房、钱、技"共同入股参与乡村发展项目。在姚庄"生态绿色加油站"模式基础上，延展探索"股份＋积分"模式，把积分制改革和村域善治、金融赋能和共富增收紧密链接，实行"积分奖励"兑换"股份分红"，引导调动农户共建共同富裕的积极性。

（五）"5"，开展"五大"补短板行动

坚持问题导向、效果导向，全面排摸梳理姚庄城乡融合、共同富裕工作中存在的弱项短板，精准施策，全力补短。

1. 开展产业转型提升行动

巩固姚庄通信电子和精密机械双百亿产业优势,加快构建以制造业为核心的创新生态,全面链接和融入以上海为核心的长三角协同创新体系,加快引进、建设园区众创空间和科技孵化器等创新服务平台,加速"姚庄制造"向"姚庄智造"迈进。着眼未来,超前布局元宇宙虚拟硬件、新能源汽车关键零部件、服务机器人等新产业,推动通信电子产业向元宇宙产业链转型,传统精密机械产业与服务机器人产业深度融合。

2. 开展收入扩中提低行动

推动工业高质量发展,提供更多高收入工作岗位。推进村集体经济和农民增收"双扩中提低",突出中等收入和相对薄弱村级组织,以"强村计划"为抓手,镇村联建沉香共同富裕聚落周边生态及观光农业体验区,鼓励农村集体经济组织探索村庄经营、服务增收等集体经济发展模式。实施新一轮"富民计划",聚焦老年农民、中年农民和青年群体"三类群体",拓展就地、就近就业增收路径。创新由乡村振兴公司租用闲置农房改造民宿,并聘用农民参与民宿经营的"主客共享"模式,带动农文旅项目周边农户增收。加快打造丁栅乡创青年部落,引导种粮大户、乡贤、大学生回乡创新创业。

3. 开展基础设施提标行动

着眼城乡基础设施品质提升,以嘉善至西塘市域铁路、嘉善大道快速路、沪杭高速嘉善联络线等交通项目为支撑,实施全域基础道路改造,同步推进乡村农旅公路提升,建成串联美丽乡村的高品质农村公路。分步推进姚庄、丁栅、清凉等3个老集镇有机更新,启动全域老旧小区改造计划,系统改造小区雨污、天然气、自来水等基础设施。在农村保留点、自建点打造具有地域特征、时代风貌的江南民居,提升乡村风貌,打造省级未来乡村、市级全域未来乡村片区。

4. 开展公共服务提质行动

优化教育基础设施布局,对接上海、杭州优质教育资源,培养高素质教师队伍。加大托育机构、幼儿园建设进度,缓解学前教育学位紧张状况。推进医疗资源、养老资源整合提升,建设医养结合的卫生康养中心。注重精神富裕富足,完善"城镇10分钟、农村15分钟"公共文化服务圈,促进公共文化服务向乡村延伸,全面提升城乡公共服务品质,不断满足人民群众多样化的精神文化需求。

5. 开展社会治理提效行动

推动"矛盾减少在源头、纠纷发现在苗头、小事解决在村头、大事控制在镇头"的"四头工作法"迭代升级,创新打造"1525"社会治理格局。以一个综合治理指挥室为中心,辐射工业园、城乡一体新社区等5个基层社会治理工作站、25个村(社区)和69个网格,形成四级联动治理模式。深化网格化服务管理,加强网格员和社区微网格队伍建设,探索建立"警网融合"新机制,提升社会治理精细化水平。

第十四章　实施农产品区域公用品牌战略

区域品牌因其对区域形象的传播、区域影响力的提升和区域经济的助力作用，成为乡村全面、持续振兴的重要战略抓手。农产品区域公用品牌指的是特定区域内相关机构、企业、农户等所共有的，在生产地域范围、品种品质管理、品牌使用许可、品牌行销与传播等方面具有共同诉求与行动，以联合提供区域内外消费者的评价，使区域产品与区域形象共同发展的农产品品牌。加快农产品区域公用品牌建设，提升农产品区域公用品牌竞争力，是推进农业高质量发展的必然要求。

浙江省嘉善县位于江浙沪两省一市交汇处，区位优势鲜明，素有"鱼米之乡"的美誉，大米、淡水鱼虾等银光闪闪，因此，自古被称为"银加善"。2011年嘉善县注册获批全国首个县域农产品集体商标——"银加善"，经过多措并举建设"银加善"区域品牌，已经形成了相对成熟的管理体制框架，"银加善"品牌在周边县市包括上海等地已经拥有了一定的知名度，有效提升了嘉善农产品的质量效益和竞争力，但是相比周边地区"丽水山耕""金平湖"等品牌建设的后发制人，"银加善"品牌建设存在规划的整体性不够，运作的协同性不足，引领作用遭遇瓶颈等问题。与乡村振兴的要求、与长三角一体化发展的形势、与嘉善高质量发展和"双示范"要求、与消费者对农产品的需求等不匹配。因此，通过对比丽水、平湖和嘉善三地区域品牌建设的异同，研究嘉善农产品区域品牌的建设路径，有利于找准今后区域品牌建设的发展方向。

第一节　农产品区域公用品牌建设的重要意义

一、农产品区域公用品牌建设是推进乡村振兴战略、推动农业现代化的客观要求

实施乡村振兴战略是一篇大文章，产业振兴是基础，实施区域公用品牌战略是推动农业生产向高效生态新型农业现代化的新动能。品牌化是一个系统工程，其所代表的是消费者口碑和社会美誉度、认可度。因此，只有全面实施农产品品牌战略，才能有效激励和倒逼农业生产者改善生产环境，改进生产工艺，创新营销手段，全面提升农业生态化、标准化、清洁化和组织化水平，从而实现向高效生态现代农业的转型。

二、农产品区域公用品牌建设顺应长三角生态绿色一体化发展示范区建设、完成县域科学发展示范点建设任务的客观需要

随着长三角生态绿色一体化发展示范区的确定，上海青浦、江苏吴江和嘉善两区一县地处两省一市交界处，是一体化发展的重点区域，嘉善成功成为"双示范"区。一体化合作既是重大的发展机遇又有挑战，无论是经济总量、财政收入、产业层次还是基础设施建设，嘉善都是最薄弱的。嘉善的蔬菜、水果、水产品等这些农产品一向深受上海及周边地区的欢迎，但随着长三角一体化的推进，经济社会的发展，物流行业高度加速，同城效应不断显露，农产品供给的半径区域在不断扩大。长三角地区消费者可选择的产品大大增加，嘉善的农产品是否还具有强大的竞争力？嘉善农业发展能否跟得上形势的发展？因此，尽快调整农业产业结构和产品类型，做强做大"银加善"区域品牌成为嘉善的当务之急。

三、农产品区域公用品牌建设是坚持问题导向、推进农业供给侧结构性改革的客观需要

实施区域公用品牌战略是坚持问题导向的客观需求，虽然全县农产品获得省级著名商标7个、省级名牌产品11个、省级名牌农产品5个、市级著名商标21个。但真正有知名度，与嘉善地区产生联想的不多。农产品的替代性强，一镇一品乃至一村一品的情况下，农产品产量上不去；即使全县各镇皆有的农产品，因为相互间横向联结有限，各自打品牌，因此品牌的知名度不高。目前，农业供需关系发生变化，主要任务是全面提升农产品的品质质量和效益问题。但是农产品生产主体实力普遍较小，资源普遍有限，精品名品少，单打独斗现象普遍存在，要面对千变万化的大市场尤其显得力不从心。要解决这对矛盾，需要政府统筹各方资源服务现代农业产业发展，打造区域公用品牌，为生产经营主体提供支撑，增强抵御风险的能力。

四、农产品区域公用品牌建设是满足人民对美好生活需要、增进人民福祉的客观需要

实施区域公用品牌战略是适应社会需求快速提升的客观需求。随着长三角一体化的推进，人们从"吃得饱"转向"吃得好"，从"消费产品"转向"消费品牌"，人们的消费习惯和消费理念更加的国际化、多样化，对农产品及其加工品的绿色化、品质化、个性化、多元化的需求越来越强劲，市场上出现了高质高档高价农产品畅销、低质低档低价农产品滞销的强烈反差。因此，在产业发展中需要有前瞻性，要强化品牌意识，只有这样才能从根本上改变农业生产供给和市场消费需求不相适应的状况，才能实现农业生产向优质绿色新型高效的方向转变。

第二节　嘉善农产品区域公用品牌建设的探索

为了提升嘉善农业，2009年嘉善县委县政府指定县供销社（农合联）向国家商标局申请注册"银加善"农产品集体商标。2011年6月，全国首个县域农产品集体商标——"银加善"农业精品集体商标经国家商标局正式核准为注册商标。2021年，收到国家知识产权局颁发的"银加善"集体商标注册证书，集体商标在原有10个大类110个群组的基础上又扩大了4个大类30个群组。至此，"银加善"集体商标共拥有14个大类140个群组的商标专用权。主要做法：

一、加强组织领导，建立工作机制

（一）成立专门管理机构

县政府在启动注册商标时就专门发文成立了"银加善"集体商标使用管理领导小组，由县政府办、农办、农经局、市场监管局、财政局、质监局、供销社（农合联）等7个单位组成，分管农业的副县长兼任组长，并设立办公室，日常业务由县供销社牵头开展。

（二）落实专项工作经费

自集体商标正式投入使用后，县财政每年安排30万元专项资金给供销社

（农合联），用于"银加善"精品农业品牌的工作经费。

（三）制定了工作制度和管理办法

为形成有效管理，领导小组建立了多项日常工作制度，包括包装、标识管理制度、质量检测制度、档案管理制度等。重点是颁发了《"银加善"农业精品集体商标使用管理办法》，对许可使用的准入条件、申请程序、商标标识和包装使用管理、被许可人权利义务、市场主体退出机制等做了详细规定。

（四）部门协调、分工合作

在县农合联的平台下，领导小组各成员单位分工合作，申请许可采用联合审批制，各单位都落实了专人负责本部门职责范围内的审批事项。

（五）建立品牌指导站

在市场监管部门的大力支持下，在县农合联经济服务中心设立了"银加善"精品农业品牌指导站，指导站建立了"银加善"品牌数据库，以及加盟农产品的商标资料库、后备单位数据库、拟培育驰（著）名商标库，全县农业龙头企业库等，汇集了大量信息，既提高了企业信息处理效率，又为行业分析处理提供了鲜活的一手资料，为领导小组决策提供依据。

（六）建立云服务平台

2017年，初步建成"银加善"农业精品云服务网站和微信公众号，提供政策、品牌、质量、宣传、咨询、销售等服务，"银加善"集体商标授权用户率先享受平台提供的云服务。

二、严格许可准入，引导主体争先创优

（一）高门槛先行

除必须是嘉善县农合联的成员单位外，申请企业还须符合以下条件：产品自产量（或订单产量）、销量达到一定规模；企业经工商登记注册且市场信誉良好；产品自有商标在市场上具有一定的知名度；生产过程实施标准化管理；产品通过法定检测机构检测合格；产品通过无公害农产品、绿色食品或有机农产品认证，产地通过无公害基地认定；企业通过QS认证；企业近三年内没有较大产品质量事故和商标侵权违法行为。

（二）严审核把关

明确企业申请流程，实行双层把关。申请企业需向镇（街道）工作机构递交申请书及相关证明文件，经本级初审、县级复审方可确定使用资格。部门专业机构联合发挥"篦头梳"的作用。如农经部门负责核审产品自产量、标准化生产记录、产品检测报告、产品认证情况；市场监管部门负责核审主体资格、订单合同、自有商标注册情况、侵权违法记录；质监部门负责核审 QS 资格、产品质量违法记录，确保零错漏。

（三）勤监督检查

在许可使用期间，每年由领导小组办公室对被许可的产品质量、生产标准、营销行为、规范使用等进行监督检查，同时对市场流通中出现的假冒"银加善"标志、标识的行为组织相关职能部门进行处罚，2015 年取消了 2 家单位的许可使用权。

三、注重品牌营销宣传，提升品牌价值

（一）设计视觉识别系统，提高品牌辨识度

2012 年委托专业广告公司设计并发布了"银加善"VI 视觉识别系统，统一了品牌宣传营销所使用的文字、色彩、图形和包装，并进行定点印刷生产。特许加盟的单位均须按要求使用品牌标识。统一、鲜明的品牌形象为许可农产品带来了鲜明的市场辨识度。同时，将特有的"银加善"VI 视觉标识应用到展位、门店和宣传品中，印制了一大批"银加善"品牌宣传图册、一次性水杯、品牌集邮册、餐巾纸盒等宣传品，在各类推介会、展会、活动上进行赠送，多种途径扩大品牌知名度。

（二）主流媒体宣传，提高品牌知名度

以广播、电视、报刊等传统媒体为主，移动终端、户外广告等新媒体为辅，积极开展品牌传播活动，保持"银加善"品牌的媒体活跃度。几年来，在《浙江农村科技信息报》、上海《新民晚报》、《中华合作时报》上对"银加善"进行多次报道，与嘉善报社建立专版宣传栏；2012 年 8 月，"银加善"还积极配合国家工商总局和中央电视台联合拍摄《商标的力量》专题片，在中央台二套经济频道播出；每年在省市农博会、农展会现场设立广告牌，在嘉善城区的车站、酒店、主要街道及旅游景区布置阅报栏广告。

（三）联合民俗文化活动，挖掘品牌深度

利用各镇举办的民俗文化活动融合"银加善"标识，在历年举办的"醉在西塘国际旅游小姐节""美在姚庄十里桃花节""忆在干窑皇家京砖节""嘉善杜鹃花节"等大型节庆活动中，将"银加善"品牌推介和民俗文化活动相融合，通过文化营销，在农产品品牌中注入了善文化，强化嘉善本地浓厚的人文、风土气息，从而塑造银加善品牌的个性特色。

（四）多点营销，提高品牌接受度

"银加善"农业精品集体商标冠名产品采取统一营销平台与自主销售渠道

相结合的营销结构。县供销社专门成立了嘉善农业精品展示展销中心，重点销售"银加善"冠名系列农产品。与杭州新田园、世纪联华、嘉兴天天超市、农工商等建立特约销售。同时，充分利用网络营销辐射面广、影响力大的特点，分别于2014年在1号店开设"特产中国·嘉善馆"、2016年在天猫开设"银加善旗舰店"两个电商平台，主营"银加善"农业精品。另外，每年积极组团参加各类博览会、展览会，2013年参加中国（大连）国际商标品牌节，获得最佳展位奖，时任国家工商行政管理总局副局长刘俊臣、中华商标协会会长刘凡等领导参观了"银加善"展区。近几年来冠名的"银加善·杨庙雪菜"远赴美国、韩国、澳洲、泰国等地展销，把一元人民币一包的国货卖到了3美元一包的洋货，深受华侨的青睐。2014年，由县供销社发起以"银加善"农业精品为主题举办了"江浙沪农产品营销联谊沙龙"，邀请周边80多个农批市场、大型超市负责人、农产品经纪人共聚嘉善。2017年7月，县政府在上海浦东举办了"2017银加善—接轨上海"农业招商暨农产品展示会。最近，品牌还参加了首届长三角品牌博览会。

2020年，嘉善成功入选国家电子商务进农村综合示范县，并获得中央奖励资金。2020年嘉善全县实现农产品网络零售额11.8亿元，同比增长42%，增幅居全市第一，总量处于全省第一梯队。比如在黄桃季节，银加善优选与多多直播、达人带货平台等第三方合作，共计直播18个场次，吸引60万观众在线观看，"银加善"线上平台销售额累计120.33万元。通过多点营销，精准扩大了"银加善"品牌的影响力。

第三节　与丽水和平湖地区农产品品牌运营的比较

2014年9月，以市域为单位的农业区域公用品牌"丽水山耕"诞生，"丽水山耕"的运作模式是，丽水成立丽水市生态农业协会，由协会注册"丽水山耕"商标，并委托国有独资的丽水农业投资发展有限公司运营，使得"丽水山耕"既体现了政府背书的权威性，又有行业的约束性，同时不失市场主体的灵活性。围绕做最优品牌运营商和最强农业实体企业的双定位，持续推进市场化实体化转型，逐步形成了以"丽水山耕"为核心的农业产业、产权交易、专业市场、乡村建设等4大业务板块。2021年，"丽水山耕"紧跟市场节奏进入转型升级，在聚力搭建品牌管理、会员服务体系的同时，填补产品空缺、加快基地建设、优化市场布局的接续努力中，相继探索出共同探索山区农业发展样板、品牌倒逼产业升级样板、品牌运营商共富引擎样板三大样板，绘就起一幅丽水三农的共富画卷。"丽水山耕"共有会员845家，2018中国区域农业品牌影响力排行榜上，"丽水山耕"以96.76的品牌指数获得了区域农业形象品牌影响力第一名。预计2022年全年销售额超60亿元，产品平均溢价率达30%，旗下涵盖了1122个合作基地、886个背书产品，建成海拔600米以上绿色有机农林产品基地21.51万亩。

2017年，平湖市开始重点打造"金平湖"区域公用品牌。有效整合农业品牌资源，通过整体形象的塑造，真正将农产品从"多而散、小而弱"向"简而精、大而强"转变，提升知名度、竞争力和附加值。目前"金平湖"区域品牌已经初露锋芒，有会员单位21家，品牌估值3亿元。

一、丽水和平湖地区农产品品牌运营的共通之处

"丽水山耕"和"金平湖"两个集体商标，尽管存在特色差异、规模差异、价值差异等，但两地在发挥农产品区域公用品牌的引领带动作用上有很多共通之处，主要表现在四个方面：

（一）注重顶层规划设计，用品牌牵引生态精品现代农业发展

两地在加强组织领导的基础上，做了高标准规划设计。丽水市2013年委托浙江大学中国农业品牌研究中心做规划，制定出台《丽水生态精品现代农业规划（2013—2020年）》《丽水市农产品品牌发展战略规划》等系列文件，推进全市实施"母子品牌"战略，形成了"丽水山耕+县域品牌+企业品牌"的母子品牌建设体系。平湖市2017年委托浙江工商大学品牌发展研究院编制"金平湖"品牌发展规划，出台《"金平湖"农产品区域公用品牌建设的实施方案》等，致力于将"金平湖"打造成中国新型区域农产品公用品牌的典范，进而促进农业实现生态化、精品化、规模化发展。

（二）实施市场化运营，用改革激活品牌发展活力

鉴于集体商标不能属于企业的法律约束，两地都以改革的办法解决品牌运营行政化的难题，率先实现了市场化运营。

"丽水山耕"在市场化运营上，成立丽水生态农业协会，由协会注册"丽水山耕"商标，并委托国有独资的丽水农业投资发展有限公司运营，有董事会和经理室，下设若干控股公司和股权投资公司进行运营。

"金平湖"在市场化运营上，平湖市农合联是"金平湖"商标的持有方，

平湖农合投资发展有限公司负责品牌的运行管理。农合联成员单位只要符合标准条件，便可准许使用"金平湖"品牌。

（三）突出标准化生产管理，保证农产品的品牌质量和安全

农产品标准化生产管理是维护品牌形象、扩大品牌效应的关键，两地在农产品质量管理上都实行高标准、严要求。丽水按照基地直供、检测准入、全程追踪的要求，以"五个一"生产模式提升农业主体生产标准化水平，通过建立农产品身份证机制和二维码+商标标识+分级包装品牌销售模式，实现农产品溯源系统全覆盖。开展"丽水山耕"品牌标准认证，使其成为全国首个开展认证工作的农业区域公用品牌。平湖市全面提升"金平湖"品牌使用标准，初级农产品必须通过"三品一标"认证并全面推行生产合格证制度，加工产品必须通过质量认证。

（四）持续强化市场营销，全方位提升品牌知名度和影响力

两地持续不断投入资金，采用线上线下相结合的方式，开展多元化、立体化营销宣传，品牌知名度和影响力提升迅速。"丽水山耕"通过"壹生态"信息化服务系统，提供大数据服务；实施线上线下"双线"营销，开发营销App，建立农业主体+冷链物流+社区店营运机制，线下建设约180个营销网点；推进农旅融合，多措并举在县区、旅游区布点建设门店和销售中心；利用新华社等权威媒体刊发宣传报道150余篇，采用VR、全息、物联网等宣传技术，全面打响品牌。平湖市借船出海，与上海蔬菜集团合作共建长三角现代农产品中心、与杭州安厨电商公司合作开展品牌农产品包装营销，依托大集团资源和优势推介"金平湖"品牌，学习嘉善县大云镇"云宝"IP宣传经验，在上海浦东召开了品牌发布会包括新华社在内40多家媒体进行了深度报道，平湖西瓜灯亮相央视中秋特别节目、举办"我为'金平湖'农产品代言"原创短视频大赛等，全方位提升品牌影响力。

总之，"丽水山耕"特色明显、整体效益明显、品牌推介力度大；金平湖领导重视、体系完备、支撑有力。

二、嘉善、丽水与平湖区域品牌建设的比较分析

农产品区域公用品牌可以分为地理物种品牌和地理集群品牌。地理物种品牌是同一地理区域或同一自然特点下的单一品种品牌的集合。如阿克苏苹果、阳澄湖大闸蟹，地理集群品牌是同一地理区域或同一自然特点下的不同品种品牌的集合。在进行农产品区域公用品牌建设时，要先区分是地理物种品牌还是地理集群品牌，因为这两种区域公用品牌的运营思路是不同的，地

理物种品牌需要提炼出具体产品的卖点,而地理集群品牌打造的是区域生态形象名片。"银加善""丽水山耕""金平湖"都属于地理集群品牌,相互借鉴的价值较高。

(一)与丽水、平湖两地比较"银加善"品牌不足

表象上体现为"三不",一是影响力不够,"银加善"区域品牌知名度不高;二是引领度不够,当地的农业主体认可度不够高;三是品牌吸引力不够。愿意加入的企业层次低,有规模的企业意愿低。深层次来看,主要有以下几点问题:

1. 区域品牌定位太狭隘

"银加善"品牌仅限于农产品,主要设定为接轨上海的农业品牌,还没有与时俱进,确定为县里各品类品牌的龙头和旗舰。以至于在实际运营中存在重生鲜、忽视加工品,重传统、轻创新,重农产品、轻一、二、三产业融合的产品等现象。

2. 品牌特色不明显

做品牌,是为了获得消费者信任和优先选择权。区域公用品牌不是"公地",而是突出区域特色,把当地最有特色的产品纳入进去,但目前我们还没有彻底解决"选择谁"的问题。

3. 品牌重视力度不够

区域品牌是一个地方的金名片,是乡村振兴的有效抓手,这一点在全县层面上还需进一步形成共识。以资金投入为例,嘉善近年来品牌专项经费一直维持在30万元,丽水莲都区一年500万元经费,"金平湖"品牌发布会耗资200多万元。

4. 品牌运作度不活跃

没有很好的推介,也缺乏多元化的宣传平台,没有形成有效宣传氛围和营销增势。

5. 品牌标准性不精准

尚未形成一整套准入体系,重点目前定在质量体系,对于产品的规格包装等还未进行深入介入。

(二)嘉善区域品牌建设的比较优势

1. 优越独特的区位地形地貌,为推进"银嘉善"区域品牌建设创造了得天独厚的自然条件。

嘉善地处长三角中心,区位优越,交通便捷,形成了融入上海的半小时经

济圈、生活圈和工作圈。近期长三角一体化上升为国家战略，嘉善从未如此进入国家战略核心，这将为"银加善"区域品牌建设带来前所未有的发展机遇。

2.卓有成效的乡村振兴工作，为推进"银加善"区域品牌建设提供了扎实的实践基础。

2008年以来，嘉善县按照习近平总书记对嘉善提出的关于做好城乡统筹发展这篇文章的指示精神，以县域科学发展示范点建设为引领，大力发展现代农业，大力推进"千村示范、万村整治"工程，深入推进美丽乡村建设，全面深化农村改革，农业供给侧结构性改革成效明显，乡村面貌明显改善，农民生活水平显著提高，形成了城乡融合发展的良好局面。

3.特色农业的积淀，为推进"银加善"品牌建设奠定了良好的产业基础。嘉善农业发展中形成了以金色稻米、绿色蔬菜、白色食用菌、蓝色淡水养殖和彩色花卉苗木生产为特色的农业"五色产业带"蓬勃发展的格局，嘉善农产品的名声逐渐远扬，需要公用品牌进一步扩大嘉善农产品品牌影响力。

4.深厚悠远的历史文化底蕴，为讲好"银加善"品牌故事提供了充足的文化资源。

文化是品牌的灵魂。品牌只有与文化相结合，才能具有长远的生命力。嘉善人文底蕴深厚，有5000多年的"大往圩"史前文化遗址，历史上也有很多名人，元代有四大画家之一的吴镇，明代有劝善思想家袁了凡，近代有著名电影艺术家孙道临等，"善文化"是嘉善人文精神和县域文化的核心品牌。深厚的历史文化底蕴为我们讲好"银加善"品牌故事提供了充足的文化资源。

总结：综合分析，嘉善有做好"银加善"品牌的先天优势，也有做亮"银加善"品牌的后发空间，相比周边而言，更有发展机遇，相比自身而言，还有需要努力之处。

第四节 打造"银加善"区域公用品牌的思考

自2011年以来，"银加善"使用管理工作一直实行多部门联合管理工作制度，实施领导小组下的办公室管理模式。"银加善"集体商标使用管理领导小组，由县政府办、农办、农经局、市场监管局、财政局、质监局、供销社（农合联）等7个单位组成，分管农业的副县长兼任组长，并设立办公室，日常业务由县供销社牵头开展。2018年为了更好地服务全县乡村振兴战略，充实调整了县农业精品集体商标管理领导小组及其办公室，把县旅发委充实到领导小组，促进农业品牌与县内全域乡村旅游的共同发展，实施农旅文结合、深度开发农业观光、采摘旅游活动。但是在市场化变革品牌营销作用不断上升的背景下，县供销社作为一个行政部门，很难担当起扩大区域公用品牌的重任，作为一个区域公用品牌要在市场上形成影响，必须要按照市场化的方法和手段进行运作。因此需要成立市场化营运的企业承担品牌运行管理职责，通过市场化运作为现代农业发展提供综合服务。按照市场化规则，用改革的办法，经营好"银加善"集体商标，为生态现代精品农业发展提供综合服务十分必要和重要。

一、要树立品牌战略思维

解决区域公用品牌定位太狭隘的对策，要树立品牌战略思维，从全局角度、以长远眼光看问题，从整体上把握事物发展趋势和方向。把"银加善"区域公用品牌打造成一个全区域、全品类、全产业链的公用品牌。

（一）拓展品牌的辐射面

"银加善"品牌必然要走出嘉善才能拥有市场影响力，因此在立足嘉善当地发展的同时，借力长三角一体化示范区核心区的建设，拓展"银加善"品牌的辐射面，凡是在嘉兴地区，甚至在长三角地区范围内只要符合准入条件、能遵守相关规则，并且有意向使用"银加善"品牌的产品都可以吸收进来，做到"跳出区域做区域"，成为一个全区域的公用品牌。

（二）拓展产品的内涵

"银加善"起源于农产品，但是不应限于农产品，商标扩展核准获批后，尽可能把反映嘉善特色并有质量保证的产品和服务，如民间传统特色食品、旅游产品和服务、民宿酒店和农事体验活动等，都可纳入"银加善"品牌，打造全品类的公用品牌。同时，将农产品生产和加工业、旅游观光、体验等结合，坚持用抓工业发展的精神一样抓一、二、三产业融合发展。做到"跳出品牌做品牌，跳出农业做农业"，将"银加善"品牌打造为嘉善全品类公用品牌。

（三）拓展产业链的延伸

"微笑曲线"理论揭示了在产业链中，附加值更多体现在两端的设计和销售环节，处于中间环节的制造附加值最低。"银加善"品牌发展中要将产业链延伸，将每一个环节都体现精致和设计。比如，农产品生产中统一标准以保证品质，生产环境要绿色生态，运输过程要运用保鲜贮藏技术，包装体现文创设计等,将产品、包装、管理、服务等全部结合,形成产业链,适当的时候打造"银加善"品牌形象,设计产品 IP,释放品牌的新活力。

二、创建市场化运作的投资公司

乡村振兴要实现产业振兴完全依靠行政推动显然力不从心,因此,坚持用改革的办法推动去行政化,要创建市场化运作的投资公司。

(一)成立嘉善农业投资发展公司

"银加善"集体商标是县域综合农产品集体商标,根据商标法的要求,集体商标不能属于企业。鉴于嘉善农合联资产经营公司由县供销社经管,没有实现实质性经营,建议组建市场化运行主体,承担品牌运营管理职责。成立独立的嘉善农业投资发展公司,由县供销社委托嘉善农业投资发展公司经营,两者是委托与被委托的关系,既让品牌有了运营管理的实体,又确保品牌的公益性。

(二)定位嘉善农业投资发展公司的性质

公司市场性质为混合所有制,建议由国有资本、民营资本、镇村集体多元推动参与的市场运营主体,但须国有控股,加入方按出资额的比例每年定期分红。必须承担公益性的职责,民企不愿做、做不了,但是事关三农发展大局的事政府必须承担,既然是市场主体就必然要通过市场运作来实现盈利、扩大品牌效应,而政府控股决定了公司必须坚持公益先行,通过品牌服务生产主体,弥补政府服务的不足。所以,嘉善农业投资发展公司有公益先行、企业身份、多元推动、市场运作、提升品牌的特点。

(三)定位嘉善农业投资发展公司的级别

公司要完成职责,需要高配职级,因为涉及"三农",跨界跨行业,又涉及自然资源和规划、住建、水利、金融、供销社、商务、市场监管、食品加工等部门及行业领域,建议嘉善农业投资发展公司的负责人酌情"高配"才能有效协调。

三、完善产品质量安全体系

产品的安全保障是基础,在银加善品牌建设中,源头上有精准的准入标准,生产中要有精密的质量管理,加上精细的可追溯系统,才可以保障"银加善"品牌产品的品质。

(一)建立一套精准的产品准入标准

实行"双商标制",公用品牌和企业品牌之间应该是相互促进的关系,作为企业刚开始建立时由于规模小、实力弱,无法投入很多人力、物力、财力创建品牌。而区域公用品牌通过政府整合资源建立的,为企业品牌背书,有较好的信用和知名度,可以减少企业与消费者进行交流沟通的成本。因此企业品牌应该有使用区域公用品牌的积极性。建立一套有效的准入体系是区域品牌建设的核心和关键,既要考虑特色,又要有层次,又要有延伸,建议形成梯度框架,第一梯度是对已经有影响力、有口碑的企业的主动吸纳,比如"杨庙雪菜"、"一里谷"等;第二梯度,将有意愿、有特色的涉农企业或者是为现代农业发展提供服务的组织纳入后备,通过县供销社等政府相关机构的宣传和推广,吸引参与其中;第三梯度,将以农业为底色的一、二、三产业融合的产业进行精准培育,比如将农旅文产品进行孵化,在推进全域旅游中作为重要旅游产品进行推介,使梯度有生机有活力。

(二)建立一套精密的产品安全管理机制

必须严把质量关,实施"双商标制"是破解"公地灾难"的有效办法与路径,万一出现问题可以直接找到出事企业,由企业自身商标对产品的信用背书。二是建立产品检测机构。产品要让消费者放心使用,必须有一个第三方机构进行检测,并不是由企业自己说了算。检测机构可以采用混合所有制形式,以构建起一个公益与市场相结合运营制度,为政府、企业、家庭(个人)提供检测、审核、认证、咨询的一站式解决方案。完成政府部门指定的检测任务,可以面向社会进行市场化经营以调动机构的积极性,既注重社会效益又注重经济效益。

(三)建立一套精细的产品可追溯系统

加入"银加善"的产品必须实现产品的可追溯,实现信息化管理,生产有规程,质量有标准,产品有标志,市场有监测。组建嘉善农业数据中心,通过互联网、移动互联、物联网、大数据、即时通讯等信息技术,为农业企业、消费者、政府管理者、农业专家等,提供"从田头到餐桌"的全方位服务。

四、形成一份有深度的营销策略

在产品营销竞争激烈的时代,没有营销就没有品牌。要将县内和县外、线上和线下、要走出去和引进来、内部媒体和外部媒体相互联动,共同结合成一张全方位无遗漏的密网。

(一)县内和县外相结合

"银加善"品牌在县内也远没有达到人人知晓的程度,因此,对于"银加善品"牌需要广泛宣传,动员全县为"银加善"品牌作义务宣传,在旅游区、车站等设立直销中心,加大"银加善"品牌在上海、杭州等长三角营销力度,推动嘉善农产品"进酒店上餐桌"。

（二）线上和线下相结合

建立实体的"银加善"产品品牌集中展示门店可以让顾客直接体验；通过微信二维码扫描关注以扩大粉丝量，可以使消费者及时了解产品信息；配合线上淘宝、微商、抖音直播等方式相互结合，多管齐下进行体验、推广、吸粉、分销。

（三）内部媒体和外部媒体相结合

做好借力文章，充分利用电视、广播、报刊、网络等宣传媒介，宣传推广"银加善"，着力提升"银加善"品牌曝光度。用好已经成熟的平台，如嘉善在线新媒体矩阵、IN嘉善等借势助推区域品牌发展，使"银加善"品牌在本地无处不在、无时不在。

五、创新政策保障体系

（一）创新的支撑平台

将"银加善"品牌纳入农民创业创新行动计划、"强村计划"等，把区域品牌建设与农业经济开发区建设、田园综合体建设、全域旅游相结合，做大做强镇村经济。

（二）创新政策体系

加大政策扶持力度，建立品牌激励机制，对进入"银加善"品牌的农业主体给予扶持奖励，并在税收、用地等方面予以倾斜。鼓励各类人才、技术等资源参与品牌建设。把"银加善"品牌建设纳入县对镇、镇对村的考核体系，纳入乡村振兴考核范畴。将创新开展精准宣传、深度宣传、细微宣传和本地名人宣传相结合，扩大"银加善"品牌知名度。

第十五章　失能人员长期照护保险制度

老龄化和高龄化快速发展的现实背景下，失能老人规模不断扩大，长期照护需求也日益突出。嘉善县是浙江省较早进入老龄化的县（市、区）之一，老龄化程度远高于全省、全市平均水平，人口老龄化速度快。按照当时数据，2017年底全县户籍人口393055人，60周岁以上老年人达到111937人，占比28.49%。其中65岁以上有76133人，70岁以上有48792人，80岁以上有16537人，90岁以上有1889人，百岁老人有26人。[①]全县失能失智、半失能失智老年人口约4000人。据调查，有失能人员的家庭普遍感受到"家中人手不够、经济趋紧、生活节奏打乱、家庭气氛紧张、工作受到影响"等。这说明家庭养老功能弱化，老人一旦生活完全不能自理，对其家庭生活的困扰是相当大的。

面对如此沉重的养老负担和照护负担，家庭养老难以为继和养老服务总量明显不足的现实，政府在思考如何为失能者的生活照料和生活护理提供帮助，减轻失能人员家庭的事务性及经济负担；如何使失能人员过上体面而有尊严的生活，使失能人员家庭有喘息的机会，以满足所有人对美好生活的需求。"时代是出卷人，我们是答卷人，人民是阅卷人"。上级有要求、嘉善有基础、人民有期盼，必须建设高水平的社会养老保障。嘉善县作为浙江省养老服务业综合改革试点县，于2016年12月30日出台了全省首个《关于建立长期护理保险制度的意见（试行）》，开始实施长期照护服务工作。建立多元筹资、保障基本、待遇分级、鼓励居家、适合县情的长期护理服务，为丧失独立生活能力的长期

---

① 嘉善县民政局统计数据。

失能、失智、残疾人员提供基本医疗护理和生活护理服务保障，努力提高生活质量和人文关怀水平，构建具有嘉善特色的养老服务改革样本，共享嘉善经济社会发展成果。

第一节　长期照护保险制度的实践

一、国内长期照护保险制度的借鉴

当时，我国老年长期照护保险尚处探索和起步阶段，并没有形成一套健全的制度体系，各地都在探索，国内主要有长春、青岛、南通进行试点工作，在失能人员的评估、给付标准、护理机构的认定、护理级别等方面作了有益的探索。可以通过来对比（见表15-1）两种模式的相同点：双方都是在本市的特定区域开展且都是参加基本医疗保险的参保人；不同点：山东青岛个人和企业并不承担，而江苏南通则是个人和政府共同承担，同时享受对象也有所不同，山东青岛为失能半失能参保人员，江苏南通为重度失能老人，这主要还是根据当地的实际情况制定的。

表15-1　长期照护保险制度典型模式对比（山东青岛和江苏南通）

内容	山东青岛	江苏南通
实施区域	城镇	市区：崇川区、港闸区、市经济技术开发区
参保对象	凡参加城镇职工基本医疗保险、城镇居民基本医疗保险的参保人	市区范围内的职工基本医疗保险和居民基本医疗保险的参保人员
资金来源	医疗保险基金划转+财政补助	个人缴纳+医保统筹基金筹集+政府补助
享受对象	符合条件的失能、半失能的参保人	符合条件的重度失能老人（中度失能人员及失智老人适时纳入）
可申请享受服务的类型	在定点照护机构接受长期医疗照护；居家接受医疗照护照料；在有关医院接受医疗专护	在定点养老服务机构照护床位接受照护服务；定点照护服务机构提供上门照护服务；特定情况入住定点医疗机构照护床位接受照护服务
支付办法	床日包干管理：每床日定额包干费用分为60元、170元、200元三种	床日包干管理，床日费标准目前暂定为70元（可按医院、照护院、养老院分档）

续表

照护保险基金支付标准	在定点照护机构、居家接受医疗照护照料的，基金支付96%；定点医院接受医疗专护发生的医疗照护费，基金支付90%	在定点医疗机构照护床位接受照护服务的，基金支付60%，同时可享基本医疗保险住院待遇；在定点养老服务机构照护床位接受照护服务的，基金支付50%；接受定点机构提供上门照护服务的，基金分服务项目按标准按月限额支付，月度限额暂定为1200元

二、失能人员长期照护保险体系建设的嘉善做法

嘉善县在国内城市学习基础上，率先实施长期护理保险制度，落实第三方经办机制，委托嘉善县太平洋寿险公司成立长期护理保险业务管理中心，负责长护险日常运营管理。

（一）深入调研，精心设计

1. 加强调研分析

为更好推进养老服务业综合改革探索建立长期护理保险制度，需要在深入调研的基础上精心设计制度，在考察学习上海、江苏南通、吉林长春等地的经验做法，深入部分养老服务机构、医疗机构听取意见，并对近几年来县域医保基金相关数据、养老服务情况及失能人员进行了科学分析及精密测算，为制订实施意见打好基础。

2. 培育服务力量

积极鼓励和支持长期护理服务机构和平台建设，依托县、镇（街道）两级社会组织培育发展中心，培育和引进为老社会组织15家，其中来自县外3家，拥有持证护理服务人员231名。扶持创办养老护理领军人才工作室10个，并采取"领军人才+团队"模式，以高级养老护理员、养老护理能手等为负责人，以医疗人员、专业社工为团队成员，围绕护理基础知识、技能实操等，常态化开展养老护理带培工作，已累计带培服务人员100多名，有效缓解基层护理服务力量不足、专业化程度不高的问题。针对护理人员年龄偏大、以"4050"人员为主的现状，采取政校合作的方式，在县中等职业技术学校开设三年制养老服务专业，四届共招收生源105名，2017年首批学员顺利毕业，有效充实护理人员队伍。

3. 制定试点政策

研究长期照护保障工作，明确资金筹集、保障范围和护理待遇等，在充分

考虑制度衔接、待遇公平及基金可持续发展等因素的前提下,出台《嘉善县人民政府办公室关于建立长期护理保险制度的意见(试行)》,从资金筹措、待遇标准、结算流程、长效管理等方面初步建立较为完备的长期护理保险制度体系。同时,建立人社、民政、卫计、财政等部门组成的联席会议制度,形成政府统一领导、部门各司其职、统筹协调的工作推进机制,共同研究制定《嘉善县长期护理保险实施细则(试行)》《嘉善县长期护理保险统一需求评估办法》《嘉善县长期护理保险项目目录管理办法》和《嘉善县长期护理保险服务机构定点管理办法》等配套政策,进一步优化完善各项管理制度,稳步推进长护险实施。

(二)全面覆盖,分类保障

1. 保障对象全覆盖

将县域内职工基本医疗保险和城乡居民基本医疗保险的参保人员不分城乡、不分年龄100%纳入制度保障范围,总参保人数达44.8万人。将享受范围限定为因年老、疾病、伤残导致失能,经过不少于6个月的治疗,生活不能自理、需要长期护理等,符合嘉善县长期护理统一需求评估标准的重度失能参保人员。

2. 资金筹集重合理

资金主要通过政府、医保基金和个人等三个层面合理分担,逐步建立健全长期缴费的工作机制。起初筹集标准为每人每年120元,其中职工基本医疗保险参保人员个人缴纳30元、医保统筹基金筹资30元、政府补助60元;城乡居民基本医疗保险参保人员个人缴纳30元、政府补助90元。

3. 护理保障多层次

将长期护理服务分为医疗机构护理、养老机构护理和居家护理三种类型。在医疗机构、养老机构接受护理的,床日费标准分别为120元/日、80元/日,长期护理保险基金支付60%;接受居家上门护理的,每月可享受1200元(以护理券为主)的补贴,并推出长护险护理项目服务包,共涉及基本生活护理、医疗护理、康复辅具租赁等28个服务项目,按照失能人员护理需求,提供多样化护理服务。比如徐某,患帕金森病,手足震颤生活不能自理,卧床两年有余,依靠邻居帮忙才得以维持生活,逐渐成为了失能老人,故而被转到养老中心,因此相关护理费用也自然增长了。由于参保了长护险,到养老中心后可以享受到每天28元的补助,一年下来可以减少开支上万元,大大减轻了家庭的负担。

（三）创新理念，合理评估

1. 开展业务培训

定期邀请上海评估专家和护理专家等，就长期护理保险制度、护理评估管理办法、护理经办规程等内容，为相关部门工作人员、第三方经办人员和养老、医疗护理机构人员等，开展专业化的学习培训，并专门设置实操环节，组织学员为失能人员进行身体评估和交流分析，对通过考试人员发放评估资格证。到目前为止，共举办培训班三期，参加培训人数197人，发放评估员证181张。

2. 推进失能评估

对于失能参保者，成立由县民政局主要领导为主任，人社、卫计、民政、残联业务分管领导为副主任，各相关科室负责人为委员的长期护理保险失能评估委员会，共9名成员，负责全县长期护理统一需求评估的工作指导、总量控制、争议复核和举报事项裁定工作。评估人员分为A、B两类，A类评估员具有5年以上医疗专业工作经验，B类评估员具有2年以上社会工作经验，以A、B两类人员搭配入户的方式对参保人员进行身体评估，如实记录《嘉善县长期护理保险统一需求评估调查表》，通过专业评估系统对调查信息给予综合评级。

（四）多元选择，有序推进

居家护理，政府与居家上门定点服务机构签约，有专业护理人员上门提供服务。

机构护理，机构护理分养老机构和医疗机构护理。机构结算系统正常使用，每月结算一次。

探索辅具租赁，将护理床、电动轮椅、呼吸机、排泄机、护理床垫等五大类康复辅具租赁纳入长期护理保险服务项目库，并将服务群体划分为享受长期护理保险、享受居家养老服务补贴和纯市场化购买等3类，对接受居家上门护理服务的对象，可用长护险护理券支付部分康复辅具租赁费用，并按照类别划分相应补贴比例，最高不超过辅具租赁日租金的80%。

（五）选用第三方经办服务

将长期护理保险受理评定、费用审核、结算支付、稽核调查、协议管理、信息系统建设与维护等经办服务，委托有资质的专业机构参与经办，明确为太平洋寿险嘉兴中心支公司参与经办服务。成立长期护理保险业务管理中心，采用实体化运作的方式，具体负责保险业务经办管理，有效规范委托经办管理工作，确保制度顺利实施。

第二节 县域失能人员长期照护保险体系建设的思考

嘉善开展长期照护保险体系建设，将所有参加医疗保险的人都纳入长期照护服务范围之内，不再限制年龄与病种，只要符合规定等级，便可享受相应等级的照护服务。这体现了政府的创新、担当和魄力，是走在前列的举措。但是由于此项政策刚刚起步，如何更好体现群众共享发展改革成果，还需要进一步完善政策体系。

一、政策和制度体系有待完善

虽然结合嘉善实际出台了《嘉善县关于建立长期护理保险制度的意见（试行）》《嘉善县长期护理保险实施细则（试行）》等，但还是需要逐渐完善各类制度体系。

二、解决好谁能享受长期照护服务

谁能享受长期照护服务？服务对象范围扩大到全县失能人员，不仅仅局限于老年人。长期照护服务对象在享受服务的待遇方面应建立一个合理的标准，在保障待遇方面应建立一个合理的标准，根据国内外实际来看，设定参保人员因年老、疾病、伤残导致失能达6个月及以上，符合《日常生活活动能力评定量表》（Barthel 指数评定量表）重度失能标准，生活不能自理、需要长期照护的参保人员享受照护保险待遇。但实际生活中，"经过医院治疗达到6个月及以上"这个时间规定还是有点长，对家庭的负担还是比较重。

三、解决好谁能提供长期照护服务

面对失能人员护理服务需求旺盛，迫切需要加大失能人员照护能力培训，需要大量培养能够从事长期照护服务的专业人员；需要优化社区助老服务机构、日间服务机构、助餐服务、老年活动室等多种形式的照护服务，加大养老机构、护理机构床位建设，从数量上来提高容纳能力。

（一）建立一支评估队伍

长期照护工作之前没有涉及过，现在要对需要照护的失能人员按照量表进行评估，工作量很大，而且要确保公开、公平、公正。这支评估队伍有哪些人组成、需要什么资格都要进行筛选和培训。目前嘉善县每组评估人员是两个，显然还是比较少、欠合理，所以需要完善评估员队伍建设。

（二）建立一支专业服务队伍

目前缺乏足够有专业的护理人员，长期护理人员在养老机构的配置严重不足，护理人员护理水平不高，严重影响照护质量。比如住在某养老机构的徐某，由于患帕金森病，生活不能自理需要照护服务，参加了长期照护保险后每天补贴28元，但是养老机构负责人明确告知家属，他们作为养老机构会尽心尽力照护，但是如果按照护理标准来评判的话还是达不到要求的，所以如有电话咨询养老机构的护理质量时，还需要家属配合。家属也理解养老机构的实际，所以不敢提要求，也担心要求提得多，养老机构达不到而拒收，所以也会配合反馈。当前专业护理人员一般都集中在老年公寓、社会福利中心等。家庭护理人员虽然7年里培训了6000多人次，但是持证的并不多。因此，要加快护理员队伍的培养，加大护理人员培训力度，扩大护理人员队伍，迅速建立一套护理人员培训体系。

（三）建立一批专业护理机构

目前主要是依托现有的城乡居家养老服务照料中心，县老年公寓、县社会福利中心等公办养老机构，中山养老服务中心和保利安平和熹会老年公寓等民办养老机构，旬彩、金色年华等为社会组织。同时，鼓励镇（街道）社会福利中心增加护理床位的同时引导社会资本参与护理院的建设，解决护理床位的供需矛盾。解决长期照护护理机构不足的问题既不能完全依赖市场，也不能完全依赖国家，需要实现多元化发展，长期照护保障体系构建的参与主体也必然充分调动政府、市场、家庭、社区、社会组织各方面作用，完善提升长期照护服务的能力。

四、解决好谁来监督

（一）建立定点管理机制

建立健全护理服务质量指标、护理内容、护理监管、结算办法、权利义务等管理机制，并按照自愿申请、公平竞争、择优定点、动态管理的原则，依据护理资源分布及养老护理机构的服务功能和能力，逐一评估确定长期护理保险定点服务机构，有效规范定点协议管理，提高护理服务质量。目前，已评估明确14家护理机构纳入长期护理保险定点管理，其中养老机构10家、医疗机构一家、为老社会组织3家。

（二）建立第三方评估机构

谁来对机构和照护人员提供的护理进行客观公正的评价？目前长期护理评估委员会委托第三方专业组织，负责对全县评估员队伍服务管理、评估内容系统比对等工作，并建立考核和退出机制，确保评估工作的顺利进行。但是，还缺少实施细则，有待完善。客观公正评价有利于规范长期照护服务能力建设。

（三）加强信息系统建设

嘉善与浙大网新、杭州蓝谷等IT公司合作，建立了涵盖失能评估、基金征收系统、护理待遇、服务评价等功能的长期护理保险信息管理系统。同时，做好与社会保险信息系统的有效对接，实现基金征收和待遇支付业务高效办理、待遇享受对象合理评判、护理过程和基金使用有效监管的科学化管理目标。同时，依托信息系统健全长期护理保险基金监管制度，强化内部控制建设，实现基金单独管理及专款专用，确保基金安全有效。

第十六章　开启数字农业发展模式

党的十八大以来，中央高度重视农业农村信息化建设，数字乡村作为重要抓手，为乡村经济社会发展提供了强大动力。2018年中央"一号文件"首次提出"实施数字乡村战略"；2019年5月，中共中央办公厅、国务院办公厅印发《数字乡村发展战略纲要》，明确将数字乡村作为乡村振兴的战略方向和建设数字中国的重要内容；2020年，中央网信办等七部门联合印发《关于开展国家数字乡村试点工作的通知》，部署开展国家数字乡村试点工作。农业领域方面，国家农业农村部、中央网信办印发的《数字农业农村发展规划（2019—2025年）》提出，要大力发展数字农业，实施数字乡村战略。

2021年初，浙江省委办公厅、浙江省人民政府办公厅印发《浙江省数字乡村建设实施方案》，明确提出了乡村信息基础设施得到有效提升，数字"三农"协同应用平台基本建成，农业农村数据资源库不断完善，初步建成天空地全域地理信息图的近期目标。同时，成立专门的"数字三农"专班，力争打造"数字三农"浙江样板。同年11月，浙江省农业农村厅关于印发《浙江省数字农业工厂建设指南（试行）》《浙江省数字渔场建设指南（试行）》等通知，全面贯彻落实国家数字乡村建设和全省数字化改革部署要求，探索"产业大脑＋未来农场"的发展模式，推动农业产业数字化。这一系列政策的出台，为搭建数字"三农"协同应用平台、推进生产管理数字化应用、推进流通营销数字化应用、推进行业监管数字化应用等数字农业建设的重点任务提供了支撑保障。

第一节 数字农业发展的措施

县域既是乡村振兴的依托,也是实现城乡协调发展的重要节点。嘉善县按照中央省市发展熟悉乡村的要求,立足"双示范"建设,深入实施乡村振兴战略,加快发展数字农业,大力建设数字农业基地、数字农业工厂和未来乡村,全力打造长三角数字乡村引领区,成为全省数字乡村建设试点县。

一、出台一套扶持政策

2019年制定《嘉善县人民政府关于推进农业农村高质量发展的若干政策意见》(善政发〔2019〕35号)及相关实施细则,全面加强数字农业建设。如成功创建省级及以上农业领域"机器换人"示范组织(合作社、家庭农场、农业公司)、示范村的,县财政分别给予20万元、10万元的奖励;同时每年统筹300万元用于智慧农业建设。再如对新认定为农业教育培训基地的,最高给予20万元的奖励;对新认定为农民田间学校的,最高给予10万元的奖励;同时每年统筹300万元用于农业科技创新驱动战略、数字农业和物联网农业建设,推动农业科技成果转化。

二、建设一个数字大脑

依托"云上嘉善"数据资源平台,通过对农业主体、主导产业、产业项目、土地流转等农业基础数据汇总分析,以"一图一库一码"为框架("一图":乡村要素、产业、治理和服务一张图,实现图治乡村;"一库":乡村数据资源库,实现乡村要素资源数字化管理;"一码":推进统一标准的"浙农码",实现主体信用评价、食用农产品合格证和农产品追溯等),集成粮食保供、生态绿色农业、美丽乡村片区、共同富裕示范路、乡村振兴指数管理等数字化功能,建设县域数字农业大脑"善农云"系统,重点推进数字"三农"协同应用平台、"肥药两制"应用系统、农村集体"三资"数字管理应用系统、数字农合联应用系统、低收入农户帮扶系统等5个应用系统,为农业产业高质量发展提供决策依据。

三、创建一批数字基地

大力推进数字农业工厂试点创建和种养基地数字化改造,已建设一里谷农业、易久农业、华腾生猪牧场等31家数字农业产业基地。如一里谷农业通过搭建智慧农业网,建立室外气象观察站,利用多种传感器、肥水一体化系统、机器人采收系统、网络监控摄像机等数字化设备,实时采集空气温湿度、光照强度、二氧化碳浓度等数据,实现精准调控。据测算,年灌溉用水量、肥料施用量比传统种植用量均减少30%;年农药施用量比传统种植减少10%。易久农业种植近千亩的热带水果,包括百香果、巴西樱桃、凤梨释迦、长桑果等十多类品种,结合现代化土壤改良技术、节水微喷灌技术等,利用传感器等采集温度、湿度等关键数据,做到精准化管理,实现热带水果落地嘉善。华腾牧场作为嘉善县首个全省数字农业工厂创建试点,积极构建猪场环境控制、生长监测、饲养管理等全程数字化体系,目前已引进智能化投料系统、自动化消毒机器人等设备,大大节约了人工成本。

四、制定一套质量体系

嘉善县作为全国首批国家农产品质量安全县之一,创新建立"农安嘉善"智慧监管App,建立"三入三化"机制(监管人员入户、监管设备入场、监管信息入网,促进监管履职网格化、监管过程透明化、监管评价实时化),构建信息可共享、源头可追溯、数据可定位、风险可防范的现代农产品质量安全监管体系。共有2200家农业主体纳入监管平台,297家农业主体纳入农产品合格证追溯平台,建立146名"县镇村"监管人员队伍,上传检查巡查信息4万多条。同时,实施黄桃标准化示范建设,创建标准化生产面积1900亩,建立示范基地4个,成功申报嘉兴市首个地理标志保护工程。

五、创新四个应用模式

(一)建设数字农田

将"数字化"与高标准农田建设充分结合,努力推动农田数字化建设。在易久农业、浙粮集团、西塘镇地甸村和罗星街道库浜村四个高标准农田建设项目中实施自动化灌溉控制,总面积达14010亩。

(二)推广智慧农技

立足"全面全程、高质高效"两大基点,全力推进农业"机器换人",创建省级农业"机器换人"示范镇5个、示范基地10个。大力推广高端农业装备,累计安装农用北斗终端193台(套),购置农用无人机82台(套),配套自动驾驶农业装备10台(套),农作物综合机械化率达到85%。

(三)试点小微产业园

在姚庄镇率先建设现代小微农业产业园,结合全域土地综合整治,累计投资5000万元,将原有分散的大棚设施进行集中生产经营,按照标准化生产模式定点供应盒马鲜生,姚庄镇武长村成为嘉兴市首个盒马村。目前一期已建成300亩,入驻农户25户,每亩收入4万元以上,增长20%。

（四）打造监测系统

在干窑范东、西塘红菱、天凝南星、惠民大泖等4个水稻连片种植基地，建立智慧型虫情测报系统，包括智慧型虫情测报、性诱虫情测报、病害孢子捕捉仪、生态远程实时监控、农业气象监测等五大子系统，自动监测虫子种类、数量及其消长动态，为预测和预防虫害发生提供可靠的数据参考，同时亩均减少用药30%左右，改善了生产环境又提高了稻米产品的品质。

第二节　优化数字农业发展的思考

一、增添数字农业顶层动能

（一）制订数字农业扶持政策

以"优格局，强示范"为重点，进一步优化嘉善县现代农业发展格局，强化政策扶持力度，设立专项扶持资金，建立以政府投资为引导，以龙头企业投资为主体，金融机构积极支持，社会资本广泛参与的数字农业建设多元投入机制。建立数字乡村建设、智慧农业发展等专项资金，用于智慧农业、机械农业等数字农业建设，对参与到农业生产和流通环节的数字型试点企业予以资金支持，为智慧园区、农业创新园等示范基地提供稳定财政投入。探索政银合作共赢模式，积极引导保险覆盖农业项目，防范化解数字农业项目建设的经营风险。

（二）加快数字农业人才培育

引进一批数字农业专业人才。引进一批硬件维护、软件升级、物联网信息技术交互等专业人才，提高县域数字农业人才支撑底气。培养一批农业技术实用型人才。依托农业科研院所、涉农高校等平台，培养一批农业技术实用人才，加强对市场主体、农机推广人员、种养大户等信息化技术应用培训，落实数字农业的基层实践。培育一批数字农业农村新农民。依托当地职业教育资源，实施新型农民职业教育培训等系列工程，整合农业专家资源，推广"平台＋专家＋服务"模式，推出线上线下多渠道教育模式。以创业青年农民、家庭农场主、种养大户等为重点，创新农民新技术培训体系，推广农业新理念、新技术和新应用，提升数字化技能操作及管理能力。

（三）构建数字农业"一件事"集成平台

围绕乡村产业高质量发展、农业农村现代化等，进一步加快和整合县域数字农业大脑建设，实现农业生产、农产品溯源、三资管理、农业执法、农业治理等整合到数字农业"一件事"集成归集。优化整合各部门、各条线、各层级的涉农服务项目，打破信息孤岛，实现清单式管理、一站式办理、一体化服务，成为现代农业管理的"一点通"。如加强与省厅、市局对接，加快"三农"数据资源的归集，实现跨部门、跨层级、跨主体互联共享。将"农安嘉善"智慧监管 App、"水稻害虫智能监测"系统、"肥药两制"应用系统等应用平台进行整合，实现涉农数据集成归集。同时，开发数字农业大脑农户、农业条线人员、政府管理人员多用户端口，实现数据上线实时联动、动态实时监管。

二、夯实数字农业硬件基石

（一）加强数字农业信息基础设施

根据农村地区信息基础设施基本条件，有计划有步骤地开展数字化新基建布局。加快推进 5G 基站建设。在原有 4G 网络、光纤入户的基础上，进行智能化绿色化改造升级，同时进行地区基站布局，推进 5G 网络和千兆光纤宽带等未来网络设施建设。加快推动农村地区农田、水利、公路、电力、冷链物流、农业生产加工等基础设施的数字化、智能化转型，推进智慧水利、智慧交通、智慧电网、智慧农业、智慧物流建设。推进农业物联网建设工程，实现农产品生产过程数据自动化、智能化采集。

（二）健全数字农业全链条服务体系

进一步优化改造和提升农产品精加工、物流、冷链仓储等基础设施，实时管控农业产品质量、仓储环境、物流位置等信息，提供精准供需、冷链监控等服务。支持农村物流与电子商务、邮政快递、城乡客运等融合发展，完善农村物流信息平台和标准化体系，加快区域性或特色冷链物流基地、冷链设施智能化建设，打造形象标识、数字系统、服务标准、管理模式、操作流程等五统一的全方位、全覆盖、数字化、智慧化的县乡村三级配送体系。加快建设产加销一体化的产业经营机制，依托小微产业园建设，重点做好农产品保鲜、储藏、分级、包装和食品非热加工等初加工设施建设，促进农产品顺利进入终端市场，推进农产品多元化开发、多层次利用、多环节增值。

（三）加快数字农业技术研发引进

建立产学研合作的长效机制，推动双创成果与农业全产业链深度融合，引导科研机构、高等院校、企业等单位开展数字农业关键技术、设备的研发和应用。强化农机装备智能化应用，研发推广适合本地环境和农业产业的农业机械，特别是对智慧供应链体系中的传感器、智能装备等要素，涉及云计算、物联网等新一代信息技术，加强传感类设备研发，深入推进核心攻关技术的投入、研发与应用，提升农业生产中省工、省时、精准等目标，深入实施农业领域机器换人，强化粮油、畜牧、水产养殖、果蔬、食用菌、设施农业等关键环节农机装备应用，推进农机化与大数据智能化深度融合。推进机械化数字化融合发展，建设智慧农机平台，实现农机调度、农机培训管理等业务的统一数字化管理。

三、推动数字农业融合发展

（一）创建一批数字农业试点示范

规划培育数字农业试验基地，大力建设覆盖农业全产业链条的数字农业试验基地，实现数字农业跨越式发展。如进一步加快西塘现代粮食全产业链新型智能装备集成创新项目、姚庄黄桃产业数字基地建设。培育一批数字农业示范龙头企业，实施农业龙头企业培优工程，鼓励农业龙头企业利用数字技术，进一步改造提升农产品加工设施装备。依托农业产业化信息平台，加强对农业龙头企业发展的监测指导，引导现代数字农业示范龙头企业在原料与制品可溯互通、加工全程智能化控制、产品质量自动监测、生产过程可视化监管等方面，全方位系统化发展数字农业。

（二）创新农产品数字化营销

以涉农综合信息服务成果推进电子商务模式创新。充分发挥大数据和区块链智能交互、自动识别和去中介化的特征，构建"政府＋企业＋小农户＋商家"农村电子商务模式，形成基于数据治理视域下的"政府顶层设计、企业精准履责、农户转型发展、商家服务至上"的多主体参与电子商务模式，以模式创新推动农业高质量发展。扶持创新创业活动，建立规范技能培训体系，实施数字经济人才培育工程，大力培训新型职业农民，采取学校教育、职业培训、实践锻炼、外派学习等多种手段，培养农业生产经营、农产品营销运作、网络直播等领域的数字营销人才。强化与京东、盒马鲜生等大型电商平台及自媒体平台的合作，鼓励小农户和新型农业经营主体与电商平台对接，积极发展电商产业园，深化农村建设服务站（点）和农村物流体系建设，推动农村电商与直播电商等新业态。

（三）推动数字农业新业态融合

一方面，对现代农业进行补链，在农业生产、经营、流通等关键环节嵌入大数据、人工智能、物联网、云平台等技术，实现新型数字技术与农业全面深度融合应用，以"数字化"赋能现代农业，形成智慧农业、高效农业等新模式。另一方面，对现代农业进行扩链。在由农业物联网、农业大数据、精准农业、智慧农业构成的数字农业中，融入数字经济的体验式元素，促进一、二、三产业深度融合，以大数据分析的需求侧入手，促进数字农业加快触网，依托互联网、5G体验、区块链等数字化新技术，催生出游憩休闲、健康养生、创意民宿等新产业发展，丰富现代化农业体系。

第三节　全力开展高标准农田建设

嘉善县深入实施"藏粮于地、藏粮于技"战略，在紧扣"稳粮、优供、增效"目标的基础上，创新理念、统筹谋划、精准施策，扎实推进高标准农田建设，全面提升农田智慧化、数字化、绿色化水平，打造生产、生活、生态"三生融合"的美丽田园，累计建成高标准农田33.34万亩，为粮食增产、农民增收提供重要保障。2021年，嘉善县以全省第9名获得"产粮大县"称号，列入全国农业现代化示范区首批创建名单。2022年，全年粮食总产量14.37万吨，确保中国人的饭碗牢牢端在自己手中落到实处并生动实践。

一、强化规划布局，突出"高"字

（一）坚持高目标定位，聚焦建设提升双管齐下

根据嘉善县高标准农田实际需求，采取高标准农田建设和提升"两条腿走路"思路，在完成高标准农田建设任务的同时，重点规划建设高标准农田提升项目，并将规划结合到全域土地整治中。截至目前，已建设、立项高标准农田建设（提升）项目27个，面积4.475万亩，总投资23451万元。

（二）坚持高起点谋划，科学编制县域总体规划

将高标准农田建设规划与现代农业产业发展规划、国土空间规划、美丽乡村建设规划等紧密衔接，科学编制《嘉善县"十四五"高标准农田规划》，建设"田地平整肥沃、水利设施配套、田间道路畅通、林网建设适宜、科技先进适用、优质高产高效"的高标准农田，并明确规划内高标准农田占永久基本农

田比例达 90% 以上，规划建设、提升高标准农田 11 万亩。

（三）坚持高标准建设，提升高标准农田项目品质

加大资金投入，坚持标准提档，2022 年全县高标准农田提升项目亩均投资标准达 6600 元，远高于国家高标准农田投入标准。其中，魏塘街道 2022 年提升项目亩均投资标准达 13800 元，为高标准农田建设项目高位规划、高质落实打下坚实基础。

二、强化建设理念，突出"融"字

（一）融合现代农业发展，助推产业平台建设

将高标准农田建设与农业大平台建设和农业招商引资相结合，进一步提升农田基础设施水平，促进土地适度规模经营，为农业经营单位解除后顾之忧，为农业经济开发区招商引资提供重要保障。截至目前，农业经济开发区内共建设高标准农田 1.33 万亩，投资 6594 万元。

（二）融合美丽田园建设，推动绿色农田建设

融合推进稻田退水"零直排"工程建设，采取氮磷生态拦截沟渠、化肥农药减量增效技术、农田排水循环利用技术等措施，综合治理农业面源污染，既在农田面源污染上做"减法"，大力削减治区内稻田面源主要污染物排放量，又在农田生态景观上做"加法"，结合护岸步道、泵站凉亭，为项目农旅结合发展开辟新路子。截至目前，已建成（在建）稻田退水"零直排"面积 2.281 万亩。同时，提高排涝标准，实施高效节水灌溉，2022 年计划建设高效节水面积 1.6 万亩。

（三）融合长效管护机制，编织农田管护"网络"

建立健全管护机制，将高标准农田建后管护置于与建设同等重要地位，制定完善《嘉善县高标准农田建后管护办法》，切实落实管护资金。除按照项目财政资金总额的 1% 计提工程管护经费外，县财政每年安排 100 万专项资金用于建后管护，进一步拓宽经费的来源渠道。近三年，已实施、立项高标农田管护项目 12 个，投资 587.87 万元。

三、强化探索发展，突出"新"字

（一）盘活土地存量资源，探索农田建设模式

推进高标准农田建设与土地规模流转相结合，优先支持已整片流转耕地或流转积极性高的地方提升农田基础设施，促进农田"小块并大块"、农田宜机化，为发展农业规模化标准化机械化打好基础。2022 年，共平整土地 0.42 万亩，新建机耕路 46.65 千米。

（二）推行绿色生态农业，提升农田生产能力

在已建成的高标准农田基础上，推行粮食绿色高产高效千亩示范片创建，开展沃土工程等，进一步提高粮食生产能力。2018年至今，共开展4个沃土工程项目，实施面积1.074万亩。

（三）打造智慧数字农田，实现农田科技创新

以"农田肥沃、设施齐全、道路畅通、科技先进、高产高效、绿色生态"为目标，建设具有灌溉排涝自动化、远程可视化的现代示范农田，打造农业机械化生产、规模化种植、产业化经营的现代化管理模式。截至目前，已建成蒋村、西露圩、库浜等高质量高标准农田1300亩，通过自动化灌溉系统、宜机作业的标准化田块，预计年省工节本达40万元。

总结：高标准农田建设要在完善政策体系上强化投入模式创新，出台建设扶持政策体系，将农田退水、统防统治、美丽农田、数字农业等政策统筹集成、高效配置。要在聚焦增产增效上探索建设模式创新，做透"高标准农田+"文章，将稻鱼种养、小微园区、美丽经济、农耕乡愁、景村共融等融入建设标准，并着眼于既能种好粮、又能增好收，村集体通过强村公司开展农事综合服务增收，农民通过新型耕作模式增收，把高标农田和强村富民紧密链接。

第四节 打造高水平农创园

魏塘街道始终将农业农村创业创新作为实施乡村振兴战略重要抓手，高起点谋划、高标准建设和高质量推进农村双创。2021年11月，一里谷星创天地、杜鹃产业园实训基地成功入选国家农业农村部《全国农村创业园区（基地）目录（2021）》。

一、科技创新，打造农业双创"聚宝盆"

（一）不断研究本土化专利

一里谷星创天地自成立以来，始终坚持科技引领产业，先后申请了6项专利，如大棚五膜覆盖保温系统、大棚草莓栽培用的A字架、水稻黑膜蔽草种植用黑膜放卷覆膜设备等，同时也注重技术研发与引进，如水凝纳米膜栽培樱桃番茄技术、绿叶蔬菜工厂化漂浮水培技术、草莓全产业链安全管控技术，涵盖基础设备、种植技术、线上系统等方面，有效提高企业核心竞争力，拓展

新市场，提升企业产品附加值收益。

（二）大力培育市场化新品

杜鹃产业园牢牢把握市场需求，致力于培育更具观赏性、适应性、推广性的新品，进一步树立在乡村振兴中创新发展的典范形象。通过芽变新品种分离扩繁技术培育出了 10 个优秀杜鹃新品种，拥有杜鹃优良品种达到了 150 个。其中，"杜鹃花加温催花技术""杜鹃花春秋二季扦插技术"获浙江省科技成果奖。到 2022 年初，累计培育新品观赏花 23 种，其中 4 个获得林业部门的新品种奖。

（三）全面推进科学化防治

一里谷星创天地开展健身栽培，培育无病壮苗、进行土壤或基质处理、清洁田园、合理密植、进行肥水一体化管理、及时疏叶疏果、整枝等一系列农艺措施，针对叶菜类漂浮水培进行营养液循环臭氧消毒。

二、内外兼修，拓展成果转化"快车道"

（一）拓展一条产业链

一里谷投资一亿元建成 2.6 万平方米现代化、集成化的冷链加工物流园，集生产、加工、销售、配送于一体，有 3 条净菜标准化加工生产线，将果蔬的贮藏保鲜技术与蔬菜加工的前处理工艺技术进行有机结合，引进国内外先进设备与技术，与省农科院进行多项技术融合、工艺调整升级，完成半净菜、净菜、色拉等食品级的全程冷链生产，日生产净菜 10 吨以上，月产值达到 300 万元，为当地失地农民提供 70 余个就业岗位。

（二）打通一条推广链

2019 年以来，杜鹃产业园共计承办杜鹃花主题花展 26 场，其中在上海市杜鹃花主题公园承办花展 5 场，累计客流量约 35 万人次，充分展示魏塘杜鹃花文旅融合发展优势。还将建设打造一个集乡村旅游、科普、农事体验于一体的杜鹃花主题公园。预计项目建成后，可实现产值 1500 万元/年，主要用于示范推广杜鹃花地上栽培和新品种繁育先进实用技术，增加绿地覆盖率，提高区域内农田综合生产能力和抗灾减灾能力，为城乡居民和中小学生提供学农、农事体验、科普教育场所。

（三）保障一条服务链

2021 年 8 月，一里谷星创天地、杜鹃产业园实训基地及相关村社区成立农业经济开发区联合工会，积极构建职工职业生涯全周期技能培训体系，线上培训 60 多人次，累计观看达 700 人次，15 人实现再就业；线下累计开展教学活动 7 次，覆盖职工 249 人次。

三、筑巢引凤，激活人才引育"强引擎"

（一）优化创业创新环境

一里谷星创天地拥有 2.6 万平方米固定场所，打造现代农业创新创业服务平台，为新型创新创业主体创造优良环境和配套先进设备，提供创业工位超 50 个，已引入技术团队一个，入驻高端技术人才十八人和农创客二十余人。

（二）强化职业技能培训

通过大力发展新型职业农民培训，解决农业主体、农创客在生产销售过程中遇到的难题。目前，组织 31 家代表性农企参加抖音直播专业知识培训，培训新型职业农民 5000 余人。

（三）提供就业实训岗位

从 2018 年起，杜鹃实训基地每年向浙江农林大学、嘉兴职业技术学院、嘉善信息技术学校提供 16 个实训岗位，在 4 个月的实训期间，不仅传授就业创业的实用技术，并展示丰富多彩的杜鹃文化。

总结：首先，借助科技创新，增加经济效益。魏塘街道不断加大研究经费投入，加强技术研发与先进技术引进，增强市场竞争力，提升产品附加值；立足市场需求，研发符合需求的新产品。其次，加强产业推广，加快成果转化。调整升级工艺技术，积极承办会展活动；成立联合工会，组织线上线下培训，提升专业能力，提高业务水平。再次，优化经营环境，培养专业人才。打造现代化服务平台，配备先进设备；加强校企合作，传播专业知识，传授实用技术。

第五节 探索沉香共同富裕聚落

沉香共同富裕聚落是《示范区共同富裕实施方案》的生动实践，是示范区美丽村镇建设的重要节点。主要围绕沉香荡、丁栅老集镇，通过盘活闲置资源，打造共同富裕聚落，建设粮仓美学、共享办公、文艺创作、乡村乐园等内容，重构城乡生活方式，促进城乡融合、区域融合发展，用产业和社群激发城镇发展活力。构建产业带富、就业增富、资产助富、文化润富等典型场景，为示范区一体化推进城乡融合发展、实现共同富裕探路和示范。

一、谋划符合实际的共富基本思路

沉香共同富裕聚落即依托新发展阶段姚庄镇促进共同富裕的基本思路,从做好农村"地"的文章转向做好城乡"人"的文章,科学统筹空间、整合镇域资源,选定发展矛盾较大的北部组团,定位共同富裕聚落,围绕沉香荡发展生态湖区型经济,统筹空间布局、生态保护、产业发展等多项规划,围绕乡村富民产业发展中"钱从哪里来、事情谁来干、农民怎么富"的三大问题,推进资金三元集成、运营三级集成、模式三维集成的新机制,实现资金进乡村、运营进乡村、模式进乡村,形成政府招商核心支撑产业、企业参与统一运营、村集体参与共建、村民开展创业就业的多元协作机制,聚焦开展老镇业态更新、基础设施提升、公共服务提升、扩中提低行动、社会治理提效等五大短板提升行动,盘活老集镇、农村闲置资源,高标配置公共设施,推动乡村产业发展,促进村集体增收、农民致富。

二、打造具有特色的共富组团项目

沉香共同富裕聚落在空间上,主要布局了一湖一镇一居两村,建设丁栅老集镇、逸居度假综合体、江家港村、洪字圩村等组成的宜创、宜游、宜居的北部组团。例如建成丁栅水乡SOHO创生聚落,引进乡创企业,激活农村沉睡资源;建成江小橘乐园,引入文旅行业,推动农文旅融合,以实体项目带动,促进农民和村集体实现"九个增收"。丁栅水乡SOHO创生聚落,主要围绕丁栅老集镇,盘活闲置乡村资源和物业,按照乡创引领农创、文创、科创、青创等五创业态融合及"疏密结合、显隐结合、水岸结合、动静结合、长短结合"五个结合的思路进行改造运营。项目将空置、形象荒乱的废弃的粮仓厂房塑形换新颜,谋划布局了供企业及创业团队使用的各种类型的拎包入住办公空间、咖啡吧、甜品店、书房等公共配套空间,路演中心、展示馆、直播间等多样化的服务空间,为本地居民、游客、创业者、创作者等营造多样化的办公和生活体验。沉香村江小橘乐园,围绕柑橘产业,以文旅为支撑,形成橘园、乐园、民宿等融合发展业态,提振产业能级。探索形成村企融合运营新模式,由政府提供政策支持,市场主体进行运营、管理,村民通过流转+股份合作的方式参与分红,拓宽村民增收途径。

三、引进适宜乡创的人才项目企业

依托该项目的地处长三角生态绿色一体化示范区先行启动区、紧邻上海大都市圈、毗邻西塘祥符荡科创绿谷的区位优势,在丁栅水乡SOHO引进科创企业,吸引本地乡创摄影师和画家进驻,接下来还将引进农业科技项目、乡村研学团队、互联网领域青年喜爱的 IP 等,通过特色项目引领,召引更多从事科技研发、文化创意的"新乡人"和本土的"原乡人"入驻,给老集镇注入新活力,带动丁栅沉香荡周边农民增收致富。在江小橘乐园,引入第三方运维,吸引本地年轻人回乡就业,同时带动橘子产业增值。未来,围绕沉香共富聚落的进一步打造,还将引入商业业态,解决聚落内创业就业团队的"吃、住、行",以社会资本引流、青年人才回流,促进灵活就业和多元创收,以此为出发,跨出老集镇复兴第一步,逐步走出一条共同富裕之路。

总结:首先,为老镇复兴提供新的共富思路。通过谋划以文旅为支撑的共同富裕产业体系,重塑产业格局,为长三角地区因乡镇合并、产业调整等原因逐渐衰败的老集镇注入新活力提供借鉴。其次,为本地村居民增加收入。通过文旅项目引进、乡创企业进驻等形式,产生一批就业岗位,为本地居民实现再就业提供帮助。带动农产品销售提升。例如江小橘乐园引进后,村民增收途径不断拓宽,原有柑橘产业销售单价实现翻倍,还通过民宿等产业新兴,让村民有租金、有薪金、有股金。再次,推进青年回流、资源回村。水乡 SOHO 一期项目建成后,成功引来创业"金凤凰",引进了从事消化道智能诊疗机器人创新研发的浙江势通机器人科技(集团)公司,为了让姚庄农民共享发展红利,姚庄镇各个村的乡村振兴公司纷纷入股势通科技,村民变为"股民";此外陆续引进了星巴克、蚂蚁学院、小象出行、蔚鸽科技等企业,持续以产业和社群激发包括产业活力、消费活力、创业就业活力的老集镇活力。

第六节 探索土特产共富发展模式

嘉善杨庙雪菜种植已有 300 多年历史,远近闻名,享有"中国雪菜之乡"美誉。近年来,"嘉善杨庙雪菜"获得浙江省商标品牌基地、原产地标志保护产品、地理标志证明商标、嘉兴市蔬菜品牌基地、嘉兴市非物质文化遗产等荣誉称号。多次荣获"中国国际农产品交易会金奖""中华品牌商标博览会金奖",2019 年,获得嘉善县首个国家农产品地理标志登记农产品。产品畅销江浙沪、远销全国各大城市,深受消费者青睐。探索"杨庙雪菜"共富发展新路径,带动杨庙雪菜全产业链发展,助力乡村振兴,展现了共同富裕在基层的一个生动实践。

一、提升基础建设，推进雪菜三产深度融合

高标准打造"一园一中心三基地"，"一园"即雪菜产业园，占地 23 亩，将全镇 10 家雪菜加工企业兼并重组为 3 家入驻产业园，进行标准化生产。"一中心"即农业数字展示中心，总结和丰富杨庙雪菜的文化内涵，进一步提升杨庙雪菜的品牌价值。"三基地"即雪菜古法腌制基地、雪菜规模化种植基地、生态循环种植示范基地。雪菜古法腌制基地占地 7 亩，建设腌制池、收集池、古法腌制工艺展示等，推行标准化腌制技术，引导农户规范化腌制；雪菜规模化种植基地总面积 3000 亩，结合高标农建设，提升田间雪菜种植综合能力，逐步引导雪菜种植户全部进入该基地进行雪菜规模化种植；生态循环种植示范基地总面积 1500 亩，联合浙粮、华腾等农业龙头企业推行"肥源内消""稻菜轮作"模式，打造环环相扣、链链相接的生态内循环。

二、强化数字赋能，实现雪菜产业提档升级

积极探索雪菜数字化全产业链转型路径，推动智能化管控水平持续提升，在雪菜生产端建设视频监控系统、田间环境监测、田间可视化监控等，构建雪菜科学管理数据资源中心指导生产，推进产品标准化和商品化。在雪菜加工环节安装 AI 视频监控和温湿度物联感知设备，同时引进 5 条全自动生产线，实现了雪菜从加工到包装的一体化，并开通参观通道和安装"萤石云"监控设备，实现"阳光车间"。在雪菜销售端建有两个公共直播间，一个直播间在田间地头，依托数字农业中心的园区监控系统、田间环境监测系统、田间可视化监控开展电商直播，打造溯源直播场景促进销量提升；另一个直播间在生产车间，借助直播电商、短视频等新模式，积极搭建网上多元销售场景，开拓线上市场，做到线上线下全网发展。

三、深化品牌建设，扩大雪菜行业知名度

聚焦全产业链高质量发展，构建起"协会党组织＋会员企业＋村党组织＋农户"的雪菜共富工坊，建起集雪菜种植、集中腌制、生产加工、农事体验、品牌销售于一体的雪菜全产业链，进一步擦亮了"嘉善杨庙雪菜"国家地理标志这一金名片。坚持以"抓产品，扬品牌"为导向，走品牌发展之路，把品牌战略作为地方经济发展的重要措施，形成"企业自有品牌＋集体商标"的双品牌模式。充分发挥政府职能作用，天凝镇搭建"政企银"三方交流合作平台，助力雪菜行业经济振兴发展，嘉善联合村镇银行推出了"红船先锋贷"，为杨庙雪菜园区企业和农户授信一千万元金融贷，为行业发展增添了动能。

总结：首先，立足自身资源优势，精准谋划发展思路。立足当地优势资源

和特色主导产业的长远发展，把传统雪菜行业的低小散的种植、生产、销售模式，进行了规范统一，高标准打造"一园一中心三基地"，探索出以"雪菜专业合作社+加工企业+示范基地+农户"的产业化发展新路径。其次，数字赋能产业升级，构建现代产业体系。在数字化改革的浪潮下，加速推进数字赋能传统产业转型升级，推动产业园区向高端高新高质方向发展，探索雪菜数字化全产业链转型路径，推动智能化管控水平持续提升。再次，以产业强带共同富，扎实推动扩中提低。以党建引领"共富工坊"建设为抓手，集成推进产业促共富，由光明村和新联村与全镇9个经济薄弱村成立"强村共富体"，每个村以300万元资金入股雪菜产业综合体，每年获取10%的保底分红收益，有效激活以"强"带"弱"的共富引擎。

第十七章　基层监督数字化改革推动基层治理升级

2021年2月,浙江省委召开全省数字化改革大会,数字化改革是"最多跑一次"改革和政府数字化转型基础上的迭代深化。嘉善县纪委按照省纪委建设"智慧纪检监察"的要求,作为全省基层公权力数字化监督的试点之一,开发建设"云睛"小微权力智慧监督系统,探索以云计算为技术支撑,将文字等信息转化为数据,并通过数据沉淀、数据运用实现比对分析、规范预警功能,擦亮云端监督"火眼金睛",丰富基层数字化治理"嘉善方案",取名"云睛",并由大云镇进行先行先试。

"云睛"系统是一个全流程节点式的运用系统,通过多层级权力运行监督、多部门数据融合、多场景应用呈现,推动业务数据的协同融合,为群众全过程参与监督提供更直接、更简便的运用渠道。运用图像识别和自然语言处理技术,自动识别并抓取决策决议、公示公告、合同协议以及财务凭证等资料中的关键性信息。根据纪检监察日常监督知识图谱,设置规则化预警模型,设定可触发预警提示,通过对小微权力运行信息进行数据碰撞、交叉验证,对信息错配、流程缺失、规则突破等问题发出预警提示,并通过"浙政钉"、手机短信等方式实时通知村干部和业务部门负责人,疑似违规违纪信息直接推送乡镇纪委书记,实现执纪监督关口前移。

第一节 基层监督数字化改革的背景

近年来,村级集体经济不断壮大,2020年嘉善县村集体经济年经常性收入已达400万元,村级监督事项明显增加,尤其在村社换届后"一肩挑"和"三改五"新形势下,"一把手"的权力更为集中,权力运行廉政风险加大。群众对征地拆迁优亲厚友、强农惠农补贴资金虚报冒领等基层易发多发目的腐败问题感受强烈、反映集中。

一、规范村社主职干部监督的需要

2020年9月,嘉善县167个村(社区)完成了村社换届工作,此次换届最大的变化是书记主任"一肩挑"。"一肩挑"干部既掌握了党委下延到村社的政治领导权,又掌握了村委会的自治权,打破了原有的村书记和村主任分设模式下的二元权力中心结构和制约体系。"一肩挑"后,村支书和村主任之间的监督不存在了,弱化了组织间的相互约束力,客观上为滋生腐败、滥用权力等现象的发生提供了新的条件,容易产生"一肩挑"干部滥用权力和"一个人说了算"的问题。

二、加强重点领域问题监督的需要

从近年来,农村巡察发现的情况来看,村级重大事项民主决策过程还不够到位,有的村对外投资、资产处置、工程建设等重大事项只召开村"两委"班子会议商议,没有召开村民代表会议进行表决;有的村处理党内事务,未经党员大会讨论通过等。村级"三资"还存在较大的管理漏洞,有的村大额资金使用未经集体审批或"先支后批";有的村备用金领取随意,现金、公章管理使用不规范;有的因合同履约不到位或存在争议造成租金欠缴等。工程项目管理方面问题较为突出,肢解项目、规避公开招投标的情况还普遍存在;有的以应急工程为由,采取邀请招标代替公开招标;有的零星工程长期由熟面孔、熟人承揽承包;工程建设领域违纪违法等问题还易发多发。

三、提升基层组织监督质效的需要

村务监督委员会是村社重要的监督力量,但在实践中发现村监会的监督作用发挥并不充分。有的村监会成员自身定位不准,没有认清"为谁监督,监督为谁"的问题,在实际工作中更多的只是协助村"两委"办理日常事务,出现村"两委"主要负责人安排什么就干什么的情况,监督者的角色未正确定位,监督职责未真正履行。有的村监会主任和成员把监督职责当成了兼职,使监督变成了"兼督"。还有个别成员怕得罪村干部,不敢开展监督,导致村务监督工作流于形式。另外,村监会的大部分成员受教育程度不高,学习能力较低,学习意愿不强、动力不足,导致出现村监会不愿监督、不敢监督、不会监督的问题。

第二节　基层监督数字化改革的实践

按照建设"智慧纪检监察"的要求,嘉善运用数字化手段、数字化思维,围绕解决基层监督的难点、堵点和薄弱点,打造"一中心、四平台"的应用场景,将数字化与基层监督相结合,对小微权力监督模式进行重塑重构,实现小微权力监督自动化、智能化、智慧化,推动基层监督能力变革跃升。

一、设置数字化与基层监督的应用场景

(一)建立一个数据中心

将业务部门的社会大救助、"三资"管理以及基层治理"四平台"等平台的"外部数据",与纪检部门的信访举报、党员廉情信息等"内部数据"以及"云睛"系统中的"原生数据",统一归集至省"数据中心",实现全融合共享数据资源。截至目前,全县167个村(社区)已采集涉及村级工程、劳务用工、资产资源、村级采购、困难救助等五个方面的"原生数据"17万余条。

(二)建立四大运行平台

即小微权力运行、监督、"监督一点通"和大数据监督平台,设置"我的事项、小微权力、预警信息、村级监察、监督一点通、大数据分析、数字驾驶舱、政治生态、后台管理以及用户中心"等十大功能模块,其中数字驾驶舱和政治生态模块为嘉善特色模块。

1.设置小微权力全流程运行平台

把应用场景逐级拆解,建立村级采购、资产处置、工程项目和用章管理等6个监督模块,并根据资金额度、类别差异再拆解成22个监督子流程和202个监督节点。例如,"工程项目"监督模块按照金额的不等,拆解为"零星工程(5万元以下)、微型工程(5万—20万元)、小型工程(20万—400万元)、限额以上工程(400万元以上)"4个子模块,在此基础上又对各个子模块进一步细分,例如,"小型工程"细分为"民主决策、公开招标、合同签订、

工程变更、工程验收、结算审计、资金支付"等 17 个关键节点。对村级事务管理中决策、审批、执行等实现全流程的"嵌入式"监督。同时,运用人工智能、区块链、大数据等技术,在自动识别并抓取决策决议、合同协议、资金支付等资料中的关键性信息,及时精准推送问题预警的同时,给数据加密,提高数据安全性,确保存储数据或信息"全程留痕""不可篡改""可以追溯"。

2. 设置小微权力全流程公开平台

在嘉善"水乡清风"微信公众号、嘉兴基层治理"微嘉园"等平台开通入口,对小微权力运行进行全景化公开,与"云睛"小微权力监督平台互联互通。目前,已对 72 个小微权力监督节点开放公开权限,占全部监督节点的 35.6%,涉及公开事项 105 项。其中,财务公开内容以群众视角进行细化分类,财务公示表细化为工资报酬、劳务用工、工程项目、救助发放、文体活动等 11 个大类和 100 余个小项,让基层群众看得懂、能监督。例如,"村级采购"中设置"采购提议、民主决策、组织招标、合同签订、组织验收、支付申请"6 个监督环节,公开"采购方案、村班子或村民代表会议决议、中标通知书、采购合同、采购清单"等 7 个公开事项。同时,对各村(社区)设置"一村一码",群众通过手机扫码可随时查看所在村社的党务、村务、财务等公开事项。

3. 设置大数据监督平台

建立县、镇两级数据分析研判中心,采集小微权力运行数据并归类统计,实现预警信息、预警分类"一屏"感知,并对预警信息频次、领域等情况进行综合分析,将苗头性倾向性问题推送给相关责任人,村级监察联络站通过"预警处置"子模块,了解处置整改情况。同时,汇集小微权力运行数据、预警推送信息、群众评议评价等数据,建立基层政治生态评价体系,绘制政治生态热力图,一键生成政治生态报告。另外,对民生痛点、群众评议已实现按镇、村分别进行分析研判,能及时掌握民情民意,及时了解基层党组织廉洁履职等情况。

4. 设置"监督一点通"平台

开发上线小微权力"监督一点通"平台,设置在线投诉、权力公开等 9 项功能,并与"基层治理四平台"全面打通,对矛盾纠纷、文教体育、卫生健康等 22 类监督事项清单进行细化,明确问题办理主责部门。镇(街道)纪委通过"监督一点通"平台受理群众投诉后,将业务范围外问题推送至"基层治理四平台"综合指挥中心,在线直接分办或人工分拣转办,实现一键通达,切实为群众反映"急难愁盼"问题诉求提供便捷渠道。

二、基层监督数字化改革的特点

（一）小微权力流程再造

对照《嘉善县关于全面推行村级事务小微权力清单制度实施意见》（善农〔2019〕104号），全面梳理村级小微权力流程。围绕把基层群众最为关心的村级采购、资产处置、工程项目、劳务用工、困难救助、用章申请等六大事项，细化民主决策方式、加强权力流程管理、强化权力风险管控、落实民主监督责任。立足"监督的再监督"的定位，对小微权力运行流程进行数字化改造，分层分级梳理权力流程22条、设立监督节点202个，明确每项权力的运行流程和监督节点，强化对基层公权力监督。结合基层监督应用场景，建立监督算法123条，设置规则化预警模型，实现可触发预警提示592项，打通信息链、数据流，形成监督流，有效防止基层在执行过程中"走捷径""抄近路"等问题。

（二）数字赋能智慧监督

运用图像识别、人工智能、大数据等技术，自动识别并抓取决策决议、公示公告、合同协议以及财务凭证等资料中的关键性信息，避免了重复输入，有效减轻基层工作负担。根据纪检监察日常监督知识图谱形成预警规则，对小微权力运行信息进行数据碰撞、交叉验证，对信息错配、流程缺失、规则突破等问题发出预警提示，实现执纪监督关口前移。深度运用区块链技术，为权力运行相关数据进行加密，提高系统安全性，同时，确保存储数据或信息"全程留痕""不可篡改""可以追溯"，提升智慧化监督实效。建立决策、执行、分析、预警、交办、反馈、评价机制，覆盖事前、事中、事后全流程，对权力运行嵌入式监督中发现的问题实时发出预警信息，并推送给相关责任人员，要求整改后及时反馈，有效形成权力监督完整闭环。

（三）拓宽群众监督渠道

制订小微权力公开清单，在72个监督节点中开放公开权限，占全部监督节点的35.6%。设置党务公开、村务公开、财务公示和制度公开等栏目，将民主决策决议、合同协议、验收资料及结算凭证等信息实时推送到公开平台。基层群众可以通过登录水乡清风微信公众号、微嘉园和扫描"一村一码"查看公开事项。同时，基层群众可以通过手机端，对村级班子政治素质、联系群众、工作业绩、廉洁履职开展民主评议，对村级事务提出质询，村干部进行及时答复。在此基础上，对环境卫生、文化设施、平安建设等民生痛点事项开展评价，群众通过"投票"的方式参与到基层治理过程。探索实现码上监督、码上办理、码上评议，惠民政策码上知、权力运行码上查、意见建议码上提，将监督"话语权"交到群众手上、放在群众指尖,打造家门口的"无形监督网"。

(四)数据集成发现问题

按照"一体化"理念整合相关业务部门信息,打通农村"三资"管理系统、社会大救助信息系统、企业信息查询系统以及基层治理"四平台";贯通纪检监察检举举报平台、党员干部廉政档案系统等纪检监察业务系统,实现对基层小微权力大数据监督的业务协同。建立纪检监察日常监督知识图谱,制定预警规则,对信息错配、流程缺失、规则突破等问题发出预警提示。同时,贯通村级小微权力全过程监督数据、村社干部利益冲突行为数据,开展对民生痛点、民主评议、民情质询等数据分析,结合检举控告和问题线索高发、易发的环节,从规则描述、数据来源、具体所需信息数据、政策依据等方面建立基于全景大数据的监督规则模型,分析碰撞疑似问题线索。通过数据碰撞、比对,进行分析研判,深层次挖掘数据背后的内在关联和问题疑点,梳理形成问题短板清单。针对群众反映集中的老旧小区改造、城市道路拥堵、拆迁拆违等问题,精准启动"十大民生痛点问题"专项监督行动,把监督重点、敏感点与群众真实诉求深度结合,实现靶向监督。

(五)制度体系重塑重构

针对村级组织在资产处置、村务用工等方面的制度缺失,先行先试出台了《村级组织资产出租管理办法》《村级组织采购工作指导意见》《关于加强村级小微工程建设项目监督管理的实施意见》《村级微型工程询价实施办法》《村级组织临时用工管理指导意见》《村社干部防止利益冲突报告制度》,不断完善基层监督流程和规则,重塑重构制度体系,彰显小微权力监督数字化改革的深层次要义。

第三节 基层监督数字化改革的成效

一、云端智能扎牢"不能腐"的笼子

严格从"不能腐"理念出发对"云睛"系统进行全流程设置,是数字化监督"嘉善方案"基本要求。

(一)科学建构监督模块

立足"监督的再监督"职能定位,把基层群众最关心的村级采购、工程项目、资产处置、劳务用工、困难救助等五大事项作为重点监督模块，基本涵盖村级管理、村务事项、经济活动的所有重要环节。每个模块单元细化设置若干子模块，如工程项目单元下设招投标、工程变更、资金支付等5个子模块，资产处置单元下设招租方式、租赁期限、租金收缴3个子单元，确保重点事项监督全覆盖。

（二）精准设置监督节点

分层分级梳理上述五大事项所涉及的制度规定和权力运行流程，共梳理相关制度21项、权力流程17条，将制度、规则、流程进行数字化改造，并全部嵌入系统，实现监督标准"一把尺子量"。建立决策、执行、分析、预警、反馈五大监督环节，明确87个关键点位，结合监督应用场景建立123条监督算法，通过系统实时管控规范约束权力运行，有效防止执行"抄近路"、监管"滞后化"等问题。

（三）智能优化监督数据

创新运用AI图像自动识别技术，优化数据采集方式，变人工输入为智能捕捉，由系统自动识别并抓取村级事务的决策决议、公示公告、合同协议，以及财务凭证等资料中的关键信息，避免重复劳动，有效减轻基层工作负担。系统开发运用流程、AI识别、预警、大数据、区块链等五大智能引擎，做强数据支撑、做精预警阀值、做优模块分析。

二、数字赋能强化"不敢腐"的震慑

充分利用"云晴"系统大数据赋智赋能，开展小微权力运行全程在线云监督，形成"不敢腐"的震慑，是数字化监督"嘉善方案"的创新路径。

（一）即时可预警

根据纪检监察日常监督知识图谱，对照全县小微权力清单和流程图，绘制村级事项权力运行预警模型，共设置具体预警阀值592项，通过系统内信息的数据碰撞、交叉验证，实现对小微权力运行中的信息错配、流程倒置、额度超标以及资产发包超限、项目应招未招等问题及时预警。同时，根据触发预警问题的违规严重程度实行"红橙黄"分级示警，疑似违纪违规信息直接推送乡镇纪委书记，实现监督关口前移。如，今年5月18日，某村在导入某村级工程项目10万元票据材料时，因该项变更未经镇班子集体审议而触发橙色预警，系统通过短信即时向镇村相关负责人、镇纪委工作人员发送问题，并在县纪委县监委指挥舱显示，目前该问题已完成整改。

（二）随时可查询

设计开发"云睛"系统手机端"监督一点通"信息平台，对民主决策决议、合同协议、验收资料及结算凭证等信息进行手机端推送，全景式公开重大村务；群众可通过微信小程序、"浙里办""微嘉园"等平台多点登录，零距离开展监督。以群众视角对村级财务进行细化，按照工资报酬、劳务用工、工程项目、救助发放、文体活动等11个大类100余项进行"指尖公示"，确保群众看得到、看得懂、能监督。

（三）终身可追溯

在推动制度法规、小微权力运行流程、村级重大事项全天候、全过程、全透明公开的同时，依托区块链技术创新构建"数据迷宫"，确保监督存储数据"全程留痕""不可篡改"，干部行为数据可溯可查，真正形成对权力运行的刚性监督和永久约束。

三、智治蕴能涵养"不想腐"的生态

深度激发数字化在基层监督与基层治理中的驱动力，涵养"不想腐"的政治生态，是数字化监督"嘉善方案"的目标方向。

（一）推动制度机制一体完善

"源头＋过程"的闭环监督模式，在系统创建之初即倒逼业务主管部门、镇村两级查漏补缺，一体化完善财政内控、"三资"管理、工程建设等方面的制度规定。比如，大云镇针对村级资产出租、组织采购、微型工程询价、临时用工管理等存在的制度空白，制定出台《村级组织资产出租管理办法》《村级微型工程询价实施办法》等一系列制度规范。在系统开通后，结合预警发现的23个不规范问题，大云镇落实"村社干部防止利益冲突情况报告"等廉政风险防控机制，以改促建确保监督"无断点"。

（二）推动政治生态一图成像

深入采集、挖掘民生痛点、民主评议、民情质询等大数据，运用"数据池"对基层干部队伍行权用权情况进行画像，形成干部权力运行轨迹，及时发现基层干部优亲厚友、履职不力、以权谋私、贪污挪用等违纪违法行为，形成问题专项报告，为运用"四种形态"提供依据。围绕"清廉村居"建设目标，制定基层政治生态评价体系，设置政治清明、班子清廉、干部清正、村务清爽、民风清淳等5个一级指标、17个二级、45个三级指标，科学设置赋分权重，结合群众"指尖评议"结果，实时生成村域政治生态"热力图"，为党委决策提供参考。

（三）推动治理成效一键点评

创新"芸豆"积分与奖励兑换制度，激励基层群众对村级班子政治素质、服务群众、工作业绩、廉洁履职等情况开展民主评议。在"云睛"系统手机端"监督一点通"信息平台设置专门板块，方便群众对村域环境卫生、文化设施、平安建设、医养服务等身边的"急难愁盼"事项进行在线评价，量化评价数据并同步更新，"一键生成"基层治理的群众"满意度报告"。

第四节 基层监督数字化改革遇到的问题及对策

"云睛"系统的推广应用是基层治理方式的重大变革，必定要打破原有的思维定势和工作模式，重新构建新的权力监督形态，为乡村振兴人才振兴保驾护航，但是在"破"与"立"的过程中还存在摩擦和阻力。

一、基层监督数字化改革推进中面临的问题

（一）村干部意识有待转变

部分年龄偏大的村干部，文化程度不高，在工作中习惯于用老办法、老经验，思想观念转变难，对新事物、新知识接受慢，对新生事物存在潜在的排斥思想。有的村干部认为，"云睛"系统将村里的重大事项从"线下"搬到了"线上"，要及时按权力运行流程导入民主决策、合同协议、资金支付等材料，并对系统发出的预警信息予以整改，感觉增加了负担，束缚了手脚。还有个别村社书记把手中权力当自留地，民主意识淡薄，喜欢搞一言堂，搞家长作风，领导班子内不能畅所欲言，重大问题不经过村委会、党员会议和村民代表会议决策，不能充分发扬民主，征求不到党内外群众意见。

（二）基层操作模式有待规范

各地在资产管理、工程建设、劳务用工等方面的做法都不一样，县级部门也没有具体规定。微型工程的限额和发包方式还不统一，村级工程变更审批规定不尽相同；有的村在劳务用工中会长期固定务工人员，有的则临时叫工，还有的委托第三方进行劳务服务；有的村在与约定方签订项目合同时，时限上会有3年、5年或10年的差别。有的村在实际工作中还会出现一些"搞变通"或者"打擦边球"的情况。如何实现村级事务的规范化管理，需要以改革的精神加以研究和解决。

（三）群众参与度有待提高

从全县层面来看，基层组织落实村民议事、村务公开、民主评议、民主理财等制度的效果差别较大。有的村在认识上不到位，对"云睛"系统这样的新生事物不重视，宣传上蜻蜓点水，不能深入群众中，在宣传发动群众时留下盲角，导致群众知晓率、参与率不高。同时，大多数群众本身存在文化程度不高、年龄不一，再加上接受能力差等客观原因，有的群众认为系统推广应用是政府的事情，事不关己，高高挂起；还有的村民使用智能手机不够熟练或不愿使用智能手机。另外，激励制度的不完善也是导致群众参与率不高的因素，有时候给予适当的奖励，尤其是物质方面的奖励，更有助工作的开展，也更能收获成效。

二、完善基层监督数字化改革的对策措施

（一）压实责任，转变意识

村社党组织要落实好全面从严治党的主体责任，把"清廉村居"建设牢牢抓在手上。各村书记要亲自谋划推动"云睛"系统推广应用，村两委班子成员要分工负责、共同参与，在加强基层组织建设、完善民主决策、加强"三资"管理、规范资金支付上持续发力。村务监督委员会主任、村监察工作联络站站长要落实好监督责任，加强对村级事务及小微权力全过程监督，对系统发出的预警信息要及时督促村干部办理。同时，要及时收集民情民意，对涉嫌违规违纪问题及时上报。

（二）统一标准、规范流程

要出台《"云睛"小微权力智慧监督系统运行管理办法（试行）》《小微权力"监督一点通"服务平台管理办法（试行）》等制度，进一步明确各方职责、操作流程及工作要求，全面规范和推进系统推广运用。同时，加强集体资产出租管理，明确村集体资产都要进行公开招租，租赁期限原则上不超过5年，可申请续租一次，期限不得超过3年。规范采购行为，30万元以上的采购，参照《政府采购货物服务招标投标管理办法》，进县（市、区）、镇（街道）公共资源交易中心公开采购。5万元（含）以上，20万元（不含）以下微型工程应当采取竞争性谈判、询价等方式确定承建单位。加强临时用工管理，严禁村干部以用工工资形式获取额外报酬，严禁以现金方式支付务工工资，严禁各类弄虚作假申报临时用工支出的行为等。

（三）加强培训，提升能力

数字化改革是新发展阶段全面深化改革的总抓手，贯穿到党的领导和经济、

政治、文化、社会、生态文明建设全过程各方面。要加强业务培训，推动村社干部深入学习和思考，深刻把握数字化改革的内涵定义、方法路径和主要目标。村书记要率先解放思想、大胆探索、勇于开拓、善于创新，认真研究新形势下农村工作的新特点，深刻把握数字化变革"风向标"，既解决"头等大事"，也聚焦"关键小事"，真正推动基层治理数字化转型。社会治理是一项复杂的系统工程，村干部要善于借助信息化手段，熟练运用预测预警、风险防控、事件应急等工作方法，着力提升干部的数字素养，勤用数据分析、会用数据管理、善用数据决策，让大数据在推动社会治理中发挥更大作用。

（四）互动激励，推进治理

基层群众可以通过手机端，对村级班子政治素质、联系群众、工作业绩、廉洁履职开展民主评议，对村级事务提出质询，村干部进行及时答复。在此基础上，对环境卫生、文化设施、平安建设等民生痛点事项开展评价，群众通过"投票"的方式参与到基层治理过程。创设"芸豆"积分和奖励兑换机制，鼓励群众通过问题反映、民主评议、提出建议，获取"芸豆"积分，兑换相应奖励，推动群众线上"挂号"、干部线下"问诊"，以此激发群众参与基层治理热情。从"微监督"中发现"微问题"，从"微建议"中打造"微治理"，切实解决群众"急难愁盼"的问题，提升群众参与监督的积极性和获得感，打造共建、共治、共享的基层治理共同体。

第十八章　展望未来：高水平推进乡村全面振兴

发展不止步，改革不停步。未来的嘉善将继续高高擎起改革大旗，高水平推进乡村全面振兴，擦亮农业现代化金名片，推动乡村和谐美好发展、农民农村共同富裕，加快打造长三角乡村振兴高质量发展先行地。

第一节　深化"农业双强+稳粮增效"，打造高质量农业强国示范区

一、擦亮浙北粮仓"核心区"金名片

依托浙北平原粮食大产区和嘉善"渔米之乡"区域资源优势，以陶庄镇、天凝镇、西塘镇为重点，以"种子种苗+先进装备+米业全链+综合服务+三产融合"为一体，打造在长三角区域及全国集中展现生态绿色、辐射服务、品牌驱动和共富引领的稳粮优粮核心示范区。推进都市型果蔬基地建设，发展高效型现代畜牧业，重点打造范泾草莓、罗星甜瓜、姚庄番茄等一批千亩产业集聚地。

二、加速全域高标农田金色大底板行动

贯彻落实上级关于加强耕地保护、保障粮食安全的决策部署，采取"长牙齿"的硬措施，落实最严格的耕地保护制度，坚决制止耕地"非农化"，防止

耕地"非粮化"。全域推进高标准农田建设，逐步把永久基本农田全部建成高标准农田，并开展适粮化、宜机化改造。围绕集中连片、设施齐全、土壤肥沃、智慧引领、高产高效、绿色生态要求，打造低碳智慧示范农田。

三、加速"地瓜经济"农业大招商行动

坚持"走出去、引进来"，以精准绘制"招商地图"为抓手，梳理农业国际百强、国内百强以及省内农业头部企业，结合本地产业基础和发展条件进行精准对接。实施延链补链强链式招商，对农业产业链中的种子种苗、精深加工等关键领域、薄弱环节进行精准招商，激发"链"式效应。创新实施"云上""定点""以商引商"等招商模式，继续开展专业招商、展会招商、上门招商和驻点招商等多形式的农业招商活动。办好集中签约和集中开工等重大招商引资活动，营造"招大商、大招商"浓厚氛围。

四、加速"农业双强"绿色大产链行动

紧扣种业芯片核心，全力推进商业化育种进程，建立浙江省最具显示度的万亩粮油类种子种业繁育制种综合体。大力推广稻油、稻菜等轮作模式，示范推广稻虾、稻蛙、稻鳝等"稻+"综合种养模式。以农开区和小微飞创园"一大一小"平台为载体，高质量推进农业平台能级提升，推动以农业为龙头的一、二、三产全产业链融合发展。深化农业"机器换人"高质量发展先行县建设，加强新型智能农业设施装备引进和推广，加快产业全程机械化。推动科技强农惠农，不断发挥科研院所农业科技驱动引领作用。实施品牌战略，做大"杨庙雪菜""姚庄黄桃"地理标志品牌，全面提升农产品附加值。

第二节　突出"美丽经济+乡村善治"，打造高品质和美乡村样板区

一、打造和美乡村示范片区

以全域秀美、蝶变升级为导向，聚焦水乡风貌、产业振兴、公共服务、历史文化、治理服务等，加快推动未来乡村、数字乡村等重点项目建设，健全未来乡村建设运营机制，实现美丽乡村由点及面、由局部向全域的拓展延伸。探索美丽乡村"专业运营"新模式，突出"农业+"等产业开发，按照资源共享、优势互补、集聚发展的组团式发展理念，推动休闲农业、农家乐、民宿等一、二、

三产业融合发展。

二、深化全域秀美人居提升工程

全域推进村庄清洁行动、农村生活污水治理工作。健全完善农村生活垃圾分类收集处理体系，提高源头分类准确率，提标升级资源化处置站点。加强农业面源污染防治，深入推进农业投入品减量化，推进农膜科学使用回收，支持秸秆综合利用，探索绿色综合处理新模式。推动农田退水"零直排"向经济作物、水生作物扩面。持续改善修复农村水林田生态系统，推进美丽河湖、美丽通道、美丽庭院建设。开展新一轮"一村万树"示范创建。

三、深化乡村善治示范升级工程

深入推进社会治理"五基"建设行动。持续提升"县—镇—村"社会治理中心（站）建设，形成县抓镇、镇抓村、村抓网格指挥链。深化"警格＋网格"联动共治，进一步做实做细警格、网格的精细化融合。开展"三源共治""四治融合""五湖四海一嘉人"行动，全面推进平安共同体建设。持续深化"大综合一体化"改革，大力推广"综合查一次""监管一件事"等执法检查方式，推动行政检查全上平台、一网通管。以各级民主法治村创建为抓手，有序推进法治乡村建设。推进清廉村居建设，全面推广"云睛"清廉村居智慧评价系统。

四、深化乡风文明传承培植工程

以社会主义核心价值观为引领，大力弘扬"善文化"，滋养文明乡风。以先进典型为示范，深化"好人善城"全生命周期管理，广泛挖掘道德模范、身边好人等先进典型事迹，潜移默化影响群众的价值取向和道德观念。以全域文明创建为契机，发挥德治先导作用，深入实施文明好习惯养成工程，探索实行"九星十美""村域善治"等文明积分制。开展以移风易俗、优良家风等为主要内容的城乡精神文明融合行动。强化基层公共文化阵地建管，新建善城智慧书房1家，礼堂书屋9家，非遗馆分馆2家，乡村文化名师工作室2家。

第三节 赋能"集成改革＋共富聚落"，打造高标准强村富民先导区

一、打好强村富民乡村集成改革组合拳

一体推进国家级农村综合性改革试点、强村富民乡村集成改革。联动推进

"市场化改革+集体经济""标准地改革+农业'双强'""宅基地改革+乡村建设""数字化改革+强村富民"集成改革,进一步增强农村集体经济发展活力,推动农民收入稳定增长。深化农村集体产权制度改革,保护农户土地承包权各项权能,扎实做好承包期再延长30年各项准备。持续深化户籍制度改革,加快推进农业转移人口市民化。推动常住人口增长规模与城镇建设用地规模及公共服务设施用地保障相匹配。

二、推进强村富民双"扩中提低"计划

深入实施第五轮强村富民计划,支持镇域统筹安排"飞地抱团"项目,扩大村集体经济处于中等水平的村参与比例以及投资额度。鼓励"镇统筹+村入股+农民持股"组建共富联合体,集中建设投资规模适度、见效快、风险低的共富商超(农贸市场)、共富停车场、共富大棚、共富菜(果)园等共富产业发展项目。打造定向招工、电商直播、农旅融合等各具特色的"共富工坊"。开发多元农村就业岗位,拓宽农民就业增收渠道。

三、推进组团联动共富聚落注能计划

深入推进省级共同富裕试点建设,以姚庄镇为试点区,探索乡村产业强村富民"三集三进"运营机制。持续推动农房改造集聚工作,推进闲置农房盘活利用,全力打造如沉香、丁栅等"共富聚落""共富风景线"等多种具有地方特色的多样化共富样本。在沉香共富聚落导入青年文艺项目,扩面提质"农村青年创业伙伴"共富团队,链接银行、保险等部门金融政策资源支持。突出中等收入和相对薄弱村级组织组建强村公司,通过项目开发等方式整合优质资源,开展实业投资、物业服务、旅游开发等。优化农民收入结构,实施低收入农户共富项目,鼓励有劳动能力的低收入农户从事农业生产和社会化服务,提高低收入农户生产经营性收入。

四、推进创业创新乡村人才梯田计划

依托农业部农村实用人才培训基地、乡村振兴实训基地等,加大对农业人才的培训力度。依托农业创业创新孵化园,加快省级示范性青创农场建设,组织青农电商直播等活动,吸引有激情、有技术的青年农创客、新农人、新乡贤入驻。开展大学生"启航"帮扶行动,培养一批乡村振兴合作创业带头人。引导鼓励高校毕业生在农业新兴领域、新兴业态就业创业,支持高校毕业生通过临时性、非全日制、弹性工作等多种形式就业。加快建设青年人才驿站、青创空间,积极开展"嘉燕归巢""海燕归巢"等活动,为高校毕业生到乡村创业提供低成本、便利化、全要素、开放式服务。

第四节 推动"数字贯通+同域共享",打造高水平城乡融合引领区

一、贯通乡村数字经济应用大场景

加强流通物联中心、数字工厂设施设备、无人机等建设。深入实施"互联网+"工程,推广应用物联网、大数据、云计算、移动互联等现代信息技术,依托"云上嘉善"数据资源平台,完善"善农云"系统。大力推广"浙农码",实现查询、监管、服务、营销等功能集成。积极贯通上级"浙农系列"应用,探索对农业龙头企业、农民合作社、家庭农场等经营主体的数字化管理,建立健全经营主体评价指标体系。

二、构建基础设施"同城同享有"硬件体系

推进交通、水利、通信、供水、供气等城乡一体基础设施普惠工程,强化一体化长效管控机制创新。持续推进"四好农村路"建设,实施农村路面维修常态化,农村公路品质品貌进一步提升。积极推进美丽河湖、"水美乡镇"示范创建。城乡供水同质化率稳定在100%。建成新时代乡村电气化村14个,3A级景区新能源汽车充电桩覆盖面稳步提升。

三、构建公共服务"同域同待遇"软件体系

开展城乡同域同待遇模式探索,加快公共服务均衡配置进程,紧扣"一老一小",推进城乡医共体、教共体、养联体建设,开展城乡居民全生命公共服务有效供给,持续推进医疗、教育和养老资源向乡村下沉,优化居家养老、教师流动、智慧医疗等体系。结合人口市民化,充分保障进城农民各项产权权益,优化城乡养老、基本医疗、优抚救助、社会保险等制度,基本养老保险户籍人员参保率维持在97%以上,基本医疗保险户籍人员参保率达到99%以上,最低生活保障年标准达到1.3万元以上。推进农村文化阵地建设,加快城乡一体"10分钟品质文化生活圈"建设,新建或提升农村基层专项体育场地。

第五节　夯实保障持续贯彻优先发展总方针

一、加强组织领导压紧压实责任

强化党建统领，完善五级书记抓乡村振兴工作机制，健全责任清晰、各负其责、合力推进的乡村振兴责任体系。落实领导干部深入基层定点联系镇（街道）、村（社区）工作。完善乡村振兴年度报告和镇（街道）书记抓乡村振兴工作述职制度。建立乡村振兴补短板专项督查机制，完善"月晒季比"调度机制。开展乡村振兴实绩考核，并纳入镇（街道）和县级部门（单位）综合考核。

二、加强乡村要素资源投入保障

坚持农业农村优先发展，坚持城乡融合发展，畅通城乡要素流动。制订出台新一轮支持农业农村发展若干财政政策意见，优化奖补方式，充分发挥财政投入对撬动金融、信贷、保险、社会资本参与乡村振兴的引领作用。加强农业农村有效投资项目库建设，做好高质量项目储备工作。构建多元化投入机制，加强地方政府专项债券用于农业农村项目建设。创新"三农"领域财金合作机制，全面实施预算绩效管理，建立财政扶持政策评价体系。持续深化农村金融改革，加大政策性担保和政策性农险对新型农业主体的支持力度。强化农业农村产业用地和农民建房用地保障，创新落实设施农用地政策。年度土地利用计划指标用于农业农村产业发展不少于5%。

三、加强干部队伍能力提升建设

选优配强各级党委政府、村"两委"班子，大力倡导和落实"求真务实"的工作作风，建设堪当乡村振兴重任的"三农"干部队伍。举办村书记培训班、论坛、擂台赛等，全面提升"领头雁"队伍乡村治理能力。加强党委农村工作领导小组办公室建设，充实工作力量，完善运行机制，强化参谋助手、统筹协调、政策指导、推动落实、督导检查等职责。深化"两进两回"行动。积极引进高层次人才，选派优秀干部、青年人才到农村一线建功立业。依托科技特派员驿站、青创农场等，加快培育农业创新人才。支持高素质农民通过弹性学制参加中高等农业职业教育，努力提高其综合素质和职业能力，激发农业现代化建设的内生动力。

后 记

  我从农村来，也一直生活在与乡村紧密联系的小县城；工作中一直关注着农业、农村、农民的发展，思考着关于农业、农村、农民问题。这些年来，嘉善实施省级及以上改革试点257项，获得全省改革考核"三连优"，完整、准确、全面贯彻新发展理念，切实转变发展方式，推动质量变革、效率变革、动力变革，努力打造县域高质量发展的典范。

  改革是嘉善的特色。因为，嘉善政治地位特殊，是全国唯一一个县域科学发展示范点，从2013年2月发布的《浙江嘉善县域科学发展示范点建设方案》，到2017年2月发布的《浙江嘉善县域科学发展示范点发展改革方案》，再到2022年9月，经中央全面深化改革委员会审议通过，国家发展改革委印发了《新发展阶段浙江嘉善县域高质量发展示范点建设方案》，示范点建设第三阶段已经开启。2019年嘉善又全域被纳入长三角生态绿色一体化发展示范区。嘉善作为一个县同时承担着县域科学发展示范点和长三角生态绿色一体化发展示范区建设的国家两大战略重任，改革是嘉善"双示范"建设中浓墨重彩的一笔；尤其是嘉善作为全国唯一的两次入选国家级农村综合性改革试点，涉及农村的改革试点内容丰富，实践创新经验众多，有必要将试点改革的内容、做法、经验进行整理，忠实记录，《农村综合性改革的嘉善探索》就这样应运而生。

  本书能得以顺利完成，首先要感谢的是投身嘉善农村改革的实践者，正是因为有他们的辛苦实践，嘉善才能在先行先试中取得非凡的成绩，为其他地区的探索提供经验和做法。其次，要感谢大云镇、西塘镇、姚庄镇、县农业农村局和县财政局的相关领导和工作人员，是他们在工作中不断挖掘和总结经验，才能有这么鲜活的案例得以呈现。再次，特别感谢大云镇刘思来和西塘镇徐程智等同志，将大云镇和西塘镇农村综合性改革的从设计框架、工作开展情况等进行了详细解释，为开展实地研究、完成初稿提供足够的耐心和帮助，正是因为有他们的细心解析，才实现对农村综合性改革的嘉善探索有了整体把握和初稿的完成。感谢出版社和责编专业、细致、负责的编辑出版工作！要感谢的人还有很多，在这里就不一一列举，一并表示感谢！

  因为农村综合性改革涉及面广、内容专业，由于本人研究撰写水平有限，感觉还没有很好地将嘉善的改革整体呈现。同时，书中错漏不足之处在所难免，恳望各位领导、专家、学者，各位读者予以批评指正！

作者谨识

2023年10月